Flandziu

Halbjahresblätter für Literatur der Moderne

Flandziu

Halbjahresblätter für Literatur der Moderne
in Verbindung mit der Internationalen Wolfgang Koeppen Gesellschaft

Herausgegeben von Jürgen Klein

Neue Folge, Jahrgang 6, Heft 2
Hamburg 2014

Verlag und Vertrieb

Shoebox House Verlag e. K., Geerzkamp 8, D-22119 Hamburg
Konto: Volksbank-Raffeisenbank Greifswald e. G. 1038826, BLZ 15061638
Jahresabonnement 18,00 € (zzgl. Versandkosten)*, Einzelheft 10,00 €, Doppelheft 20,00 €
*) Mitglieder der Internationalen Wolfgang Koeppen Gesellschaft erhalten Flandziu kostenlos im Rahmen ihrer Mitgliedschaft.
Bestellungen des Abonnements und von Einzelheften für Nichtmitglieder sind zu richten an den Shoebox House Verlag Hamburg.
Beträge für Bestellungen, Rechnungen bitte auf das Verlagskonto überweisen.

Kontakt (Mitgliedschaft, Texteinsendungen, Spenden)

Internationale Wolfgang Koeppen Gesellschaft Greifswald e. V.
Prof. Dr. Jürgen Klein, 1. Vorsitzender
Ernst-Moritz-Arndt-Universität Greifswald,
Institut für fremdsprachliche Philologien/Anglistik
Steinbeckerstraße 15, D-17487 Greifswald
Email: Shoeboxhouse.verlag@gmail.com
www.shoeboxhouse-verlag.de

Internationale Wolfgang Koeppen Gesellschaft
Sparkasse Vorpommern 23 200 65 47 (BLZ 150 50 500)

ISSN 1614-7170 · ISBN 978-3-941120-18-1

Flandziu

Halbjahresblätter für Literatur der Moderne

in Verbindung mit der Internationalen Wolfgang Koeppen Gesellschaft

Herausgegeben von Jürgen Klein

Neue Folge, Jahrgang 6, Heft 2 – 2014

Bibliografische Information der Deutschen Nationalbibliothek:
Die Deutsche Nationalbibliothek verzeichnet diese Publikation in der Deutschen Nationalbibliografie. Detaillierte bibliografische Daten sind im Internet abrufbar über "http://dnb.dbb.de".

Coverabbildung: Chilehaus Hamburg. Fotografie: Horst Dralle.

ISSN 1614-7170
ISBN 978-3-941120-18-1

Buchgestaltung: Horst Dralle, Shoebox House Verlag
Druck, Herstellung: digital-print, Nürnberg

Printed in Germany

Inhaltsverzeichnis

Kaffeesatz

Entdeckungen und Nachgedanken

Flandziu

Editorial

Seit fünfzehn Jahren in Hamburg zuhause, habe ich mich stets über das rege hiesige Kulturleben informiert und – soweit es meine Zeit zuließ – an den kulturellen Möglichkeiten dieser außergewöhnlichen Stadt teilgenommen. Dennoch tauchte immer wieder die Frage auf, wie diese spürbare Ausprägung von Kultur – Literatur – Kunst in Hamburg zu fassen sei. Denn die historische Dimension schien mir bei den Aktivitäten in der Stadt, bei den Neuheiten und Events oftmals in den Hintergrund zu geraten. Auch wurde deutlich, dass sich das Verhältnis von Politik und Kultur – trotz aufwändiger Lippenbekenntnisse – nicht immer aufs Glücklichste gestaltete. Dissonanzen zwischen der Stadt und denen, die die Kunst und Kultur hervorbringen, ließen sich nicht übersehen. Für die jüngste Vergangenheit fallen mir die politischen Entscheidungen ein, das Altonaer Museum sowie die *Galerie der Moderne* zu schließen. Diese Beschlüsse konnten nur durch massive Bürgerproteste und die späte Einsicht der Politiker aufgehoben werden. Auch die Frage, wie hält es Hamburg mit seiner Universität, gehört nicht zu den Bagatellen. Ob die wirtschaftliche und ökonomische Weltoffenheit Hamburgs stets ein Pendant im kulturellen Bereich hatte und hat, ist zumindest eine Frage. Dieses Thema wurde kürzlich noch im *Hamburger Abendblatt* von der Hamburger Kultursenatorin Barbara Kisseler mit dem Berliner Staatssekretär für Kultur, Tim Renner – durchaus nicht ohne Salz und Pfeffer – diskutiert.[1] Dabei ging es auch darum, ob Intellektuelle und Künstler in Hamburg mit Blick auf eine langfristige Arbeitsperspektive bleiben oder ob es zu leicht rasche oder mittelfristige Abschiede gibt.

Um einen Schnitt- oder Knotenpunkt für Kultur, Literatur und Kunst Hamburgs im 20. Jahrhundert im Ansatz darstellen zu können, haben wir als wohl einer der kleinsten Verlage der Stadt den Versuch gemacht, ein Kaleidoskop Hamburger Kultur vorzulegen. Dabei sind wir auch auf Spannungen in der Stadt gestoßen. Soziopolitische Interessendivergenzen sind unverkennbar. Uns ist es gelungen, kompetente und engagierte Autoren aus verschiedenen Fachgebieten zusammen zu bringen, um dieses Kaleidoskop herzustellen. Unseren Autoren danken wir an dieser Stelle herzlich. Die Arbeit an diesem Buch war nicht einfach, aber wir haben sie gern gemacht: Wir von *Shoebox House* sind der Überzeugung: Hamburg ist als Kulturstadt ungemein wichtig und kann auf kulturelle Schätze zurückblicken, derer sich die Stadt wahrscheinlich zu wenig bewusst ist. Aus diesen Schätzen lassen sich – mehr als dies heute geschieht – produktive Impulse zur kreativen Interaktion ableiten. In Hamburg ist noch viel zu tun: Es kann gar nicht genug kulturelle Vielfalt geben.

Wir hoffen, dass wir mit unserem Kaleidoskop dazu beitragen können, unseren Lesern Neues zu vermitteln, über Hamburg im 20. Jahrhundert nachzudenken.

Spätherbst 2014 Jürgen Klein.

1 Joachim Mischke, „Was Hamburg von Berlin lernen kann – und umgekehrt. Ein Gespräch mit Hamburgs Kultursenatorin Barbara Kisseler (Ex-Berlinerin) und Berlins Kultur-Staatssekretär Tim Renner (Ex-Hamburger) über Chancen und Fehler in Berlin und Hamburg", in: *Hamburger Abendblatt*, 18. Oktober 2014.

✍

Wolfgang Koeppen

Der mehr schwache als starke Mensch.

Ein Versuch über Hans Henny Jahnn und seinen Roman „Perrudja“ (1932)

Das erste Werk des Dichters und Orgelbauers Hans Henny Jahnn aus Harburg an der Elbe war das Drama „Pastor Ephraim Magnus“. Es wurde sehr jung geschrieben, von Oskar Loerke mit dem Kleistpreis ausgezeichnet, zusammengestrichen in einer Matinee, die der Dichtung keineswegs gerecht wurde und in einem Skandal endete, in Berlin aufgeführt und mißverstanden gewertet als Sturm und Drang einer jungen, unreif polternden Begabung. Doch erkannte der Leser der Buchausgabe schon damals den Irrtum solcher Wertung. Was Kraftgetue, Unbeholfenheit, Wühlen in Blut und Schmutz um einer vermeintlichen Wirkung willen schien, war hier ein zutiefst erlittenes Muß von grundsätzlicher Bedeutung. Der Dichter des „Ephraim Magnus“ war keiner von den fixen, konjunkturbeflissenen, die immer zu wissen glauben, was in der Luft liegt, und heute devot sagen, was sie gestern noch brüllten. Jahnn empfand wieder und vielleicht als einziger seiner Generation, die wirklich und immer in der Luft liegende Fragwürdigkeit der Existenz des Menschen, der, ohne es zu wollen (und nicht mal das ist sicher) geboren wird auf einer Erde, deren Woher, Wohin und Sinn er nicht kennt, wenn er sie auch gemessen und gewogen hat mit seinen Instrumenten, und dort leben muß im Streit mit seinem Nächsten und dem Tier, dessen Laut er nicht versteht, und der Pflanze, deren Stummheit er nicht begreift, unter einem Himmel, den er in Zahlen zu erfassen sich vermißt, einem sicheren Tode zu, von dem er nicht sagen kann, „was der Tod ist und weshalb alle sterben müssen“. Der Gedanke nichts zu wissen und in großer Unsicherheit zu leben, ließ die Personen in Jahnns Dramen in entsetzlicher Lebens- und Todesangst wüten gegen ein immer schlimmes Schicksal, einen grausamen Gott, den „gezwungenen Zwang“ der alten Ananke, und sich im Kampf mit diesen unfaßbaren Mächten zerfleischen.

Und am Ende des ersten Teils seines ersten Werkes mußte der Dichter die Warnung setzen: „Es folgt der zweite Teil. Wer am ersten Anstoß nahm in auch nur einem Ding, und vor sich durchaus einwandfrei blieb, mühe sich nicht weiter. Ich habe noch viel zu sagen!“

Was dann geschah. Zunächst im zweiten Teil des „Ephraim Magnus“ und in den weiteren Dramen „Die Krönung Richards III.“, „Der gestohlene Gott“, „Der Arzt, sein Weib, sein Sohn“, „Medea“ und „Straßenecke“. In all diesen Werken wird der Weltangst Herr zu werden versucht; Blut fließt und Greuel geschehen eines fernen Friedens oder einer endlichen Beruhigung wegen. Mit Worten und Taten zerquälen sich die Gestalten, und ein Mord wächst oft aus allzu verbundener Brüderlichkeit. Die Szene ist immer wie unter Nebel, manchmal erhellt sie ein Blitz; englische Adelsburgen und die Gewölbe und Schiffe nordischer Backsteindome sind die immer wiederkehrenden Orte der Handlung; an des Neger James Straßenecke herrscht Dämmerung und Regen, und ein Kanal fließt in der Nähe; und Orgeln klingen und von ihnen wird gesprochen wie von Bedeutsamem, Geheimnisvollem, Heiligem. Der Vergleich mit Barlach liegt nahe, Nebel und Backsteingotik, der Mensch verwickelt in einen mörderischen Streit mit Gott, doch ist bei dieser Ähnlichkeit wohl zu beachten, daß Jahnn mehr der Anwalt des Menschen ist in diesem Kampf, erbitterter seine Rechte wahrnimmt, hassender ist gegen das Schicksal und lieber noch, als nachzugeben auch nur ein Wort, in das Nichts flieht oder in das Chaotische sich stürzt. Barlach konnte schließlich im Drama seiner tragischen Gesinnung genügen; die noch weiter aus der Tiefe des schon fast Unsagbaren kommenden Gedanken und Visionen Jahnns brauchten, um Wort zu werden, die Breite der epischen Form.

Das Hauptwerk Hans Henny Jahnns ist sein großer Roman „Perrudja“. Von ihm, der vierbändig geplant ist, liegen bis heute, 868 Seiten stark und mit Unterstützung der Hamburger Lichtwarkgesellschaft bei Gustav Kiepenheuer verlegt, die beiden ersten Bände vor.

Perrudja ist eine große Dichtung gegen den Menschen und für den Menschen. Erzählt wird die „Lebensgeschichte eines Mannes, der viele starke Eigenschaften besitzt, die dem Menschen eigen sein können – eine ausgenommen, ein Held zu sein“; und der Erzähler erhofft für den Leser den Gewinn, „daß er die Anschauung von einer neuen Art Mensch gewinnt, die noch recht unbekannt ist. Die nicht eigentlich Gestalt, vielmehr existent ist. Deren Lebensfunktionen unwichtig sind wie der Flügelschlag der Mücken in der Luft“. Dennoch ist er kein Mensch wie viele, sondern durchaus ein Einzelner, ein immer Isolierter, ja, ein zu einem Werkzeug Auserwählter („Er erfüllte eine Mission, der kein Held, kein Vorbedacht gewachsen. Er entfesselte die gewagtesten Sehnsüchte mit ihren Kräften.“), an welchem sich die Verheißung erfüllte, ernährt zu werden wie die Lilien auf dem Felde, weil er sonst, ein Entschlußloser und Schwacher, uns als Beispiel entglitten wäre in die Niederungen der Krankheit und des kleinlichen Verbrechens.

„Er hat nur das eine Los, leichter zu werden. Die wachsenden Tage zwingen ihm Handlungen auf, die er nicht anders meistern kann, als aus den zufälligen Bedingungen einer ungewollten Konstellation heraus. Nur gar zu oft wird er bei zwei Wegen den törichten wählen; mehr noch sich verkriechen vor Entschlüssen. So wird es scheinen, als liefe Substanz von seinem Herzen ab, und als würden seine Hände flacher und leerer."

Aber welch ein Weg bis dahin! Welche Entscheide werden gefordert, welche Verlangen und Sehnsüchte bedacht, welche Gedanken erlebt und erlitten! Der Schauplatz der Erzählung ist das Land Norge. Ein gutes Land, eine kräftig nährende Mutter; gar nicht so nebelblutig wie in den Dramen, sondern klar und von reiner Würze ist die Luft über den Felsen und Fjorden, und nur der Himmel ist unsagbar unbarmherzig. Das Grauen, das manchmal im Buch steht, ist nicht das unheimliche mitternächtlichen Spukes. Es ist das gefährlichere Mittagsgespenst der überwirklich im Gletschereis sich spiegelnden Sonne. Hier lebt Perrudja, hier steht einsam sein Haus, in dem er ist; zuerst allein, dann mit Shabdez der Stute, mit der Magd, dem Knecht, mit Oful, dem Negerjungen, und Hein, dem Freund.

Schwer ist es, die Handlung des Romans andeutend wiedergeben zu wollen. Nicht, daß sie nicht in einer wahren Überfülle da wäre! Eine Unmenge von Ereignissen, spannenden Begebenheiten, dramatisch bewegten, konflikterfüllten Vorgängen schafft das Leben auch um den Nichttäter Perrudja, ja, man könnte fast, wäre das Wort nicht durch schlechten Gebrauch so diffamierend geworden, von einer Kette sich ereignender Sensationen sprechen. Die Realität der Erzählung ist aber nur eine scheinbare, ist nur ein Mittel, zu veranschaulichen, was an diesem Perrudja dran ist. Er steht in bedeutungsvollster Beziehung zu jedem Wort auch der (man ist zuweilen versucht, es zu vermuten) vom Thema abschweifenden Geschichte. Und daß das Band der Worte nie abreißt, nie aus der Gespanntheit des Lesens herausführt, das ist die große Kunst des Dichters Hans Henny Jahnn. Die deutsche

Gedenktafel im Zugangsbereich der Freien Akademie der Künste

Sprache ist lange nicht so schön erschienen wie in diesem Buch. Einfache, unbeachtete, viel benutzte (und abgenutzte) Worte bekommen plötzlich Klang und Gewicht. Man denkt an Luthers deutsche Bibel. Unwillkürlich beginnt der Leser, dem auch nur ein wenig einen guten Satz zu empfinden gegeben ist, laut zu lesen, um die volle Schönheit der Jahnnschen Sprache buchstäblich kosten zu können. Man kann diesen Dichter nicht wie einen guten Schriftsteller loben, indem man von ihm sagt, daß er die Sprache beherrscht. Der Fall liegt anders: hier ist mehr Erleben und Gefühl als Technik und Bewußtheit, die aus ahnender Vision empfangenen Gedanken graben sich wie ein Pflug in die alte Sprache, und wie Schollen, schwer und keimig, voll Urgeruch, fallen gewendet die Worte in die Sätze. Aus denen gemauert werden: kleine Geschichten, große Geschichten, Fabeln, Gleichnisse, Legenden, Gebete, Schreie, Abschnitte, Kapitel, das Buch. Und welche Kraft, welch Erleben und Mitleiden in der Geschlossenheit jedes Bildes und jeder Gestalt! Da ist das Pferd. Wer von uns weiß noch, was ein Pferd ist? Da sind die andern Tiere, da sind die Knaben, die in die Berge gehen, sich zu morden, da ist der sehr tiefe Schmerz des Jungen vor dem Marionettenspiel der Karussellorgel, von dem keiner der Jahrmarktbesucher (voran die Pfarrer) sagen kann, warum er weint (und es ergibt sich eine große Hilflosigkeit vor dem Schmerz), da sind der Sassanidische König, Dareios, Alexander, der Edelmütige, der Knecht, die Magd, der Nebenbuhler, der Gesang der gelben Blume, der Sekretär, Haakon, der Fleischer, und die Liebe zu ihm, die Marmeladenesser (wie viele Marmeladen gibt es), die Badegäste, das samtene Kind, die Osloer, die Gymnasiasten auf der Yacht, der reichste Mann der Welt, wahllos herausgegriffen aus ihren ineinandergleitenden Geschichten, und Signe, die Frau, das Trollkind, Perrudjas Weib, die Begehrte, die immer Ferne, die nie Besessene, auch wenn sie bei ihm war und als Tier verkleidet um sein Lager schritt.

Perrudjas Hände aber werden leerer. Je mehr zu ihm kommt, desto mehr entgleitet ihm. Auf der Yacht, die mit den Gymnasiasten Oslos hinaus fährt in das Nordmeer, steht er in weißem Sweater, schmalschultrig und frierend, unter der nackten, im Eiswasser der See badenden Jugend. Das samtene Kind liegt bei Hein, alle Leiber zieht es zu Hein, dem Freund, dem Kräftigen, dem Körpergott. Perrudja bleibt, unbegreifliches Schicksal, allein, wie unter Glas, auch vor der, die er liebt, die ihn liebt, vor Signe. Am größten ist er in seinen Träumen, in der Welt seiner Gedanken, einsam in seinem Haus, zweisam mit seinem Pferd. Wenn diese Einsamkeit sich auch nur scheinbar von ihm wendet, als sich zeigt: Perrudja ist der reichste Mann der Welt, verliert er. In Oslo, im Verkehr mit vielen, zu Entscheidungen gezwungen, ist er schon leichter geworden. Man kann noch nicht sagen, wohin es ihn treibt. Ein Krieg, „ein leidlich gerechter", scheint von ihm auszugehen. Erweisen wird sich das erst in dem zweiten Buch.

Was will Jahnn? Es scheint unmöglich, diesen außerordentlichen Roman zu deuten. Man muß ihn lesen und lieben, um ihn zu erfassen. Es geht um den Menschen, um den ganzen Menschen, der (und sei es auch nur wie ein Spiegel) die ganze Welt mit Jedem und jedem Ding (Vergangenem auch und Zukünftigem) in sich hat. Seine Gutheit kann so gewaltig sein wie seine Gemeinheit, und gefährlich wuchert das Denken auf dem Feld seiner Triebe und Instinkte. Wie schon im „Pastor Ephraim Magnus". Dort aber mußte das Geschehen noch ganz auf Stimmen gebaut werden, und manchmal gab es Dissonanzen. Im „Perrudja" ist immer der volle Klang einer mächtigen, in allen Registern atmenden Orgel. Jahnn baut Orgeln. Jahnn lebt im Norden. Jahnn ist mit seinem „Perrudja" ein die ganze Seele des nordischen Menschen (gewaltig im Brutalen wie im Sensiblen) umfassendes Epos gelungen. Das Werk ist so nordisch, menschlich, ja, so germanisch, daß die Leute, die immer nach einer germanischen Dichtung rufen, es gar nicht begreifen würden. Denn Jahnn wollte an der Figur dieses Perrudja untersuchen, „ob das heldische Dasein nicht eine frühe und barbarische Haltung des Menschen" ist. Und sein Wunsch zu wirken ist dieser: „Vielleicht, die Leser möchte etwas von jener Brüderlichkeit anfallen, die den Zeichner dieses Buches erfaßt hat; die sie zwar einsamer machen wird als sie waren; deren Besitz aber am Ende ein notwendiger Schritt ist, soll es je Wirklichkeit werden, daß die Menschheit die Blutgerüste abbricht, auslöscht aus der Weltgeschichte die Namen, um an ihre Stelle den ungehemmten Strom des Lebens zu setzen, den die Willkür der Helden nicht mehr umbiegt oder spaltet."

★

der heutige sommerwind
bläst einen schönen verkehrspolizisten
durch die stadt
seine weiße regenkapuze
schleppt sich zufrieden
über die kleinen hügel
aus sperlingsfedern und sonnenfett
und vorjährigem
mädchenlaub

Andreas Weitbrecht

Andreas Weitbrecht, geb. 1929 in Hamburg. Quelle: Günter Bruno Fuchs (Hrsg.), *Die Meisengeige. Zeitgenössische Nonsensverse*. München 1964: Carl Hanser, S. 112.

Wolfgang Koeppen

Gedanken und Gedenken.

Über Arno Schmidt (1984)

Meine verehrten Damen und Herren, das klingt so hart, ich gestehe, ich fürchte mich, ich fürchte Sie, die Sie gekommen sind, Arno Schmidt zu ehren, angezogen von diesem Zauberer, von seinen Schriften, seinem Leben, seiner Gestalt, seiner Einsamkeit, oh nein, der Zweisamkeit aus zwei Einsamkeiten mit seiner Frau Alice. Ich fürchte, Sie mit meinen Gedanken, Anmerkungen, Betrachtungen, schließlich Phantasien zu dieser großen Existenz und meinem Bemühen, Indiskretionen zu vermeiden, das Geheimnis solchen Schaffens nicht preiszugeben, zu ärgern. Ich bin in einer schwierigen Lage. Schmidt war ein Geheimnis. Darf man an einem Geheimnis rühren? Darf man einen, der sich verbarg, dem Gemeinen aussetzen? Ganz abgesehen von der Gefahr, ich verstehe ihn nicht, wenn ich glaube, ihn zu verstehen. Nachtgedanken, Schlaflosigkeit. Am Morgen ein verzweifelter Blick auf die Schreibmaschine. Worauf habe ich mich eingelassen? Abfahrt in Zitaten. Es wäre ja zu schön.

Arno Schmidt und ich waren Konkurrenten im Beruf, soweit wir den Beruf des Schriftstellers überhaupt als einen Beruf ansahen; ein Erwerb war er nicht. Wir waren Einzelgänger und wollten es bleiben. Unordentliche Leute im Ansehen der Welt. Eremiten wissen voneinander; die Kunde geht über Wüsten. Oasen des wartenden Auges, des lauschenden Ohrs. Wir hatten erste Beiträge des anderen zur Literatur des Nachkriegs gelesen, erschienen in Blättern, die überraschend gegründet und schnell gestorben waren. Ein Frühling im Nachregen eines Unwetters. Schmidt und ich waren, wie alle Schriftsteller dieser Welt, vor ein Problem gestellt, den Auseinanderfall, die Entfremdung, ja die Feindseligkeit von Literatur und Gesellschaft. In Deutschland hatte es eine Reichsschrifttumkammer gegeben, eine ahnungslose, törichte und giftige Zwangsvereinigung. Sie berief sich in ihren Literaturlehren aufs gesunde Volksempfinden. Ich wußte nie, was das ist. Eine Verwechslung von Ackerbau und Kultur? Und wohin hatte das gesunde Volksempfinden geführt? Überall Tod, Vernichtung, Trümmer und Triumph falscher Gefühle. Die Agonie der Ästhetik war dagegen international, und was sie vor dem Tode rettete war der Aufstand gegen ein Dogma, es ist gut so wie es ist. In Deutschland sahen sich die jungen Schriftsteller, die generationsgemäß im Schicksalsjahr 1933 beginnen wollten, in ihrem Aufstand gegen das Glück der Familienküche, des für alle Zeit geordneten kriegbereiten Vaterlandes, an Freiheit und Leben bedroht. Ich ahnte, Schmidt, da ist einer. Im nachhinein weiß ich, daß wir beide hungerten. Nicht nur nach Brot. Auch nach Brot. Mehr noch nach dem Wort, das wir suchten. Vor uns lag die Verheißung. Tore waren geöffnet, von außen, nicht von uns, nur ein wenig, Zäune gefallen. Free lancer. Ich wollte werden, der ich zu sein glaubte. Fünf Jahre im Abseits. Schließlich in einem Keller überlebt. Arno Schmidt kam aus dem Feld, dem Graben, dem glühenden Panzer, der Uniform, die schon Tucholsky, viel zu mild, eine Affenjacke genannt hatte, kam vom alltäglichen Sterben, sinnlos dazu. Einer fragte Arno Schmidt später: „Sie mögen das Militär nicht?" Schmidt antwortete: „Ich würde mich schämen, es zu mögen." Sonst schwieg er zu diesem Thema. Die Ablehnung war absolut. Wir Literaten waren alle sehr aufgeregt. Wir litten alle unter dem Trauma: Dies nicht wieder! Schmidt unterschrieb, soweit mir bekannt, keinen der vielen Aufrufe guter Kellergeister. Ich merkte erst später, daß es töricht und beleidigend war, mich zu fragen, ob ich gegen Krieg und Bomben sei. Ich sagte es in meinen Büchern. Schmidt ging weiter. Des Menschen alte Gefahr war die Schöpfung, nicht die Last der Waffen, die er auf sein gebrochenes Rückgrat lud, die Krankheit schrecklicher Tode, die er über sich rief. Schmidt organisierte sich nicht in staatlicher Ordnung. Er machte aber klug seinen stillen Frieden mit ihr, vor seiner verschlossenen Tür, weil er seinen Frieden haben wollte. Alles andere war töricht. Ich trat keiner Gruppe bei. Die 47er betrachtete ich mit Sympathie. So gingen Schmidt und ich nicht Hand in Hand. Unser Verbund war imaginär. Wir wurden beide, als in Deutschland wieder Bücher erschienen, verwerfend kritisiert. Ich fand mich in einem Register der Pornographen. Über Schmidts „Aus dem Leben eines Fauns" urteilte ein alter Kämpfer für deutsche Dichtung: „Ein peinliches Buch. Es gab eine Zeit, in der solche Bücher als zersetzend bekämpft wurden." Sehnsucht eines Standesgenossen doch nach Leine und Maulkorb der Reichsschrifttumkammer. Die „Welt am Sonntag" spendierte mir an einem Sonntag eine Schlagzeile: „Ein Buch mit der Feuerzange anzufassen."

Ich bin Arno Schmidt zweimal begegnet. Es war in Stuttgart im Hauptbahnhof, später in der Wohnung eines Professors der Universität. Kurz vor oder kurz nach der Währungsreform. Alfred Andersch führte uns zusammen. Er leitete am Süddeutschen Rundfunk eine inzwischen legendär gewordene Sendereihe, das Radio-Essay. So wurde er der Arbeitgeber einer neuen deutschen, einer befreiten, im weitesten Sinne linken, da ungebundenen Literatur. Andersch ernährte uns. Schmidt trat ungeheuer groß in den Wartesaal, der, ich weiß nicht warum, an diesem Abend besonders düster war. Schmidt, ein Schatten unter Schatten, ein Riese, der er anderenorts nicht war. Ein Flüchtling auf der Suche nach einer Landwirtschaft, verloren in Ostpreußen oder in Schlesien. Er schien in einem langen warmen Mantel, den er nicht auszog, zu frieren und trank zu Magermilch verkommenen Kaffee. Vielleicht war es noch Muckefuck, „wir kapitulieren nie". Um Stuttgart herum wächst aber Wein. Ich hielt mich an ihn. Das neue Leben. Schmidt suchte, wie er erzählte, eine Stelle als Portier in einem großen Industriewerk. Er glaubte an die Zukunft der Industrie, er glaubte nicht an seine Zukunft als Schriftsteller. Automobile oder Baumaschinen sollten ihm Ruhe, Sicherheit, Wohnung und Brot geben.

Arno und Alice Schmidt reisten in jener Zeit auf einem Tandem über Land. Sie besaßen ein Zelt, in dem sie schliefen. Regen fiel auf sie. Sie stellten das Zelt in Wäldern auf, dämpften sich im Kessel Wurzeln, Kohl und Brennesselgemüse. Sie schleppten einen sehr alten Kohlenherd mit sich und brachten ihn in viele Wohnungen, die sie schnell wieder verließen. Dazu einen Sack Bücher, den sie, weiß Gott wie, transportierten.

Im Wartesaal schwiegen wir, wir zogen Andersch in unser Schweigen ein. Es war, als fasziniere uns die Tischplatte mit ihren Bierseen. Latrine zum Mittelpunkt der Erde. Ein schillernder Schaum das Reich der Literatur. Über den Professor, bei dem wir uns nach langer Zeit ein zweites Mal trafen, glaubten wir zu wissen, daß er und seine Schüler die Häufigkeit des Wortes „und" in unseren Büchern zählten. Wahrlich, wir machten Karriere und schwiegen weiter. Andersch war der Magnet, der uns in den Süden zog. Schmidt und ich sprachen Literatur in den schwäbischen Äther. Ein ziemlich autistisches Treiben. Die Entdeckung der Gertrude Stein für Süddeutschland, eine freundliche Landschaft. Die Rose blieb eine Rose, blieb eine Rose, eine Rose. Schmidt zog in die alten Zeiten mit Lupe und klopfendem Herzen, kam auf die unsterblichen Dichter, die die Welt tragen. Gespräche in der Gelehrten-Republik hoch über den Wolken. Das Universum war vernünftig nach unerkannten Gesetzen. Ich reiste „Nach Rußland und anderswohin". Das Radio-Essay rechtfertigte seinen anspruchsvollen Namen. Die Rundfunkhörer nahmen zu an Weisheit und Verstand.

Ich sah Schmidt nicht wieder. Da saß ein großer Mann in einem Gelände, das mir von Geburt an vertraut war, doch aus dem ich mich verstoßen hatte. Wiesen feucht und flach, schwarz-weiße Kühe, Häuser aus rotem Backstein, wie die Kirchen in den Hansestädten, die ich liebte und fürchtete, Torfrauch, Lichter aus kleinen Fenstern, Nebel, Krähen, Schnee, kein Wintersport, im Sommer Gewitterwolken vom Meer her, Blitzschläge oft auch im Winter, ein feste Burg aus

Büchern. Sie waren zwei. Arno und Alice. Wie stellte ich mir das vor? Zwei in einer Klause. Zwillinge als Einsiedler klar und stolz.

Arno Schmidt beobachtete den Nächsten auf seinen Gängen übers Feld durch sein Fernrohr, das er in der Hand oder umgeschnallt wie eine Waffe immer bei sich trug, auch zuhause hinter dem Fenster. So kam er ihnen nahe. Das Fernglas und sein Herr produzierten Röntgenstrahlen, holten sich Herz und Hirn der Leute. In seinen Büchern brannte ein Herbarium. Er kannte sein Deutschland. Er wurde den Nachbarn unheimlich. Manche wurden in ihren Kleidern von der Stange, unter Hüten, Mützen, Kopftüchern des kleinen Mannes und der kleinen Frau, mit Schmidtschen Trieben, Lüsten, Sehnsüchten, Wünschen, Verdammnis ausgestattet. Fabelmädchen aus ländlichen Supermärkten. Die Erotik eines Voyeurs. Photographien mischten sich in Träume. Manchmal schlug ihm selbst das Herz aus Stein. Keine unglücklichen Lieben. Er schlief mit den Dichtern, mit denen er fremd ging. Floh oder zog sich zurück in Gedanken, Weiten ohne zu reisen. Erreichte den Mond vor den Astronauten. Er, der Plattlandbewohner, beschrieb mit den Augen des alles wahrnehmenden Mannes in der Menge aus der kostbaren Geschichte von Edgar Allan Poe ein gänzlich irrsinniges New York, in dem er nie gewesen war, das aber den Leser, der New York kennt, überzeugt. Ich glaube, Kant, der Königsberg nie verließ, hat einmal seltsam die Stadt London beschrieben. Baudelaire sagte, man muß nicht nach Indien fahren, um von Indien zu erzählen. Dann Sitara, Karl May, die Biographie einer Existenz gegen jede Norm und zugleich, nach Schmidt, eine Studie über Wesen, Werk und Wirkung von Literatur. Wer hätte das gedacht? Eine Zuneigung mit Abgründen. Irgendwo eine Wahlverwandtschaft. Nicht über Goethe. Erfüllung von Knabenträumen und die verbotene Kammer aus dem Märchen, die man nicht betreten darf. Der Wilde Westen in einer Villa in Sachsen, ein Besessener auf einem alten Ledersofa mit Milchkaffeeflecken, gegen Abend Whisky. Die Romantik der Prärie umhalst das Lied von den blauen Bergen, der nie gefundene geliebte Freund im Panorama des Völkermordes an den Indianern, die Heimat der Tiere zerstört, in die Schlachthäuser Chicagos getrieben, und auf Laufstegen der Haute Couture tragen die schönen Diebinnen das weiche Fell von Wolf und Bär und Hund zu Markt. Karl May und Arno Schmidt erreichen ihr Arabia Deserta. Zwei glückliche Männer, hinter Butzenscheiben und Blumentöpfen die Wüste. Ein weites Feld.

Ich will nicht von Zettel sprechen. Schmidt ist dies alles und zu schwer. Wer im Bett liest, ist unter Zettels Traum begraben. Das Buch läßt an den Stein denken in Zettels Garten. Arno und Alice Schmidt unter dem Stein begraben. Wenn Zettel weiterträumt ... wenn Zettel weiterträumt ... Schmidt ist nicht tot.

Ich war also in Bargfeld. Leben in der Hütte. Leben auf der großen Wiese. Leben auf feuchtem Grund. Katzen begrüßen mich. Entzückende Katzen, sehr zärtliche, liebe Geschöpfe. Sie saßen einmal neben dem Dichter auf der kleinen Veranda vor der Haustür. Baudelaire nannte sie die Totenrosse des Hades. Boten schon? Schützen sie nun den Stein, das Grab? Sie bekommen ein Deputat an Milch. Ein Vermächtnis von Frau Alice. Sie sprach oft mit den schmeichelnden Hausgenossen. Sie hörten ihr schnurrend zu. Dachten an das alte zerstörte Niltal. Ein Haus aus Büchern für Bücher. Bücher bis unter die Balken eines schwachen Daches. Eine Bibliothek unvergleichbar jeder anderen. Sprachen nach Babel. Urlaute. Trümmer einer Trümmerstadt, Vergänglichkeitssymbol und doch das Wunder der großen stillen Lesesäle, vorläufig gerettet. Die Bücherei eines Dichters, eines Gelehrten, eines Sammlers, des Sonderlings. Schmidt wohnte in einer Lesemaschine, utopisch und antiquarisch. Sie war auch das Bett, wenn die Augen ermüdeten. Als Bett sehr schmal, sehr kurz, wahrscheinlich unbequem. Schmidt muß sich unter der Decke kleingemacht haben vor den Geistern, die kamen. Saßen in einem alten Campingbus ohne Motor, fürchteten die Nachtgewitter. Viele Gesichter, Erdkunde, Wörterbücher, den Kopf zu stärken oder zu verwirren, dann Schriften, die keiner mehr kennt, Trivialliteratur aus dem Kaiserreich, ein Mann, der Rudolf Stratz hieß und viel geschrieben hat, „Die Frauen der Stoltenkamps", Schreibmaschinen jeder Größe auf vielen Tischen, in Mappen erste Versuche, Fragmente und das Wichtigste, tatsächlich, da sind sie, die berühmten Zettelkästen, Zettels Kästen, ehrfürchtig suche ich Staub, kein Staub, jemand wischt hier. Herr Reemtsma sagt mir, was auf den Zetteln steht, wurde oft wörtlich in die Bücher übertragen. Eine kleine Küche für Leibgerichte. Kochbuch von Puritanern ohne Glauben. Der alte, immer mitgeschleppte eiserne Herd, kaum Töpfe, wenig Geschirr. Schmidt aß oft im Stehen. Er hatte nie Zeit. Um vier Uhr früh begann sein Tag. Bis Mittag das Wichtigste, das Werk, dann wanderte Schmidt über Land. Das Fernrohr umgehängt, seine Waffe, sein Schleppnetz. Ein Bauer, jenseits des großen Ackers. Der Landmann an sich. Figur der Philosophen. Frau Schmidt gehörte dort ein ein Kilometer langes Land, einen Meter breit. Frau Schmidt hatte den Graben gekauft, dort lebende Wasser- und Sumpftiere zu retten. Ihr Reich sollte zugeschüttet werden. Abends saßen die Schmidts vor dem Fernseher. Nachrichten. Die Frösche quakten. Die Welt kam ins Haus, vor der diese Bewohner des Hauses sich verhüllten. Arno Schmidt entzückten leichtbekleidete Eisläuferinnen. Auf Kufen schwebten sie gleich Elfen durch den großen kleinen Raum.

Mich begeisterte nun Julia, Julia aus einem alten Bild in einem leeren Schloß. Unsichtbar springt Julia aus dem Rahmen, unsichtbar doch nicht für den alten

Mann, der sie liebt. Er ist der Liebende aus Platons Wort, in ihm ist der Gott, eine ewige Gestalt gleich dem Landmann aus Geschichte und Fabel. Er fühlt Julias kleine Hand warm oder kalt in seiner. Er hält sie fest. Sie ist dreizehn. Sie ist sein Wunder. Nach Schmidt erlöst die kecke, frivole, so betörende Kleine von all dem Betrug, der dem Alter ständig widerfährt, dem von Liebe und Sinnenfreude entleerten schmählichen langsamen Tod. Hundert Jahre will ihr Freund Julia ansehen und wird nicht satt werden von dem Anblick. Regieanweisung: in einen lichten Glanz gehüllt!

Ich denke mir eine Oper. Mozart, Beaumarchais, Da Ponte, auch Schikaneder, der Geld brauchte. Kaiser Joseph II. suchte eine deutsche Oper. Mozart schrieb „Die Entführung aus dem Serail". Der Kaiser war von dem Werk enttäuscht. Er sagte, „zu schön für die Ohren der Zeitgenossen", zu schön, zu bedenklich. Und in der „Hochzeit des Figaro" störte „die Unsittlichkeit des Stoffes". Das war schon die Revolution. Ich möchte Julia tanzen sehen. Julia ist das Requiem von Schmidt für Schmidt. Das Buch „Julia" enthält Schmidts letzte Zeile, für den, der lesen kann, ein Testament.

Doch sollte Schmidts Lebenswerk, von dem er immer und von jeher sprach, ein anderes Buch sein, eine Dichtung aus seiner Leidenschaft für Mathematik und Astronomie, in denen er die Ewigkeit des Weltgefüges erkannte. Der Roman eines sehr einsamen Liebhabers des ungenannten Gottes, Johann Hieronymus Schröter. Er lebte im Dorf Lilienthal bei Bremen. Dort hatten sie ihm eine Sternwarte gebaut und zerstörten, verbrannten das Haus, als sie ahnten, wie schlimm Himmelsforschung ist, daß Sternkunde Gesetze der Erdvernichtung birgt. Schröter hinterließ Beobachtungen über die physische Beschaffenheit der Planeten und des Mondes 1791. Schmidt wollte ein neues Universum schaffen aus der Kraft seiner Träume. Gottlos, liebend, schön. Es hat sich unter der Hinterlassenschaft des großen Meisters bisher kein Fragment der versprochenen Summe seines Seins gefunden. Vielleicht war es Zettels Traum.

★

Siegfried Lenz

Der Hafen ist voller Geheimnisse

Ein Feature in Erzählungen

Sprecher:

Sieh! Das ist der Hafen. Wähl dir einen Platz und sieh. Geh hinab auf den schlüpfrigen, schwankenden, schnalzenden Landungsponton ... tritt unter den gellenden Sturz der Möwen und erwarte die alte Fähre ... Oder geh auf die erdbraune Böschung hinauf ... da liegt er dir zu Füßen ... stell dich neben die Bank und sieh ... Geh auf die Pier, geh die saubere Rampe der Schuppen entlang, unter baumelnden, quietschenden elektrischen Birnen ... Geh vorbei an dem herrlich besoffenen finnischen Hilfsmaschinisten ... er träumt sich quallenschlüpfrig hinab, tätowiert mit Segeln und mit Meerjungfrauen ... Geh durch seinen Traum und weiter zur einsamen Spitze, die sie Kehrwieder nennen ... Geh durch alle Bestürzungen dieses Hafens, durch seine Labyrinthe und Wünsche ... Sieh seine Farben und Verzweiflungen, seine meermuschelige Erinnerung und seinen schwimmenden Traum. Wähl dir einen Platz und sieh ...

Wähle die Helling oder das rostige, rührende, meersalzerblindete Bulleye des längst pensionierten Leichters ... Wähle den rumorenden, tuckernden Tag, den sirenenzerrissenen Mittag ... Oder geh nachts in den Hafen ... unter dem milden, matten, margarinefarbenen Mond ... Geh und sieh, und du wirst eine Menge sehen ... tipp-toppe Kapitäne, die mit Wärmflasche schlafen, Ewerführer, Heizer, Stauer, Elektriker, zweite Offiziere und erste Offiziere ... Eine Fähre wird das athletische, aktentaschentragende Volk der Stauer von der Schicht bringen und alle Völker und Vergangenheiten werden dir begegnen ... Männer, Mädchen und Zöllner, Schweißer und Schlosser, Segelmacher, kleine und große Flittchen, Schaluppen und Schieber – du wirst sehen, was du nie gesehen hast ... Vieles wird in dein Auge stürzen – schnell, unwillkürlich und unerwartet ... das Gewicht und die Größe dieses Hafens wird spürbar werden, seine Preise und seine Poesie, sein Glück und sein Unglück, seine Magie und seine Maßlosigkeit. Wähl dir einen Platz und sieh. Wähle viele Plätze, und du wirst vieles sehen. Aber je mehr du siehst, desto entschiedener wirst du gewahr, was dir vorenthalten wird

... was der Hafen verschweigt und bemäntelt: der Hafen ist voller Geheimnisse. Es ist viel, was da geschieht, es ist eine Welt, die sich da ereignet ... Du magst alles sehen ... Aber du wirst nicht alles begreifen ... Und selbst, wenn du es begreifst, wirst du merken, daß ein Rest bleibt, klein wie ein Maiskorn vielleicht, vielleicht auch groß wie die ganze Welt.

Wähl dir einen Platz und sieh. Sieh auf die Geschichten da unten, auf die summenden, sonderbaren, seewindumzausten Geschichten, die sich gestern begaben, die sich da heute begeben und die sich da immer begeben werden: Geschichten unter dem Hafenmond, unter dem Mond des Herings und des Heizers und der landlüsternen Lords ... Geh auf den schwankenden, schnalzenden Landungsponton, weiter noch ... so. Sieh den Strom hinab, den trägen, bibelschwarzen, glucksenden Strom, der voller Geheimnisse steckt ...

Sieh und horch auf die Geschichten, auf die wahren, wunderbaren Geschichten dieses Augenblicks ...

1. Erzähler:

Es war Nacht, eine klare, kalte Nacht, und das Boot driftete kreisend und schwojend durch die Fahrrinne. Es war ein uraltes Segelboot, mit gefälltem Mast und absplitternder Farbe an der Bordwand, und es driftete langsam den Strom hinab. Es war kein Kopf zu sehen und keine Schulter, die Ruderpinne war festgezurrt, ohne Lichter glitt das Boot auf eine rote Fahrwasserboje zu, rammte sie mit der Breitseite, schob sich knarrend und scheuernd entlang und landete wieder im Fahrwasser. Und es kam ein Schlepper den Strom herauf, zog heran mit schäumender Bugwelle, ein Hochseeschlepper, gedrungene Kraft. Er bekam das Segelboot fast vor den Bug, und der Rudergänger des Schleppers stürzte hinaus auf die Brückennock, aber da war das Boot schon davongekommen und achteraus. Das alte Segelboot driftete weiter, und es kamen vier tiefgehende Schiffe die Fahrrinne herauf, Dampfer mit Koks und Kartoffeln und ein herrlicher Panamatanker mit einem Bug wie ein Felsen. Einige sahen das uralte, driftende Segelboot von der Back oder der Brücke, und sie rissen die Dampfersirene, und als das Boot seinen Kurs nicht änderte, feuerten sie Koksstücke hinab und Kartoffeln, aber auf dem driftenden Boot schien niemand zu sein. Es lavierte sich an jeder Schiffswand vorbei, stieß an und wurde abgestoßen, krängte gefährlich und kam immer frei. Und zuletzt trudelte es dem Bug des Panamatankers entgegen, er war schwarz und hoch, und wenn man unter ihm stand, schien er hinaufzureichen bis in den

Himmel. Es war ein Gebirge von einem Bug, das unfehlbar herankam, bedächtig und gleichmütig, und das verrottete Segelboot driftete ihm entgegen. Und dann war das alte Segelboot weg, ohne Knirschen und Brechen und so lautlos, wie ein Fisch sich bewegt, nur der Bug des Tankers war zu sehen, und der war groß wie ein Felsen und schob sich vorbei. Und als er vorbei war, schwamm das Segelboot wieder, es war nur zur Seite geschlagen und den mächtigen Schiffsrumpf entlang gestreift, und jetzt wurde es hochgeschlagen von der Hecksee des Tankers, und die Wellen brachen sich klatschend an seinem Heck. Und vielleicht wäre es weitergedriftet mit seinem Glück und seinem Geheimnis, vielleicht hätten es die Winde und die Strömungen fortgetrieben, unter den Küsten entlang, bis nach Sachalin oder Samoa. Aber da kam die Barkasse heran, eine schnelle Barkasse mit rauschender Bugsee: ihre Positionslichter wanderten schnell durch die Dunkelheit über den Strom. Und plötzlich flammte ein Scheinwerfer auf, grell und gnadenlos, und er fuhr über den Himmel und herab auf den Strom, und dann erfaßte er das einsam driftende Boot. Die Barkasse umrundete einmal das alte Boot, und dann ging sie längsseit und stoppte die Maschine, und zwei Männer befestigten das Boot mit einer Leine. Der Scheinwerfer glitt über es hin, und das alte Segelboot schien verlassen und herrenlos.

Die Barkasse der Wasserschutzpolizei trieb jetzt mit dem Boot auf dem Strom, und einer der Polizisten wechselte die Planken und sprang hinüber und versuchte, in die Kajüte einzudringen. Die Kajüte war verschlossen. Der Mann stieß ein Bordmesser in die Türritze, drückte es langsam und mit abgewandtem Gesicht zur Seite, das Messer bog sich, und die Tür gab nach und sprang auf. Der Niedergang war feucht und verrottet: der Mann schaltete seine Taschenlampe ein und stieg hinab, eine Hand auf dem Rohrblechgeländer. Er beobachtete den Lichtkegel der Taschenlampe, und das Licht glitt über die Wände und die triefende Decke der Kajüte und fiel dann auf den Boden. Über den Bodenbrettern stand Wasser, es stand knöchelhoch und schwankte und schwappte um einen Tisch. Im Wasser schwammen Äpfelreste und Biskuit-Büchsen und wallende, hin- und herflutende Papierstücke, und am Tischpfosten rieb sich eine schwimmende, aufgeplatzte Roßhaarmatratze. Das Licht fuhr den Tisch hinauf und zur Schlafbank an der Backbordseite, und dann bewegte es sich nicht mehr: es traf voll das Gesicht eines Mannes, der ausgestreckt auf der Schlafbank lag, barfuß und mit dem Rest eines Mantels bedeckt. Der Mann war alt, klein und ziegenbärtig, und er blinzelte in das Licht und hob eine Hand, um es abzuwehren. Aber das Licht ließ ihn nicht mehr los, und er verkniff sein Gesicht und begann auf einmal zu lächeln. Er lächelte vergnügt, ein bißchen selig und in sanfter Blödheit, er schien sich mit seinem Lächeln zu entschuldigen. Und nach einer Weile stützte er sich auf, griff nach seinen Galoschen und zog sie über die nackten Füße. Dann machte er eine Geste, groß und einladend, und plötzlich begann er zu reden. „Halloh, captain", redete er in das Licht, „have we landed already?"

Er sprach englisch mit einem abenteuerlichen sächsischen Akzent, und der Mann von der Wasserschutzpolizei erinnerte sich. Er erinnerte sich an den Alten, den sie vor mehreren Jahren aus einem wasserziehenden Boot geholt hatten, erschöpft und fertig, und er dachte daran, wie der Alte sich gegen seine Rettung zu wehren versucht hatte und wie er sie auf englisch verfluchte.

Er sprach nur englisch mit ihnen, obwohl er aus Sachsen stammte, und in seinem Schädel war nur der Gedanke an Louisiana, – er schlug um sich, im Hinblick auf Louisiana, USA, und als sie ihn überwältigt hatten und vor den Richter brachten, konnte ihn nichts auf der Welt bewegen, deutsch zu sprechen! Auch vor Gericht sprach er sein Englisch zu Ehren von Louisiana, USA. Daran dachte der Mann mit der Taschenlampe, als er den Alten auf der Schlafbank liegen sah. Und er antwortete auf englisch: „Yes, captain, we' ve landed. You' ve reached New Orleans' Harbour. It's time now." Und der Alte warf den Rest des Mantels, der ihn bedeckt hatte, auf den Tisch: eine panische Freude ergriff ihn. Er riß ein Schapp auf, zog einen Sack heraus und stopfte Brot hinein und einen Zinnteller und ein Paar Socken; sein Gesicht war erfüllt von wilder Genugtuung, seine rissigen Lippen zitterten, und dann reckte er sich hinauf zum Bulleye und flüsterte nach einem Blick in die Dunkelheit: „Yes, we soon are in Louisiana. Let's go."

Er verließ freiwillig die Kajüte, und die Männer halfen ihm hinüber auf die Barkasse und nahmen sein Boot in Schlepp. Und dann merkte er, daß man ihn hereingelegt hatte, und drei Männer waren nötig, um den Alten in seiner tobenden Enttäuschung zu halten: er verlangte sein Boot und seine Freiheit und die Einlösung seines Traums von Louisiana. Aber die Männer hörten ihn nicht und brachten ihn zum vierten Mal vor den Richter, und der Richter in seiner Weisheit forderte zum vierten Mal einen Paragraphen für Wasserstreicher. Doch da es so etwas nicht gab, mußte er den Alten wegen Landstreicherei rannehmen, wegen Landstreicherei auf dem Strom. Und der Alte vernahm alles geduckt und schweigend und mit der Unbeirrbarkeit und Unergründlichkeit seines Traums. Sie hatten ihm zum vierten Mal seinen Traum verwehrt, aber sie hatten ihn nicht zerstört, sie würden ihn niemals zerstören. Das Boot würde warten auf ihn, und Louisiana würde in seiner verzweifelten Ferne warten, bis er käme. Und als sie ihn hinausbrachten, lächelte er, und sein Lächeln war stolz und geheimnisvoll und listig:

im Frühjahr würde er zum fünften Mal auf die Reise gehen, mit demselben Boot und derselben Hoffnung, und er sog prüfend die Luft ein und murmelte: „I come later Louisiana. It's too cold now. I surely come later. Don't worry ... „Jetzt ist es zu kalt ... Ich komme später, Louisiana.

Sprecher:

Sieh, das ist der Hafen ... Wähl dir einen Platz und sieh ... Und du wirst Geschichten erfahren, die sich stets und immer begeben werden: Geschichten sind die geheimen, ungewogenen, ungezählten Reichtümer des Hafens, Geschichten von wunderbaren Narren und muschelbewachsenen Windjammern, von Schenken, Tauchern und Leichtmatrosen und der Garde mobile der biertrinkenden Damen ... Häfen sind die Speicher und Bühnen und die großen Umschlagplätze für Geschichten ... Odysseus' Geschichten haben sich über Häfen verbreitet ... sie langten vor ihm in den Häfen an: Geh in den Hafen und du wirst alle Geschichten der Welt erfahren ... Du wirst hören, was war und was immer sein wird ... denn alles reist mit den Kielen der Schiffe: die Zeit, das Geheimnis und die kleine, salzige, geschlossene Muschel des Schicksals ... Nur du am Hafen wirst die Geschichten hören ...

Geschichten von wasserstreichenden Hafenlöwen, oder eine Geschichte wie diese ...

2. Erzähler:

Ein Franzose kam rein, ein altes Schiff, schwarz und tiefgehend, er fuhr den Strom herauf, nahm den Hafenlotsen an Bord, den Zoll und den Arzt. Er nahm sie auf, ohne die Fahrt zu stoppen, zog groß und wunderbar an den Schuppen vorbei, ein wandernder Berg, und im vorgesehenen Hafenbecken rief seine Sirene die Schlepper, um mit ihrer Hilfe zu drehen. Zwei Schlepper schäumten heran, der eine ging unter den Bug, der andere drehte nach achtern; die Schlepper schoben sich über den Achtersteven ran an den schwarzen, gewaltigen, alten Dampfer, Rufe erklangen, auffordernd und unverständlich, und dann ratterten heiß und kurz die Winschen oben auf dem Franzosen, und eine Stahlleine fiel baumelnd und schlappend herab. Auf den Schleppern holten sie die Stahlleinen ein, belegten den Sliphaken und zogen langsam an, während sie zogen, hing ihr Blick an der Leine: die Leine schnellte mit ihrer langen Bucht aus dem Wasser, alle Lose kam raus, sie wurde starr und straff und eine fürchterliche Kraft setzte sich in ihr fort. Als ob die ganze Welt an ihr hinge, so sah die Leine aus, sie drehte sich und knirschte, und sie zitterte unter dem gigantischen Zug und Gewicht, und die Schlepper krängten vor ungeheurem Druck, während sie in herrlicher, geduckter und gedrungener Bereitschaft schleppten. Sie schleppten das Schiff vierkant an die Pier, slippten die Stahlleinen und rauschten davon in die Dunkelheit des Hafens, nachdem das Leinenkommando die Poller belegt hatte. Und jetzt brachten sie eine Gangway aus auf dem schwarzen französischen Schiff, und über der Gangway befestigten sie eine grelle, drahtverkleidete elektrische Lampe: die Gangway hob und schob sich fortwährend, sie nahm die sanften, behäbigen Bewegungen des Schiffes auf, und die Lampe schwankte.

Und dann traten die beiden gutgewachsenen Posten vor das Schiff, sie gingen nach vorn und nach achtern, sie rauchten und beobachteten das Deck des Dampfers, und wenn jemand von Bord ging, tauchten sie an der Gangway auf und sahen ihn genau und unverzüglich an, bevor sie ihn passieren ließen. Sie hatten alle von Bord gelassen – bis auf einen. Alle waren ihnen gleichgültig – bis auf den einzelnen, reglosen Mann oben am Schornsteindeck: er war groß und schmalschädelig, sein Anzug schäbig; er trug eine stahlgefaßte Brille, und sein Gesicht war gezeichnet durch eine kranzförmige Narbe am Kinn. Und er stand allein oben im Schatten des Schornsteins und beobachtete die Posten auf der Pier. Er wußte, daß sie nur seinetwegen vor dem Schiff aufgezogen waren, er war an den Anblick von Posten gewöhnt, und er hatte sie auch jetzt erwartet –: sie gehörten zu seiner Gegenwart und zu seiner Erinnerung. Sie waren in allen Häfen erschienen, in die ihn das alte, schwarze französische Schiff gebracht hatte, sie hatten sich so rechtzeitig eingefunden, daß seine Ankunft über weite Entfernung gemeldet worden sein mußte, und er hatte die Posten in vielen Häfen abziehen sehen, sobald die Leinen des Schiffes losgeworfen waren.

Er beobachtete sie reglos aus dem kurzen, schrägen Schatten des Schornsteindecks, und er wußte, daß sie ihm nichts anhaben würden, solange er auf dem Schiff blieb – sie würden nur auftreten, sobald er das Schiff verlassen wollte. Und während er bewegungslos dastand, mit fast geschlossenen Lidern, war er wieder der Erinnerung ausgesetzt, und er sah den wilden Augenblick wieder, den entscheidenden Augenblick, der fast ein Jahr zurücklag und der sich immerfort einstellte: er erlebte die panische Sekunde, als er dies Schiff betrat, auf der andern Seite der Welt, im heißen Hafen von Macao. Er erlebte sie nah und genau, und er dachte an die, denen er entkommen war durch seine Flucht. Und er dachte an den Augenblick, als sie ihn entdeckten und er seinen Namen nannte und seinen akademischen Titel, und als niemand ihm glaubte, weil er keine Papiere hatte. Und er sah alle Häfen vor sich, in denen man ihm verwehrt hatte, zu landen; in seiner Erinnerung sah er Boston, Southampton und Istanbul, und an jeder Pier die Posten, nachts und unter sengender Sonne. Er hatte hundert Häfen berührt, hatte sie im Licht gesehen, im flirrenden Mittag und in großer Nacht, aber alle Häfen, durch die er gegangen war, hatten nur eine Erinnerung für ihn: sie hatten ihn, wo er auch landen wollte, zurück- und abgeschoben, sie hatten ihn weitergeschickt um diese Welt, und das alte, schwarze, französische Schiff hatte ihn durch die Meere getragen und die Ströme hinauf zu den Häfen, und er hatte Küste und Küste gestreift und kein Land unter den Fuß bekommen.

Die Posten traten jetzt an der Gangway zusammen und unterhielten sich. Die Nacht war kalt, und der Mann im Schatten des Bootsdecks ging den Niedergang runter und öffnete eine Tür. Als Licht durch den Türeingang fiel, sahen die Posten herauf, aber der Mann war schon verschwunden. Er ging nach unten, ins Vorschiff, wo sie ihm zu schlafen erlaubt hatten und wo er für sie arbeitete, und er erschien während der Nacht nicht mehr an Deck. Er erschien auch am nächsten Tag nicht an Deck, er hatte durch das Bulleye die Posten gesehen – es regnete, und die Posten trugen graue Regenmäntel. Während des ganzen Tages löschte das Schiff Stückgut, und der Mann blieb unter Deck und schäkelte das Lastennetz ein und fegte den Laderaum. Und am Abend deckten sie die Ladeluken ab und riefen die Schlepper.

Und jetzt ging der Mann hinauf in den Schatten des Schornsteindecks und beobachtete reglos die Posten. Sie standen auf der Pier, rauchten und unterhielten sich und sahen zu, wie die Gangway des Schiffes eingeholt wurde und die drahtvergitterte Lampe. Und plötzlich durchlief ein schweres Zittern den schwarzen Körper des Schiffes, die Maschinen begannen zu arbeiten, und die Sirene rief aus der Dunkelheit des Hafens zwei Schlepper heran. Und dann warfen die Posten auf Zuruf die Leinen von den Pollern los, die schweren Stahlleinen klatschten ins Wasser, wurden an Deck eingeholt, und gleichzeitig steckten sie andere Leinen für die Schlepper durch. Und während die Männer auf den Schleppern mit Bootshaken die Leinen aufnahmen und sie auf die Sliphaken legten, trat der Mann aus dem Schatten des Schornsteindecks. Er blickte hinab auf die Pier, er beobachtete den bedächtig zunehmenden Abstand zwischen Pier und Schiffsleib und die Posten, die sich auf das Gestänge eines Krans gesetzt hatten. Und dann ging er den Niedergang herab, weiter im Schatten der Rettungsboote, bis auf das stumpfe Heck des Schiffes. Er stand an einer Stelle, wo sie die Reling umgelegt hatten für das Manöver, er stand unbemerkt da und sah hinab auf den breiten, gedrungenen Schlepper, der mit kurzer Leine anzog. Der Schlepper lag nicht weit unter dem Heck des Schiffes; es war nur der Rudergänger an Bord, der Heizer und der Mann mit dem Bootshaken in der Hand. Und er blickte auf den Mann unten und dachte an die hundert Häfen, die er gestreift hatte; er dachte an den panischen Augenblick in Macao und daran, daß dieser Augenblick ein ewiges Urteil für ihn enthalten sollte, und ein Blick von schneller Gier fiel auf das Land, das nur mit der Erinnerung an die Posten zurückblieb. Die Posten waren jetzt nicht mehr zu erkennen, und auf dem Deck waren alle beim Klarmachen und Aufschießen der Leinen, es war eine sternlose Nacht. Und er trat ruhig auf die Bordkante des Schiffes, und als die Sirene den Schleppern ein Zeichen gab, sprang er und landete gut an der Breitseite des Schleppers. Er schoß hinab in das schwarze, schmierige, eiskalte Wasser, arbeitete sich wild empor, und er brauchte nicht zu rufen und kein Zeichen zu geben, denn der Mann mit dem Bootshaken hatte seinen Sprung gesehen. Als seine Hände austauchten aus dem Wasser, war die Spitze des Bootshakens genau über ihm, er ergriff sie beim ersten Versuch, und der Mann auf dem Schlepper zog ihn heran und holte ihn schweigend und mit ungeheurer Anstrengung an Bord. Er schickte ihn wortlos runter in die Kajüte und starrte auf die Leine und den Sliphaken, und manchmal sah er zum Schiff hinüber, aber da hatte niemand das Verschwinden des Mannes bemerkt. Der Schlepper bekam jetzt ein ungeduldiges Zeichen mit der Sirene, mehr und stärker achteraus zu ziehen, denn das Schiff schwojte plötzlich auf die Pierkante der Beckenausfahrt zu. Dann bekam er das Zeichen zu stoppen, und der vordere Schlepper zog mit aller Kraft, aber das alte, gewaltige Schiff kam immer näher an die Pierkante heran. Der achtere Schlepper krängte heftig nach Steuerbord, die Leine hing kurz und fürchterlich stramm, und der Schlepper, der seine Maschine gestoppt hatte, wurde hineingerissen in die schwojende Bewegung. Er krängte schon vierzehn und sechzehn Grad nach Steuerbord, und sie überlegten schon, ob sie die Leine slippen sollten, aber von der Brücke des Schiffes kam keine Aufforderung. Und dann schlug die Schraube des Schiffes an, schnell und unvermutet, schlug an auf voraus, um das Schwojen des Schiffes aufzufangen. Und während sie gewaltig, mit ihren Spitzen in der Luft, unter dem Heck wirbelte, wurde der achtere Schlepper über die kurze Leine zur Seite gerissen, das Ruder konnte die Bewegung nicht mehr auffangen: er kippte über die Steuerbordseite weg, das Ruderhaus klatschte ins Wasser, der Mast, er kenterte in einem Augenblick und trieb kieloben. Der Ruderhaken, der Mann am Sliphaken und der Heizer wurden gerettet.

Sprecher:

Der Hafen ist voller Geheimnisse ... Du kannst ihn auch anders erfahren, du kannst hingehen und lesen, was in den schwellenden, stimmigen, irrtumslosen Statistiken steht ... wieviel Dampfer hereinkamen und wieviel den Hafen verließen, was sie löschten und luden, und was ein Stück Kaimauer kostet, ein Liegeplatz oder sogar der künstliche Zahn eines Fruchtdampferkapitäns ... Und du kannst hören, mit wieviel Häfen der Welt gerade dein Hafen verbunden ist, wieviel Tonnen er umschlägt im Jahr und welche Bücher die Lords in der Freiwache lesen – wenn sie lesen. Das macht die Statistik sauber und penibel und alles fein und übersichtlich, und es kommt immer eine Summe raus unterm Strich ... Aber Statistiken bluten nicht, das wirst du im Hafen bald merken. Wenn du sie hier liest, wirst du keinen Schlag vor die Brust bekommen, du wirst kein Würgen verspüren, kein Mitleid, dein Herz wird gleichgültig bleiben unter dem warmen Jackett, und was du findest, werden Zahlen sein. Natürlich gehört auch die Zahl zum Hafen, sie verkürzt die Liegezeit der Schiffe, sie bewirkt viel ... aber die Zahl ist nicht der sublimste Reichtum des Hafens ... Horch ... wie im Hafen die Zeit vergeht ... Geh nach vorn, bis zur Helling und schau hinüber zum Taucherprahm ... Er ist verankert im Strom, und sie machen zwei Taucher fertig zum Runtergehn. Sieh ihnen zu, ihnen und dieser Geschichte:

3. Erzähler:

Es war ein Frühlingstag, als sie den Taucherprahm über dem gesunkenen Munitionsschiff verankerten: die Luft war mild und das Wasser des Stromes klarer als sonst. Der kleine Munitionsdampfer lag noch vom Krieg her da, er hatte sich selbst geflutet, er hatte sich mit all seinen Bomben und 15 cm-Granaten selber auf Grund gesetzt, um während eines Angriffs nicht die anderen Schiffe zu gefährden. Und er saß senkrecht auf Grund, man konnte seine Umrisse durch die Klarscheibe erkennen – er lag da wie ein toter Wal, der in rätselhaftem Entschluß seichtes Sterbewasser gesucht hatte: Todesgrund.

An einem Frühlingstag wollten sie mit der Bergung beginnen, der Prahm ging hinaus und neben dem Prahm lag die breite, vieltragende Schute. Sie hatten alles vorbereitet zur Bergung der Munition, das Stahlnetz und der Flaschenzug hingen schon am Ladebaum, und jetzt machten sie die beiden Taucher fertig zum Runtergehn. Die Pumpenmänner und der Signalmann stülpten den Tauchern die Helme auf, herrliche Helme aus getriebenem Kupfer, sie leuchteten in der Sonne. Dann schraubten sie das Kopfstück mit dem Schulterstück zusammen, setzten die Fenster ein und schraubten auch sie zu, und die Männer unter den Taucherhelmen waren jetzt allein und stimmlos und getrennt von der Welt über dem Wasser. Ihre Gesichter sahen ernst und gespannt aus hinter den vergitterten Scheiben des Helms, und sie zeigten keine Bewegung und spiegelten kein Gefühl, als der Signalmann mit den Zusatzgewichten kam und sie auf ihrer Brust befestigte.

Sie hatten alles besprochen, die fünf Signale mit der Leine und die Tragkraft des Netzes, sie wußten, was sie zu tun hatten unten im Munitionsdampfer. Und dann gingen sie schwer und schleppend zur Einsteigleiter, und die oben blieben, gaben ihnen den leichten, guten Schlag auf den Helm, und der erste Taucher wälzte sich in den Strom. Er drückte mit dem Kopf auf das Überdruckventil und sank, langsam und sanft treibend, und als er hinaufsah, entdeckte er gegen das Licht die Silhouette des anderen, der ihm nachkam. Sie sanken tiefer hinab und landeten auf dem Deck des kleinen, schäbigen Munitionsdampfers: sie landeten dicht beieinander und versuchten, sich anzusehen hier in der trüben Tiefe, und der Junge tastete nach der Hand des Tauchmeisters und folgte ihm. Der Junge tauchte zum ersten Mal nach Munition, man hatte ihm den Querschnitt des Dampfers gezeigt, sein genaues Modell mit den Kammern für die 15 cm-Granaten, und er hatte das Modell studiert wie einen Gegner. Und vor längerer Zeit war der Meister noch einmal allein unten gewesen und hatte den Dampfer sorgfältig abgesucht, und der Meister hatte einen unerhört zuverlässigen und abschätzenden Blick für ein Wrack.

Jetzt war der kleine Munitionsdampfer dran, er war fällig geworden. Sie rutschten über das Deck, zögernd und wachsam, als könne ihre Wachsamkeit etwas ausrichten und ihnen helfen, falls etwas geschah. Und von Zeit zu Zeit hatten sie ein furchtbares, mahlendes Geräusch im Schädel, und der Meister allein wußte, daß dies Geräusch von der Schraube der Schiffe oder Schlepper herrührte, die oben vorbeizogen. Der Junge spürte einen Druck auf dem Trommelfell, er machte Schluckbewegungen, sammelte Speichel auf seiner Zunge und schluckte ihn herab, und als der Druck dauerte, preßte er sein Gesicht gegen das Helmfenster und atmete heftig durch die Nase aus. Er tat es solange, bis es in seinem Ohr deutlich knackte und das Trommelfell wieder entspannt war.

Sie drangen vor bis zu den Aufbauten und glitten zur Brücke, sie wollten zuerst ins Kartenhaus rein, aber das Schott hatte sich versetzt und sie mußten es aufbrechen. Jetzt schaltete der Meister die Handlampe ein, – er arbeitete fast immer ohne Handlampe – aber diesmal schaltete er sie ein, weil er etwas suchte. Er leuchtete langsam das ganze Kartenschapp aus, und plötzlich zeigte er mit der Hand auf eine aufgebrochene, stählerne Spindtür und machte ein Zeichen. Es war ein kurzes, bedeutungsvolles und resigniertes Zeichen, ein rasches Abkippen der Handfläche nach außen, und der Junge hatte dies Zeichen gesehen und wußte, daß sie nicht die ersten waren auf dem schäbigen, kleinen Munitionsdampfer. Der Meister leuchtete in das aufgebrochene Spind hinein – es war leer. Und sie arbeiteten sich wieder zum Deck hinab, zur vorderen Ladeluke, und gaben den Männern auf dem Prahm ein Zeichen, das Stahlnetz langsam runterzufieren. Der Junge blickte hinauf und sah, wie das Netz in den Spiegel des Stromes einbrach und sich geheimnisvoll und lautlos zu ihnen herabsenkte auf das Deck. Sie mußten dem Netz ausweichen, und sie fingen es ab und breiteten es aus. Dann trieben sie hinab in die vordere Munitionskammer. Und während der steten, sinkenden Bewegung dachte der Junge an Bleikappen, und an die Säure, die das Blei angreift und sich unermüdlich hindurcharbeitet bis zum Zünder, und er dachte an die Torpedoköpfe draußen auf der gesperrten Halbinsel –: sie hatten sich in einer Nacht selbst entzündet, in jener Nacht hatte die Säure das Blei durchstoßen, und eine gewaltige Explosionswelle war über den Strom gerollt. – Obwohl er zum ersten Mal nach Munition tauchte, fühlte er alle Gefahr und alle Bedrohung; er war noch nie in seinem Leben nach Munition runtergegangen, aber er kannte alle Möglichkeiten des Unheils. Plötzlich stieß er mit der Schulter an, er streckte die Hände aus und ergriff einen Deckel, und er hielt ihn fest und lauschte in das Luk hinab. Er spürte sein Herz und den Druck des Wassers, und er machte schnelle Schluckbewegungen, um den Druck auszugleichen. Einen Meter unter sich ahnte er den schwarzen Berg von 15 cm-Granaten, er glaubte sie zu sehen, obwohl er nichts sehen konnte: liebevoll gestapelt und sauber verteilt mit der unendlichen, gewissenhaften Sorgfalt, die man nur für 15 cm-Granaten aufbringt, eine Pyramide, zusammengetragen mit gespenstischer Zärtlichkeit. Er glaubte die Granaten zu sehen, und er glaubte auch die zu sehen, die die Granaten hier aufgeschichtet hatten, und er dachte daran, daß er unten war, um sie in das Netz zu legen und den Haken des Flaschenzugs zu befestigen. Und er ließ den Deckel los und ging tiefer. Er ließ sich hinab, bis er auf dem Boden des vorderen Luks stand und den Meister ertastete, und als er ihn an der Hüfte berührte, flammte die Handlampe auf. Der Schein wanderte durch den Laderaum, stieß an die Bordwand, lief nach allen Seiten: der Laderaum war leer! Sie durchsuchten das ganze Vorderschiff, leuchteten alles aus und brachen überall ein – der kleine, schäbige Munitionsdampfer war leer. Der Junge stand jetzt neben dem Tauchmeister und er bemerkte, daß die Hand des Tauchmeisters einmal nach außen abkippte. Sie waren hier nicht die ersten.

Dann tauchten sie auf. Sie blieben eine Zeit auf halber Tiefe, um den Druck auszugleichen, dann kamen sie neben dem Prahm an die Oberfläche, trieben rücklings im Wasser und wurden an Bord geholt. Die Pumpenleute schraubten ihnen die herrlichen, kupfernen Helme ab und legten sie auf das Deck; sie leuchteten in der Sonne. Und der Meister sah auf die Helme herab und sagte: „Sie waren schon hier, Junge. Sie kommen nachts her mit einem kleinen Boot. Und sie gehn runter, Junge, in all der Dunkelheit und ohne Helm und arbeiten unten. Sie haben U-Boote ausgebaut mit Tauchgeräten nach Hausmacherart, sie haben tonnenweise Batterien ans Ufer geschleppt und sie haben auch Granaten rausgeholt. Sie haben Geld gemacht, soviel wie wir nicht in zehn Jahren verdienen. Die zahlen dem Tod Provision. Du triffst keine Männer auf der ganzen Welt, Junge, die so sind wie sie. Sie beißen einen Torpedo auf, wenn es sein muß, oder hängen sich eine Mine an die Uhrkette. Ich sage dir, Junge, auf der ganzen Welt triffst du keine Männer wie diese."

Sprecher:

Das ist der Hafen: ein Reservoir für Geheimnisse, ein Umschlagplatz für Geschichten, ein Rendezvous der Welt ... Geh hinab auf die Pier, die Schuppen und Kneipen entlang, geh über die Decks der Schiffe und an der Werft vorbei, wo sie die alten, raunenden, meerwinderfüllten Dampfer abwracken: – du wirst es überall spüren ...

In den Häfen brechen sie aus, hier erlebst du den Aufbruch von großen Vaganten, von Weltumseglern, Abenteurern und träumenden Toren ... von Männern, die anderen entfliehen wollen, und von solchen, die sich selbst entfliehen möchten ... Hier, im Hafen, machen tausend Leben und tausend Biographien ihre Bilanz, hier schließen sie ihre Rechnungen ab und hierher kommen sie zurück und suchen nach den verlorenen Anfängen ... Und zwischen Aufbruch und Rückkehr geschehen weitere Geschichten, Hafengeschichten ...

Hier, unter dem violetten Zischen der Schweißbrenner, dem Tuten der Sirenen und dem Fluchen der Stauer, unter dem kreischenden Sturz der Möwen und dem Rufen besoffener Lords – in all der menschlichen Herrlichkeit von Arbeit und Vergessen, von Wagnis und Gesang, hier wirst du die Welt vorfinden, ihre Essenz, ihren zerlaufenden Spiegel. Dreh dich langsam zur Seite wie der wandernde

Lichtstrahl des Leuchtturms ... Dreh dich wie das Radargerät oben am Mast des australischen Dampfers, wende nur deinen Blick, und du wirst eine andere Geschichte sehen ... Und vielleicht wird es eine Geschichte sein wie diese ...

4. Erzähler:

Unter Mittag warf das holländische Motorschiff „Willem" die Leinen los und verließ ohne Schlepperhilfe das Hafenbecken. Es lief mit langsamer Fahrt den Strom hinab, tuckernd und tiefgehend, und außer dem Rudergänger war nur ein Mann an Deck. Er stand achtern beim Flaggenstock, die Hände auf die Reling gestützt, und er blickte zu den Werften hinüber, wo schrille, tackende, ratternde Arbeitsgeräusche erklangen. Und während das Küstenmotorschiff weiterglitt, wurde auch sein Blick von der Werft mit all ihrer Arbeit abgezogen, der Blick des holländischen Leichtmatrosen Piet Oppenkouter glitt das befestigte, betonverankerte Ufer entlang – ein ruhiger, abschiednehmender Blick. Und dann sah er das Mädchen, er sah es von der Mitte des Stromes, ein Mädchen im grünen Kleid. Es stand am Ufer auf einem Zementsockel, stand allein da unter dem flachen, verhangenen Horizont, und es blickte herüber. Und plötzlich bemerkte Piet, daß das Mädchen die Hand hob und winkte, es war ein langsames, nachdenkliches Winken, und Piet Oppenkouter zögerte anzunehmen, daß dieses Winken ihm galt. Er blickte zum Ruderhaus hinüber, aber der Rudergänger hatte seine Augen voraus, und dann versicherte er sich, daß sonst niemand an Deck war außer ihm: das Winken galt ihm, Piet Oppenkouter, dem rothaarigen holländischen Leichtmatrosen auf dem Küstenmotorschiff „Willem". Solange er fuhr – und er war über ein Jahr an Bord, – solange er unterwegs gewesen war mit der „Willem", hatte ihm allein noch nie jemand so ausdrücklich gewinkt. Und er sah schnell zu dem Mädchen zurück, das immer noch winkend auf dem Zementsockel stand, und er winkte zurück.

Und das Mädchen stand lange und aufrecht da, allein unter dem flachen Horizont, und sie winkten einander so lange zu, bis sie ihren Blicken entschwunden waren.

Und der Junge fuhr an den Küsten hinauf bis nach Schottland, sie hatten wenig Fracht und ihre Arbeit bestand nur im Rostpicken und Farbewischen und Nachdenken, und Piet Oppenkouter, rothaariger, verstockter Leichtmatrose, dachte immerfort an das Mädchen. Er sah sie in dem grünen Kleid auf dem Zementsockel stehen, ein paar hundert Meter entfernt, und er sah ihr nachdenkliches, nie zu Ende gehendes Winken und hatte sich genug versichert, daß es nur ihm galt. Und dann brachte sie ein Auftrag wieder in diesen Hafen zurück, und obwohl er Freiwache hatte und auf Vorrat schlafen mußte, stand er wieder auf dem Achterdeck neben dem Flaggenstock und blickte voraus. Dann kam die letzte Biegung des Stroms, und er legte sich weit über die Reling vor Ungeduld, um den Zementsockel auszumachen. Es war Mittag, als sie die Werften passierten, und zwischen ihnen, auf dem Zementsockel, entdeckte er das Mädchen wieder: es stand starr und seltsam feierlich auf dem Sockel, ohne zu winken. Es blickte nur herüber zum Schiff, und der Junge an der Reling starrte betroffen zu ihr hin. Aber plötzlich begann sie zu winken, so, als ob sie ihn erkannt hätte, sie winkte versunken und grüblerisch, und er nahm das Winken auf und lief an der Reling entlang und winkte zurück. Er war sicher, daß sie ihn wiedererkannt hatte, und er winkte solange, bis das Schiff hinter den Werften verschwand.

Sie machten fest und nahmen Koks für Schweden an Bord, und als sie ausliefen, waren sie im Kielwasser eines englischen Passagierdampfers. Und der rothaarige Junge entdeckte schon von weitem das Mädchen auf dem mächtigen Zementsockel, er sah es reglos zu dem Passagierdampfer hinüberblicken, ohne sich zu bewegen, ohne zu winken. Und dann waren sie querab, die „Willem" lag genau auf der Höhe des Mädchens, und bevor Piet seine Hand gehoben hatte, sah er schon, daß sie ihm winkte. Und jetzt wußte er, daß das Winken ihm galt, ihm allein, dem rothaarigen Leichtmatrosen Piet Oppenkouter.

Und sein Schiff fuhr die Küsten Europas entlang, Wochen und Monate, und wenn er zurückkam in diesen Hafen, stand das Mädchen da und winkte, winkte ihm allein. Und wo immer er war, dachte er an sie, und wann immer sie Order erhielten, diesen Hafen anzulaufen, bereitete er sich auf das Ereignis des Winkens vor: ihm war zumute, als ob er heimkäme, obwohl er das Mädchen nie gesehen hatte. Er gab ihm einen Namen, während er unterwegs war, er setzte sich hin während der Freiwache und schrieb Briefe, Briefe, die niemals den erreichten, dem sie zugedacht waren – und jedesmal, wenn er sie am Ufer gesehen hatte, forschte und grübelte er danach, woher sie das Datum ihres Einlaufens erfahren hatte. Und in einem Herbstnebel hatten sie eine leichte Kollision auf dem Strom, der Steven wurde verbogen, und die „Willem" ging für einige Zeit ins Dock: die Besatzung nahm Urlaub. Und der Junge ging an den Werften vorbei, gemächlich und versonnen, er ging allein die Straße hinauf, die ein Stück neben dem Strom lief, und dann fand er den großen schrägen, unvergeßlichen Zementsockel. Er war leer. Piet ging hinauf bis zur vorderen Kante und blickte über den Strom, er blickte einem Schlepper nach, der mit großer Kraft vorbeirauschte, kleiner und kleiner wurde und zur Mündung des Stromes hin verschwand. Dann sprang er hinab auf das Ufer und sah zu dem kleinen, ziegelroten Haus auf dem Sandhügel hinüber, und unvermutet ging er den weichen Weg hinauf. Er ging zur Tür und überlegte nicht einmal, was er sagen würde, wenn die nußbraune Tür sich öffnete. Und der Junge klopfte an und zog die saubere Schiffermütze vom Schädel, er stand rothaarig und groß und rasiert auf der zementgegossenen Treppe und wartete. Und auf einmal öffnete sich die Tür, der Spalt wuchs, und er sah zuerst eine Krücke mit einem Gummiabsatz, und dann eine Hand und schließlich das Mädchen. Und das Mädchen lächelte. Der Junge ging die Treppe hinauf und gab ihr die Hand. Sie stand blaß und leicht und mit traurigem Lächeln vor ihm, und als er das Lächeln aufnahm und nicht zurückging und stehenblieb, sagte sie: „Der Tee ist noch warm, wir wollen hineingehen." Und er nickte und ging hinein.

Sprecher:

Geh hinab in den Hafen und schau auf deine Stadt ... schau auf dein Land und deinen Strom und die Lichter über den schwarzen Häusern ... Eine große Stadt, wirst du denken, eine reiche Stadt ... der Gott des Handels ist polizeilich in einer Hafenstadt gemeldet ... Denn über Meere und Ströme segelt großer, geheimnisvoller Gewinn heran. Er ist auf Karavellen in die Häfen gekommen, auf Koggen und Kaperschiffen, auf Schonern und Leichtern und Briggs, er kam auf Fregatten, Korvetten und Trawlern, und heute zieht legendärer Gewinn mit gigantischen Tankern herein, mit vielfassenden Frachtern und schneeweißen Fruchtdampfern ... Und wenn du entlangstreifst an ihnen in deinem kleinen Boot, dann erstaunst und erschrickst du angesichts ihrer Größe, und du glaubst, da triebe ein Kontinent vorbei, ein ganzer fahrbarer Erdteil mit Schätzen. Und du denkst und träumst dich vielleicht hinein in ihr Inneres, und du steigst über Berge goldenen Tabaks aus Virginia, du steigst über Stapel von Holz aus den Wäldern Finnlands, über schwedisches Erz und ein Gebirge aus dänischem Schweinespeck – oh, und du siehst Jute und Juchten, Kaffee und Konserven, hochgetürmt und gestapelt von einem Kumpel an ferner Küste ... Und dann streckst du vielleicht deine Hand aus und spürst die ganze Nähe und Herrlichkeit der Welt, du spürst ihr Glück und ihre Wärme und ihre Versuchungen ... Und du siehst die Schatten hinter den Bergen von Reichtümern, du siehst die Schatten wandern und wechseln, und im hoffnungsvollen Schlagschatten der Schätze wirst du tausend Geschichten erfahren, immer andere und neue, und immer dieselben Geschichten. Und du wirst denken, daß auch diese Geschichten zum Hafen gehören, du wirst dich erinnern, daß die magischen Schätze der Mayas durch Häfen wanderten, der Reichtum Chinas und der Segen von Sumatra – aber auch die Pest ist einst durch die Häfen gewandert und weitergezogen, die Schwarze und die Wasser-Pest, und viele Seuchen und manches Unglück und manche Versuchung ... Und eine andere Geschichte wirst du erfahren, und vielleicht wird es diese sein ...

5. Erzähler:

Der Kran schwenkte herum, knickte ein und ließ das Seil ablaufen, und das gut gefettete Drahtseil tauchte hinab in den Laderaum des Dampfers „Frederic Waterfield jr.", Heimathafen New Orleans. Unten, auf dem Bretterbelag des Laderaums stand ein kleiner, magerer, lauernder Mann, er fing den Haken auf, der über seinem Kopf herabpendelte, schleppte ihn schlingernd zu dem Berg der Ballen und pickte den Haken ein. Und dann blickte er hinauf zum Rand der Luke, zu dem genauen Himmelsviereck, in das der stählerne Hals des Krans hereinstach, und er hob die Hand mit dem ledernen Arbeitshandschuh und machte eine kreisende Bewegung in die Luft: jetzt zog das Seil an, wurde straffer und straffer, der mächtige Ballen löste sich vom Bretterbelag, pendelte durch den Raum und fuhr, ohne zur Ruhe zu kommen, durch das Luk davon.

Sie löschten Tabak aus Virginia, Ballen und Ballen pendelte hinaus auf die Pier, auf die Laderampe des Schuppens, es waren braune, gepreßte Ballen, am Rand mit Leisten verstärkt. Und der Mann unten am Haken sah jedem Ballen, der entschwand, aufmerksam nach – bisher war noch keiner zu Bruch gegangen. Bisher hatten sie alles heil auf die Pier gesetzt, sie hatten noch keinen Gebrauch gemacht von dem ihnen zustehenden Schwund. Und Ballen auf Ballen ging hinaus.

Dann bekam der Mann am Haken ein Zeichen, er nickte zurück, und er zog das Drahtseil zu einem Ballen herüber, der dicht an der Schottwand lag, weit ab von dem genauen Geviert der Luke. Er pickte den Haken ein, aber er pickte ihn anders ein als all die vorigen Male – er schlug den Haken unter die Leistenverstärkung, und die kreisende Bewegung seiner Hand erfolgte sehr schnell. Und diesmal zog auch das Seil schnell an, der Ballen wurde jäh gelüftet, pendelte unerwartet weit aus, drehte und überschlug sich, und die Männer im Laderaum traten zur Seite: jetzt schlug der Ballen gegen einen Stützbalken, wurde weiter gehievt und krachte mit furchtbarer Wucht gegen den Lukenrand, es splitterte und barst auseinander, und die Hälfte des Ballens fiel lose zurück in den Laderaum. Und während die

Leute auf Deck in den Laderaum hinabsahen, erschien plötzlich ein gelbes Lastauto auf der Pier: es nahm nur den halben Ballen auf und fuhr weiter.

Und im Laderaum erschien der zweite Offizier des Dampfers und tröstete die Jungens und sagte: „Don't worry. Just clear it up ..." Macht nur alles sauber, es ist überhaupt nichts passiert ...

Der Mann am Haken zog seine Joppe aus und legte sie auf den Boden, und dann lüftete er das Futter der Joppe an, nahm es heraus und packte sauber Tabakstreifen hinein. Er hatte nie zuvor etwas unter dem Futter rausgebracht aus dem Hafen, er tat es zum ersten Mal seit zwölf Jahren. Seine Hände zitterten, als er neben der ausgebreiteten Joppe kniete und Streifen um Streifen verschwinden ließ, er riß hastig die gepreßten Blätter kaputt, zwängte sie in die dicke Joppe, und dann befestigte er fein das Futter über dem duftenden Reichtum Virginias und zog die Joppe an. Sie war schwer und drückte, und während er schweigend weiterarbeitete und alle Haken einpickte, dachte er an den Augenblick vor der weißen Barriere beim Zoll, der nach der Schicht kommen würde. Er war ihm jahrelang gleichgültig gewesen, er hatte ihn gedankenlos durchstanden, ohne Erregung und Eile – in der letzten Zeit dachte er öfter an diesen Augenblick, und jetzt fürchtete er ihn.

Und als sie fertig waren mit der Schicht, stand er mit den anderen auf dem Landungssteg und wartete mit ihnen auf die Barkasse, er stand klein, mager und schweigend zwischen ihnen, beide Hände in den Taschen der Joppe und unter dem Arm die Aktentasche mit dem Brotpapier und die leere Bierflasche für Kaffee. Dann kam die Barkasse längsseit, und sie stiegen auf die Bordkante und sprangen auf die Bodenbretter hinab, und während die Barkasse sie über den Strom brachte, standen sie dichtgedrängt und schweigend nebeneinander. Und drüben spie die Barkasse sie aus, sie sprangen und trampelten hinaus wie Äpfel von einer Rutschschütte, trampelten über den hölzernen Landungsponton zum Zoll. Sie kramten ihre Karten heraus und hielten sie den Zöllnern vors Gesicht, und die Zöllner beobachteten sie ruhig. Sie ließen die ersten passieren und plötzlich trat einer der Zöllner unter sie, und augenblicklich begann es sich zu stauen. Der Zöllner klopfte einen der Männer ab und holte aus seinen Pumphosen zwei Dosen Kaffee heraus – jetzt ging es langsamer vorwärts. Schritt für Schritt kam der Mann vom Haken dem Ausgang näher, neben ihm fluchten sie, aber er blieb still. Er sagte kein Wort, während er dem Zöllner, der wie ein Keil in der Mitte stand, näher und näher kam, er schwieg und sah ihn unverwandt an. Und während er ihn ansah, erlebte er das, was unweigerlich folgen würde: er hörte den gutgenährten Zöllner nach seiner Hafenkarte fragen, er hörte sich selbst, unter

Anspielungen auf sein Alter, um das Mitleid des Zöllners werben – er glaubte schon jetzt zu wissen, wohin alles unfehlbar steuerte. Und er zuckte nicht einmal zusammen, als er plötzlich die Hand des Zöllners auf seiner Joppe spürte, die Hand glitt flüchtig über sie hin, war plötzlich am Hosenaufschlag, und da hatte er die Enge passiert. Sie hatten nichts bei ihm entdeckt.

Er tat noch acht Schritte. Und acht Schritte hinter dem Zoll blieb er plötzlich stehen, sein Körper machte eine unvermutete, kreisende Bewegung, ein jähes, panisches Erstaunen lag in seinem Gesicht, und er stürzte auf die Pier.

Und während ein gelbes Lastauto mit einer angegebenen Ladung Zitronen und einer nicht angegebenen Ladung Tabak den Schlagbaum passierte, trugen sie den Mann hinein und legten ihn auf eine Bank. Sie legten ihn mit den Füßen zum Kanonenofen und riefen den Hafenarzt, und dann kam der Arzt und sah den alten Stauer auf der Holzbank liegen, und der Arzt öffnete die schwere Joppe und untersuchte ihn zweimal. Aber es blieb bei einem Tod durch Herzschlag.

Sprecher:

Schau, das ist der Hafen: Geh hinab und sieh. Geh durch seine Labyrinthe und Wünsche, durch seine Bestürzungen und seinen Traum … Geh durch seine Magie und durch seine Maßlosigkeit, und einem Staunen wird ein anderes folgen:
Der Hafen ist voller Geheimnisse …

★

Uwe Timm

Hamburg, 1. Mai 1945

Am 1. Mai meldete der Reichssender Hamburg: Der Führer Adolf Hitler ist heute nachmittag auf seinem Befehlsstand in der Reichskanzlei, bis zum letzten Atemzug gegen den Bolschewismus kämpfend, für Deutschland gefallen.

Der Stadtkommandant von Hamburg, General Wolz, will die Stadt kampflos übergeben, die Engländer haben die Elbe überquert, marschieren auf Lübeck zu, Generalfeldmarschall Busch gibt Durchhaltebefehle, Großadmiral Dönitz gibt Durchhaltebefehle, Wolz schickt Parlamentäre los. Geheim, denn die SS erschießt Parlamentäre. Gauleiter Kaufmann will übergeben, darf aber nichts sagen, weil er nicht weiß, ob Stadtkommandant Wolz, der ja auch übergeben will, übergeben will; und auch Hafenkommandant Admiral Bütow will übergeben, darf ebenfalls nichts sagen, weil er nicht weiß, ob Kaufmann und/oder Wolz übergeben wollen oder auch nur einer von den beiden oder beide nicht. So arbeiten sie alle unabhängig voneinander an der Übergabe der Festung Hamburg. Wolz zieht die zuverlässigen, für sein Vorhaben unzuverlässigen Truppen aus der Harburg-Front heraus, verlegt sie nach Nordosten: die SS-Kampfgruppe „Panzerteufel". Alle drei, Wolz, Kaufmann und Bütow, legen sich verstärkte Stabswachen zu, damit Offiziere, die durchhalten wollen, sie nicht festnehmen können. Gauleiter Kaufmann lebt in der Festung Hamburg in einer Festung in der Festung. Umgeben von Stacheldraht. Vormittags werden Durchhalteparolen gesendet, Wetterberichte, sogar der Wasserstand wird gemessen, einen Meter über Normalnull. In Eutin werden drei Marinesoldaten, die sich von der Truppe entfernt hatten, erschossen. Ein englischer Panzer wird kurz vor Cuxhaven geknackt, die Besatzung verbrennt.

Holzinger hatte, gleich nach der Nachricht von Hitlers Tod, für den 2. Mai Erbsensuppe angesagt, das Lieblingsessen des Führers: die Posaunen von Jericho, ha, ha. Lena Brücker hatte am Tag zuvor erfahren, daß ein Proviantlager der SS bei Ochsenzoll aufgelöst wurde, und zwanzig Kilo Trockenerbsen sowie eine Speckseite organisiert. Lena Brücker deckte den Tisch für die Abteilungsleiter. Da stürzt jemand herein und ruft: Hört mal. Er schaltet den Lautsprecher in der Kantine an. Im Radio die Stimme von Gauleiter Kaufmann: ... *schickt sich an, Hamburg auf der Erde und aus der Luft mit seiner ungeheuren Übermacht anzugreifen. Für die Stadt, für ihre Menschen, für Hunderttausende von Frauen und Kindern bedeutet dies Tod und*

Zerstörung der letzten Existenzmöglichkeiten. Das Schicksal des Krieges kann nicht mehr gewendet werden; der Kampf aber in der Stadt bedeutet ihre sinnlose restlose Vernichtung. Bißchen spät, die Einsicht, sagt Lena Brücker, aber noch nicht zu spät, und zieht den Kittel aus. Der Sprecher liest eine Erklärung vor: Alle lebenswichtigen Verkehrseinrichtungen werden gesichert. Hamburger, zeigt Euch als würdige Deutsche. Keine weißen Fahnen hissen. Die Sicherheitsorgane Hamburgs werden ihre Tätigkeit weiterhin ausüben. Erscheinungen des Schwarzen Marktes werden ohne Nachsicht verfolgt. Hamburger, bleibt zu Hause. Sperrstunden einhalten. Lena Brücker nimmt ihre Tasche, darin ein Henkelmann mit Erbsensuppe, und sagt: Dann mal tschüs. So geht für sie das Tausendjährige Reich zu Ende.

Sie eilt nach Hause. Menschen, denen sie begegnet, ruft sie zu: Der Krieg ist aus. Hamburg wird kampflos übergeben. Niemand, dem sie begegnete, kannte den Aufruf. Die fürchteten noch, daß es zu Straßenkämpfen kommt, wie in Berlin, Breslau und Königsberg. Häuser, die von Mörsern plattgemacht werden, zähe Brände, Bajonettkämpfe in der Kanalisation.

Aber dann, am Karl-Muck-Platz, dachte sie daran, daß sie das ja auch Bremer sagen mußte: Der Krieg ist aus! Hamburg hat kapituliert. Er wird, stellte sie sich vor, wenn ich es sage, erst stutzen, er wird dann, wenn er sitzt, aufstehen, wenn er steht, wird er die Hände heben, sein Gesicht wird sich verändern, die Augen, diese hellgrauen Augen, werden dunkler werden, er wird, dachte sie, strahlen, ja strahlen, kleine Falten werden sich um die Augen bilden, Falten, die man sonst nicht sehen kann, eben nur, wenn er lacht. Er wird mich womöglich packen und durch das Zimmer wirbeln, er wird rufen: Wunderbar, oder, das ist wahrscheinlicher: tosca. Etwas Kindliches ist, wenn er sich freut, an ihm. Und kindlich ist auch sein Zuhören, dieses staunende Ach was, das er hervorstößt, wenn ich ihm etwas erzähle. Er wird noch dableiben, voller Ungeduld, denn noch konnte man ja nicht auf die Straßen. Es gab Sperrstunden. Die Züge würden noch nicht fahren. Die Engländer würden die Straßen kontrollieren. Er wäre hier, aber schon nicht mehr hier, in allem, was er macht, wäre er immer schon auf dem Sprung, weg, nach Braunschweig. Das ist, wie es ist, dachte sie, daran war nichts zu ändern, das war, wenn sie daran dachte, wie ein Schatten, der sie ihr weiteres Leben ohne Blendung sehen ließ. Es war ein Abschnitt ihres Lebens, aus dem sie normalerweise kaum merklich herausgeglitten wäre. Es war eine kurze Zeitspanne gewesen, ein paar Tage nur, aber damit ging in ihrem Leben etwas endgültig zu Ende. Jugend konnte sie nicht sagen, denn jung war sie ja nicht mehr, nein, sie würde danach alt sein. Und vielleicht war es eben diese ruhige Gewißheit, die bei ihr eine Unruhe, ja, eine Wut auslöste, die Vorstellung, daß er sich den Anzug ihres

Mannes ausborgen würde. Ein ganz naheliegender und verständlicher Wunsch, der sie aber dennoch empörte.

Er würde sagen: Ich schicke ihn zurück, sobald ich kann. Ich werde ein Paket schicken, würde er sagen, sobald man wieder Pakete schicken kann. Er würde an sie denken, dann aber immer in Verbindung mit einem lästigen Paket, das zur Post getragen werden mußte. Ein Anzug, der darauf wartete, zusammengelegt zu werden, was wahrscheinlich seine Frau tun würde, sorgfältig und, wenn vorhanden, mit etwas Seidenpapier ausgepolstert. Er würde das Paket zur Post tragen. Er würde seiner Frau eine Geschichte erzählen. Er würde sagen, nach der Kapitulation habe er sich diesen Anzug von einem Kameraden ausgeliehen. Er kann nicht gut lügen, weil er nicht gut erzählen kann. Er kann nur gut verschweigen. Das kann er. Ihr Mann konnte lügen, weil er wunderbar erzählen konnte. Bremer würde also eine sparsame Geschichte erzählen, vielleicht so, er habe sich im letzten Moment von der Truppe absetzen können, zusammen mit einem Kameraden. Er wird ihm einen Namen geben, Detlefsen, aus Hamburg, eine Wohnung in Hamburg in der Nähe des Hafens, Marinetaucher. Bei dem waren sie untergeschlüpft. Eine Frau, die eine wunderbare falsche Krebssuppe kochen konnte. Nein, dachte sie, er wird mich nicht erwähnen, oder vielleicht – aber diesen Gedanken schob sie schnell beiseite – sagen, der Kamerad hatte eine Mutter, die gut kochen konnte. Nein, dachte sie, sie haßte den Gedanken an dieses Paket, sie dachte, er hat mich nicht direkt belogen, er hat mir nur nicht gesagt, daß er verheiratet ist, aber sie haßte dieses Paket und den Gedanken, daß er sie, wenn er in Zukunft an sie denken würde, mit diesem Paket verbinden würde. Sie schloß die Tür auf, rief nicht: In Hamburg ist der Krieg aus. Schluß. Aus und vorbei. Sie sagte nur: Hitler ist tot. Einen winzigen Augenblick, erzählte sie mir, habe sie gezögert, wollte sagen, der Krieg ist aus, hier, in Hamburg, aber da hatte er sie schon in die Arme genommen, geküßt, hatte sie auf das Sofa gedrückt, dieses durchgesessene Sofa. Vielleicht hätte ich es ihm danach gesagt. Es wäre einfach gewesen, aber dann sagte er: Jetzt gehts gegen die Russen, zusammen mit den Amis und den Tommys. Und er rief: Ich hab einen Bärenhunger.

Sie stellte den Topf mit der Erbsensuppe zum Aufwärmen auf den Kanonenofen.

Irgendwie hatte er neugierige Hände, sagte sie, nein, nicht unangenehm, im Gegenteil. Er war wirklich ein guter Liebhaber. Einen Moment habe ich gezögert, überlegte, kann man diese Frau, die fast siebenundachtzig ist, fragen, was sie damit meine, ein guter Liebhaber.

Ob ich sie etwas Persönliches fragen dürfe? Immerzu. Was meinen Sie mit:

guter Liebhaber? Sie hörte einen Moment auf zu stricken. Er ließ sich Zeit. Ließen uns lange treiben. Und er konnte es oft. Na ja, und dann zögerte sie doch etwas, eben auch unterschiedlich. Ich nickte mit dem Kopf, obwohl sie das nicht sehen konnte – und obwohl mich, das will ich gern gestehen, dieses unterschiedlich interessierte, auch, ich würde sonst lügen, das wie oft. Ich habe nicht nachgefragt. Wonach ich sie aber gefragt habe, war, ob sie ein schlechtes Gewissen gehabt habe, Bremer nichts von der Kapitulation zu sagen.

Ja doch, sagte sie, doch, am Anfang, die ersten Tage, da hat sie immer wieder mit sich ringen müssen, nicht einfach mit der Wahrheit herauszuplatzen. Und natürlich später, aber das war dann eine andere Geschichte. Aber so inner Mitte, eigentlich nicht. Nee, da hats mir, ja, hats mir Spaß gemacht, wenn ich mal ganz ehrlich bin. Dabei hab ich nie gern gelogen. Tatsache. Schwindeln, klar, hin und wieder. Aber Lügen, hat meine Mutter immer gesagt, Lügen machen die Seele krank. Aber manchmal macht das Lügen auch gesund. Ich denk, ich hab was verschwiegen, und er hat was verschwiegen: seine Frau und sein Kind.

Ja, sagte sie. Er ging auf Socken. Der Krieg in Hamburg war aus und vorbei. Aber er geht weiterhin leise auf Socken herum. Es wurde nicht mehr gekämpft, und ich hatte einen in der Wohnung, der auf Strumpfsocken herumschlich. Nicht, daß ich mich über ihn lustig gemacht hab, aber ich fand ihn komisch. Sie lachte. Wenn man jemanden komisch findet, muß man nicht aufhören, ihn gern zu haben, aber man nimmt ihn nicht mehr so furchtbar ernst.

Am nächsten Morgen, sie ging die Treppe hinunter, unten stand Blockwart Lammers, ganz erstarrter Ernst: Adolf Hitler ist tot. Er sagte nicht, der Führer ist tot. Er sagte, Adolf Hitler ist tot. So als könne der Führer gar nicht sterben, eben nur Adolf Hitler. Haben Sie es nicht gehört? Es kam über Rundfunk. Dönitz ist sein Nachfolger, der Großadmiral Dönitz, verbesserte er sich. Sie können nicht raus, heute nicht, die Engländer haben ein Ausgehverbot erlassen. Die Engländer sind schon im Rathaus, der Stadtkommandant General Wolz hat die Stadt kampflos übergeben. Kampflos, also ehrlos, sagte er und starrte sie aus seinen blauen hervorquellenden Augen an. Sie können ja weiterkämpfen, Herr Lammers, als Werwolf, sagte Lena Brücker. So, und jetzt geben Sie mal den Wohnungsschlüssel her. Einen Luftschutzwart brauchen wir ja nun nicht mehr. Da zuckte es um den Mund von Lammers, und es kam ein Stöhnen aus diesem katasteramtlichen Mund, ein Ächzen, ein Greinen. Er pulte den Schlüssel aus dem Bund. Sie ging die Treppe hinauf, hörte hinter sich: Ideale, Verrat, Verdun, Vaterland, Speckritter, und dann, kaum noch verständlich, Immerintreuejawoll.

Oben schloß sie die Tür auf. Bremer kam aus der Kammer, bleich und im

Gesicht den Schreck, ich dachte, da kommt jemand, der Blockwart. Nee, sagte sie, der steht unten, hat für die im Kampf Gefallenen Trauer geflaggt.

Verlieren wir den Krieg, verlieren wir unsere Ehre, sagte Bremer. Unsinn, auf die Ehre pfeif ich, sagte Lena Brücker. Der Krieg ist bald aus. Dönitz ist der Nachfolger von Hitler.

Der Großadmiral, sagte Bremer, jetzt wieder Bootsmann mit Narvikschild und EK II. Das ist gut. Hat Dönitz mit den Amerikanern verhandelt? Mit den Engländern? Geht es endlich gegen Rußland?

Er legte ihr die Antwort regelrecht in den Mund. Ja, ich glaube, ja, sagte Lena Brücker und war so weit nicht von der Wirklichkeit entfernt, denn Himmler ließ über einen schwedischen Mittelsmann den Alliierten ein Angebot machen: ein Separatfrieden mit England und den USA, um sodann gemeinsam gegen Rußland zu marschieren. Wir brauchen eben das: Jeeps, Corned beef und Camels.

Klar, sagte Bremer, Dönitz macht das. Ja, sagte sie, obwohl der zu dem Zeitpunkt noch nicht verhandelte, sondern Durchhaltebefehle in alle Welt funken und Fahnenflüchtige erschießen ließ. Bremer starrte auf das Kreuzworträtsel. Pferd mit Flügeln: sieben Buchstaben. Sonnenklar. Er blickte hoch, endlich, sagte er, endlich ist Churchill aufgewacht. Jetzt, sagte er und stand auf, gehts gegen die Russen. Ein Verhandlungsfriede mit dem Westen, sonnenklar, sagte er schon wieder. Sie verstand nicht. Er war aufgestanden, er hatte gesagt, hier, und legte den Schulatlas auf den Tisch. Erst in diesem Augenblick bemerkte sie, daß er den Atlas aus dem Schrank genommen hatte. Er mußte also gesucht haben, Kammer, Schränke, Truhe und Nachttische durchsucht, denn dieser Atlas lag in der Schrankschublade, ganz unten, und auf ihm die Briefe, ein paar von ihrem Sohn und, säuberlich gebündelt, vor allem die von ihm, Klaus, dem Vertreter für Knöpfe. Wer ist das, fragte ich. Das is, sagte Frau Brücker, ne andere Geschichte. Hat nix mit der Currywurst zu tun. Er wird die Briefe gelesen haben, dachte sie, er hat gekramt und alles gelesen. Und ich kann ihn nicht mal fragen, so eine Frage ist ja ganz albern, und er würde einfach nein sagen, so wie er sie belogen hatte, als sie ihn gefragt hatte, ob er verheiratet sei. Die Brieftasche mit dem Foto hatte einfach dagelegen; er aber mußte in ihrer Abwesenheit ihre Sachen durchsucht haben, was doch wohl einen Unterschied macht. Und er versuchte nicht einmal, eine Erklärung dafür zu geben, daß er den Atlas in der Hand hielt, er stand da, und sie dachte, er steht da wie so viele Männer in Uniform, von denen in den letzten Jahren Fotos und Bilder gezeigt wurden, der Führer, die Oberbefehlshaber der Wehrmacht, der Kriegsmarine gebeugt über Karten, auf Kartentischen unter Leselampen ausgebreitete, zusammengefaltete, auf die ein behandschuhter Finger tuffte, in Kübelwagen, kleine zerknitterte in Schützengräben, im Dreck liegend, da werden die ansetzen, sagte er. Die Engländer, sagte er, betonte immer der kommandierende Admiral, verlieren diesen Krieg auch dann, wenn sie ihn gewinnen würden. Danach ist es vorbei mit dem Weltreich, danach steht der Russe an der Nordsee. Hier werden sie ansetzen, Berlin zurückerobern, dann Breslau, dann Königsberg, eine Zangenbewegung von oben, riesig, Kurlandkessel wird verstärkt, unsere Einheiten laufen aus, endlich unter dem Schutz von Jägern, viele Schiffe sind ja noch intakt. Sie hatte ihn zum erstenmal so erregt, so fremd und so begeistert erlebt, aber dann, plötzlich, ließ er sich ins Sofa fallen, und, es war nicht anders zu sagen, sein Gesicht verdüsterte sich, da zog eine Wolke, eine rabenschwarze Wolke herauf, er denkt jetzt, dachte sie, daß er hier sitzen wird, daß er gar nicht raus kann, nicht am Vormarsch teilnehmen kann. Nicht daß er ein Held gewesen wäre, so hatte er sich selbst nie gesehen, aber es war doch ein Unterschied, ob man kämpfte, wenn sich alles nach vorn bewegte, Siege gefeiert wurden, Sondermeldungen: Dadada, U-Boote im Atlantik, Kapitänleutnant Kretschmer hat 100000 BRT feindlicher Einheiten versenkt. Eichenlaub mit Schwertern. Les Préludes, oder aber, ob man auf dem Rückzug war, da hieß es doch, irgendwie und möglichst heil die Knochen nach Hause zu bringen.

Ach so, sagte er, grübelnd, in sich versunken in dem durchgesessenen Sofa, deshalb hört man kein Schießen mehr.

Sie konnte sich denken, was er dachte, aber nicht aussprach, daß er ja desertiert war, daß er in dieser Wohnung auch weiterhin sitzen mußte, daß er womöglich Monate, vielleicht Jahre hierbleiben mußte, daß es nicht undenkbar war, daß der Krieg gewonnen werden konnte, daß er also gar nicht mehr herauskam. Der aufgeschlagene Atlas lag plötzlich unbeachtet da. Als sie ihn hochnahm, sah sie, daß er sorgfältig die Frontlinien von dem Tag eingetragen hatte, an dem er desertiert war. Im Norden war Bremen eingenommen, die Elbe bei Lauenburg von den Engländern überschritten, die Amerikaner hatten in Torgau den Russen die Hand gegeben. Es war nicht mehr viel übriggeblieben vom Deutschen Reich. Lammers von unten sagte: Der Führer hat einfach nicht auf die Sterne hören wollen. War doch klar, als Pluto und Mars sich kreuzten, da hätte man die V2 auf London, auf die Downing Street schießen müssen. Die Sterne lügen nicht, sagte Lammers. Roosevelt stirbt, ein Deutschenhasser, natürlich Jude. Truman dagegen, der hatte Durchblick. Churchill sowieso, trank zwar viel, hatte aber wohl bemerkt, wo hinein die alle schlidderten. Kommunismus, Bolschewismus. Feind der Menschheit. Alle redeten von der Wende. Wende, das war auch son Wort der Nazis. Die Wende kommt. Bremer, der Bootsmann, sagte: Bei der Wende muß man den Kopf einziehen. Er saß da, ein ängstlicher Schatten lag auf seinem Gesicht, eine Falte quetschte sich fragend auf die Stirn, etwas schief, eine Falte, die sich hochschob, etwas krumm, noch unkonturiert. Ich setzte mich neben ihn auf das Sofa, und er legte den Kopf an meine Schulter, und langsam rutschte sein Kopf runter, aufn Busen, und so hielt ich ihn. Ich dachte, wenn er jetzt anfängt zu weinen, dann sag ich es ihm. Ich streichelte ihm das Haar, das feine blonde, kurzgeschnittene, rechtsgescheitelte Haar. Und langsam, ganz langsam rutschte sein Kopf in meinen Schoß, seine Hand schob er mir unter den Rock, langsam bittend, einmal mußte ich kurz aufstehen, um den Stoff freizugeben.

Später, auf der Matratzeninsel, lauschte er. Sonderbar, sagte er. Kein Alarm, keine Schüsse. Unheimlich, die Stille. So plötzlich. Und er sagte, was ihm in der Ausbildung gesagt worden war als Ergebnis vieler Jahre Kriegserfahrung im Erdkampf: Auffällig ist immer die Stille. Gestern morgen hatten die Engländer noch den ganzen Tag über die Elbe geschossen. Heute diese beunruhigende Stille.

Sie unterbrach ihr Stricken, hielt das Pulloverteil hoch: Ist der Stamm gut so?

Dunkelbraun, fast schwarz, ragte der Stamm, der einmal Tanne werden sollte, aus dem Hellbraun der hügeligen Landschaft. Schon zeigte sich das Blau eines wolkenlosen Tages im Tal.

Kannste den Horizont sehn? Ja, sagte ich.

Aber jetzt wirds schwierig, mit den Zweigen der Tanne.

Wie machen Sie das?

Hab früher viel gestrickt. Mal ne Katze vor ner Laterne, mal n kleines Segelschiff. Einmal einen Freiballon. Da konnt ich kaum noch sehn. Und immer wieder Landschaften mit Bergen, Sonne und Tannen. Sogar mit Wolken, hab so richtige Haufenwolken gestrickt. Aber die krieg ich, glaub ich, nicht mehr hin.

Wie gefällt dir die Landschaft?

Sehr schön. Vielleicht noch zwei, drei Reihen Blau mit Stamm. Gut, sagte sie und sah über mich hinweg, zählte und setzte mit einem blauen Faden wieder an und führte einen dunkelbraunen mit, der sollte weiter in den Himmel wachsen.

Also, nächsten Tag bat Bremer mich, hinunterzugehen, einen Moment wenigstens. Ob ich nicht ne Radioröhre auftreiben kann.

Hab ich schon versucht. Nix zu machen.

Aber sie ging runter, auf die Straße und einmal um den Block. Am Großneumarkt hingen aus den unzerstörten Häusern weiße Laken. Die Engländer hatten eine Ausgangssperre erlassen.

Sie stieg die Treppe wieder hoch.

In der dritten Etage, eingequetscht in der eigenen Tür, wartete Frau Eckleben.

Ham Se Tommys gesehen?

Nix.

Was machen Se denn nachts? Da zittert die Lampe in der Küche, wackelt die Decke.

War ja dunkel, konnte nicht sehen, wie mir das Blut ins Gesicht schoß. Ich mach Gymnastik.

Oben wartete Bremer. Die Straßen sind wie leergefegt.

Ausgangssperre.

Laß uns warten, sagte er, besser still sein, sonst fallen wir nur auf, ist ja schön hier. Ich war fast so groß wie er, war ja mal einsachtzig, er mußte sich nicht herab bücken, Mund zu Mund, Auge in Auge, ohne den Kopf heben zu müssen.

Sie lagen auf diesem Matratzenfloß, zugedeckt, die Küche konnte man nur kurzfristig so bollerheiß kriegen, daß man einfach nackt liegen konnte, und sie erzählte ihm von ihrem Mann, dem Gary, der eigentlich Willi hieß und Barkassenführer war, sozusagen Kapitän auf einem kleinen Schiff, und Hafenarbeiter über die Elbe setzte, zur Deutschen Werft und zu Blohm und Voss. Wenn die Kinder morgens in der Schule waren, ist sie runter zu den Landungsbrücken, war ja nicht weit, und dann fuhr sie, vorn neben ihm im Steuerhäuschen, mit. Einfach über die Elbe fahren. Der Wind schob die Wellen hoch. Die Barkasse stampfte. Die Gischt schlug gegen die Scheiben. Er nahm sie in den Arm und sagte: Irgendwann fahren wir einfach los, übern Atlantik, fahren nach Amerika, suchen uns ne Insel. Dieses Gefühl: ein Kribbeln im Bauch, Wellen, richtige Wellen sind was Wunderbares.

Fünf Jahre waren sie verheiratet, da machte Gary auch nachts Fahrten. Zuerst dachte sie sich nichts, und dann an eine Frau. Das Sonderbare war denn doch, daß er, kam er am frühen Morgen zurück, mit ihr schlief. Hab Nachtschicht, sagte er. Ihm gehörte die Barkasse ja nicht, konnte also auch nicht bestimmen, wann er fahren wollte. Verdiente viel damals. Nachtfahrten wurden doppelt gelöhnt. Konnten sie sich was anschaffen: Wohnzimmergarnitur, Schrank, zwei Sessel, Standspiegel und vier Stühle, alles Birke und poliert. Er kaufte sich Anzüge, teure. Englisches Tuch, das Beste vom Besten. Und Schuhe. Amerikanische Schuhe. Der Lord vom Trampgang, so nannten sie ihn in der Nachbarschaft. Ihr war das peinlich. Paßte nicht in die Gegend. Lief rum wie n Direktor, rauchte Zigarren, Loeser & Wolf, auch echte Havannas. Manchmal wurde er nachts aus dem Schlaf geklingelt. Kam jemand, sagte: Los, mußt kommen. Er zog sich an, schnell, gab ihr einen Kuß. Und erst morgens kam er zurück. Muß Seeleute zu ihren Schiffen bringen, sagte er. Sonderbar war das.

Eines Nachts, sie schlief schon, sagte seine Stimme: Los, Lenakind, du mußt mit, schnell anziehen. Mantel über, Kopftuch. Draußen regnete es. Nein, es regnete nicht nur, es stürmte. Unten stand ein Taxi. Zum Hafen, Landungsbrücken. Da lag seine Barkasse. Sein Macker, mit dem er sonst fuhr, war nicht gekommen. Muß ja einer immer festmachen beim Anlegen. In der Nacht sind sie raus auf die Elbe, ein Seegang, die Wellen hatten Schaumkronen. Und dann stockdunkel. War gefährlich, das sah sie ihm an, wie er dastand, Steuerrad umklammerte, Zigarette kalt im Mund. Was is denn los? Er sagte nix, war damit beschäftigt, die Wellen richtig zu nehmen.

Taucht ein Kümo aus dem Regen auf. Er fährt langsam ran und nebenher Richtung Hafen. Ein Lichtzeichen vom Kümo: dreimal kurz, zweimal lang. Gary nimmt die Taschenlampe: viermal kurz, einmal lang, steuert dichter an den Kümo ran, hinters Heck, schaukelt mächtig. Jetzt, brüllt er, jetzt fang die Leine. Die warfen ne Leine rüber. Mach sie fest, richtig belegen! Kenn alle Knoten von meinem Vater, der is nämlich auf Ewern gefahren, also ich mach fest, bin naß, naß vom Regen, naß vom Wasser, kam die Gischt rüber, und Gary kurbelt, mußte mit der Barkasse immer sauber die Wellen schneiden, damit sie nicht vollschlägt. Kommen ja noch die Heckwellen vom Kümo dazu. Und dann, platsch, werfen die was über Bord. Das Kümo dreht ab. Los, ruft Gary. Hab immer viel Knööv gehabt, hab das rangezogen, gelb wars. Mann, Lena, denk ich, das ist ein Mensch, hängt inner Schwimmweste, bleiches Gesicht, ist ein Kind, und ich schrei. Was iss n, brüllt Gary. Treck, verdammi, treck! Un hol di fast! Ich zieh weiter, zieh das Bündel aus dem Wasser. Hol di fast, brüllt er. Ich habs reingezogen, etwas Helles, ein Paket, Wachstuch, darum so hell. War mir klar, was das war, was Gary da machte: Schmuggel.

Was ist denn das, hab ich gefragt, als ich wieder neben ihm im Steuerhäuschen stand. Nix, sagte er, weißt nix, hast nix gesehen. Ich fror, war ja pitschnaß. Klapperte mit den Zähnen. Er hatte den Arm um mich gelegt und pfiff. War gut aufgelegt. Mußte jetzt auch nicht mehr so kurbeln, weil wir mit dem Wind fuhren und die Wellen von achtern kamen. Gingen dann zu *Tante Anni*. Dort kriegte das Päckchen son Kerl, n abgebrochner Riese. Wir tranken einen Grog. Und noch einen. Gary spielte in der Kneipe aufm Kamm. Wünsch dir was, sagte er. *La Paloma*, sagte ich. Konnt wie kein andrer aufm Kamm blasen. Stück Seidenpapier drüber, blies die *Internationale, Brüder zur Sonne zur Freiheit*, jede Menge Schlager. Hätt er mit im Varieté auftreten können. Hatte nie n Instrument gelernt. Nur aufm Kamm blasen. Aber das beherrschte er so, daß die Frauen schwach wurden. Seine Seitensprünge wurden immer länger. Der Lord vom Trampgang. Blieb nächtelang weg, kam dann wieder, kroch ins warme Bett und ließ sich versorgen. Log. Sagte, is nix, wirklich, nahm mich in die Arme. Und ich glaubte, weil ich es glauben wollte. Wußte aber, es hilft nichts, gar nichts, wenn ich es ihm sage: Ich glaub das nicht. Soll man sich nichts vormachen. Die Liebe ist schön, weil man zu zweit ist, aber das ist auch das Leid, sagte Frau Brücker, drum kann man so schwer voneinander lassen. Und die meisten schaffen es erst, wenn sie wieder jemanden haben, mit dem sie zu zweit sein können. Sie lag neben ihm, wach, wußte seitdem, wann er tief schlief, wann er träumte und wann er schnarchte. Hat auch seine Ordnung. Na ja, aber damals, nach der Sturmfahrt auf der Elbe, sind sie nach Hause gegangen, eingehakt und leicht angeschickert vom Grog, sie im nassen Kleid. Mir war aber warm, von innen, durch und durch. Das konnte er.

Zwei Monate später, abends, er sitzt in der Küche, trinkt sein Bier, ißt Bratkartoffeln, da klingelt es, und draußen steht die Kripo. Haben ihn gleich mitgenommen. Drei Jahre hat er bekommen. Ein Jahr hat er abgesessen. Danach war es aus mit dem Barkassenkapitän. Hatte zum Glück auch den Lkw-Führerschein. Da is er dann gefahren, über Land. Kapitän der Landstraße. Nach Dänemark, Belgien, meist aber Dortmund und Köln. Und da hatte er irgendwelche Frauen. Kam nach Hause, um sich neue Unterwäsche zu holen. Er war, sie stockte, sah mich an mit ihren milchigblauen Augen, ein Lump. Ja, sagte sie, denkst, ich bin ungerecht, nee, er war n Lump, aber n Lump, der wunderbar aufm Kamm blasen konnte.

So hat sie es mir erzählt, so wird sie es auch dem fahnenflüchtigen Bremer erzählt haben, der neben ihr, in der Küche, auf den Matratzen lag, wohl kaum mit diesem dialektalen Anklang, der sich erst später, im Alter verstärken sollte, was ich übrigens auch bei meiner Mutter beobachten konnte, die, je älter sie wurde, desto stärker hamburgerte. Und Bremer? Bremer lag da und hörte zu. Er war 24, und er hatte, einmal abgesehen von ein paar Kriegserlebnissen, die sie nicht hören wollte, nicht viel zu erzählen. Aber so neben ihm liegen, war einfach schön. Körper an Körper. Auch so kann man miteinander reden, ohne ein Wort zu sagen. Mein Körper war stumm und taub. Fast sechs Jahre lang, mit der einen Ausnahme Silvester 43. Auch das hat sie Bremer erzählt. Für mich wars schön, zu reden, über die Zeit davor. Er hörte zu. Er hatte ja verschwiegen, daß er ne Frau hatte. Und ein kleines Kind. Vielleicht konnt er auch darum nix sagen. Ich hätt ihn auf jeden Fall mit raufgenommen und versteckt. Das hatte nix mit der Sympathie zu tun. Hätte jedem geholfen, der nicht mehr mitmachen wollte. Einfach versteckt. Is ja das Kleine, was die Großen stolpern läßt. Nur müssen wir viele sein, damit die auch fallen. Deine Großmutter, die war mutig. Die hat mal eingegriffen.

Kennste die Geschichte mit m Knüppel? Nein, log ich, um sie noch mal aus dem Mund von Frau Brücker zu hören. Eine Geschichte, die ich als Kind von meiner Tante mehrmals gehört hatte und die sich im Sommer 43 zugetragen hatte. Die Großmutter, eine kräftige, grauhaarige Frau mit einem korsettgepanzerten Bauch, Tochter eines Bäckers aus Rostock, Trägerin des Mutterkreuzes, hatte sich nie für Politik interessiert. Sie war damit beschäftigt, fünf Kinder großzuziehen. Aber später demonstrierte sie gegen die Wiederbewaffnung. Sie wohnte im Alten Steinweg und war dort, weil sie eine so resolute Frau war, Luftschutzwart geworden. Nach dem ersten großen Angriff auf Hamburg, Juli 43, hatte sie zwei Kinder aus dem Feuer gerettet, ihre Haare waren versengt und ihre Wimpern nur noch kleine gelbbraune Klümpchen. Russische Kriegsgefangene schaufelten im Alten Steinweg den Schutt von der Straße, verhungerte Gestalten, die Köpfe rasiert. Sie wurden von lettischen SS-Soldaten mit Gummiknüppeln zur Arbeit angetrieben. Da ging die Großmutter, den Stahlhelm wie einen Einkaufskorb am Arm hängend, auf einen prügelnden lettischen SS-Mann zu und nahm dem Verdutzten den Knüppel aus der Hand. Viele waren Zeuge. Jetzt reichts, hatte sie gesagt. Sie war dann einfach weitergegangen, und niemand wagte sie anzufassen. Man muß nein sagen können, sagte Frau Brücker: wie der Hugo. Der ist mutig. Wickelt die Alten auf der Pflegestation. Hab viel falsch gemacht. Und oft weggesehen. Aber dann hatte ich ne Chance, ganz zum Schluß. Is vielleicht das Beste, was ich gemacht hab, einen verstecken, damit er nicht totgeschossen wird und auch andere nicht totschießen kann. Was danach kam, das hatte damit zu tun, daß alles so schnell vergangen ist. Verstehste? Nein, ich verstand nicht, sagte aber ja, damit sie weitererzähle.

Sie lagen in der Küche auf der Matratzeninsel und lauschten. Wie still es war. Einmal war ein Lautsprecherwagen zu hören. Eine Stimme, quäkend und verzerrt, von weitem. Hör mal, sagte er. Verstehst du was? Was der redet? Is das Deutsch? Sie lauschte. Unsinn. Sie begann zu erzählen, wie hier in den ersten Kriegstagen Verdunkelung geübt wurde, da sei auch immer einer mit dem Lautsprecherwagen herumgefahren. Werden die jetzt machen wegen den Russen. Haben auch Flieger. Sind doch so lahme Vögel, hab ich gehört. Still, sagte er, sei doch mal ruhig! Verdammt noch mal, er wurde einen Moment richtig wütend. Sie aber redete weiter, hartnäckig und hektisch laut. Er sprang auf und lief ans Fenster. Vorsichtig, hatte sie ihm zugerufen, mach das Fenster nicht auf. Der Lautsprecher verstummte. Das hörte sich, sagte er, wie Englisch an. Unsinn, das war einer mit so nem Hafendialekt, war der Kreisleiter, kenn den. Heißt Frenssen. Sie hielt die Bettdecke hoch. Aber er mochte sich nicht mehr hinlegen, zog sich seinen Marinestutzer über und ging zum Fenster. Da stand er mit seinen nackten dünnen Beinen und starrte hinunter.

Eine ferne, tiefe Stille. Bomber flogen über die Stadt, hin und wieder. Keine Detonation. Sie war eingeschlafen. Sie schmatzte im Schlaf. Er legte sich wieder hin. Einmal heulten nachts kurz die Sirenen, so als seufze die Stadt aus einem schweren Traum voller brennender Bäume, flüssigem Asphalt und schreiender Fackeln auf. Er hatte weit oben im Norden auf seinem Vorpostenboot Dienst getan, bis er dank seines Reiterabzeichens versetzt wurde. Reiten, das mochte er. Er mußte nur einem Pferd über die Kruppe streichen, einem Pferd, das geschwitzt hatte, und dann an der Hand riechen; dieser Geruch nach Luft, Pferdeschweiß und Leder, der an der Hand haftete, der erinnerte ihn an Petershagen, an die Weser, dort zogen sich die Wiesen bis an das Ufer, der Fluß drehte sich am Ufer entlang, nicht schnell, aber doch mit einer sichtbaren Strömung mit vielen kleinen Strudeln.

Morgens wachte er auf. Von der Straße hörte er Stimmen. Sogar ein Auto von der Querstraße, kein holzgasgetriebenes, ein anderes Geräusch, leiser als die Diesel. Die Leute sind auf der Straße, sagte er vom Fenster aus. Die Sperrstunde ist aufgehoben. Sie möge doch runtergehen, nachsehen, bitte, gleich. Sofort. Er drängte, als könne er es nicht abwarten, aus der Küche, aus der Wohnung zu kommen. Er ließ ihr nicht einmal Zeit, einen Kaffee zu machen, keine Umarmung. Er stand da, angezogen, als wolle er los, hinaus, wegstürzen, so sah er auf die Brüderstraße hinunter.

Sie ging zum Großneumarkt. Leute standen herum, sie redeten über die Engländer, die seit gestern in der Stadt waren. Die Stadt war von einem kommandierenden General in grauer auf einen anderen in khakibrauner Uniform übergegangen. Es hatte ein paar Plünderungen gegeben, aber Frauen waren nicht belästigt worden. Allerdings war an Kinder auch keine Schokolade verteilt worden. Wie immer hatten sich Schlangen an den Hydranten gebildet. Jedoch: Es waren keine deutschen Uniformen mehr zu sehen, keine grauen, keine blauen und schon gar keine braunen. Sie ging Richtung Rathausmarkt. Auf der Michaelisbrücke sah sie den ersten Engländer. Er saß auf einem Panzerspähwagen und rauchte. Ein Barett auf dem Kopf, die Pulloverschultern mit Leder besetzt. Ein wenig erinnerte dieser Pullover an ein Kettenhemd. Er trug weite braune Hosen, Gamaschen, Schnürstiefel. Auch in dem Panzerspähwagen saß ein Tommy, der hatte Kopfhörer auf und sprach in ein Funkgerät. Der Mann auf dem Spähwagen hielt das Gesicht in die Sonne. Das also sind die Sieger, dachte sie, sitzen da und sonnen sich. Neben dem Panzerspähwagen saß ein Trupp deutscher Soldaten. Sie saßen auf dem Kantstein. Einer hatte einen Bollerwagen bei sich, darauf lagen ein Rucksack und zwei Tornister. Tornister, wie sie die Reichswehr gehabt hatte, mit Kalbfell bezogen. Es waren ältere Männer. Die Ausrüstung zusammengestoppelt. Dem einen, einem alten Mann mit einem Pflaster auf der Nase, hing eine Wolldecke wie eine riesige Wurst über die Schultern. Unrasiert und müde sahen sie aus. Der Engländer beachtete die Deutschen nicht, die Deutschen nicht den Engländer. Nur daß sie nicht das Gesicht in die Sonne hielten. Die meisten saßen da und starrten vor sich hin. Einer hatte sich den Knobelbecher ausgezogen, die löchrige Socke auf das Pflaster gelegt und pulte sich zwischen den Zehen. Hin und wieder roch er am Finger.

Als sie in die Brüderstraße kam, sah sie den Auflauf vor dem Haus. Nachbarn standen da, Fremde, auch zwei deutsche Polizisten. Und ihr erster Gedanke war, Bremer wird verhaftet. Vielleicht hatte ihn irgend jemand entdeckt, vielleicht aber auch hatte er sich selbst aus der Wohnung gewagt und von Frau Eckleben erfahren, der Krieg ist vorbei. Lena Brücker drängte sich durch die Leute im Treppenhaus hindurch. Frau Claussen stand da und meine Tante Hilde, die unten, in der ersten Etage, wohnte, in deren Küche ich als Kind so gern saß. Der Arme, sagte Frau Eckleben: Er hat die Schande nicht ertragen. Was denn, fragte Lena Brücker, wer denn um Gottes willen und spürte ihr Herz wie einen eisigen Stein. Tante Hilde zeigte zum Wohnungseingang von Lammers, der im Parterre wohnte, wo später der Uhrmacher Eisenhart einziehen sollte. Ein Mann versuchte, die Dohle von Lammers einzufangen, die aus dem offenen Käfig entflogen war und aufgeregt im Zimmer hin und her flatterte. Wo is Lammers? Frau Eckleben zeigte zum Hausgang, dort, im Dunkel, vor der Tür zum Luftschutzkeller, an einem ans obere Treppengeländer geknüpften Seil, hing Lammers. Er hatte seine Blockleiteruniform an, und der Kopf hing zur Seite, als wolle er sich irgendwo anlehnen, an eine Schulter oder Brust. Er mußte sich den großen Weltkrieg-I-Stahlhelm aufgesetzt haben, denn der war ihm vom Kopf gefallen und lag jetzt unter ihm wie ein Pißpott.

Sie schloß oben die Wohnungstür auf, überlegte sich, ob sie jetzt nicht sagen sollte, der Krieg ist vorbei, jedenfalls für Hamburg, im Treppenhaus hängt Blockwart Lammers an einem Seil, da fragte Bremer: Sind die Engländer da? Ja, sagte sie, ich hab sie gesehen, sie sitzen auf der Michaelisbrücke, zusammen mit deutschen Soldaten. Sie sonnen sich.

Siehst du, sagte er, ich wußte es, es geht los, gegen Rußland.

Ja, sagte sie, vielleicht. Die Zeitung? Zeitungen gibt es noch nicht, Neuigkeiten werden über Lautsprecher und durch Rundfunk bekanntgegeben. Die Regierung

Dönitz hat aufgerufen, Disziplin zu wahren, niemand darf seinen Posten verlassen. Er nahm sie in die Arme. Die Geschäfte sollen wieder öffnen. Die Behörden arbeiten. Morgen geh ich zur Arbeit. Sie küßte ihn.

Und ich, sagte er, was soll ich tun?

Warten, erst mal.

Flandziu

Hermann Peter Piwitt

Aber wir sind in Hamburg …

Aber wir sind in Hamburg, in der Seestadt, ich sagte es.

Und ich irrte an Wochenenden von einer leeren Kneipe zur anderen und trank mein Bier. Es ist jetzt vierzig Jahre her, und sie tranken ihr Bier noch zu Hause.

In Hamburg, erzählte man sich, müsse man warten, bis man eingeladen würde, ins Haus. Einmal traf ich einen alten Kumpel aus Berlin. Er warte jetzt seit zwei Jahren darauf, sagte er. Einmal hatte ich den Abend verhockt in St. Georg. Ich hatte mich gut zwei Stunden lang am Tresen festgehalten, allein mit der Frau hinterm Schanktisch. Sie hatte einen klaftertiefen Ausschnitt am Bug. Und einen Turm aufgesprayten blonden Haars auf dem Kopf; daran erinnere ich mich; er sah aus wie ein großes, verklebtes, umgestülptes Vogelnest. Sie war wirklich eine Fregatte. Über den Glasrand weg bemerkte ich, wie sie mich immer mal wieder mit Blicken prüfte. Endlich ließ sie die Kasse rasseln, fasste mich ins Auge und fragte aus einem unendlich langen, leeren Gesicht: Möchten Sie noch ein bisschen Gesellschaft an die Bar? Sie fragte nicht: Wie wär's mit einem Piccolo, eh er schlecht wird? Sie fragte nicht einmal schlicht, ob ich ihr einen ausgäbe. Nein, sie hatte das winzige Gefühl, das für ein paar Mark plus Trinkgeld zwischen uns zu machen gewesen wäre, schon auf den Begriff gebracht: Gesellschaft … leisten.

Und ich wusste, dass ich wieder zu Hause war.

Es hat sich einiges verändert seitdem. Die Studenten besetzten ein paar Kneipen. Man trifft sich sogar im Freien inzwischen. Im Sommer. Am Elbstrand. Ganz locker. Donnerwetter, ja. Und ich hatte kein Geld. Ich hatte nie Geld. Wozu auch. Nie genug. Genug? Dass ‚genug' alles sein könne, vorausgesetzt, dass wir es lieben können … Von wem das sei? Ist es nicht Bierce? Aber was ich nicht alles hätte lieben können! Wenn mir wenigstens jemand was geschenkt hätte. Ich hätte es weiterverschenken können. Wenigstens ein paar Viecher, die man damit hätte retten können. Ein paar Menschen, die sich nicht selbst reingeritten hatten. Dass sich's gelohnt hätte. Stattdessen saß ich wie immer am Eck und trank mein Bier, langsam und gründlich. Eins nach dem andern. Und spülte mit Korn nach. Und hörte mir die Tresenbeichten an, bis ich vom Stuhl fiel oder mir eine fing, weil ich, auf Nachfrage, nicht mehr wusste, wo genau, an welchem Frontabschnitt in seiner Geschichte, der Mann eben sein Bein verlor. Es war wie immer. Und überall. Ob in Berlin. Oder in Hamburg. Und ich war wie immer hinter den Mädchen her. Aber in Berlin sprachen sie einen im Bus, in der S-Bahn an. Hier, die Elbschleichen, die antriebsarmen, bekamen die Augen nicht auf, geschweige denn das Maul.

Ich muss noch einmal ausholen. Ein letztes Mal. Die Seestadt. Keine Großstadt in der Republik mit mehr Wasser ist schöner grün als sie. Und bei Regen scheint sich das leblos dezente Grau ihrer Banken und Geschäftsstellen über die ganze Stadt zu verbreiten und noch die großen Parks zu vereinnahmen, als Bürobegrünung. Und es regnet oft. Kein europäischer Hafen erzielt höhere Umschlagszahlen im Chinahandel als dieser. Doch geographisch und kulturell ist die Stadt (fast) ein Nichts; und zu diesem ‚fast' verhalfen ihr um die Jahrhundertwende vor allem ein paar jüdische Kaufleute.

Wo andere große Städte einen Markt, eine ehemals fürstliche oder bischöfliche Residenz haben und ums Eck eine alte berühmte Universität, da hat sie einen zu groß geratenen Feuerlöschteich, an den ein Büro- und Geschäftszentrum grenzt. Und drum herum ein Agglomerat von großen Dörfern.

Wo andernorts, ob in Berlin oder Wien, Dynasten künstlerische und wissenschaftliche Intelligenz neugierig machten, da ließen ‚königliche Kaufleute' als frühe ‚Global Players', Märkte an den Küsten der Erde erobern, trieben Handel mit Sklavenplantagen, verschifften Militär in Kolonien und stauten ihre Schiffe mit Auswanderern. Und manchmal kamen gerade zwei Drittel davon lebend an. Nie haben große Juden das intellektuelle Klima der Stadt nachdrücklich prägen können. Oper? Gut, das putzt. Und ein modernes Bild kann man sich an die Wand hängen und zuschauen, wie es Tag für Tag teurer wird. Oder billiger. Aber schon die Kirchenmusiker holte man sich aus Magdeburg und Weimar. Und Brahms, der Hamburger, machte sich mit noch nicht dreißig davon. Die Wiener immerhin erfanden die Operette. Geborene Hanseaten dagegen erfanden wenig dergleichen. Von einem eingeborenen Dichter weiß man in der Regel allenfalls, dass er es als Kaufmann nicht geschafft hat. Sie haben Esskultur, aber keine von hier; höchstens in Sachen Fisch; alles andere ist anderswo abgeguckt. Lange genug gebraucht haben sie schließlich, bis sie überhaupt mit Messer und Gabel essen konnten und in der Oper an den richtigen Stellen klatschten. Und immer haben sie darauf geachtet, dass nicht just einer aus ihrer Mitte ihnen noch mehr davon aufbürdet.

Sie haben keinen Schönheitssinn. So einfach ist es. Schönheit? Dafür hat man seine Berater. Und der fischige Hochmut ihrer alten Machteliten sah darauf, dass alles, was ihm nachwuchs und sich zugesellte, die Leute von Werbung, Medien und Design, das ganze tonangebende Milieu des kulturellen Zwischenhandels, sich dem Gusto fügte.

Lessing hielt es kein Jahr hier aus. Mahler, unter ständigen Querelen, gerade sechs. Und Nossack notierte am Ende seines Lebens über die Leute in der Seestadt: Sie sind vielleicht nicht ungebildeter als andere in anderen Städten; nur dass ihre Unbildung sich so arrogant gibt, macht sie so unübersehbar.

Hagedorn, der kleine Hagedorn, macht sich mit Hamburg-Werbung beliebt: Der Elbe Schifffahrt macht uns reicher, / die Alster lehrt gesellig sein, / durch jene füllen sich die Speicher, / auf dieser schmeckt der fremde Wein.

Heine in den ‚Memoiren des Herrn von Schnabelewopski' über Klopstock aus Quedlinburg; der habe wohl nur deshalb so rührend die Leiden Jesu besungen, weil er lange genug auf der Königstraße hinter dem Jungfernstieg gewohnt habe, um zu wissen, wie Propheten gekreuzigt würden.

Einmal, in jenen Anfangsjahren noch immer befangen im alten Berliner Urvertrauen, wonach zwei, drei Freunde immer sich treffen ließen auch ohne Verabredung, ein, zwei Kneipen weiter, kam ich, noch immer allein, am Rothenbaum am Tresen, mit einem Mann von Jahren ins Gespräch. Er stopfte sich gerade die Pfeife. Er zeigte mir, wie er den Tabak feucht hielt: mit einem Schwämmchen im Innern des Deckels. Als er gegangen war, klärte ein anderer mich auf: Sie hatten eben die Ehre, sich mit Erwin Seeler, dem Vater von Uwe, zu unterhalten. Arbeitet übrigens noch immer im Hafen, als Stauervize. Uwe, wissen Sie, ist knickerig.

Knickerig. Kaum ein anderes Wort beschreibt besser hanseatische Gefühlstradition. Es meint nicht schlicht Geiz. In wohl kaum einer anderen deutschen Großstadt ist mehr Geld in den falschen Händen weniger. Man knickert am Leben selbst, an allen Lebensäußerungen. Vielleicht ist es das protestantische Erbe. Eine Art vorzubeugen in Sachen Gnadenwahl. Zwar hat der Spießer selbst inzwischen ein bisschen Dekadenz zu leben hinzu gelernt. Man kann protzen, zur Not. Man tischt auf, wenn es sich rechnet. Man gibt sich locker. Nicht nur englisch. Man schickt die Töchter (Gianni Celati schildert den Typ Hamburger Blondine in seinem Roman ‚Mondphasen im Paradies') auf die besten amerikanischen Schulen. Man isst italienisch. Und wenn ich in Italien sage, ich sei aus Hamburg, lachen sie: Ist das nicht die Stadt, wo sie schon Ende Februar ihren Sportwagen mit offenem Verdeck fahren? Kommen italienische Freunde dann selbst mal, fragen sie nach Fischbrötchen und le Donne in Vetrine.

Ist Hamburg die tolerante, liberale, weltoffene Stadt? Gibt es hier Liberalität aus Tradition? Ein Vorschlag zur Güte: Was Nossack ‚Arroganz' nennt, ist in der

Regel nur Stilunsicherheit. Aus Mangel an einer selbstsicheren regionalen Kultur. Keine Regionalzeitung, die zu mehr nütze wäre, als seinen Bückling drin einzuwickeln. Das ‚Abendblatt' ein Hort lauwarmer Eigenheim-Gemütlichkeit. Und wenn auf einer Bühne zum x-ten Mal ein Klassiker als das übliche Kriech- und Kreischtheater aufgetischt wird, fliegt kein Fallobst. Man sagt: Dascha gediegen. Und: Muschawohl.

So gut wie nie – außer im Zustand der Verwüstung – hat die Dame H. es geschafft, den Liebesblick eines großen Ansässigen auf sich zu ziehen; wie Tucholskys Berlin, von Wien ganz zu schweigen. Was zählt, ist der in Dienst genommene Geist, und sei es in der üblichen Form journalistischer Zwei-Minuten-vierzig-Tagelöhnerei. Inzwischen hat die Stadt ihre landeseigenen Krankenhäuser verkauft. Die Wasserwerke stehen zur Disposition.

Was wird man noch verkaufen, wenn es nichts mehr zu verkaufen gibt? Die Polizei?

Es gibt hier Multimillionäre, die sich öffentlich fragen, wieso sie eigentlich so wenig Steuern zahlen müssen. Für 5,20 Euro die Stunde sortieren Dosenpfand-Sortiererinnen Pfandgut am Fließband. Nur 2,4 Prozent aller Sozialhilfeempfänger haben – nach einer Untersuchung der Sozialbehörde – im Jahr 2003 zu Unrecht Sozialhilfe bekommen. Unbekümmert darum erzielt Ende 2001 die Partei des sozialen Ressentiments, die des Roland Barnabas Schill, auch in bürgerlichen Stadtteilen überdurchschnittliche Erfolge.

Und die Sozialdemokratie? Seit der erste Bürgermeister Voscherau aufgab, hat sie keinen vorzeigbaren Kandidaten aufzubieten gehabt. Das ist nicht ungewöhnlich. Wer die operationelle Intelligenz dazu hat, schafft eh gleich im Hintergrund, in der freien Wirtschaft, die Fakten, der die Politik Folge zu leisten hat. Zwischen Voscherau und Scholz gab es nur Nieten. Ortwin Runde mussten die Werber auf Stellwänden neben einem Großflugzeug verstecken. Der Mann nach ihm, der das Rennen bei den Ortsvereinen machte, war Thomas Mirow, im Volksmund auch ‚Mickerfex' genannt. Eine Zeitlang durfte er in Schröders Stab mitschlurfen. ‚Eine wissensbasierte Gesellschaft' forderte der Kanzler. Fast gleichzeitig gibt der Hamburger Kultursender NDR3/Hörfunk seinen Geist auf. Nicht länger zur Wahl gestellt ist seitdem dem Hörer ein Programm aus Wort- und Musiksendungen. Von nun an darf er sich von neun bis neunzehn Uhr ein Service-Radio aus Info-Bröseln und musikalischen Appetithäppchen von Bach bis Piazzolla und Morricone am Ohr vorbeigehen lassen. Und um halb elf geht es noch einmal weiter damit bis zum ARD-Nachtkonzert. Klassische Duftnoten, gehobene Fastfood-Musik der Marke ‚Cross-over' in Wort und Ton. Hauptsache, die

Durchhörbarkeit beim Staubsaugen ist hergestellt. Jetzt heißt NDR3 NDRkultur. Zu verantworten hat ihn Barbara Mirow, Gattin des erfolglosen Bürgermeisteramtsbewerbers. Insider zitieren sie mit dem Satz: Alles ist Kultur, auch Autos. – Ja. Aber von allem ein bisschen ist nichts.

Flandziu

Heinrich Heine

Als Republik war Hamburg nie
So groß wie Venedig und Florenz,
Doch Hamburg hat bessere Austern; man speist
Die besten im Keller von Lorenz.

Quelle: Heinrich Heine, *Deutschland – ein Wintermärchen*, Caput XXIII, in: *Heine Werke in Fünf Bänden, ausgewählt und eingeleitet von Helmut Holtzhauer.* Berlin und Weimar 1978: Aufbau-Verlag, Band 2, S. 144.

Stadtgeschichte

Martin Krieger

Hamburg im 20. Jahrhundert

Ein Überblick

Hamburg im 20. Jahrhundert – lässt sich die Geschichte dieser bemerkenswerten Stadt für diesen Zeitraum trotz aller Brüche und Verwerfungen als historische Einheit begreifen? Sind die Epochengrenzen nicht anders zu ziehen? Zweifellos mag es einfacher sein, das 18. Jahrhundert unter dem Signum der Aufklärung als großen, kohärenten Zusammenhang zu begreifen als das vergangene. Gleichwohl deuten sich auch hier Kontinuitäten, Themen und Anknüpfungspunkte an, die um 1900 existierten oder begründet wurden und einhundert Jahre später immer noch (oder schon wieder) von Relevanz sind. Auf den ersten Blick mag an gewaltige Bautätigkeit im südlich der Altstadt gelegenen Hafenbereich gedacht werden – dereinst in Form der Speicherstadt, heute nebenan als moderne Hafencity. Auch andere Themen wurden damals neu besetzt und tragen die Entwicklung bis heute – gleich ob es sich um die Universität handelt, um die städtische Hochbahn oder um die Frage nach dem optimalen Elbtunnel. Ob es einst der moderne Hauptbahnhof war oder heute die neuen Terminals des Flughafens sind – stets investierte die Stadt in den Ausbau der Infrastruktur. Es sind aber auch die Widersprüche, die seitdem das Bild prägen – großer Reichtum neben auch in den vergangenen Jahren nur allzu offensichtlicher Armut oder ein großes Maß an gesellschaftlichem Konservatismus neben alternativen, unkonventionellen Lebensentwürfen. Vielleicht liegt darin das Erstaunliche, dass trotz der schweren Krisen, trotz Totalitarismus und großflächiger Zerstörung Kontinuitäten wirken und dass Hamburg immer noch das ist, was es einst war: eine weltoffene, traditionsbewusste wie gleichermaßen moderne, kultur- und bildungsbeflissene Stadt, die es versteht mit Handel und anderen Dienstleistungen ihr Geld zu verdienen.

Auch das landläufige Bild in den Köpfen der Menschen mag sich nur wenig verändert haben. Hamburg lebt seit langem mit seinen Klischees – wer denkt nicht an die gemeinhin kolportierte Phrase von der „Abrissstadt", wer nicht mit einer gewissen Häme an die Unwägbarkeiten bei der Errichtung der Elbphilharmonie? Oft straft die Stadt selbst solche Bilder Lügen, wie die sich mittlerweile kühn über die Dächer des Zentrums reckende Silhouette des künftigen Konzerthauses belegt. Andere Stereotype erweisen sich als freundlicher, wie das Bild von

Hamburg als „the continent's most English city" – öffentlich kommuniziert im 17., aber immer noch im 20. Jahrhundert. Ebenso mag die landläufige Vorstellung von der Idee des Hanseaten historische Realität wie gleichermaßen liebgewonnene Reflexion einer vielschichtigen und ausdifferenzierten Wahrheit sein. Auch der Historiker ist an der Genese solcher Bilder oft nicht ganz unschuldig, etwa der Hamburger Historiograph Percy Ernst Schramm, der seinerzeit konstatierte, alle Hamburger seien in vergangenen Jahrhunderten „eines Standes", also irgendwie gleich gewesen. Dieses sympathische Bild entspricht ebenso nur sehr begrenzt den Realitäten. Wenn wir uns also der Geschichte Hamburgs im 20. Jahrhundert nähern, so gilt auch hier, dass die historische Realität (wenn wir sie überhaupt ermessen können) bisweilen von bestimmten wohl- oder übelmeinenden Klischees und anderen Bildern überlagert wird.

Hamburg stellte am Übergang zum 20. Jahrhundert eine Stadt voller Widersprüche dar. Einerseits setzten großartige Bauprojekte, der wirtschaftliche Aufbruch und ein wachsendes Selbstbewusstsein der zahlenmäßig stetig wachsenden Arbeiterschaft Akzente. Von Hamburg aus verkehrten die damals weltgrößten Passagierdampfer der HAPAG in ferne Länder, von hier aus gelangten über die von Albert Ballin errichteten Auswandererhallen Abertausende von Auswanderern in die Neue Welt. Seit 1894 verkehrte in der Stadt eine elektrische Straßenbahn. Andererseits prägten teils archaische Gesellschafts- und Verfassungsstrukturen sowie erbärmliche Wohnverhältnisse das Leben Vieler. Während im Deutschen Reich bereits ein allgemeines Wahlrecht bestand, war in der Hamburger Bürgerschaft allenfalls ein Zehntel der städtischen Bevölkerung repräsentiert. Dieses System sollte aber schon bald ins Wanken geraten.

Zum Motor eines Umbruchs, der nach dem Ersten Weltkrieg schließlich zur politischen Partizipation breiterer Bevölkerungsgruppen führen sollte, entwickelte sich ein beträchtliches Bevölkerungswachstum. Schon lange vor Gründung des Kaiserreiches hatte sich Hamburg zum führenden Überseehandelsplatz Deutschlands entwickelt, in dem Arbeit und Einkommen zu finden waren. Hohe Geburtenraten und Zuwanderung brachten es mit sich, dass sich die Einwohnerzahl zwischen 1870 und 1900 mit 700.000 Menschen mehr als verdoppelt hatte. Am Vorabend des Ersten Weltkrieges war die Millionengrenze überschritten.

Wohnraum für die wachsende Bevölkerung war in vielfacher Weise ungenügend. Arbeiter lebten oftmals beengt, ungesund und unter unwürdigen Bedingungen. Die verheerende Cholera-Epidemie, die im Sommer 1892 mehr als 8.000 Menschenleben forderte, führte unter den Machteliten zu der Einsicht, dass die hygienisch höchst bedenklichen Wohnquartiere der Gängeviertel aus dem 17. und 18. Jahrhundert in Alt- und Neustadt von modernen Wohnbauten abzulösen seien. Modernisierung bedeutete letztlich aber auch die allmähliche Verdrängung der Arbeiter aus dem Zentrum, was wiederum einen wachsenden Bedarf an innerstädtischem öffentlichem Nahverkehr mit sich brachte. Schon 1889 war ein Generalplan für die Stadterweiterung erarbeitet worden, der einen Ausbau neuer Wohnquartiere im Norden und Osten des damals noch kleinen, stark fragmentierten Stadtgebietes vorsah. In Alt- und Neustadt entstanden hingegen Wohnquartiere für das bessergestellte Bürgertum, vor allem aber wurde ein Prozess der Citybildung eingeleitet, der bis heute anhält.

Der wirtschaftliche und demographische Aufbruch ging nicht nur mit der Anlage neuer Wohnviertel einher, sondern mit öffentlichen Bauten, die eine Geschichte Hamburgs jener Zeit auch zu einer Geschichte der Architektur machen. Öffentliche Bauprojekte förderten nicht nur die Festigung der Stadt als führendes Handelszentrum, sondern bedienten in ebensolchem Maße das wachsende Bildungsinteresse des städtischen Bürgertums. Seit 1881 verfügte Hamburg über das Privileg, einen Freihafen zu unterhalten, in dem Waren aus aller Welt zollfrei gelagert und umgeschlagen werden durften – in Zeiten weltweit hoher Zollschranken damals ein beträchtlicher Standortvorteil. Um jenen optimal zu nutzen, wurde zwischen 1885 und 1912 auf zwei Elbinseln die Speicherstadt in ihrer unverwechselbaren Backsteinarchitektur errichtet. Ebenso entstanden 1903 der Dammtorbahnhof, bis 1906 der Hauptbahnhof, einige Jahre später Landungsbrücken und Elbtunnel sowie die geradezu legendäre Ringlinie der Hochbahn – deren historische Linienführung vor einigen Jahren auf dem Netzplan des öffentlichen Nahverkehrs eine Renaissance erlebte. Vor allem aber avancierte die Altstadt im Laufe der Jahre zu einem modernen Geschäftsbezirk. So entstand seit 1905 auf dem Gelände des einstigen Gängeviertels in der mittleren Altstadt die Mönckebergstraße mit ihren Büro- und Geschäftshäusern.

Auch im kulturellen Bereich wurden in jenen Jahren architektonische Marksteine gesetzt, die das Bild der Stadt bis heute prägen – die Musikhalle zählt ebenso dazu wie das Museum für Hamburgische Geschichte und das Völkerkundemuseum. Mit letzterem wurde dem Bildungsbürgertum ein Abbild deutscher Kolonialherrlichkeit in Afrika und in der Südsee gleichsam frei Haus geliefert. Und wer sich noch tiefer mit den Zeitläuften in fernen Ländern, insbesondere mit den deutschen Kolonien, beschäftigen wollte, konnte seit 1908 entsprechende Kurse im Kolonialinstitut an der Moorweide, dem späteren Hamburgischen Welt-Wirtschafts-Archiv, belegen.

Der Ausbruch des Ersten Weltkrieges setzte weiteren Projekten einstweilen ein Ende. Mit Kriegsbeginn meldeten sich tausende Hamburger Männer freiwillig oder wurden eingezogen. Frauen übernahmen deren Arbeit in Gewerbe, Industrie und im öffentlichen Nahverkehr. Erstmals erfuhren Frauen aus der Not heraus Gleichberechtigung im Arbeitsleben – auch wenn sich eine solche schon bald nach Kriegsende als eine nur allzu vergängliche Errungenschaft erweisen sollte. Schwerer wogen die wirtschaftlichen Auswirkungen des Krieges. Als führender deutscher Überseehafen erwies sich Hamburg gegenüber der britischen Handelsblockade als besonders angreifbar. Der Seehandel kam seit 1914 praktisch zum Erliegen: Erreichten im Jahr vor dem Kriegsausbruch etwa 15.000 Schiffe die Elbmetropole, so schmolz deren jährliche Zahl in den Kriegsjahren auf etwa ein Fünftel zusammen. Die Folgen für die städtische Wirtschaft waren verheerend: Trotz des Fehlens eines Großteils der männlichen Bevölkerung stieg die Arbeitslosigkeit deutlich. Hinzu kamen wie allenthalben im Deutschen Reich auch Preissteigerung und Nahrungsmittelknappheit. Obrigkeitliche Mangelwirtschaft und Krisenmanagement konnten wachsende soziale Spannungen nicht verhindern, die sich seit 1916 in Unruhen und schließlich in einem großen Streik der Werft- und Metallarbeiter entluden.

Das Ende des Kaiserreiches und die Revolution, die sich auch in der Elbmetropole in der kurzzeitigen Existenz eines Arbeiter- und Soldatenrates äußerte, führten zu einer baldigen Demokratisierung des politischen Lebens. Hatten die Arbeiter schon längst die zahlenmäßig stärkste gesellschaftliche Schicht dargestellt und hatte sich unter ihnen seit langem ein aktives Vereins- und Gewerkschaftsleben ausgebildet, waren sie doch bis Kriegsende weiterhin von der politischen Entscheidungsfindung ausgeschlossen geblieben. Eine Änderung des Wahlrechtes kehrte nunmehr die Machtverhältnisse in der Stadt praktisch von einem Tag auf den anderen um: Bei der ersten Bürgerschaftswahl unter den neuen Bedingungen errang die SPD die absolute Mehrheit. Die Sozialdemokraten setzten die ihnen zufallende Macht besonnen ein und beließen einen Großteil der traditionellen, großbürgerlichen Führungselite in ihren Ämtern. Politischer Ausgleich zwischen den progressiven und den eher konservativen Kräften stellt seitdem ein Markenzeichen des Hamburger politischen Lebens dar.

Das erste Friedensjahr brachte die Verwirklichung eines lange gehegten Projektes mit sich: die Gründung einer Universität. Seit dem 17. Jahrhundert hatte in Hamburg das ehrwürdige Akademische Gymnasium einen Mittelpunkt des intellektuellen Lebens dargestellt, an dem dereinst Geistesgrößen wie Joachim Jungius oder Johann Albert Fabricius gewirkt hatten. Jenes besaß im 19. Jahrhundert aber nur noch einen Schatten seiner einstigen Bedeutung und war schließlich ganz aufgelöst worden. In der langen und reichen Tradition der Elbmetropole als Kultur- und Wissenschaftszentrum realisierte sich erst mit der Universitätsgründung am 10. Mai 1919 eine Vision des Bürgermeisters Werner von Melle. Nicht nur Studierende sollten hier ihre Ausbildung erfahren, sondern die Universität war bewusst auch konzipiert worden, um Bildung in nichtuniversitäre Schichten der sich demokratisierenden Hamburger Gesellschaft hineinzutragen, und sie sollte zugleich die Interessen des sich langsam wiederbelebenden Überseehandels bedienen.

Die nun folgenden Jahre der Weimarer Republik brachten eine wachsende politische Radikalisierung mit sich. Diese resultierte nicht allein aus einer verbreiteten Unzufriedenheit mit den neuen politischen Machtverhältnissen, sondern in mindestens ebensolchem Maße aus der problematischen wirtschaftlichen Lage. Nur mühsam war es der Stadt gelungen, sich aus der Kriegs- und Nachkriegsdepression zu befreien, ehe bald nach Beginn der 1920er Jahre die dramatisch ansteigende Inflation zu Vermögensverlusten und vielfach zu elementarer Not führte. Noch schlimmer sollte es 1929 kommen, als der berüchtigte Schwarze Freitag eine Wirtschaftskrise bis dahin ungekannten Ausmaßes einleitete.

Eine wachsende politische Radikalisierung war besonders im Jahre 1923 zu spüren, als in Hamburg, Bremen, Sachsen und Thüringen kommunistische Putschversuche verübt wurden. Unter dem Kommunistenführer Ernst Thälmann sollten in Hamburg die Macht der Bürgerschaft und die enge Liaison zwischen Sozialdemokraten und Bürgerlichen beendet und durch eine kommunistische Regierung ersetzt werden. Nur ein massiver Gegenschlag der politischen Polizei, der beinahe 80 Menschen das Leben kostete, konnte diesen Umsturzversuch beenden. Als auf lange Sicht bedrohlicher erwies sich die schleichende Unterwanderung des politischen Lebens mit nationalsozialistischer Ideologie. 1928 gewann die NSDAP erstmals drei Sitze in der Bürgerschaft; fünf Jahre später bildeten die Nationalsozialisten mit 51 Abgeordneten bereits die stärkste Fraktion. Wie schnell aus politischer Agitation physische Gewalt erwachsen konnte, war am 17. Juli 1932 beim „Blutsonntag" im benachbarten Altona zu spüren – einer Schießerei zwischen Kommunisten, Nationalsozialisten und der Polizei, bei der nahezu 300 Verletzte und 18 Tote zurückblieben.

In der heutigen Wahrnehmung bleiben die Jahre der Weimarer Republik aber nicht allein als eine Phase der politischen und wirtschaftlichen Krise in Erinnerung, sondern ebenso als eine Zeit kühner und zukunftsweisender Bauprojekte, die trotz begrenzter Ressourcen realisiert wurden. Die überlebte Architektur der Kaiserzeit wurde über Bord geworfen und durch neue, klare Linien und den traditionellen Backstein ersetzt. Untrennbar ist diese Entwicklung mit dem Namen des Oberbaudirektors Fritz Schumacher verbunden. Mit ihm setzten sich in der Stadtbauplanung sowie in einzelnen Bauprojekten neue Trends und Standards durch, die Schumacher aus München, Dresden sowie aus seinem Engagement beim „Deutschen Werkbund" mit an die Elbe brachte. Im Mittelpunkt standen klassische, schlichte Formen und neue dekorative Elemente. Zwischen 1919 und 1926 entstand im neuen Stil etwa am Gänsemarkt das Gebäude der Finanzdeputation. Nachdem die schlimmsten Folgen des Krieges überwunden waren, gelangen aber auch von privater Seite wieder Bauprojekte, die das Bild der Stadt ebenso bis heute prägen. Zum eindrücklichen Markzeichen entwickelte sich das Chile-Haus im entstehenden Kontorhausviertel, das vom Reeder Henry B. Sloman in Auftrag gegeben und 1922–24 vom Architekten Fritz Höger errichtet wurde. Jener moderne Stahlskelettbau mit seiner roten Ziegelfassade entstand im Bereich südlich der Mönckebergstraße auf dem Gelände des einstigen Gängeviertels und leitete auch hier in den 1920er Jahren die Citybildung ein. In jenen Jahren wirkten im benachbarten Altona bereits kühne Architekten im Stil der klassischen Moderne.

In erster Linie musste es aber darum gehen, Wohnraum für heimkehrende Soldaten, Flüchtlinge aus den verlorengegangenen Abtretungsgebieten sowie für die auch aus sich selbst heraus wieder wachsende Hamburger Bevölkerung zu schaffen. Es gründete sich ein Wohnungsamt, dem anfangs nicht viel mehr übrig blieb, als eine stetig länger werdende Liste an Wohnungssuchenden zu verwalten. Bis 1932 gelang es der Stadt dann aber, insgesamt 65.000 vor allem kleinere Wohnungen für Arbeiter, Angestellte und kleine Beamte hauptsächlich in Barmbek, Groß Borstel und Langenhorn zu schaffen.

Noch war das Hamburger Stadtgebiet in hohem Maße zerstückelt. Altona, Wandsbek und Harburg gehörten nicht dazu, und Farmsen, Volksdorf, Wohldorf sowie Großhansdorf lagen als Enklaven außerhalb des eigentlichen Stadtgebietes. Auch Geesthacht und das ferne Cuxhaven zählten seit Jahrhunderten zum städtischen Territorium. Schon 1919 entwickelte Fritz Schumacher einen zukunftsträchtigen Entwicklungsplan, mit dem diese Situation überwunden und die weitere städtebauliche Entwicklung auf einem künftig arrondierten Stadtgebiet strahlenförmig und nicht nur wie bisher in nördliche Richtung stattfinden sollte – eine Idee, die erst 1937 mit dem „Groß-Hamburg-Gesetz" unter gänzlich anderen politischen Umständen umgesetzt wurde.

Die Tatsache, dass die Nationalsozialisten bei den Reichstagswahlen im März 1933 schlechter abschnitten als im übrigen Deutschland, verhinderte nicht, dass auch in der Elbmetropole die „Machtergreifung" bedrohlich rasch vonstatten ging. Begünstigt wurde diese durch die immer noch bedrohlich hohe Arbeitslosigkeit. Unmittelbar nach Hitlers Machtübernahme im Reich setzten auch in Hamburg politische Verfolgungsmaßnahmen und Verhaftungen ein, die nach dem Reichstagsbrand zunächst Kommunisten, später auch Sozialdemokraten trafen. Schon längst hatten nationalsozialistische Aufmärsche und Demonstrationen zum Bild der Stadt gehört und auch Übergriffe gegen jüdische Mitbürger waren zu verzeichnen gewesen. Im März 1933 wurde der Rücktritt des sozialdemokratischen Bürgermeisters und der sozialdemokratischen Senatoren erzwungen. Truppen von SA und SS besetzten das Rathaus und brachten die städtische Polizei unter ihre Kontrolle. Die alte Regierung wurde nur wenige Tage später durch einen von der NSDAP dominierten Senat unter dem neuen nationalsozialistischen Bürgermeister Carl Vincent Krogmann ersetzt. Wenige Monate später lösten die neuen Machthaber die ehrwürdige Bürgerschaft auf, sodass die alleinige Macht nunmehr in den Händen des Senats und der Schergen des nationalsozialistischen Gewaltstaates unter Gauleiter Karl Kaufmann lag. Die übrigen Parteien und Gewerkschaften wurden sukzessive aufgelöst und die Zeitungen verboten oder gleichgeschaltet. Politische Häftlinge verbrachten die neuen Machthaber anfangs in das Untersuchungsgefängnis Holstenglacis, später ins kurzlebige Konzentrationslager Wittmoor auf dem Gebiet des heutigen Norderstedt oder ins Konzentrationslager Fuhlsbüttel. Seit 1940 wurde im Osten des Stadtgebietes das Konzentrationslager Neuengamme aufgebaut; dessen Insassen stammten aus ganz Europa und wurden in und um Hamburg unter unwürdigen Bedingungen als Zwangsarbeiter zu Wasserbau- und Fabrikarbeiten eingesetzt.

Die Juden hatten am stärksten unter der NS-Gewaltherrschaft zu leiden. Seit Jahrhunderten hatte in der Elbmetropole eine lebendige jüdische Gemeinschaft bestanden, die maßgeblich das wirtschaftliche und kulturelle Leben mitgeprägt hatte. Zentren des jüdischen Lebens lagen am Grindel, in Eimsbüttel, Eppendorf sowie in St. Pauli. Hier lebte ein Großteil der Anfang der 1930er Jahre etwa 23.000 Hamburger Juden; am Ende der nationalsozialistischen Gewaltherrschaft waren es nur noch 647. Schon für den 1. April 1933 wurde zu einem Boykott jüdischer Geschäfte aufgerufen, der in den darauffolgenden Jahren viele jüdische Gewerbetreibende in wirtschaftliche Schwierigkeiten und schließlich in den Bankrott trieb, noch ehe sechs Jahre später sämtliche jüdische Unternehmungen in der Stadt verboten wurden. Auch jüdische Arbeiter, Angestellte und Beamte verloren ihren Arbeitsplatz, sodass vielen kaum ein anderer Weg als die Auswanderung blieb.

Mit der berüchtigten „Reichskristallnacht" setzten die ersten Massenverhaftungen durch die Geheime Staatspolizei ein. Frühe Deportationen führten meist ins Konzentrationslager Sachsenhausen; mit den Massendeportationen seit 1942 endeten viele jüdische Mitbürger im Ghetto Theresienstadt und im Vernichtungslager Auschwitz. Zu den zahllosen Opfern zählte auch der 1883 in Lübeck geborene Joseph Carlebach, der langjährige Direktor der Talmud-Thora-Schule am Grindel und Oberrabiner von Altona und Hamburg, der das kulturelle Leben der jüdischen Gemeinde in Hamburg lange Zeit mitbestimmt hatte. Carlebach wurde 1942 in der Nähe von Riga erschossen.

Es blieb nicht allein bei Vertreibung und Vernichtung von Menschen sowie der Verdrängung des traditionellen kulturellen und politischen Lebens. Im Wahn der neuen Herrscher sollte nach dem „Groß-Hamburg-Gesetz" und der damit verbundenen beträchtlichen Erweiterung des Stadtgebietes ein ganz neues Hamburg entstehen. Der begnadete Fritz Schumacher musste seinen Schreibtisch räumen. Eine einzige architektonische Machtdemonstration sollte die Stadt künftig sein – mit einer gewagten neuen Elbbrücke bei Oevelgönne, einem überdimensionierten „Gauhochhaus", einem Aufmarschplatz und anderen Monumentalbauten im Bereich des Elbufers. 1941 war der neue Generalbebauungsplan fertiggestellt. Sämtliche Projekte wurden aber durch den nun einsetzenden Bombenkrieg vereitelt. Stattdessen bestimmte die Errichtung von Flakstellungen und Bunkern, die heute noch allenthalben im Stadtbild erkennbar sind, fortan die Bauaktivitäten.

Der 1939 vom nationalsozialistischen Deutschland begonnene Zweite Weltkrieg machte nicht an den Grenzen des Deutschen Reiches halt, sondern war spätestens seit 1940 vor allem in den Städten immer heftiger zu spüren. Erste Bombenangriffe galten dem Hafen- und Werftgelände sowie Industrieanlagen in Harburg. Bis 1942 hielten sich die Schäden allerdings in Grenzen und waren nichts im Vergleich zu dem, was noch folgen sollte. Sieben Angriffswellen britischer und amerikanischer Bomber suchten im Sommer 1943 die Stadt heim. Mit der Operation „Gomorrha" wurden in der Nacht vom 24. auf den 25. Juli weite Teile der Innenstadt, Hoheluft, Eimsbüttel, St. Pauli und Altona in Schutt und Asche gelegt. Bis Anfang Mai 1945 waren zudem auch Wandsbek, Barmbek, Eilbek, Hohenfelde, Borgfelde, Hamm, Horn und Hammerbrook weitgehend zerstört, Stadtteile, in denen mehrheitlich Arbeiter wohnten. Die Elbvororte und die Walddörfer im Norden waren nicht betroffen. Es waren nicht die Bombenzerstörungen allein, sondern die gewaltigen, sich zu dem berüchtigten „Feuersturm" vereinenden Brände, die weite Flächen der Stadt verwüsteten. Gegen Ende des Krieges wurde Hamburg zur „Festung" erklärt und teilte damit das Schicksal anderer deutscher Städte, die mit regulären Soldaten und schließlich mit dem „Volkssturm" bis zum Untergang verteidigt werden sollten. Am 3. Mai 1945 kapitulierte die Stadt und die britischen Besatzungstruppen zogen ein. Bis Kriegsende waren 45.000 Menschen ums Leben gekommen.

Die Hälfte des Wohnraumes war zerstört; nur ein Fünftel der Wohnungen hatte den Krieg gänzlich unbeschadet überstanden. Industrieanlagen lagen brach und der Hamburger Hafen galt mit tausenden Schiffswracks als unbenutzbar. Ein Gutteil der Kirchen war vernichtet oder stark beschädigt. Allein der Turm der St. Michaeliskirche, des „Michel", reckte sich als Symbol der Hoffnung einigermaßen unversehrt in den Himmel. Wie bereits während des Großen Brandes 1842 gingen mit dem Zweiten Weltkrieg nicht nur historische Bausubstanz verloren, sondern ebenso andere materielle und immaterielle Kulturgüter, wie wertvolle Buchbestände der Staats- und Universitätsbibliothek aus dem 17. Jahrhundert, die Bibliothek der traditionsreichen Patriotischen Gesellschaft und ein Großteil der Commerzbibliothek. Von anderen ausgelagerten Kulturgütern gelangte auch nach Kriegsende nur ein Teil wieder zurück nach Hamburg.

Zunächst galt es, die Grundbedürfnisse der bei Kriegsende immerhin noch mehr als eine Million zählenden Einwohner zu befriedigen. Mit Hilfe der alliierten Kontrollmacht wurden eine kaum ausreichende Versorgung mit Nahrungsmitteln und wieder erster Schulunterricht organisiert. Tauschhandel und Schwarzmarkt blühten. Heizmaterial war besonders in den extrem kalten Wintern der ersten Nachkriegsjahre knapp und noch 1946 erfroren in Hamburg mehr als 100 Menschen. Aber auch Krankheiten und Mangelernährung forderten ihre Opfer. Aus den befreiten Konzentrationslagern sowie aus Kriegsgefangenschaft und aus den ehemaligen Ostgebieten sollten bis zum Ende des Jahrzehnts weitere 200.000 Menschen in die Stadt strömen. Die Menschen lebten dicht gedrängt in den wenigen noch nutzbaren Häusern, in Kellern und in den kaum gegen Kälte isolierten, tunnelartigen Nissenhütten aus Wellblech.

Schon bald war aber unübersehbar, dass die Briten gemeinsam mit den übrigen Besatzungsmächten willens und bestrebt waren, dem zerstörten Nachkriegsdeutschland wieder zivile Lebensinhalte zurückzugeben. So wurden in der zerstörten Elbmetropole im November 1945 erste demokratische Parteien zugelassen. Die Mitglieder der ersten freien Bürgerschaft nach Ende des NS-Regimes wurden noch von den Alliierten eingesetzt; aber schon im Oktober 1946 fanden die ersten demokratischen Wahlen seit langem statt, aus denen wegen des damals geltenden Mehrheitswahlrechts die SPD als überwältigender Sieger hervorging. Erster Bürgermeister wurde der vormalige und mittlerweile aus dem amerikanischen Exil zurückgekehrte Bürgermeister Altonas, Max Brauer. Es war jener mutige Mann, der bei dem nun folgenden Wiederaufbau tiefe, bis heute wahrnehmbare Spuren im Stadtbild und im politischen Leben hinterließ. Im Jahr der ersten Bürgerschaftswahl erhielten auch einige Zeitungen ihre Zulassung; als Wochenzeitung erscheint bis heute DIE ZEIT. 1952 sollte auch Rudolf Augsteins DER SPIEGEL von Hannover an die Elbe ziehen.

In erster Linie ging es aber darum, den Schutt des alten Hamburg zu beseitigen – Millionen an Kubikmetern von Trümmern, die von den „Trümmerfrauen" und von zwangsverpflichteten Männern beseitigt wurden. Nur wer von diesen mindestens 100 Ziegel am Tag abgeklopft hatte, bekam auch die ihm zustehende Nahrungsration. Neben dem Wiederaufbau mittels gereinigter Ziegel ging es schon bald aber auch um Neubau: Während Hamburg unter Fritz Schumacher bereits seit Ende des Ersten Weltkrieges zum Experimentierfeld kühner Bauformen avanciert war, entwickelte sich die wiederentstehende Elbmetropole zu einem regelrechten Bauplatz der Moderne. Seit 1946 wurde beispielsweise an den Grindelhochhäusern gearbeitet.

Der beginnende demokratische Wiederaufbau ermöglichte auch ein baldiges Wiedererblühen des kulturellen Lebens. Ein halbes Jahr nach Kriegsende eröffnete Ida Ehre, die den Krieg als Gefangene im Gefängnis Fuhlsbüttel überlebt hatte, die Hamburger Kammerspiele, wo einige Zeit später Wolfang Borcherts erfolgreiches Bühnenstück *Draußen vor der Tür* Uraufführung fand. Noch 1946 wurden Deutsches Schauspielhaus und die Hamburgische Staatsoper wiedereröffnet, und mit Gustaf Gründgens und Rolf Liebermann wirkten hier die wirklich Großen der deutschen Nachkriegskultur. Da der Zuschauerraum der Oper zerstört worden war, entstand bis 1949 ein neuer. Aber auch dieser erwies sich nur als Provisorium und wurde Mitte der 1950er Jahre von dem heutigen, in damals zukunftweisender Architektur errichteten Opernhaus abgelöst. Durch das Engagement des Unternehmers Alfred Töpfer war es gelungen, Spenden und Sponsorengelder für diesen mutigen Neubau einzuwerben – womit die Hamburger an eine jahrhundertealte Tradition privater Kulturförderung anknüpften.

Gleich nach Kriegsende ging auch das von der britischen Besatzungsmacht verwaltete „Radio Hamburg" auf Sendung, dem ein Sinfonieorchester unter der Leitung von Hans Schmidt-Isserstedt angeschlossen war. Aus dem Sender ging noch 1945 der Nordwestdeutsche Rundfunk als Vorgänger von NDR und WDR hervor. Es war der britische Journalist Hugh Greene – nachdem er das nationalsozialistische Deutschland in all seiner Brutalität persönlich erfahren hatte – der mit dem NWDR nach britischem Vorbild eine öffentlich-rechtliche Rundfunkanstalt schuf, die sich neben den Zeitungen zum Sprachrohr einer wiederentstehenden zivilen Bürgergesellschaft entwickelte. 1948 übergaben die Briten die Sendeanstalt unter dem neuen Generaldirektor Adolf Grimme in deutsche Hände. Es folgten die wilden Jahre der Rock- und Jazzkultur. Unvergessen unter den älteren Hamburgerinnen und Hamburgern mag das Konzert des Rockstars Bill Hailey 1958 sein, bei dem ein Großteil des Inventars der Ernst-Merck-Halle Opfer einer Massenschlägerei wurde. Und im 1962 gegründeten Star-Club nahm der Welterfolg einer Band namens The Beatles seinen Anfang.

Traditionell hatte auch die jüdische Gemeinde in der Stadt zu den Trägern von Bildung und Kultur gezählt. Bei Kriegsende war die Deutsch-Israelitische Gemeinde in Hamburg vernichtet, Synagogen und Schulen waren zerstört. Um die wenigen in der Stadt verbliebenen Juden kümmerten sich verschiedene Hilfsgemeinschaften, ehe im September 1945 die Gründung der Jüdischen Gemeinde gelang, die indes noch drei Jahre lang auf ihre Anerkennung durch die alliierten Kontrollbehörden und schließlich durch die Bürgerschaft warten musste. Die neue Synagoge in der Neuen Weide war erst 1960 fertiggestellt.

Die 1950er und beginnenden 1960er Jahre erwiesen sich als die eigentliche Zeit des Wiederaufbaus. Die öffentliche Bauplanung wurde vom Oberbaudirektor Werner Hebebrand, einem konsequenten Anhänger der modernen Architektur, und anderen modernen Architekten geprägt. Während noch Fritz Schumacher weitgehend an eine Stadt gedacht hatte, die sich gleichsam hierarchisch vom Zentrum aus in die Peripherie erstreckte, galt das neue Credo dem Dezentralismus. Allenthalben entstanden nun in den einzelnen Stadtteilen neue Kirchen, Ladenzeilen, kommunale Einrichtungen und Grünanlagen, um die sich die neuen Wohngebiete gruppierten, die ganz im demokratischen Sinne möglichst vielen Mitbürgerinnen und Mitbürgern möglichst gleichwertige und annehmbare Lebensbedingungen schaffen sollten. In diesem Sinne entstanden öffentliche Wohnungsbauprojekte wie seit 1953 die Siedlung Hohnerkamp. Zu einem weiteren Schwerpunkt des modernen, aufgelockerten Bauens entwickelte sich das größtenteils zerstörte Altona mit einer der ersten Fußgängerzonen der Bundesrepublik und zentralen Grünanlagen.

Letztlich ging es aber nicht allein um gesunden, bezahlbaren und ausreichenden Wohnraum für alle, sondern auch um genügend Arbeitsplätze, um der weiter wachsenden Hamburger Bevölkerung ein genügendes Auskommen zu sichern. Es galt, Hamburg wieder zu dem zu machen, was es einstmals war: zum Welthafen und zum überregionalen Wirtschaftszentrum – nun allerdings in einer Zeit, als wegen des Eisernen Vorhanges zunehmend das mittelosteuropäische Hinterland der Stadt wegfiel. Schon Anfang der 1950er Jahre war der zivile Schiffbau wieder gestattet, der in Hamburg in Anbetracht von Reparationen an die Siegermächte jedoch nur mühsam anlief. Mit dem Wirtschaftswunder war dann aber bereits Mitte der 1950er Jahre beim Warenumschlag das Vorkriegsniveau erreicht. Gleichzeitig siedelten sich Lebensmittelverarbeitung, Erdölindustrie und schließlich ein immer mehr an Bedeutung gewinnender Dienstleistungssektor in Hamburg an.

1962 sollte sich inmitten des Aufbaus als *annus horribilis* der Nachkriegszeit erweisen: Die Staatsanwaltschaft filzte in der „Spiegel-Affäre" die Büros von Rudolf Augstein und verhaftete Führungskräfte des Wochenmagazins. Die eigentliche Katastrophe war schon einige Monate zuvor über Hamburg hereingebrochen. In der Nacht vom 16. auf den 17. Februar drang mit einem Nordweststorkan das gewaltigste Hochwasser seit Menschengedenken in die Stadt hinein. In den Marschgebieten brachen die Deiche. Die Menschen in Wilhelmsburg, Finkenwerder, Cranz oder Moorburg wurden praktisch im Schlaf von den Wassermassen überrascht, und mehr als 300 von ihnen fanden den Tod. Innensenator Helmut Schmidt gelang es, durch souveräne Leitung der Rettungsaktionen noch Schlimmeres zu verhindern und vielen Menschen das Leben zu retten.

Zweimal sollte es seitdem zu größeren politischen Spannungen kommen: Einmal im Zuge der Studentenbewegung der ausgehenden 1960er Jahre mit einer wachsenden Politisierung bestimmter gesellschaftlicher Gruppen, die sich gegen die bis dahin unzureichende Aufarbeitung der NS-Herrschaft ebenso wandten wie gegen traditionelle Macht- und Denkstrukturen an der Universität oder gegen den umstrittenen Besuch des Schahs von Persien 1967. Zwanzig Jahre später führte ein Konflikt um die Nutzung einer Häuserzeile in der Hafenstraße zu innenpolitischen Konfrontationen und großer öffentlicher Aufmerksamkeit. Eine anfangs zögerliche, letztlich aber weitsichtige Politik des Ersten Bürgermeisters Klaus von Dohnanyi führte aber doch zu einem Ausgleich. Auch die Frage nach der Nutzung der Atomenergie hinterließ im politischen Leben der Stadt ihre Spuren. Dennoch richtete Hamburg etwa mit der Hafencity seinen Blick zunehmend auf das 21. Jahrhundert. Vieles hat sich seitdem geändert, Vieles bleibt altbekannt, auch wenn es sich bisweilen im neuen Gewand gibt, wie ein Spaziergang entlang des Jungfernstiegs oder an den Landungsbrücken zeigt.

Blicken wir abschließend auf die Entwicklung Hamburgs im 20. Jahrhundert zurück, so lässt sich vielleicht eine Zweiteilung ausmachen, die von langen Traditionen und Strukturen überbrückt wird: Die erste Hälfte jenes Jahrhunderts war nach einem beispiellosen Aufbau in der Zeit bis 1914 durch die schweren wirtschaftlichen und sozialen Folgen von Krieg und Krise geprägt. Da Hamburg seit jeher vom Überseehandel lebte, waren die Ausschläge der weltweiten Konjunkturen hier immer besonders früh und besonders intensiv zu spüren. Über lange Jahre litt die Stadt unter hoher Arbeitslosigkeit, massiven politischen Gegensätzen und schließlich unter totalitärer Herrschaft. Aber auch in der ersten Hälfte des Jahrhunderts gelangen trotz aller Probleme großartige architektonische Vorhaben.

Die zweite Hälfte des Jahrhunderts ist von einem beinahe fast ununterbrochenen wirtschaftlichen Aufstieg geprägt. Die Folgen des Zweiten Weltkrieges waren in einem überschaubaren Zeitraum überwunden und die Stadt entwickelte sich wieder zu dem, was sie seit jeher war: zu einem Zentrum des Handels, des Gewerbes, aber auch zu einem Hort der demokratischen Presse und der Kultur. Nicht ohne Reibungsverluste gelang ein struktureller Wandel. Heute liegt ein Schwerpunkt nicht mehr im Schiffbau. Aber unweit der einstigen Werftanlagen entstehen heute in Finkenwerder die weltgrößten Flugzeuge. Noch stärkere Wirtschaftskraft als je zuvor besitzt der Dienstleistungssektor – architektonisch manifestiert in den Bürogebäuden der jungen Hafencity. Anziehungskraft und Attraktivität sind wie um 1900 ungebrochen. Kultur und Bildung besitzen nach wie vor einen sehr hohen Stellenwert – sei es in Form des publikumsträchtigen Musicals am jenseitigen Elbufer oder künftig in der entstehenden Elbphilharmonie. Nach einem Jahrhundert der Unwägbarkeiten und des erneuten Aufbruchs ist die Stadt wieder da angekommen, wo sie schon einmal seit dem 17. Jahrhundert stand: als weltoffenes, demokratisches und liberales Zentrum inmitten Europas und eng verbunden mit der übrigen Welt.

Literatur:
Martin Krieger, Kleine Geschichte Hamburgs, München 2014; Gert Kähler, *Von der Speicherstadt zur Elbphilharmonie. Hundert Jahre Stadtgeschichte Hamburg*, Hamburg 2009; Eckart Klessmann, *Geschichte der Stadt Hamburg*, Hamburg 1981.

★

HAMBURG, und die Faszination, die eine Hafenstadt auf einen Binnenländer ausübt. Auf den Elbbrücken steht er und starrt ins Wasser, läßt am Elbufer die großen Schiffe an sich vorüberziehen, die Schreie der Nebelhörner sind ihm die schönste Musik. Er ist stolz zu wissen, wie viele Tonnen ein bestimmtes Schiff zu transportieren vermag, in welcher Tiefe ein Tunnel den Strom unterquert und was ein Schauermann tut. Homme libre, toujours tu chériras la mer. [...] ich komme gern am Abend, wenn sich die Lichter in den vielen Wasserarmen spiegeln und der Lärm der Räder wie aus großer Tiefe zurückgeworfen wird.

Quelle: Marie Luise Kaschnitz, Orte. Aufzeichnungen. Frankfurt/Main 1981: Suhrkamp (BS 486), S. 132.

Dirk Schubert

Fritz Schumacher - Pragmatischer Visionär und konservativer Modernisierer

Städtebau und Wohnungsbau in Hamburg 1909–1933

Über 100 Gebäude von Fritz Schumacher prägen bis heute das Hamburger Stadtbild. Die großen Backsteinquartiere der 1920er, das *rote Hamburg*, tragen seine Handschrift. Er war nicht nur Architekt, sondern (Sozial-)Reformer, Stadt- und Regionalplaner, ein umfassend gebildeter Künstler und Literat, der eine Vielzahl von Artikeln und über 30 Bücher verfasste.

In der Literatur über die *Moderne*, das *Neue Bauen*, die *Moderne Architektur*, die *Neue Sachlichkeit* der Weimarer Republik und die *Vertreter der Moderne* bleibt für Fritz Schumacher kaum mehr als eine Fußnote.[1] In dem umfangreichen Katalog *Tendenzen der Moderne* findet sich der Name Schumacher nicht einmal im Register.[2] Von den Architekten Bruno Taut, Walter Gropius, Ernst May, Mies van der Rohe und Erich Mendelsohn etwa ist die Rede, Frankfurt, Celle, Stuttgart und vor allem Berlin[3] werden erwähnt, nicht aber Schumacher und Hamburg. Vielfach als *konservativer Moderner*, als *moderner Städtebauer* und *unmoderner Architekt* eingestuft, findet er kaum Erwähnung in den Werken über die Ursprünge des neuzeitlichen Wohnungs- und Städtebaus. Demgegenüber steht in der Stadt seines Wirkens, in der traditionsbewussten Kaufmannsstadt Hamburg, eine Wertschätzung und Wirkungsmacht, die ihn geradezu zu einer Lichtgestalt erhöht.[4]

Fritz Schumacher (1869–1947), ab 1901 Professor an der Technischen Hochschule Dresden, 1907 Mitbegründer des Deutschen Werkbundes wurde 1909 als Leiter des Hochbauwesens nach Hamburg berufen. Bis auf die Unterbrechung von 1920–1923, in der er unter Konrad Adenauer in Köln als „Technischer Bürgermeister“ an dem neuen Bebauungsplan arbeitete[5], prägte Schumacher von 1909 bis zu seiner „Zwangspensionierung“ 1933 das Planungs- und Baugeschehen in Hamburg entscheidend. Schumacher hat nicht nur Bauten und Pläne für Hamburg hinterlassen, sondern eine Vielzahl von Schriften, die von der Kunst- und Kulturpolitik über Städtebau hin zum Kunstgewerbe und zu Theater und Literatur reichen.[6] Nach 1933 unterdrückte der „unpolitische" Baudirektor[7] fachpolitische Kommentare, galt aber weiter unbestritten als Autorität im Hintergrund und verlegte sich auf schriftstellerische Tätigkeiten.[8]

Schumachers Arbeitsweise entsprang einer präzisen Analyse und Bestandsaufnahme sowie genauer Kenntnis der gesellschaftlichen, politischen und verwaltungstechnischen Rahmenbedingungen, von Möglichkeiten und Machbarkeiten. Er beschrieb diese Methode wie folgt:

> Und deshalb kann man das Problem der Großstadt nicht anfassen aus allgemeiner Theorie heraus, sondern nur durch das liebevolle Versenken in das Wesen einer bestimmten Stadt, der die praktische Arbeit gelten soll. Je eigenartiger diese bestimmte Stadt ist, umso mehr wird man den Schlüssel zu ihrer Behandlung in dieser Eigenart suchen müssen.[9]

Als Fritz Schumacher 1909 nach Hamburg kam, spielten bei seiner Tätigkeit Aufgaben des Wohnungs- und Städtebaus zunächst so gut wie keine Rolle. Er sah seine Aufgabe in Staatsbauten und suchte dabei *Praktisches* mit *Schönem* zu verbinden. Schumacher selbst schrieb zu seiner Berufung damals an Bausenator Holthusen, „daß er gewichtig in die künstlerischen Fragen der Stadt eingreifen wolle".[10] Die Sanierung der Südlichen Neustadt, des größten Sanierungsprojektes, das in Deutschland bis dahin realisiert wurde, war fast abgeschlossen. Die Sanierung der Altstadt, die mit dem Mönckebergstraßendurchbruch verbunden wurde, war gerade begonnen worden. Hier konnte Schumacher noch die Gestaltung der Straße beeinflussen und auf die Architektur der Einzelbauten über eine Fassadenkommission einwirken.[11]

Der Verbleib der von der Sanierung betroffenen Bevölkerung und Ersatzwohnungsbau spielten allerdings keine Rolle und wurden von Schumacher in seiner Schrift zur Mönckebergstraße, wie auch in den Berichten und Verhandlungen der Kommission für die Verbesserung der Wohnverhältnisse nicht thematisiert.[12] Immerhin mussten im Bereich der nördlichen Altstadt ca. 20.000 Personen aus ihren Wohnungen weichen und sich am Stadtrand eine neue Bleibe suchen, bzw. in anderen Quartieren enger zusammenrücken. Bei der Planung und Ausgestaltung des 1914 eröffneten Hamburger Stadtparks allerdings begann Schumacher bereits Ideen der Großstadtreform mit Wohnungs- und Sozialreform zu verknüpfen.[13] Auch bei anderen Arbeiten wie der Alsterkanalisation und der Teilbebauung von Parks suchte er finanzielle Sachzwänge und gestalterische Optionen in Einklang zu bringen.

Kampf der Hamburger Mietskaserne, dem Schlitzbau

Wohnungsbau und Vermietung wurden bis zum Ersten Weltkrieg von privaten Unternehmern durchgeführt, der Anteil der Gemeinnützigen Wohnungsunternehmen war quantitativ betrachtet mit ca. 5% verschwindend gering.[14] Der Bautypus der Mietskaserne – in seiner Hamburger Version des Schlitzbaus – ergab sich, so Schumacher, fast zwangsläufig aus der Bauordnung und den Interessen der Bauträger nach maximaler Grundstücksausnutzung. Schlecht belichtete und belüftete Wohnungen, Überbelegung und das Schlafgängerwesen waren die von bürgerlichen Reformern beklagten Folgen. An diesem Punkt setzte während und nach dem Ersten Weltkrieg Schumachers wohnungsreformerisches Engagement an. Er kämpfte wohnungspolitisch an zwei Fronten, wie er es selbst bezeichnete, vorwärts gerichtet für einen besseren Wohnungsneubau am Stadtrand und rückwärts gerichtet für die Sanierung und Umgestaltung bestehender Wohnverhältnisse.

Die Revolution 1918 war das auslösende Ereignis, das auch Hamburg in ein neues demokratisches Zeitalter beförderte. In Hamburg war die Kriegs- und Nachkriegszeit von Umbrüchen begleitet. Die Umwälzungen im Gefolge der Novemberrevolution sollten zu Demokratisierung und Humanisierung von Arbeitswelt, Wirtschaft und nicht zuletzt auch zum *neuen Städtebau* führen. Hauptansatzpunkt sollte der Wohnungssektor werden, wo der *kulturlose Mietskasernenbau* der wilhelminischen Ära, die Wohnungsfrage des 19. Jahrhunderts, durch den genossenschaftlichen Wohnungsbau, durch die *neue Arbeiterstadt*, ersetzt werden sollte. Schon vor dem Ersten Weltkrieg hatte eine zunehmende Verflechtung von Staat und Wirtschaft eingesetzt, die sich im Rahmen der Kriegswirtschaft immer enger gestaltete. Die Bedeutung des „freien" Wohnungsmarktes als Regulator von Angebot und Nachfrage wurde in Frage gestellt und durch staatliche Interventionen ersetzt.

Das Stadtwachstum an der Peripherie – Hamburg war 1913 Millionenstadt geworden – hatte eine Dimension erreicht, die zugleich innerstädtische Umstrukturierungsprozesse erforderte. Der Prozess der *Citybildung* war eine Begleiterscheinung des Stadtwachstums und von wirtschaftlichen Umstrukturierungsprozessen. Die Stadtgrenzen Hamburgs und die preußischen Städte Altona, Harburg und Wandsbek hatten Stadterweiterungsgebiete im Norden erzwungen. Die Wege zwischen den Arbeitsstätten im Hafen und den Wohnstandorten waren dadurch zeitaufwendiger geworden und Arbeiter waren zunehmend auf teure öffentliche Verkehrsmittel verwiesen.

In der Altstadt war die Sanierung des früheren Gängeviertels in den 1920er und 1930er Jahren – zusammen mit dem Durchbruch der Mönckebergstraße vom Hauptbahnhof zum Rathaus schon vor dem Ersten Weltkrieg – dazu benutzt worden, einen grundlegenden Strukturwandel und Modernisierungsprozess einzuleiten. Was vorher noch hafennahes Wohnquartier war, wurde nun zu einem monostrukturierten zentralen Geschäfts- und Kontorhausviertel umgewandelt.

In Hamburg standen die ersten Nachkriegsjahre im Zeichen großer Wohnungsnot. Die weitgehende Einstellung des Wohnungsneubaus während der Kriegsjahre hatte auch in Hamburg zu einem erheblichen Wohnungsfehlbestand geführt. Beseitigen ließ sich die Wohnungsnot nur auf lange Sicht; zunächst galt es, den Mangel, so gut es ging, öffentlich zu verwalten. Fritz Schumacher kritisierte die gründerzeitlichen Mietskasernen schon 1919 und forderte, dass „der Kampf gegen die ‚Schlitzbauweise' auch rückblickend geführt wird".[15] Neue kommunale Einrichtungen wie die Wohnungskommission, der amtliche Wohnungsnachweis, die Wohnungspflege, Mieteinigungsämter und Bezirkswohnungskommissare hatten den Wohnungsmangel zu verwalten.

Von der Arbeiterbewegung erhielten Kulturbestrebungen in Architektur, Städtebau, Literatur, Kunst, Theater und Film neue Impulse. In Hamburg überwog eine *gemäßigte Moderne*. Die viel zitierte *Arbeiterkultur* der Weimarer Republik war in der Realität eher eine *Angestelltenkultur*. Vor allem aber der Bau neuer Großwohnsiedlungen an der Peripherie beinhaltete Momente der Modernisierung des Alltagslebens, die *Entrümpelung des Überflüssigen* und die Anpassung an neue ökonomische und gesellschaftliche Erfordernisse sowie Umgestaltungen privater Lebensweisen und sozialer Beziehungen. Mit der Modernisierung und Rationalisierung des Wohnens ging eine stärkere Privatisierung und Individualisierung des Alltagslebens einher. In den Siedlungen am Stadtrand sollte die *neue Gesellschaft* ihr *neues Zuhause* finden. Pädagogische Anstrengungen wurden unternommen, um die Bewohner, vor allem die Hausfrauen, zu moderner Lebens- und Haushaltsführung anzuhalten. So berichtete 1929 der *Hamburger Anzeiger* von „Gesichtern glückstrahlender Mütter", die „oft aus den schlimmsten Altstadt- und Sanierungswohnungen kommen, die sich vor Glück nicht zu fassen wissen und losheulen, wenn sie in diesen hellen Räumen stehen und an ihre muffigen, feuchten, dunklen Löcher zurückdenken".[16] Korrespondierend mit der Etablierung fordistischer Produktionsweisen in der Wirtschaft erfolgte die Rationalisierung der neuen Wohnsiedlungen. Die intendierte Schaffung von sozialhomogenen Wohngebieten, die auch Bewusstseins- und Verhaltenseffekte auslösen sollten, scheiterte an ökonomischen Realitäten. Trotz Verwendung kommunalen

Baulandes, trotz rationeller Bauproduktion wiesen die neuen Siedlungen höhere Mietpreise als die gründerzeitlichen Wohnungsbestände auf. Angestellte, kleinbürgerliche Schichten und Arbeiter mit regelmäßigen Einkommen waren es, die sich die verbesserten Standards der Neubausiedlungen leisten konnten.

Fritz Schumacher war kein Wohnungspolitiker, sondern Architekt und Stadtplaner, der versuchte mit „seinen" Mitteln auf den Wohnungsbau einzuwirken. Ihm selbst war die Begrenztheit dieses Tuns durchaus bewusst. 1919 schrieb er:

> So führen die Betrachtungen der Hamburger Wohnungspolitik zu mancherlei Fragen, die nur indirekt mit der architektonisch-technischen Seite der Sache zusammenhängen. Das ist kein Zufall, das ist typisch. Die Wurzeln bestimmt umrissener wohnungspolitischer Fragen liegen eigentlich immer außerhalb des Bereiches ihrer technischen Gesichtspunkte.[17]

Schon 1916 hatte Schumacher sein erstes Städtebau-Buch – eine Kampfschrift gegen den Schlitzbau – mit dem missverständlichen Titel „Die Kleinwohnung" publiziert. Er endete mit dem Ausblick:

> Keiner dieser Fachleute auf dem Gebiet des Wohnungswesens ist darüber im Zweifel, daß die Wohnungsfrage nach dem Kriege nicht nur als qualitative, sondern auch in der schweren Form der quantitativen Frage auftreten wird. Es wäre ein unersetzlicher Verlust, wenn dieses quantitative Bedürfnis nicht zugleich eine qualitative Verbesserung mit sich brächte.[18]

Zehn Jahre nach seinem Amtsantritt verstand er Städtebau nicht mehr als vorwiegend künstlerische, sondern auch als soziale Aufgabe, Schumacher selbst spricht auch von *sozialästhetisch*. 1920 erstattete er ein Gutachten über die Sozialisierung des Hochbauwesens, ein Denkansatz, der im Hamburg der Vorkriegszeit für einen Baudirektor vollkommen unvorstellbar gewesen wäre.[19] Die Entstehung beider Schriften ist im Kontext der gesellschaftlichen und politischen Umbrüche während und nach dem Ersten Weltkrieg zu sehen, die Schumacher nicht unbeeinflusst ließen.

Schumachers Polemik gegen die Mietskaserne der Vorkriegszeit blieb aber nicht nur publizistisch, sondern wurde auch praktisch geführt. Sein Kampf setzte auf mehreren Ebenen integriert an: Vom Grundriss angefangen, über die Baukörperanordnung bis zum Städtebau, über Grünflächen und Bauordnungen, wie Finanzierung und Bauträgerschaft wurden neue Strukturen gesucht und gefunden. Überall musste gleichzeitig begonnen werden: eine neue Bauordnung musste aufgestellt werden, zugleich aber war es nötig, den Grundgedanken der noch umkämpften Bodenreform und Bodenvorratspolitik durchzusetzen, die den Baugrund von der Rolle des Spekulationsobjektes löste und ihn für mietpreisgünstige Wohnbauten erschwinglich machte. Schumacher sah einen Paradigmenwechsel und eine Verlagerung der wohnungspolitischen Diskurse, die sich an den Paradigmen *feuersicher* nach dem großen Brand 1842, *hygienisch* nach der Choleraepidemie und *sozial* nach dem Ersten Weltkrieg festmachte. „Statt technischer Leitgedanken sind politische an die Spitze gerückt. Oder sind es bereits ethische Gedanken, die sich in politischer Form herausentwickeln?".[20]

Wohnungsreform und Stadt- und Regionalplanung

Neben der Frage der Wohnungsreform rückte der Aspekt der Zuordnung von Wohn- und Arbeitsstätten in den Mittelpunkt von Schumachers Arbeit. Schon vor dem Ersten Weltkrieg hatte es eine Reihe von Publikationen gegeben, die auf die unzureichenden Hamburger Entwicklungsmöglichkeiten und Strukturprobleme im Vier-Städte-Gebiet Hamburg, Altona, Harburg-Wilhelmsburg und Wandsbek hingewiesen hatten. Im Zentrum dabei standen die unzureichenden Hafenerweiterungsmöglichkeiten, Abstimmungsprobleme mit der Altonaer und Harburger Hafenplanung, Zuordnungen von Wohngebieten zu den Arbeitsstätten, aber zunehmend auch Verkehrs-, Infrastruktur- und Freiraumplanungen.

Fritz Schumacher wurde in den 1920er Jahren zu einem der eifrigsten Propagandisten der Groß-Hamburg Frage. Er rückte vor allem die Wohnungsfrage in den Mittelpunkt seiner Argumentation: Er schrieb,

> daß ein hauptsächlicher Krankheitsgrund auf dem unnatürlichen Zufallsverhältnis von Marsch zu Geest innerhalb der Hamburger Grenzen beruht. [...] Man kann deshalb mit vollem Rechte sagen, daß es nicht nur die Nöte der Hamburger Hafenfrage, sondern in gleichem Maße die Nöte der Hamburger Wohnungsfrage sind, was gebieterisch zu einer Neugestaltung der Hamburger Grenzen drängt.[21]

Schumacher ging davon aus, dass die Marsch das gegebene Gebiet für Hafenerweiterungen und Arbeitsstätten sei, die Geest das geeignete Gelände für Wohnsiedlungen.

> ... ebenso aber wie die Marsch gestempelt ist zum Arbeitsgebiet Hamburgs, ebenso wenig geeignet ist sie als Wohngebiet. [...] Im Gegensatz zum Arbeitsland der Marsch ist das natürliche Wohnland Hamburgs die Geest. [...] Das wünschens-

> werte Bild wäre [...], daß das Arbeitsgebiet der Marsch als mittlerer Kern rings umgeben wäre mit einem rahmenden Streifen des Wohngebietes der Geest. Alle Wohn- und Verkehrsprobleme würden dann leicht und natürlich zu lösen sein: von allen Seiten könnte sich der kürzeste und ungehemmteste Verkehrsweg zum Arbeitsgebiete bahnen. Diese Probleme werden gegenwärtig dadurch so unlösbar, daß im Hamburger Besitz Geest- und Marschland ganz voneinander getrennt liegen.[22]
> Die ganze soziale Zukunft der Stadt beruht auf dieser Möglichkeit. Wer sie abschneidet, nimmt eine Verantwortung auf sich, die unabsehbar ist.[23]

Schumachers in die Umlandgemeinden ausfächerndes, 1919 zuerst veröffentlichtes Entwicklungsmodell wurde bis in die heutige Zeit für die Stadt- und Regionalplanung handlungsleitend. Er stellte der „natürlichen" Entwicklung die „amputierten" Möglichkeiten gegenüber und begründete so eine einprägsame antipreußische Polemik. Die biologistisch gefärbte Terminologie, dass Hamburgs „stolze Blüte" an der „Entfaltung gehindert" werde, erwies sich als wirkungsmächtige Argumentation.[24]

Der eigentliche Kontrahent bezüglich der hamburgischen Eingemeindungswünsche war die preußische Regierung.[25] Preußen betonte ein eigenständiges Interesse an Harburg und Wilhelmsburg, die für die wirtschaftliche Entwicklung des preußischen Süderelberaumes unverzichtbar seien. Es argumentierte, dass die Probleme durch Vereinbarungen der Länder zu lösen und dass territoriale Veränderungen nicht erforderlich seien. In diesem Sinne argumentierte auch der bekannte Städtebauer J. Stübben:

> Die politische Unruhe, die als eine Folge der Revolution so viele Länder und Städte des Reiches ergriffen und dahin geführt hat, daß man durch teils überlegte, teils überstürzte Umgestaltungen tiefgreifender Art den Anforderungen der „neuen Zeit" glaubt sich anpassen zu müssen, hat auch in Hamburg fruchtbaren Nährboden gefunden. Der Hamburger Senat hat die auf Erweiterung seines staatlichen Bereiches gerichteten Bestrebungen in einer Denkschrift vom September 1921 zusammengefaßt, die darauf abzielt, daß die preußischen Städte Altona, Wandsbek, und Harburg, sowie umfangreiche Teile der preußischen Landkreise Pinneberg, Stormarn, Herzogtum Lauenburg, Harburg und Jork dem Hamburger Staatsgebiet einverleibt werden sollen. [...] Der Senat ist in geschickter Weise bestrebt, seine weitgehenden Wünsche nicht als auf den Vorteil Hamburgs, sondern auf die Förderung der Wohlfahrt des Reiches gerichtet darzustellen, denn es handle sich um die Aufrechterhaltung von Hamburgs Wettbewerbsfähigkeit gegenüber den Auslands-Welthäfen als eines der Werkzeuge deutschen Wiederaufbaus.[26]

Preußen suchte dagegen für Harburg eine eigenständige Hafen- und Stadtentwicklungspolitik zu betreiben[27], die sich im Zusammenschluss von Harburg und Wilhelmsburg 1927 niederschlug. Die Verschmelzung der Nachbarstädte führte zu einer neuen preußischen Großstadt mit über 115.000 Einwohnern.[28] Mit Eingemeindungen der Elbvororte im gleichen Jahr nach Altona an der Elbe vervierfachte sich die Fläche von Groß-Altona und damit wurde Raum für eine spätere „Entdichtung" der Altstadt geschaffen.

Schumachers Bemühungen fanden ihren Niederschlag dagegen im 1928 gegründeten Hamburgisch-preußischen Landesplanungsausschuss[29], als dessen Obmann er bis 1933 wirkte.[30] Vier Aspekte standen dabei im Vordergrund: Bildung einer Hafengemeinschaft, Landesplanung, Verkehrsplanung und sonstige Fragen. Für einen Bereich, der einen 30 km-Radius um das Hamburger Rathaus umfasste, wurden in Fachausschüssen Analysen und teilweise konkurrierende Planungen erstellt. Bis 1933[31] hatte der Ausschuss eine Vielzahl von Planungsgrundlagen erarbeitet. Der Schwerpunkt der Arbeit bestand in Beratungen, Begutachtungen und Veränderungsvorschlägen zu Planungsvorhaben der Gemeinden im Umland. Da dem Ausschuss keine eigenen Finanzmittel und Exekutivbefugnisse zustanden, waren die Wirkungsmöglichkeiten begrenzt.[32]

Die Modernisierung der Peripherie

Auch in Hamburg hatte die im Ersten Weltkrieg erstarkende Siedlerbewegung um Adolf Damaschke ihren Ausdruck in der Forderung nach Kriegerdanksiedlungen und Heimstätten für die heimkehrenden Krieger gefunden.[33] Schumacher stand diesen Gedanken nahe, wenn er auch mit Damaschke nur bedingt sympathisierte, wie er selbst schrieb.[34] Unter dem Druck der Wohnungsnot und der politischen Veränderungen übernahm der Staat erstmalig in Hamburg, selbst die Initiative für ein Wohnungsbauvorhaben. 1919 wurden 23,5 Mill. Mark für ein 800 Wohnungen umfassendes Bauvorhaben in dem erst 1913 eingemeindeten Langenhorn bewilligt. Wegen der Baustoffknappheit musste man auf Sparbauweisen wie Beton- und Lehmbauweisen ausweichen. Das städtebauliche Konzept beinhaltete die Schaffung ausreichend großer (750 m^2) Parzellen mit gartenbautechnisch geeigneten Zuschnitten, Verwertung der Hausabfälle im eigenen Garten und die Minimierung der Aufschließungs- und Baukosten durch eine geschlossene Reihenhausbebauung.[35]

Die Planung und Realisierung der Kleinsiedlung Langenhorn ab 1919, später Fritz Schumacher Siedlung, spiegelt deutlich die Probleme der Hamburger Stadtentwicklung wieder. Die Lage dieser Neubausiedlung im Stadtgefüge und die Zuordnung zu den Arbeitsstätten im Zentrum und im Hafen sah Schumacher durchaus problematisch.

> Die noch etwas freieren Teile sind vom Zentrum der Hauptarbeit, dem Hafen, so weit nach Norden geschoben, daß die in den neueren nördlichen Zonen der Stadt wohnenden Hafenarbeiter bereits jetzt zwischen Wohnstätte und Arbeitsstätte 14–20 km täglich zurückzulegen haben. In den freien sich noch weiter nach Norden erstreckenden Gebieten wächst der Weg mehr und mehr. Das ist ein Zustand, der wirtschaftlich und sozial die schwersten Anforderungen an Hamburg stellt. Sozial, weil der Arbeiter wertvolle Stunden seiner Muße auf überfüllten und teuren Transportmitteln zubringen muß, wirtschaftlich, weil diese Transportmittel auf Spitzenleistung des Arbeitsbeginns und Arbeitsschlusses eingestellt sein müssen und sich in der Zwischenzeit nicht rentieren können.[36]

Unter den Bedingungen der Nachkriegszeit wurde unter Schumacher am äußersten Stadtrand die Siedlung Langenhorn gebaut. Knappste Finanzen, ungünstige Bodenverhältnisse mit einem hohen Grundwasserstand und Materialengpässe erschwerten die Realisierung. Aber, so Schumacher, das Beispiel Langenhorn belege, dass „auf Hamburger Gebiet eine Kleinhaus-Siedlung nicht unmöglich ist". Gemeinschaftliche Einrichtungen sollten an vier Standorten in der Siedlung realisiert werden, es wurde aber nur eine Ladenzeile fertig gestellt und 1931 die von Fritz Schumacher geplante Schule. Vor allem über die Schule als kulturell-geistigem Zentrum in der Siedlung entwickelte sich ein reges Gemeinschaftsleben. Die Häuser wurden später mehrfach modernisiert und veränderten Bedürfnissen angepasst.

Eine *Lösung der Wohnungsfrage* war mit solchen Reihenhaussiedlungen am Stadtrand allerdings nicht möglich. Es waren mietpreisgünstige Kleinwohnungen in der Nähe der Arbeitsstätten erforderlich und zwar massenhaft. Erschwerend kam hinzu, wie Schumacher schrieb: „Verbesserungen des Wohnungstypus sind nur dann Reformen, wenn sie die Mieten nicht steigern"[37] und 1944 rückblickend zu den Schwierigkeiten der Reform der Mietskaserne: „Die Miete durfte in der reformierten Wohnung nicht teurer sein, als in der bekämpften".[38]

Spätestens 1924 schien Schumachers Kampf gegen die „verderblichen Mietskasernen" endgültig gewonnen. Die politischen Veränderungen nach 1918 ermöglichten staatliche Interventionen wie das Kleinwohnungsgesetz von 1918, die

Gründung der Hamburgischen Beleihungskasse für Hypotheken schon 1914, die neue Bauordnung von 1918, 1923 das Bebauungsplangesetz und auch 1923 eine Abteilung für Städtebau und Stadterweiterung beim Hochbauwesen, deren Leitung Schumacher nach seiner Rückkehr aus Köln erwirkte.

Die Ziele der neuen Städtebaupolitik waren im Hinblick auf den Wohnungsbau: Beseitigung des Mangels an Grünanlagen, Begrenzung der Gebäudehöhen auf fünf Geschosse sowie Verhinderung von Baublockzuschnitten, die eine Hinterflügelbauweise und problematische Grundrisse befördern würde.[39] Diese konkreten Ziele fanden ihren Niederschlag in Gesetzen, Bestimmungen und Förderrichtlinien. Probleme und Schwierigkeiten lagen im Detail und vor Ort und führten zu unterschiedlichen Ansätzen und Lösungen.[40] Der öffentlich geförderte Wohnungsbau der 1920er Jahre wurde in Hamburg fast immer auch aus Rationalisierungsgründen in größeren Siedlungseinheiten erstellt.

So gab es für das Gebiet Barmbek-Nord bereits einen Bebauungsplan, der vor 1914 aufgestellt worden war. Schumacher „reformierte" den Plan, stufte die Bebauung zum Rand hin auf drei Geschosse herab und legte Bereiche von nutzbaren Grün-, Spiel- und Erholungsflächen fest. Die Bebauungen gruppierte er um zentrale durchgehende Grünzüge (Habichtplatz, Schwalbenplatz und Langenfort-Alte Wöhr) als *Ventilationsanlagen*. Da die Kanalisation bereits nach Maßgabe der Vorkriegspläne verlegt war, waren die eher für die Gründerzeit typischen spitzwinkligen Blockzuschnitte nicht immer zu vermeiden.

Innerhalb nur weniger Jahre (1926–1931) wurden in Barmbek mehrere tausend Wohnungen fertig gestellt. Auf Bäder und Zentralheizungen musste aus Kostengründen weitgehend verzichtet werden. Mit neuen Wohn- und Grundrisslösungen wie der Wohnküche und Gemeinschaftswäschereien wurde experimentiert, neue Bauaufgaben wie ein Frauenwohnheim wurden in die Siedlung integriert. Mit dem Laubenganghaustypus versuchte man die Erschließungskosten der Wohnungen durch weniger Treppenhäuser zu minimieren. Das erste Laubenganghaus in Deutschland entstand am Heidhörn (Architekt Paul Frank) in Barmbek.[41] Barmbek-Nord wurde in mehreren Bauabschnitten realisiert und war mit fast 4500 Wohneinheiten die größte Wohnsiedlung der 1920er Jahre in Hamburg. Trotz erheblicher Kriegszerstörungen ist das Gebiet auch heute noch durch die einheitliche Verwendung von roten Klinkern und weißen Sprossenfenstern von beeindruckender städtebaulicher und architektonischer Qualität.

Für das Dulsberg-Gelände galt es dagegen, eine Umlegung im Plangebiet durchzuführen. Es gab einen „schaudererregenden" Plan – so Schumacher – von 1903, der nach dem Bebauungsplangesetz von 1892 aufgestellt worden war. Der

Plan sah die üblichen, großen Baublöcke vor, die vermutlich mit Schlitzbauten gefüllt worden wären. Verhandlungen mit Grundeigentümern führten nach 1918 zu Umlegungen, da das Gelände nicht wie am Dulsberg, schon in städtischer Hand war. Bei annähernd gleicher Ausnutzung der Grundstücke wurden nach 1918 die Gebäudehöhen herabgezont, die Gebäudetiefen verringert. Treppenhäuser mussten an den Außenwänden liegen, wobei jeweils nur zwei Wohnungen pro Etage am Treppenhaus zugelassen wurden.

Schumacher schrieb dazu, dass es sich um die Umgestaltung eines alten Bebauungsplanes handelte

> ... und zwar im Sinne einer Herabzonung der Bebauung und Vermehrung der Grünanlagen auf einer wirtschaftlich bilanzierenden Grundlage. Man konnte also keinem uferlosen baulichen Idealismus nachgehen, sondern mußte sehen, was sich in diesem bescheidenen Rahmen noch erzielen ließ. Dieser Rahmen war das mäßig entwickelte, als Organismus einwandfreie Etagenhaus; an Kleinhaus-Siedlungen war an dieser Stelle leider nicht zu denken.[42]

Durchgehende Grünzüge mit Spiel- und Sportplätzen hatten auch hier die Funktion, eine Gliederung der Baukörper herbeizuführen und zusammenhängende Erlebnisräume zu schaffen. Durch die Reform des Bebauungsplanes konnte die Fläche für Grünanlagen verdreifacht werden. Die Bebauungsstruktur sah Blockrand-, halb geöffnete Blockrandbebauungen und Zeilenbauten, also sehr unterschiedliche Teilräume, vor.

Eine Studie der Sozialstruktur der „Dudelsberger" ergab, dass unter den Erstbeziehern knapp unter 50 % Arbeiter, unter 30 % Angestellte und ca. 8 % Beamte waren,[43] demnach bezogen auf den Hamburger Durchschnitt Arbeiter eher unterrepräsentiert waren. In den drei- bis fünfgeschossigen Laubenganghäusern der Gebrüder Frank gab es damals die niedrigsten Neubaumieten in Hamburg und trotzdem während der Weltwirtschaftskrise einen Mieterstreik, weil die Mieten immer noch bezogen auf die Haushaltseinkommen zu hoch lagen.[44] Die Mieten, bei ähnlichen Wohnungsgrößen, lagen in den Neubauten um das Eineinhalbfache bis Doppelte höher im Vergleich zu den Vorkriegsbauten.

Bei den ersten gebauten Blocks am Alten Teichweg experimentierte Schumacher – wie immer auf dem neuesten Stand der Reformbestrebungen – mit einem Zentralküchenhaus. Ursprünglich war eine ganze Gruppe von Blöcken für das Zentralküchensystem vorgesehen, das aber dann nur in einem Block realisiert wurde, der sich mit einem Ledigenheim mit vorwiegend Einraumwohnungen dafür anbot. Aber auch hier erwies sich Schumacher als der pragmatische Reformer: sollte sich das Experiment als verfehlt erweisen, wurden vorsorglich schon gleich durch den Einbau der Rauchrohre entsprechende Vorkehrungen getroffen. Schumacher sah das Zentralküchensystem als Mittel zur Gesellschafts- und Wohnungsreform, wie auch der Rationalisierung und Kosteneinsparung im Wohnungsbau.

> Wenn man heute den Gedanken der Zentralküche für eine größere Wohngemeinschaft wieder aufgreift, darf man bei der Beurteilung dieses Vorhabens nicht an die Ergebnisse denken, die sich auf diesem Gebiete vor dem Kriege ergaben. Die Voraussetzungen für einen solchen Versuch sind heute andere geworden; es gibt viel mehr Gründe, die für ihn sprechen. [...] Kurz die Schar derer, die unter den Lasten des Hausstandes mit Recht seufzen, ist größer geworden; die kinderreiche Mutter, die junge, dem ersten Kinde entgegengehende Frau, die Frau mit geistigem Leben und allgemeinen Pflichten, die Frau, die zur Berufsarbeit gezwungen ist, sie alle werden heute mit mehr Recht als früher aufatmen, wenn ihnen etwas von der Bürde der Küche abgenommen wird.

Gleichzeitig sei aber, so Schumacher weiter, das Zentralküchensystem ein Instrument der Baukostenersparnis:

> Eines der wenigen Mittel, um solche bauliche Verbilligung zu erzielen, ist das Zentralküchensystem. Denn es bietet die Möglichkeit, bei jeder einzelnen Wohnung einen Raum zu ersparen, nicht nur für das Kochen selbst, sondern auch sondern auch für die Feuerungsmittel und Vorräte.[45]

Das wohnungsreformerische Ideal sah allerdings für Schumacher anders aus:

> Man darf von diesem Standpunkte aus die Zentralküche nur betrachten als kleines Äquivalent, das dem zum Etagenhaus gezwungenen geboten wird gegenüber den kulturell bevorzugten Bewohnern des eigenen Heims.[46]

Auf der Veddel galt es dagegen, eine bestehende Bebauung durch ein neues Quartier zu ersetzen. Es bestand dort schon die 1878 errichtete Musterkolonie von 200 Arbeiterhäusern, die von der Gemeinnützigen Baugesellschaft unter Vorsitz des Reeders Sloman errichtet worden waren. Die Hafen- und Industrieausweitungen und die räumliche Ausdehnung der Stadt bewirkten, dass die idyllische Siedlung Anfang der 1920er Jahre einer Neubausiedlung mit einer höheren Ausnutzung der Grundstücke weichen musste. Schumacher sah den Abriss der alten Bebauung unproblematisch. „Für diese sozial und architektonisch vortreffliche Anlage rächte sich nun, dass sie auf einem Gelände errichtet war, auf dem sie angesichts der Weiterentwicklung des Hamburger Hafens unmöglich das letzte Wort bedeuten konnte [...]".[47] Die Stadt erwarb die privaten Grundstücke und erweiterte das Plangebiet um die angrenzenden, teilweise noch unbebauten Flächen. In den Jahren 1924–1930 entstand die Veddel als Wohnstadt nach den damaligen Gesichtspunkten des modernen Städtebaus.

Die Bebauung des Areals wurde durch die Baubehörde modellartig vorgeplant, eine Methode, die Verbreitung finden sollte.

> Das Städtebauamt arbeitet einen ganzen in Entwicklung befindlichen Stadtteil im Modell durch, indem es die Verteilung der kubischen Massen seiner Bauten in einfachen Blöcken zur Darstellung bringt. Nach den rhythmischen Absichten dieses Modells richtet sich der projektierende Architekt. Aber diese Absichten bleiben elastisch. Ihre endgültige Form finden sie erst in der Zusammenarbeit mit den ausführenden Architekten. So wird versucht einen möglichst lebendigen Ausgleich zwischen Zwang und Freiheit zu finden und ohne diktatorische Maßnahmen den neu entstehenden Stadtteilen ein Stück Harmonie zu sichern.[48]

Erschließung, Baublockgröße und Material, nämlich Klinker, waren vorgegeben. Die städtebauliche Grundstruktur basierte auf 4–5 geschossigen Wohngebäuden mit Flachdächern, die sich um Freiflächen und Gemeinschaftseinrichtungen gruppierten. Die Erschließung erfolgt in der Regel als Zweispänner mit einer Haustiefe von ca. 10 Metern und einem Achsmaß von 16–17 Metern. Es entstanden vorwiegend 2- bis 3-Zimmer-Wohnungen (2-Zimmer-Wohnung: 44 m^2, 2 $^1/_2$-Zimmer-Wohnung: 58 m^2; 3-Zimmer-Wohnung: 69 m^2).

Neue, in der Regel von Schumacher selbst entworfene, Schulen stellten in allen Siedlungen ein wichtiges Element dar. Sie bildeten den baulichen Rahmen für pädagogische Reformen, sie konnten für vielfältige kulturelle Aktivitäten genutzt werden und waren für Entwicklung des Gemeinwesens in den neuen Siedlungen eine wichtige Voraussetzung. „Was Hamburg gebaut hat, sind mit Ausnahme ganz weniger Sonderbauten Verwaltungsgebäude und Schulen".[49] Schumacher wies in diesem Zusammenhang den Vorwurf des „Bautenluxus" zurück und betonte die wichtige, gemeinschaftsfördernde Funktion der Schulen in den neuen Siedlungen.

Die Neugestaltung der Jarrestadt ist eines der bekanntesten und bedeutendsten Beispiele für das *Neue Bauen* und die intendierte Arbeiter- und Angestelltenkultur der 1920er Jahre in Hamburg.[50] In unmittelbarer Nähe der Siedlung lagen mehrere größere Betriebe, nördlich schließt sich der nach Ideen von Schumacher entwickelte Stadtpark an. Für den westlichen Teil des Gebietes, das sich im städtischen Besitz befand, wurde von der Hamburgischen Beleihungskasse für

Volksschule Ahrensburger Straße

Hypotheken 1926 ein Ideenwettbewerb ausgeschrieben. Die Kennworte der eingereichten Entwürfe, wie *aufgelockert, Kampf, Luft und Sonne* und *gesund* spiegeln die Intentionen der Architekten wider. Den ersten Preis gewann Karl Schneider. Unter Leitung der Städtebauabteilung wurde dann eine Arbeitsgemeinschaft der Architekten gebildet, die die besten Entwürfe geliefert hatten. Der realisierte Plan weist eine relativ einheitliche leicht geschwungene Blockrandbebauung mit großzügigen Innenhofgrünanlagen auf. Der östliche Teil der Jarrestadt wurde ab 1930 nach einem Wettbewerb der Reichsforschungsgesellschaft für die Wirtschaftlichkeit im Bau- und Wohnungswesen"(RFG) mit Zeilenbauten bebaut. Die Zeilen mit den Laubengangwohnungen entstanden wieder nach Plänen des Architekten Paul Frank.

Parteien, Gewerkschaften und Baugenossenschaften nutzten die Wohnungsneubauprojekte zur Selbstdarstellung. So wurde in der Jarrestadt ein großer Wohnhof nach dem ersten sozialdemokratischen Abgeordneten in der Hamburger Bürgerschaft, Otto Stolten, benannt. Die KPD formulierte anlässlich des Richtfests ihre Kritik an der Hamburger Wohnungspolitik, man beobachte bei der Feierlichkeit zwar keine Arbeiter, aber „elegante Privatautos, wohlgenährte Herren, ein paar elegante Damen". Und „dieses Haus sei wohl geeignet, dem Arbeiter die notwendigsten Voraussetzungen zu geben – wenn eben der Prolet die Wohnungen bezahlen könnte" – denn eine Dreizimmerwohnung koste dort 75 Mark im Monat (Jahresmiete 900 Mark). „Glücklich der Arbeiter, der nur das

Jarrestadt mit der Volksschule Wiesendamm im Zentrum (o.).
Schule am Slomannstieg (ehem. VS Veddel), Foto um 1929. (u.)

Dreifache an Arbeitsverdienst hat".[51] Eine Bewertung der Sozialstruktur bei Erstbezug muss die Datenlage der Schichtungen damals in Hamburg einbeziehen, um zu analysieren, ob es sich um „Bonzenburger der SPD", oder „praktischen Sozialismus" handelte.

Jörg Seifert hat am Beispiel der Jarrestadt kürzlich nachgezeichnet, wie sich Schumachers Rollenverständnis bei der Siedlungsplanung wandelte.[52] Von einer autoritären Planungshaltung, die „top down" gestaltete, wurde er zum Dirigenten der beteiligten Architekten. Auch in seinen späteren Schriften spiegeln sich noch Bemühungen des Ordnens und Kontrollierens, die aber durch Offenheit und Kompromisse mit den Akteuren geprägt waren. „Lenken ohne zu fesseln" so die Prämisse, ließen ihn zum Dirigenten der Architekten werden. Die „gedämpfte Architekturrevolution" – so eine zeitgenössische Kritik – war eine Kombination von „Zwang und Freiheit" von beteiligten Architekten und der Integrationsfigur Fritz Schumacher.

Städtebau als Sozialreform?

Schumacher vernetzte räumliche Maßstabsebenen (von der Wohnung zur Stadtregion) und thematische Bezüge (vom Baumaterial zur Gestaltung) zur Reform – nicht der Abschaffung – der Großstadt. In den Wohnsiedlungen wurde weitgehend der Ziegel als Gestaltungsmaterial verwandt und auf der Einheitlichkeit des Baumaterials beruhte die Gesamtwirkung. Der Backstein sei – so Schumacher – „nicht nur äußerlich verbindendes Baumaterial [...], sondern unwillkürlich eine verbindende Bauweise".[53] Neben dem Baumaterial erhielt der Gebäudetyp der Schule „als Mittel der Volkskultur" einen besonderen Stellenwert. Der Volksschulbau könne „für den Geist des baulichen Wollens einer ganzen Gegend maßgebend werden und zum Erzieher seiner Umgebung emporwachsen".[54]

Eine Lösung der Wohnungsfrage, also die Bereitstellung von ausreichend mietpreisgünstigen Wohnungen in Relation zum Haushaltseinkommen, war mittels der ambitionierten Neubausiedlungen auch in Hamburg nicht möglich. Die Herausforderung wurde zudem erschwert durch die geologischen Bedingungen und durch Verwaltungsgrenzen. Bei diesen Modernisierungen von Lebens- und Wohnverhältnissen in den 1920er Jahren ist es wichtig, zwischen intentionalen Modernisierungsvorhaben, unbeabsichtigten Auswirkungen und langfristigen sozioökonomischen Wandlungsprozessen zu unterscheiden. Handeln mit intendierten Modernisierungseffekten ist eng gekoppelt an den Begriff der Rationalisierung im Sinne Max Webers, indem die Wirklichkeit geordnet und systematisiert wird, um sie damit vorhersehbar, planbar und steuerbar zu machen. Die Verbesserung der Wohnbedingungen beinhaltet in diesem Sinne partielle und/ oder selektive Modernisierung mit paradoxen Phänomenen und Ungleichzeitigkeiten.

Aus heutiger Sicht mag Schumacher beim Kampf gegen die Mietskasernen und die „berüchtigten Schlitzbauten" über das Ziel hinausgeschossen sein. Die vor allem von Ludwig Eberstadt entwickelte Kritik an der Berliner Mietskaserne, von Werner Hegemann und anderen aufgenommen, ging von unzureichenden Wohnverhältnissen, Hygieneproblemen, der Überbelegung und dem Schlafgängerwesen aus. Schon damals wiesen die Verteidiger der Mietskaserne wie der Spekulant Georg Haberland und der Ökonom Andreas Voigt zu Recht darauf hin, dass mit dem Mietskasernentypus relativ flexibel auf die Land-Stadt-Wanderungsschübe und den Arbeitskräftebedarf in den Agglomerationen reagiert werden könne, da die Wohnungsinhaber jeweils entsprechend des unregelmäßigen Haushaltseinkommens zusammenrücken könnten.[55] Die modernisierte Mietskaserne und die Schlitzbauten in Hamburg sind, nun nicht mehr überbelegt und teilweise blockentkernt, zu einer attraktiven, begehrten innerstädtischen Wohnform mutiert. Die Wohnung im Schlitzbau hat sich vielfach für neue Wohnansprüche und Wohnformen variabler und anpassungsfähiger erwiesen als die Schumacherschen Kleinwohnungen der 1920er Jahre.

Weiter ist noch mit einem Vorurteil und Mythos aufzuräumen. Die sogenannte „sozialdemokratische" Wohnungspolitik der 1920er Jahre in Hamburg wurde vorwiegend von anderen Parteien als der Sozialdemokratie geprägt, nämlich der Deutschen Demokratischen Partei und der Deutschen Volkspartei. Bürgermeister war von 1924–1933 der DDP Senator Carl Petersen, Bausenator war von 1920 bis 1928 DDP-Senator Max Schramm, der Leiter der Beleihungskasse für Hypotheken Paul de Chapeaurouge war Mitglied der DVP und schließlich war auch Fritz Schumacher Mitglied der DDP.[56]

Schumachers zentrales Anliegen war die (bezahlbare) Kleinwohnung und damit ein Stück Gesellschaftsreform, nämlich die Integration des Arbeiters in die Gesellschaft mittels vorbildlichen Städte- und Wohnungsbaus. Schumacher hatte dabei aber immer die Gesamtstadt im Auge, er beschränkte sich nicht auf den Bau von neuen Trabanten am Stadtrand, er suchte gleichermaßen die alte Stadt permanent zu reformieren. Der Wohnungsneubau an der Peripherie, die *neue Wohnkultur*, das *Neue Bauen*, die *Inseln der Moderne*, der *Ring um Hamburgs alten Leib* reichten Schumacher nicht, er wollte auch das Alte, den Bestand, die bestehende Stadtstruktur transformieren – ein schon wegen der Eigentumsverhältnisse ungleich schwierigeres Unterfangen als der Wohnungsneubau. Die Reform der Großstadt in eine bessere Großstadt war damit das Ziel Schumachers.

Gegen Ende der 1920er Jahre prägten Massenarbeitslosigkeit und Wohnungsnot das Bild, die Wohnungsneubauprogramme waren nicht mehr finanzierbar. Großwohnungen wurden in Kleinwohnungen umgebaut und am Stadtrand entstanden Kistendörfer, die sich die Arbeitslosen auf Schrebergartenparzellen als Provisorien bauten. Die Wohnungsfrage wurde nun zunehmend unter dem Aspekt von Arbeitsbeschaffungsmaßnahmen diskutiert. Im Bereich der Stadterneuerung konnten damit über staatlich oder kommunal geförderte Maßnahmen Wohngebäude instandgesetzt, die Wohnungsnot gemildert und Arbeitslose beschäftigt werden.

Schumacher war immer Visionär und Pragmatiker, Reformer und Realist zugleich. Vielleicht kennzeichnet ein Zitat sein Wirken am besten, 1932 kurz vor seinem Ausscheiden aus der Baubehörde schrieb er:

> Verachtet mir das Wünschen nicht! Es ist eine gewaltige Kraft im Leben. Nicht das Wünschen ganz allgemeiner und unbestimmter Art, das sich alles mögliche Gute und Schöne wie im Märchen zusammenwünscht, sondern das Wünschen, das von den Eigentümlichkeiten und Gegebenheiten der Wirklichkeit ausgeht und den Mut hat, den Weg seiner Verwirklichung nach allen Seiten hin bis zu Ende hin zu überdenken.[57]

1947, kurz vor seinem Tode formulierte Fritz Schumacher:

> Am Ende aller Fragen der Volkskultur steht daher die Wohnungsfrage, wie sie uns im Rahmen des Großstadtproblems entgegentritt. Wir kamen aus einer Zeit, deren Kulturzustand bemessen wurde nach der besten Leistung, die sie auf dem Gebiet des Wohnungswesens aufweisen konnte. Wir gehen in eine Zeit, deren Kulturzustand bemessen werden wird nach der schlechtesten Wohnung, die sie entstehen läßt.[58]

Schumachers Œuvre und die entfaltete Wirkungsmacht bilden keine „Hamburgensie", sondern sind eingebunden in die regionalen, nationalen und internationalen Diskurse zur Reform der Großstadt. Seine Ideen, seine Reformkonzepte, seine Methoden und sein Geschick, den Plänen auch die zeitnahe Umsetzung folgen zu lassen, sind aktuell und zukunftsweisend. Die beeindruckende Breite seiner Wirkungsfelder, von Bühnenbildern bis zur Regionalplanung, spiegelt sein Wirken als Architekt, Städtebauer, Regionalplaner und als Schriftsteller. Viele

Bürger verbinden ihre Heimatstadt weiterhin – so aktuelle Umfragen – vor allem mit Backsteintradition sowie dem „roten Hamburg" und den Siedlungen aus den 1920er und 1930er Jahren als Alleinstellungsmerkmale Hamburgs.

---

1 Vgl. etwa: Huse, Norbert, *„Neues Bauen" 1918 bis 1933. Moderne Architektur in der Weimarer Republik*, München 1975.

2 *Tendenzen der Zwanziger Jahre*, 15. Europäische Kunstausstellung Berlin 1977, Berlin 1977.

3 Die Berliner 1920er Jahre Siedlungen sind inzwischen Welt(kultur)erbe geworden.

4 In Hamburg hat seit etwa zwei Jahrzehnten eine systematische Aufarbeitung seines Werks und Wirkens durch die Fritz Schumacher Gesellschaft e.V. und das Fritz Schumacher Institut begonnen. Vgl. diverse Publikationen, vor allem: Fritz Schumacher, *Reformkultur und Moderne* (Hrsg.) Hartmut Frank, Stuttgart 1994.

5 Schumacher kam nach den Anstrengungen der Kölner Zeit körperlich erschöpft nach Hamburg zurück und eine nicht ausgeheilte Thrombose führte zu weiteren gesundheitlichen Problemen und einem körperlichen Verfall. Er übte dennoch, gesundheitlich stark beeinträchtigt, seinen Dienst noch weitere neun Jahre aus. Vgl. Holstein, Adolf-Friedrich, „Versuch einer Rekonstruktion der Krankengeschichte Fritz Schumachers", in: *Freundes- und Förderkreis des Universitätsklinikums Hamburg-Eppendorf, Jahrbuch 2009*, S. 51–61.

6 Vgl. Kayser, Werner, *Fritz Schumacher. Architekt und Städtebauer. Eine Bibliographie*, Hamburg 1984.

7 So seine ironische Selbstcharakterisierung: Schumacher, Fritz, *Selbstgespräche, Erinnerungen und Betrachtungen*, Hamburg 1949, S. 86.

8 So stellte er Shakespeare-Studien an, als Verehrer Goethes benutzte er etwa dessen Metapher von der „Baukunst als geronnener Musik" und veröffentlichte in dem von ihm herausgegebenen *Lesebuch für Baumeister* (Berlin 1943) drei Texte von Goethe.

9 Schumacher, Fritz, *Das Werden einer Wohnstadt. Bilder vom neuen Hamburg*, Hamburg 1932, S. 12.

10 Zit. nach: Rublack, Hans-Christoph, „Städtebau und Sozialreform", in: *Die alte Stadt* 2/1979, S. 138.

11 Schumacher, Fritz, *Das Entstehen einer Großstadt-Straße* (Der Mönckebergstraßendurchbruch), Braunschweig 1922. Vgl. auch Schubert, Dirk, „International und heimatlich zugleich –, – Die Mönckebergstraße. Planung und Bau einer Weltstadt-

straße für Hamburg" in: *Zeitschrift des Vereins für hamburgische Geschichte* Band 76, 1990, S. 117 ff.

12 Vgl. die Protokolle der Senatskommission für die Verbesserung der Wohnungsverhältnisse 1892–1927, Staatsarchiv Hamburg 351-1, 13 Bd. 1 und Bd. 2.

13 Vgl. Frank, Hartmut, „Volkspark und Stadtlandschaft", in: *Informationen zur modernen Stadtgeschichte* 1/2014, S. 65–86 und Grunert, Heino (Hrsg.), *Betreten erwünscht. Hundert Jahre Hamburger Stadtpark*, Hamburg 2014.

14 Vgl. Wischermann, Clemens, *Wohnen in Hamburg vor dem Ersten Weltkrieg*, Münster 1983.

15 Schumacher, Fritz, *Hamburgs Wohnungspolitik von 1818 bis 1918, Ein Beitrag zur Psychologie der Gross-Stadt*, Hamburg 1919, S. 51.

16 Zit. nach: Geschichtsgruppe Dulsberg, *Dulsberg. Hart am Rand und mittendrin*, Hamburg 1992, S. 107.

17 Schumacher, Fritz, *Hamburgs Wohnungspolitik*, a.a.O., S. 72.

18 Schumacher, Fritz, *Die Kleinwohnung*, 1918.

19 Schumacher, Fritz, „Über Sozialisierung des öffentlichen Hochbauwesens", in: *Die Volkswohnung* Juli 1920, S. 193–197.

20 Schumacher, Fritz, *Hamburgs Wohnungspolitik*, a.a.O., S. 50.

21 Schumacher, Fritz, „Großhamburg als wohnungspolitische Frage", in: *Schmollers Jahrbuch für Gesetzgebung, Verwaltung und Volkswirtschaft*, 43/1919, S. 119.

22 Schumacher, Fritz, ebenda, S. 112.

23 Schumacher, Fritz, „Die Marsch als Wohnland", in: *Großhamburg, Denkschrift des Hamburger Senats*, Anhang, S. 61/62, Hamburg 1921; vgl. auch: Schumacher, Fritz, „Groß-Hamburg als städtebauliche Aufgabe", in: *Die Volkswohnung* 13/1922.

24 Vgl. Timm, Christoph, „Der preußische Generalsiedlungsplan für Groß-Hamburg von 1923", in: *Zeitschrift des Vereins für Hamburgische Geschichte* Bd. 71/1985, S. 87 ff.

25 Vgl. Schubert, Dirk, „Die Herausbildung der Regional- und Landesplanung im Raum Hamburg. Fritz Schumachers Modell der „natürlichen" Entwicklung", in: *Die alte Stadt – Forum Stadt* 3/2012, S. 211–234.

26 Stübben, Josef, „Groß-Hamburg", in: *Deutsche Bauzeitung* 23/1922, S. 137 ff.

27 Vgl. „Preußische Staatshäfen", in: *Die Wasserwirtschaft Deutschlands und ihre neuen Aufgaben* III. Bd. Berlin 1925.

28 Vgl. Hohlbein, Hartmut, „Harburg-Wilhelmsburg: von der Doppelstadt zum Hamburger Verwaltungsbezirk", in: Vom *Vier-Städte-Gebiet zur Einheitsgemeinde*, a.a.O., S. 69 ff.

29 Vgl. Ockert, E.H., „Der Hamburgisch-Preußische Landesplanungsausschuss", in:

Architekten- und Ingenieurverein zu Hamburg (Hrsg.), *Hamburg und seine Bauten 1929–1953*, Hamburg 1953, S. 15ff.

30 Vgl. Schumacher, Fritz, *Das Gebiet Unterelbe-Hamburg im Rahmen einer Neugliederung des Reiches*, Hamburg 1932 und Schumacher, Fritz, *Wesen und Organisation der Landesplanung im Hamburgisch-preußischen Planungsgebiet*, Hamburg 1932.

31 1933 nach der Machtergreifung der Nationalsozialisten wurde der Ausschuss umbesetzt und die Arbeitsschwerpunkte verlagerten sich in Richtung Industrieansiedlungspolitik bei gleichzeitigem Versuch der Dezentralisierung. Fritz Schumacher, der Leiter des technischen Unterausschusses, musste ausscheiden und wurde durch den Harburger Baudirektor Karl Köster abgelöst.

32 Vgl. Schumacher, Fritz, *Wesen und Organisation der Landesplanung im Hamburgisch-Preußischen Planungsgebiet*, Hamburg 1932, und Schumacher, Fritz, *Das Gebiet Unterelbe-Hamburg im Rahmen der Neugliederung des Reiches*, Hamburg 1932.

33 Vgl. Frank, Hermann, „Kriegerheimstätten als zeitgemäße Stadterweiterungen", in: *Baurundschau* 1915, S. 187ff.

34 „Adolf Damaschke, dem großen Propheten dieser Gedankengänge, stand ich, nicht in seinem Ziele, wohl aber in seiner Propaganda, skeptisch gegenüber", Schumacher, Fritz, *Selbstgespräche, Gedanken und Betrachtungen*, Hamburg 1949, S. 193.

35 Vgl. Schumacher, Fritz, „Die staatliche Kleinsiedlung Langenhorn", in: *Baurundschau* 47/48, 1919, S. 201–209 und Wulff, Gerd, *Das Werden der Fritz-Schumacher-Siedlung 1919–21, Erster staatlicher Wohnungsbau in Hamburg*, Hamburg 1986.

36 Nachlass Fritz Schumacher, Staats- und Universitätsbibliothek Hamburg, Carl von Ossietzky, VI A 12, Großstadt-Hygiene, undatiert, S. 4.

37 Nachlass Fritz Schumacher, *Großstadt-Hygiene*, a.a.O., S. 9.

38 Nachlass Fritz Schumacher, VII B 3b, a.a.O., S. 9.

39 Harth, Susanne, „Hamburgs Stadterweiterung – Die Kleinwohnsiedlungen der 1920er Jahre", in: Fritz Schumacher Institut (Hrsg.), *Reform der Großstadtkultur. Das Lebenswerk Fritz Schumachers (1869–1947)*, Hamburg 2013, S. 99–116.

40 Die hier im Folgenden beschriebenen Siedlungen sind mit weitergehender Literatur aufgeführt in: Hipp, Hermann, *Wohnstadt Hamburg. Mietshäuser zwischen Inflation und Weltwirtschaftskrise*, Hamburg 1982 und: Schubert, Dirk, *Hamburger Wohnquartiere, Ein Stadtführer durch 65 Siedlungen*, Berlin 2005.

41 Vgl. Schubert, Dirk, *Wohnsiedlungen, Wohnbauten und Wohnreformer. 75 Jahre Wohnungsunternehmen Frank*, Hamburg, 2001, S. 30ff.

42 Schumacher, Fritz, „Die Neugestaltung eines Bebauungsplanes (Dulsberg-Gelände in Hamburg)", in: *Städtebau* 20/1925, S. 132.

43 Geschichtsgruppe Dulsberg, a.a.O., S. 98.

44 Schubert, Dirk, „Vergessene Reformer: Die Brüder Frank", in: *Architektur in Hamburg, Jahrbuch 1995* (Hrsg.) Hamburgische Architektenkammer, Hamburg 1995, S. 134–145.

45 Schumacher, Fritz, „Das Einküchenhaus. Ein Versuch des Hamburger Staates", in: *Die Volkswohnung* 3/1921, S. 83.

46 Schumacher, Fritz, „Über die wirtschaftlichen und künstlerischen Möglichkeiten des Einküchenhauses", in: *Norddeutsche Bauzeitung* 1909, S. 475.

47 Schumacher, Fritz, *Wohnstadt*, a.a.O., S. 61.

48 Schumacher, Fritz, *Großstadt-Hygiene*, a.a.O., S. 61.

49 Schumacher, Fritz, „Hamburgs staatliche Baupolitik der Nachkriegszeit", in: *Zeitschrift für Kommunalwirtschaft* 22/1932, S. 1023.

50 Hänsel, Sylvaine, Krüger, Beate, Noack, Sabine u. a., *Die Jarrestadt. Eine Hamburger Wohnsiedlung der 20er Jahre*, Hamburg 1981.

51 zit. nach: Hipp, Herrmann, *Wohnstadt*, a.a.O., S. 38.

52 Seifert, Jörg, „Vom künstlerischen Despotismus zum städtebaulichen Dirigieren. Individuum und Kollektiv im Hamburger Städtebau der 1920er Jahre", in: *Informationen zur modernen Stadtgeschichte* 1/2014, S. 52–64.

53 Schumacher, Fritz, *Wohnstadt*, a.a.O., S. 83.

54 Schumacher, Fritz, *Erziehung durch Umwelt*, Hamburg 1947, S. 30.

55 Vgl. Rodriguez-Lores, Juan, Fehl, Gerhard, (Hrsg.), *Die Kleinwohnungsfrage. Zu den Ursprüngen des sozialen Wohnungsbaus in Europa*, Hamburg 1988.

56 Vgl. Document-Center Berlin, Akte Fritz Schumacher, hier: Antrag an den Reichsbund Deutscher Schriftsteller e. V., vom 14. 1. 1934, Schreiben von Schumacher aus dem Sanatorium Alsbach (?): „Ich habe keinerlei Tätigkeit als Funktionär der DDP bzw. Staatspartei ausgeübt."

57 Schumacher, Fritz, *Wesen und Organisation der Landesplanung*, a.a.O., S. 44.

58 Schumacher, Fritz, *Erziehung durch Umwelt*, a.a.O., S. 61.

★

Florian Marten

Die HHLA und der Hafen im 20. Jahrhundert

Von der Speicherstadt am Sandthorquai zum High-Tech-Terminal in Altenwerder: Globalisierungswellen zu Beginn und Ende des 20. Jahrhunderts prägen den Hamburger Hafen ebenso wie die beiden Weltkriege, die Autarkiepolitik der Nationalsozialisten und der Eiserne Vorhang zwischen West und Ost.

Aus vielen hundert Kehlen ertönt die Hamburg-Hymne „Hammonia", schwarze Zylinderhüte fliegen in die Luft, das schmucke Wandrahmquartier hat festlich geflaggt. Schnaubend schiebt eine Dampflokomotive die ersten Güterwaggons auf den frisch verlegten Schienenstrang der nagelneuen Hafenanlage „Sandthorquai". Die *Hamburger Nachrichten* sind anschließend voll des Lobs:

> Die äußere Erscheinung der ganzen Anlage ist sehr geschmackvoll. Der hiesige Handelsverkehr erhält durch diese lang ersehnte Einrichtung bedeutende Erleichterungen und Vorteile. Die Eisenbahnwagen können hier unmittelbar an den Quai fahren, so dass die Schiffe direct aus den Wagen laden und dieselben löschen können.

Man schreibt den 11. August 1866 und trotz aller Feierlichkeit ahnen damals nur die wenigsten, dass sie an diesem sonnigen Sommertag einem epochalen Ereignis beiwohnen. Es sollte Hamburgs Hafenentwicklung im 20. Jahrhundert bestimmen.

Mit der direkten Verbindung von Dampfschiff und Eisenbahn, den damals leistungsstärksten Verkehrsmitteln zu Wasser und zu Land, auf der modernsten Kaianlage ihrer Zeit, hat Hamburg das Erfolgsrezept für seinen Hafen gefunden. Gasbeleuchtung, große, geräumige Schuppen für die Zwischenlagerung der Güter, moderne Brownsche Dampfkräne an der Kaimauer, einen Schienenstrang direkt am Wasser und gleich mehrere hinter den Schuppen bieten die besten Bedingungen für den anstehenden Boom im Stückgutumschlag. Erst 1862 gegründet, hatte die Staatliche Kaiverwaltung der Freien und Hansestadt Hamburg einen ersten Meilenstein für die aktive Teilnahme an der anlaufenden Globalisierungswelle gesetzt. Die Hamburger „Quaieinteilung", die höchste Umschlagseffizienz mit exzellenter Zwischenlagerung und dem direkten Weitertransport ins Hinterland verband, wird schon bald weltweit nachgeahmt.

Schon Anfang 1868 ist der Sandthorquai völlig überlastet. Die erste Kaianlage Hamburgs für den Seeverkehr im Industriezeitalter vereint inzwischen über 20 Prozent des gesamten Hafenumschlags auf sich. Jedes dritte der jährlich bereits über 2.000 Dampfschiffe legt hier an. Für zwei der drei Kernfunktionen jedes Hafens, Umschlag und Transport, war damit eine im wahrsten Wortsinne wegweisende Lösung gefunden. Für die dritte Aufgabe, den komplexen Prozess der Lager- und Kontraktlogistik, findet sich rund 20 Jahre später ein geniales Konzept: Die Hamburger Speicherstadt wird ab 1885 auf den geräumten Flächen des alten Barockhafenquartiers der Wandrahminseln direkt hinter dem Sandthorquai als modernstes und größtes Logistikzentrum seiner Zeit hochgezogen. Das Bild aus dem Jahr 1895 zeigt die Kaianlage im Hochbetrieb und dahinter die eindrucksvolle Front der neogotischen Speicherstadt.

Parallel dazu wächst der Hafen in atemberaubendem Tempo. Immer neue Hafenbecken mit langgestreckten Kais werden fingerförmig in die Inseln und das Marschland an der Nord- und bald auch der Südseite der Elbe geschnitten. Eisenbahnstränge in alle Himmelsrichtungen und ein reger Schiffsverkehr auf der Elbe erschließen das europäische Hinterland. Hamburg und sein Hafen begleiten den Aufstieg des Deutschen Reichs zu einer der weltweit führenden Wirtschaftsnationen.

Die Hamburger Hafen und Logistik AG (HHLA) hat diesen Aufstieg maßgeblich mitgestaltet. 1885 als Hamburger Freihafen-Lagerhaus-Gesellschaft (HFLG) gegründet, baut und betreibt sie die Speicherstadt. Ihre zweite Wurzel ist die für den Hafenbau und die Gleisanlagen der Hafenbahn zuständige Staatliche Kaiverwaltung, mit der sie 1935 auf Betreiben der Nationalsozialisten zur HHLA fusioniert.

Hamburgs Herz schlägt seit Jahrhunderten in einem eigenwilligen Takt. Blüht der Handel, dann geht der Puls schneller, pumpt der Hafen, sein kräftiges wirtschaftliches Herz, Güter und Geld, aber auch Kultur und Wissen durch die Adern der Stadt. Herrscht dagegen Krieg, darbt der Welthandel, sind die Märkte abgeschottet, dann schaltet Hamburg in den Ruhemodus. Das heftige Auf und Ab der Hamburger Hafen- und Wirtschaftsgeschichte im 20. Jahrhundert beruht, nicht anders als in den Jahrhunderten davor, auf der Grundformel der Hamburger Wirtschaft:

Hamburg verknüpft dank seiner idealen Lage zwischen Nord- und Ostsee und der Handels- und Hafenaktivitäten seiner Bewohner jene Wirtschaftsräume, die über diese Meere Handel treiben. Schon im Mittelalter verbindet Hamburg beispielsweise Nowgorod mit Flandern, das norwegische Bergen mit Magdeburg oder Island mit Prag. In der ersten Globalisierungswelle ab dem 16. Jahrhundert überflügelt Hamburg dann seine vorher bedeutenderen Konkurrenten, die Ostseekönigin Lübeck und den wichtigsten deutschen Nordseehafen Bremen. Die Kolonialmächte verhindern zwar den direkten Zugang Hamburger Kaufleute zu den Märkten in Übersee, Hamburg organisiert aber den innereuropäischen Zubringerverkehr zwischen dem Ostseeraum, England, den Niederlanden, Frankreich, Spanien und Portugal. Zu Beginn des 18. Jahrhunderts erlebt Hamburg als wichtigste kontinentaleuropäische Mittlerin zwischen diesen Wirtschaftsräumen einen ersten Höhepunkt. Nach dem Ende der napoleonischen Kriege mit der von Hamburg traumatisch erlebten Kontinentalsperre und seiner französischen Besetzung schlägt im 19. Jahrhundert Hamburgs große Stunde.

Zunächst die Eisenbahn und dann das Dampfschiff revolutionieren den Gütertransport, schaffen die Voraussetzungen, dass sich das industrielle Potenzial arbeitsteilig und über große Entfernungen mit den entsprechenden Absatzmärkten überhaupt entfalten kann. Die Flottenpolitik des Reichs tut ein Übriges. Der 1895 vor allem aus militärischen Überlegungen eröffnete Kaiser-Wilhelm-Kanal zwischen Brunsbüttel und Kiel verschafft Hamburg einen extrem leistungsfähigen und schnellen Zugang in die Ostsee. Hamburg nutzt mit seiner Hafenentwicklung und Eisenbahnpolitik diese Chancen klug.

Hafen und Stadt profitieren aber auch von einem bedeutenden politischen Trend des 19. Jahrhunderts, den Befreiungsbewegungen. Die jungen Nationalstaaten öffnen ihre Häfen für den direkten Verkehr mit Hamburger Kaufleuten und Reedern. Nicht zuletzt schaffen Hamburger Kaufleute und Banker im exklusiven Stadtteil Harvestehude später einen Simon-Bolivar-Park mit Gedenkbüste, die den Vater der südamerikanischen Revolutionen ehrt. Das Chilehaus beispielsweise, ein expressionistisches Juwel im Hamburger Kontorhausviertel, 1922 erbaut, wäre ohne die südamerikanischen Befreiungsbewegungen nie entstanden. Sein Bau wurde mit Gewinnen des Salpeterhandels finanziert. Gleiches gilt für die Speicherstadt, die ihre prächtige Architektur ganz wesentlich dem Kaffee verdankt. Hamburg ist seit Ende des 19. Jahrhunderts die weltweit bedeutendste Metropole des Kaffeehandels. Physisch reist auch heute der größte Teil des Kaffees für die europäischen Märkte durch den Hamburger Hafen. Noch bedeutender sind die Hamburger Kaffeedynastien. Allein die größte von ihnen, die Hamburger Neumann-Gruppe, kontrolliert zehn Prozent des gesamten Weltkaffeehandels.

Hamburg ist zu Beginn des 20. Jahrhunderts die größte Hafenstadt des europäischen Kontinents. Das Jahr 1913 zeigt Hamburg auf dem absoluten Höhepunkt seiner weltwirtschaftlichen Bedeutung. Hamburg besitzt den drittgrößten Hafen der Welt, übertroffen nur von New York und London. Am Vorabend des Ersten Weltkriegs werden im Hamburger Hafen mehr als 30 Millionen Tonnen Güter umgeschlagen, knapp 5 Prozent des gesamten Welthandels. Die alte Hansestadt hat eine Führungsrolle in der gewaltigen Globalisierungswelle übernommen, die seit einigen Jahrzehnten immer weitere Regionen des Erdballs zu einer immer stärker integrierten Weltwirtschaft zusammenführt. Hamburg ist jetzt Kontinentaleuropas wichtigste Schnittstelle zu den Weltmärkten – Tor zur Welt und für die Welt hinein nach Europa.

Die Staatliche Kaiverwaltung und die Hamburger Freihafen-Lagerhaus-Gesellschaft (HFLG), die neben der Speicherstadt auch in den weiteren Hafenteilen moderne Schuppen baut, unter anderem den ersten mit Torf gedämmten „klimatisierten" Fruchtschuppen, haben ganze Arbeit geleistet. Eng verknüpft mit dem Hafen hat auch Hamburgs Industrie einen großen Aufschwung genommen. Die Elbmetropole belegt hier hinter Berlin den zweiten Platz im Deutschen Reich.

Der durch den Hafen geschaffene Reichtum drückt sich auf vielfältige Weise im Stadtbild aus. Während die Hafenarbeiter in den Mietskasernen in Billbrook, Hamm, Rothenburgsort und Barmbek die Taschen erfolgreicher Bodenspekulanten füllen, glänzt das zu Beginn des 20. Jahrhunderts entstehende Kontorhausviertel zwischen Hauptbahnhof und Speicherstadt mit modernsten Bürobauten nach dem Vorbild Chicagos. Hamburgs City wird „aufgehübscht", die Infrastruktur mit U-Bahn und elektrischer Straßenbahn auf den neuesten Stand gebracht. Das Direktorium der HFLG verfügt über eine prächtige Barkasse mit der die eigenen Liegenschaften und Schuppen besichtigt werden.

Am Vorabend des ersten Weltkriegs ahnt wohl kaum ein Bewohner der Stadt, dass für Hafen und Handel jetzt ein dreiviertel Jahrhundert mit bitteren Belastungen anbrechen wird. Neben dem Leid und Elend, das Hamburg bald mit den meisten Regionen Europas teilt, ist in dieser Zeit die Grundformel der Hamburger Wohlfahrt, seine Rolle als Tor zur Welt, ganz oder teilweise außer Kraft gesetzt.

Ab 1914 kommen die Katastrophen in regelmäßiger Folge: Dem Zusammenbruch der Weltwirtschaft im ersten Weltkrieg folgt ein mühevoller, sehr langsamer Aufstieg. Erst Ende der 20er Jahre ist das Wohlstands- und Wirtschaftsniveau von 1913 wieder erreicht, die Handelsbeziehungen mit Südamerika,

Fernost und Nordamerika blühen wieder. Am 24. Dezember 1928 meldet der *Hamburger Correspondent* froh: „Die Vorkriegesjahre überschritten. Hamburg wieder größter Hafen des Kontinents." Die anschließende Weltwirtschaftskrise nach dem New Yorker Börsencrash im Oktober 1929 sorgte jedoch sofort für den erneuten Absturz. Die nationalsozialistische Wirtschaftspolitik, vom ersten Tag der Machtübernahme an immer auch gezielte Aufrüstungspolitik, bringt dem Hafen nur wenig. Eine rigorose Devisenbewirtschaftung, notwendige Folge der künstlich aufgeblähten Geldmenge, mit der die Aufrüstung finanziert wird, sowie die Vorbereitung einer Kriegswirtschaft, die alle wesentlichen Produkte im Inland herstellen können sollte, lähmen den Handel. Lediglich Teile der Hamburger Industrie, die schon bald Schiffe und Flugzeuge für den Krieg bauen, profitieren.

Dass die Nationalsozialisten die wirtschaftlichen Grundlagen Hamburgs zerstören, hindert sie nicht daran, auch dem Hafen ihren Stempel aufzudrücken. Mit der Fusion von Staatlicher Kaiverwaltung und HFLG zur Hamburger Hafen- und Lagerhaus Aktiengesellschaft (HHLA) schaffen sie 1935 einen dominanten Hafenbetrieb. Ab 1937 erscheint die Belegschaftszeitung *Zu-gleich*, benannt nach dem Zuruf von Hafenarbeitern beim gemeinsamen Anpacken. Sie dokumentiert eindrucksvoll, wie der NS-Staat bei den eben noch sozialdemokratisch oder kommunistisch orientierten Hafenarbeitern ankommen will. 1937 formuliert *Zu-gleich* so:

> Habt ihr darüber nachgedacht, dass auch die Wirtschaftsaufgabe unserer HHLA sozialistisch ist? Dass auch wir gemeinnützige Aufgaben zu erfüllen haben und trotzdem verpflichtet sind, kein Wohltätigkeitsunternehmen, sondern ein Betrieb zu sein, der Überschüsse herauswirtschaftet, die ihrerseits dann wieder für den Hafenausbau Verwendung finden sollen?

In den Bombennächten am Ende des Zweiten Weltkrieges, in dem die HHLA auch Zwangsarbeiter einsetzt, aber wenig zu tun hat, weil der Umschlag weitgehend darniederliegt, zeigt der Nationalsozialismus, dass er statt Hafenausbau zur totalen Zerstörung führt: Zwischen 50 und 90 Prozent der Hafenanlagen sind 1945 nicht benutzbar, Elbe und Hafenbecken durch unzählige Schiffswracks fast unpassierbar. Die Nazis haben den Hafen zurück ins 19. Jahrhundert geführt. 1945 werden gerade 1,8 Millionen Tonnen Güter umgeschlagen, das entspricht dem Niveau von 1865, dem Jahr vor dem Start der Inbetriebnahme des Sandthorquais. Vom „Welthafen ohne Eigenschifffahrt", vom „Verkehrszentrum mit halbem Hinterland" und von der „Handelsstadt ohne Handel" spricht Hamburgs erster

Meilenstein für die Globalisierung zum Start des 20. Jahrhunderts: Sandthorquai mit Speicherstadt im Jahr 1895.

Meilenstein für die Globalisierung zum Start des 21. Jahrhunderts:
HHLA Container Terminal Altenwerder mit anschließendem Logistikzentrum im Jahr 2014

Nachkriegsbürgermeister Rudolf Petersen. 1952 bezeichnet der damalige Erste Bürgermeister Max Brauer das Jahr 1945 als den „absoluten Nullpunkt" der Stadt.

Die neue Verfassung hält jedoch selbstbewusst am alten Erfolgsrezept fest. In der Präambel vom 6. Juni 1952 heißt es:

> Die Freie und Hansestadt Hamburg hat als Welthafenstadt eine ihr durch Geschichte und Lage zugewiesene besondere Aufgabe gegenüber dem deutschen Volke zu erfüllen. Sie will im Geiste des Friedens eine Mittlerin zwischen allen Erdteilen und Völkern der Welt sein.

Inzwischen haben Stadt und Hafen wieder etwas an Wirtschaftskapazität zugelegt – das gilt auch für den Hafen. Die 15 Millionen Tonnen Umschlagvolumen entsprechen jedoch nur knapp 70 Prozent des Vorkriegsniveaus (bzw. 50 Prozent von 1913), während Antwerpen und Rotterdam mit jeweils über 110 Prozent neue Umschlagrekorde aufstellen. Erst Ende der 50er Jahre werden die Mengen von 1913 wieder erreicht.

Mitte der 60er Jahre sind die Hafenanlagen instandgesetzt. Elektrokarren und Gabelstapler revolutionieren die Hafenarbeit und sorgen für einen riesigen Produktivitätssprung. Zwar ist die Grundformel des nach allen Seiten offenen Tors zur Welt immer noch außer Kraft gesetzt und der Hafen von einem großen Teil seines traditionellen Hinterlandes in Mittel- und Osteuropa abgeschnitten. Eine umsichtige „Politik der Elbe" sucht jedoch mit viel Erfolg die Lücken im Eisernen Vorhang zu finden und im Sinne der Verfassungspräambel zu nutzen. Mannesmannrohre und Getreide finden den Weg nach Osten ebenso wie Comeconprodukte in den Westen. Das Volumen aber bleibt bescheiden. Und auch die Gründung der EU machte Hamburg zu schaffen. Rotterdam und Antwerpen, davor durch Zollgrenzen gehandicapt, ziehen große Ladungsmengen an sich.

Als sich Ende der 60er Jahre die größte Revolution im Welthandel seit dem Aufkommen der Eisenbahn abzeichnet, zeigt der damalige Hamburger Wirtschaftssenator Helmuth Kern Weitsicht und Entschlossenheit. Zwar weigert sich der damalige Finanzsenator, die Stadtkasse für den nun notwendigen „Neubau des Hamburger Hafens als Containerhafen" zu finanzieren. Doch mit einer grundlegenden Änderung der Hafenstruktur findet Kern eine Lösung. 1970 tritt eine neue „Hafenordnung" in Kraft. Hatte bis dahin die HHLA als staatlicher Infrastrukturmonopolist gleichzeitig auch einen großen Teil des operativen Hafengeschäfts betrieben, so werden jetzt Infrastruktur, also Kaimauern, Flächen und Gleisanlagen, und Suprastruktur, das sind Geräte und Gebäude, voneinander getrennt. Die Infrastruktur bleibt staatliche Aufgabe, der Betrieb der Anlagen und die Finanzierung der Suprastruktur Sache der Unternehmen. Die HHLA gehört zwar weiter der Stadt, verliert aber ihre Zuständigkeit für die Infrastruktur an das Amt Strom und Hafenbau der Wirtschaftsbehörde.

Kerns Hafenoperation ist von durchschlagendem Erfolg. Als privatwirtschaftlich konstituiertes Unternehmen kann sich die HHLA wie ihre Konkurrenz am Kapitalmarkt bedienen. Später als in anderen Häfen, aber nicht zu spät, kann damit in Hamburg die Containerrevolution beginnen. 1968 wird mit der „American Lancer" das erste Vollcontainerschiff am HHLA Container Terminal Burchardkai im Hamburger Hafen abgefertigt. 1970 läuft dann der Ausbau auf vollen Touren. Der Container, im Korea-Krieg erstmals als Nachschub-Logistikverpackung mit Erfolg eingesetzt, erobert in den kommenden Jahren den Seetransport. Waren Stückgüter bis dahin in Säcken, Kisten und Tonnen verpackt, was den Umschlag trotz großer Kräne sehr arbeitsaufwändig gestaltete, öffnete sich mit der normierten, robusten Einheitsverpackung die Tür zur echten Industrialisierung weltweiter Transportketten.

Ähnlich der Digitalisierung aller Informationen, fasst die Stahlblechkiste fast alle Güter, von der Chemikalie bis zur in Tiefschlaf versetzten Orchidee, von der Rinderhälfte bis zum Export-Pkw, vom Sondermüll bis zum I-Pad. Heute erreicht der Containerisierungsgrad weltweit 97 bis 98 Prozent. Der Container ermöglicht bei Transport und Lagerung standardisierte und damit automatisierbare Prozesse. Am Hamburger Burchardkai werden viele Innovationen im Containerverkehr erstmals eingesetzt. Die Satellitenortung auf der Anlage, die Datenfunkverbindung mit den Umschlagmitarbeitern und schließlich der Portalhubstapler, jenes spinnenbeinige Transport- und Stapelfahrzeug, das mit seinem heutigen Namen als Van- oder Straddle-Carrier vom Burchardkai aus seinen weltweiten Siegeszug auf den Container-Terminals antritt.

Im Hamburger Hafen macht sich diese Umstellung neben großen Investitionen in Kräne, Van-Carrier und Informationstechnologie zunächst durch eine gewaltige Umstrukturierung der Arbeit bemerkbar. Schwere körperliche Arbeit verschwindet, Feinmotorik, räumliches Vorstellungsvermögen und hohe Konzentrationsfähigkeit sind plötzlich das Maß aller Dinge. Arbeitsplätze werden abgebaut – gleichzeitig explodiert die Produktivität. Bewältigte ein Umschlagarbeiter im Zeitalter der traditionellen Stückgutschiffe, wie etwa dem heutigen Museumsschiff Cap San Diego, pro Schicht beim Kaffee-Umschlag 25 Tonnen, so sind es heute mit 1.100 Tonnen mehr als 80 Mal soviel. Gleichzeitig fallen die Transportkosten ins Bodenlose. Ein I-Pad von Shanghai nach Prag zu schicken, kostet heute

15 bis 20 Cent. Ohne die Containerisierung der interkontinentalen Transportketten wäre das Ausmaß der heutigen Globalisierung kaum vorstellbar.

In den 70er und 80er Jahren des 20. Jahrhunderts entwickelt sich Hamburg immer stärker zum Containerhafen. Mehr als die Hälfte der Gesamttonnage entfallen im Jahr 2000 auf den Container. Heute sind es bereits gut zwei Drittel. Obwohl immer noch im Schatten des Eisernen Vorhangs, treibt die zunehmende weltwirtschaftliche Integration das Mengenaufkommen auch in Hamburg in die Höhe. Mit 85 Millionen Tonnen geht im Jahr 2000 ein doppelt so großes Volumen über die Hamburger Kaimauern wie noch 30 Jahre zuvor.

Trotz all dieser Erfolge leiden Hamburg und seine Wirtschaft unter der Zonenrandlage. 1986 darf der damalige Bürgermeister Klaus von Dohnanyi vor dem Hamburger Überseeclub in einer programmatischen Rede sogar das Sakrileg begehen und die Bedeutung der „Lage am seeschifftiefen Wasser" relativieren. Er sieht die Zukunft der Stadt vor allem in der Entwicklung von Wissenschaft, Kultur, Medien und Biotechnologie und erntet dafür durchaus Beifall.

Nur drei Jahre später sieht Hamburgs Welt jedoch schon wieder ganz anders aus: Die ‚Wende' und der Fall des Eisernen Vorhangs katapultieren Hamburg 1989 erneut ins Epizentrum der globalen Ökonomie. Es ist, als wäre die Stadt plötzlich aus einem Dornröschenschlaf erwacht. Eine erstaunliche Parallele mit dem Beginn des 20. Jahrhunderts: Erneut strömen Menschen aus Mecklenburg-Vorpommern in die wachsende Stadt, erneut werden Verbindungen mit aller Welt aktiviert und intensiviert, strategische Städtepartnerschaften geschlossen, wachsen Hafen und Handel. Dies geschieht allerdings nicht von allein. In vielen Bereichen werden die Hebel von Politik und Wirtschaft zwischen 1989 und 1991 auf *volle Kraft voraus* gestellt.

Eine neue Elbvertiefung wird beantragt, das Projekt für einen neuen und zukunftsweisenden Containerterminal auf der Fläche des bereits vorsorglich geräumten ehemaligen Fischerdorfs Altenwerder energisch vorangetrieben. Fast genauso wichtig: Die HHLA weiß, dass ihre neuen Chancen vor allem in Mittel- und Osteuropa liegen, dem traditionsreichen Hamburger Hinterland.

Um dieses trotz aller Infrastrukturdefizite möglichst sofort wieder über Hamburg an die Weltmärkte anzuschließen, nutzt die HHLA die Deregulierungsoptionen des europäischen Schienenverkehrs. Mit Polzug und Metrans gründet bzw. übernimmt sie bereits 1991 zwei Eisenbahngesellschaften. Sie decken heute mit intelligenten Shuttlezugsystemen, eigenen Spezialwaggons, einer wachsenden Zahl eigener Lokomotiven sowie eigenen Terminals in Polen, Tschechien, der Slowakei und Österreich das gesamte Hinterland des Hamburger Hafens im

Containerverkehr auf der Schiene ab. Sie tragen so entscheidend zur Rolle Hamburgs als führendem Eisenbahnhafen des Kontinents bei.

Ähnlich wie beim Boom um die Wende zum 20. Jahrhunderts zeigen sich die größten Erfolge des Hamburger Hafens zu Beginn des kommenden, diesmal des 21. Jahrhunderts. Nach Abschluss der Elbvertiefung im Jahr 1999, verdreifacht der Hafen in den nur acht Jahren bis zur Finanz- und Wirtschaftskrise der Jahre 2008/2009 seinen Containerumschlag von 3,7 auf knapp 10 Millionen Standardcontainer. Er ist damit der bedeutendste Asien-, aber auch Ostsee- und Osteuropahafen Europas. Entscheidenden Anteil daran hat der 1999 konzipierte HHLA Container Terminal in Altenwerder. Im Jahr 2002 in Betrieb gegangen, ist die weitgehend automatisierte Anlage bis heute der modernste Containerterminal der Welt. Wie sein Vorgänger im 19. Jahrhundert, der Sandthorquai, setzt er Maßstäbe in Effizienz und Leistungsfähigkeit. Kurze Wege, höchste Effizienz an Kaimauern und in der Flächenproduktivität, dazu eine ideale Anbindung ans europäische Schienennetz sowie das direkt benachbarte Logistikzentrum übertragen die Grundideen des Sandthorquais ins Dritte Jahrtausend. Derzeit entstehen, von Rotterdam über London bis an die Ostküste der USA viele Terminals nach dem direkten Vorbild Altenwerders. Auf der Website der größten US-Eisenbahn, der Union Pacific, prangt denn auch ein Bild für die geplante Modernisierung ihres Containerbahnhofs in Los Angeles, dem größten Hafen der USA: Es ist ein Bild vom Container Terminal Altenwerder.

Literaturempfehlungen:

Drießen, Oliver: *Welt im Fluss. Hamburgs Hafen, die HHLA und die Globalisierung.* Hamburg 2010

Michalski, Wolfgang: *Hamburg. Erfolge und Erfahrungen in der globalisierten Welt.* Hamburg 2010

★

Den leeren Schlauch bläst der Wind auf;
Den leeren Kopf der Dünkel.
Drücke sie beide, daß sie zu sich selbst kommen.

Quelle: Matthias Claudius, *Denksprüche alter Weisen, mit meinen Randglossen,* in: Matthias Claudius, Sämtliche Werke, hrsg. Von Hannsludwig Geiger . Wiesbaden o.J.: Emil Vollmer, S. 79–80.

Die gelehrte Welt

Birgit Recki

Ernst Cassirer in Hamburg

I.

Gelegentlich kommt es vor, insbesondere unter Kunsthistorikern, dass Ernst Cassirer der Warburg-Schule zugeordnet wird. Weniges könnte schräger sein. Cassirer hatte sein Studium in Berlin begonnen und war aufgrund einer Empfehlung des Berliner Privatdozenten Georg Simmel zum Studium nach Marburg gegangen. Dort hatte er 1899 mit einer Arbeit über *Descartes' Kritik der mathematischen und naturwissenschaftlichen Erkenntnis* bei Hermann Cohen und Paul Natorp promoviert, war nach Berlin zurückgekehrt und hatte sich da, unterstützt durch den alten Wilhelm Dilthey 1906 mit dem ersten Band des später vierbändigen Werkes *Das Erkenntnisproblem in der Philosophie und Wissenschaft der neueren Zeit* habilitiert. Wenn er überhaupt einer Schule zuzuordnen ist, dann dem Neukantianismus.[1]

Ernst Cassirer
als Rektor der Universität Hamburg

Richtig ist, dass Cassirer, der nach seiner produktiven Zeit als Berliner Privatdozent zu den ersten Gelehrten gehörte, die 1919 gleich nach ihrer offiziellen Gründung der Hamburgischen Universität im Mai berufen wurden,[2] schon sehr früh, 1921, den Kontakt mit der *Kulturwissenschaftlichen Bibliothek Warburg* aufgenommen und ihn danach kontinuierlich gepflegt hat. Die produktive Freundschaft mit Aby Warburg begann 1924. Er hat dort, in dieser einzigartigen Bibliothek, in der die Bände nach dem Prinzip der „guten Nachbarschaft" aufgestellt waren,[3] Unmengen an Büchern ausgeliehen; es ist überliefert, dass zu Beginn der Sommerferien, wenn die Cassirers auf Reisen gingen, die Hilfskräfte des Philosophischen Seminars wäschekörbeweise die entliehenen Bücher zurückbringen mussten.

Wir schätzen den materialgesättigten Gedankengang, den Cassirer in seiner *Philosophie der symbolischen Formen* entwickelt. Zwar würden wir nicht so weit gehen wie Hans Blumenberg in seinem extravaganten Urteil 1974 bei der Verleihung des Kuno-Fischer-Preises, den Cassirer 1914 als erster bekommen hatte: Cassirer habe mit seiner *Philosophie der symbolischen Formen* „die Theorie dieser Bibliothek" geschrieben.[4] Doch eines ist sicher: Die Konkretion, die Materialsättigung seines Gedankens war ihm deshalb möglich, weil er jederzeit auf die (übrigens mit den Forschungshorizonten ihrer Nutzer mitwachsenden) Bestände der KBW zugreifen konnte. Abgesehen davon war die KBW mit ihren 60 000 Bänden erheblich viel mehr und anderes als bloß eine reichbestückte Bibliothek. Sie war ein Unternehmen, das mit normalen Maßstäben nicht zu erfassen ist. Das *Tagebuch der KBW*,[5] das den Charakter von Gesprächsprotokollen aus der regelmäßigen Redaktionssitzung der Bibliotheksleiter mit Aby Warburg hat, lässt deutlich erkennen, dass da nicht nur Bücher angeschafft und verwaltet wurden. Da wurden theoretischen Texten aussagekräftige Bilder zugeordnet und deren Reproduktionen in Auftrag gegeben, Publikationsprojekte und Editionen betreut, im Entstehen und Erscheinen begriffene Texte redigiert, Dissertationen angeregt und vermittelt und überhaupt in jedem nur denkbaren Ausmaß wissenschaftliche Kontakte gestiftet und Beziehungen gepflegt. Es wird deutlich, dass Cassirer dort nicht nur ein und aus ging, sondern dass dort zeitweilig eine Art Arbeitsstelle für ihn tätig war: Die Arbeit etwa von Meyer, Klibansky, Noack und dem „kleinen Dr. Ritter"[6] im Umfeld von Cassirers Buch *Individuum und Kosmos in der Philosophie der Renaissance*, das 1927 als Band 10 in den *Studien der Bibliothek Warburg* erscheinen sollte, wurden dort von Fritz Saxl, dem Leiter der Bibliothek, eingeteilt (vgl. GS VII, 91).

Die erste Erwähnung seines Namens im erhaltenen Text des *Tagebuches* datiert auf den 7. September 1926. Das ist zum einen relativ früh im Hinblick darauf, dass das *Tagebuch* überhaupt erst seit dem Bezug des Hauses in der Heilwigstraße (1926) dokumentiert ist; zum anderen aber relativ spät, wenn man bedenkt, dass da die Beziehung zwischen Cassirer und der KBW bereits fünf Jahre währt. Die Notiz zeigt denn auch im Modus der kommentarlosen Erwähnung, dass Cassirer da bereits zu den selbstverständlichen Nutzern der beeindruckenden Diskursmaschine gehörte, als welche die KBW agierte: „Cassirer beauftragt Klibansky mit der Übersetzung des Bovillustextes; plant eine Neuherausgabe von Cusanus sämtlichen Werken". (GS VII, 10) Und *wie viel* Cassirer seinem kollegialen Freund Warburg galt, das wird an einer unüberbietbaren Notiz vom Mai 1927 deutlich. Saxl berichtet da:

> Cassirer braucht Bücher über Mathematik (Zahl!) und theoretische Physik, mit denen er sich scheut, die B.W. zu belasten. Ich bat ihn um eine Liste, weil doch ein Teil davon sicher für uns geeignet wäre. ***Warburg*** Wenn die Liste Cassirers nicht zu sehr „in dem Gelde läuft" unbedingt alles anschaffen. Denn Cassirer ist ein zielweisendes Symbol für die die nach uns kommen werden, des wir doch nur die „lieutenants" sind. (GS VII, 94)

Das Genitivpronomen „des", hier inversiv eingesetzt wie etwa in dem Sprichwort „*Des* Brot ich ess, *des* Lied ich sing", bezieht sich offenbar auf Cassirer und dann bedeutet die Formulierung: *Wir sind doch nur seine, Cassirers, Unteroffiziere.* Die Metapher weist Cassirer gleichsam seinen Posten auf dem Befehlsstand der Forschungsfront an; gleichzeitig wird anspielungsreich der Autor der *Philosophie der symbolischen Formen*[7] selbst ausgezeichnet als *ein zielweisendes Symbol für die die nach uns kommen werden.*

II.

Ernst Cassirer war nicht nur einer der größten Gelehrten, die Hamburg in seiner gesamten kurzen Universitätsgeschichte für sich zu gewinnen wusste, er war einer der letzten Universalgelehrten des 20. Jahrhunderts. Er hat mit seinem Werk die heute geläufige resignative Formel von den „zwei Kulturen" ebenso programmatisch bestritten wie praktisch widerlegt: Aufgrund seiner gediegenen Kenntnisse in den Geisteswissenschaften wie in den Naturwissenschaften hat er mit seiner Theorie der Kultur auch ein Beispiel interdisziplinären Arbeitens gegeben. Für seine Hamburger Zeit ist dies durch eine Reihe fruchtbarer Kontakte zu den anderen Wissenschaften belegt: Eine Reihe von wichtigen Abhandlungen im Kontext seiner eigenen Philosophie ist aus Vorträgen in der KBW hervorgegangen und zuerst in den *Studien* und den *Vorträgen der Bibliothek Warburg* veröffentlicht worden. Für seine Philosophie der Sprache erwies sich sein Austausch mit William und Clara Stern, für die grundlegende Dimension seiner Kulturphilosophie die gute Verbindung zum *Institut für Umweltforschung* und dessen Leiter Jakob von Uexküll als fruchtbar. John Michael Krois berichtet von einem Abend am *Institut für Umweltforschung* in den späten zwanziger Jahren, an dem dieser einen Vortrag über „Das Duftfeld des Hundes" gehalten hatte: Das Thema des Beitrags war die Markierung des Reviers durch Duftmarken, und Uexküll legte dar, wie alles innerhalb seines Duftfeldes gleichsam zum Eigentum des Hundes wird. Cassirer eröffnete die Diskussion mit der Bemerkung: „Rousseau hat gesagt, den ersten Menschen, der einen Zaun zog und sagte, das ist mein, hätte man erschlagen müssen. Nach dem Vortrag von Professor v. Uexküll wissen wir, daß das nicht genügt hätte. Man hätte den ersten Hund erschlagen müssen."[8]

Wenn der „Rousseauismus" darin besteht, mit der Ablehnung jeglichen Eigentums zugleich die fundamentalistische Kritik der Kultur zu verbinden, dann dürfte sich schwerlich eine entschiedenere und besser begründete Gegenposition zum Rousseauismus finden lassen als in Ernst Cassirers *Philosophie der symbolischen Formen*. Cassirer hat diese Philosophie der Kultur und damit den wichtigsten, wirkungsmächtigsten Teil seines Lebenswerkes in dem erweiterten Jahrzehnt von 1919 bis zu seinem geistesgegenwärtigen Aufbruch im März 1933 in Hamburg erarbeitet. Er versteht unter Kultur nicht jenen spezifischen Bereich verfeinerter geistiger, vorwiegend ästhetischer Ansprüche auf Kreativität, Kommunikation und Unterhaltung, in der Weise wie wir vom Kulturdezernenten einer Stadt oder vom Kulturteil einer Tageszeitung sprechen. Er versteht Kultur als den Kollektivsingular, der die produktive Lebensform bezeichnet, welche dem Menschen als Gattungswesen zu eigen ist. Kultur ist nach diesem Verständnis die grundlegende, in alle menschlichen Tätigkeiten ausdifferenzierte Funktion der selbständigen Lebensgestaltung in Gesellschaft und Geschichte. Der Mensch hat seine Wirklichkeit in der Kultur als der Sphäre selbstgeschaffener Werke aller Art. Der Status dieser Werke ist angemessen nicht durch ihren dinglichen Charakter zu bestimmen, sondern allein durch die in ihnen realisierte Bedeutung. In ihrer Realisierung wirken poiesis und praxis, Herstellen und Handeln in fließendem Übergang zusammen: Durch sie machen wir uns unsere Welt, indem wir gemeinsam etwas aus uns selbst machen. Die Kultur haben wir nach dieser Einsicht zu untersuchen, wenn wir etwas über das Wesen des Menschen ermitteln wollen.

In diesem methodischen Ansatz ist auch eine theoretische Einsicht zur Geltung gebracht, die Ernst Cassirer mit den zeitgenössischen Protagonisten einer Philosophischen Anthropologie, etwa mit Helmuth Plessner und Arnold Gehlen teilt: Das gesuchte Wesen des Menschen ist nichts Statisches, keine geheime Substanz, die es zu entdecken gälte; das Wesen des Menschen ist vielmehr rein funktionell bestimmt als das, was in den menschlichen Leistungen zum Ausdruck und zur Geltung kommt: Der Mensch bestimmt sich selbst allein durch produktive Aktion. Insofern ist von vornherein klar, dass das Erkenntnisinteresse einer philosophischen Anthropologie der Einsicht in die Geschichtlichkeit des Menschen nicht im Wege stehen kann – einer Einsicht, die Cassirer durch seine historische Methode bei der materialen Erschließung der Kultur eindrucksvoll dokumentiert hat. Der Mensch ist das „animal symbolicum", das symbolerzeugende und symbolverstehende Wesen, und „Kultur" meint damit nichts anderes als das System aller möglichen Weisen der Sinnerzeugung durch Symbolisierung.

Dieser aufs Grundsätzliche und aufs Ganze gehende, weite Begriff, der einer vielfach verbreiteten Konzentration des Kulturverständnisses allein auf die Spitzenprodukte der Hochkultur keinen Rückhalt bietet, hat seine methodische Grundlage in der Weite des Symbolbegriffs. Im Unterschied zu einem spezifischen Begriff des Symbolischen, etwa in der Kunstgeschichte oder in der Literaturwissenschaft, begreift Cassirer Symbolisierung generell als Vermittlung von Sinnlichem und Geistigem, eine Vermittlung, die sich in den unterschiedlichsten Materialien oder Medien abspielt – in artikuliertem Laut, in Bildern, in materiellen Dingen, in Ritualen, Zeremonien und Techniken, überhaupt in Handlungen aller Art, in Institutionen, in Formeln. Ein Symbol liegt demnach in jeder Art der „Versinnlichung von Sinn". Jede Symbolisierung stellt eine konkrete Einheit von „geistigem Bedeutungsgehalt" und „sinnlichem Zeichen" dar.

Mit diesem Programm ist von vornherein dem Verständnis der ganzen Komplexität und Differenzierung, in der die Kultur besteht, eine systematische Chance eröffnet: Denn von Anfang an haben wir es hier mit einem Konzept der historischen und aktuellen Vielfalt kultureller Formen zu tun. Kultur ist demnach durch interne Pluralität charakterisiert, sie prägt sich aus in einer Vielfalt von Gestaltungsweisen – aber sie ist darin auch kein beliebiges Aggregat, sondern ein System.

Es sind die regelmäßig vorkommenden, typischen Weisen der Symbolisierung, die sich zu einem eigenständigen Sachgebiet gleichsam institutionalisieren die Cassirer „symbolische Formen" nennt. In den programmatischen Passagen seiner Texte nennt Cassirer meistens Mythos und Religion, die Sprache, die Kunst und die Wissenschaft, gelegentlich auch Technik, Wirtschaft und Geschichte.[9] Er nennt diese „Energien des Bildens" auch geistige Formen oder „geistige Grundfunktionen", und es überrascht angesichts seiner materialreichen historischen und systematischen Darstellung der Kulturentwicklung nicht, dass er grundsätzlich auf „eine philosophische Systematik des Geistes" aus ist. Konsequent zur Geltung gebracht ist darin der Gedanke, dass uns in allen Formen der Kultur nichts anderes entgegentritt als menschliche Spontaneität: geistige Selbsttätigkeit. Cassirer legt Wert darauf, dass sich in ihnen allen „das Grundphänomen" ausprägt, „daß unser Bewußtsein sich nicht damit begnügt, den Eindruck des Äußeren zu empfangen, sondern daß es jeden Eindruck mit einer freien Tätigkeit des Ausdrucks verknüpft und durchdringt." In dieser Bestimmung zeigt sich das praktische Leitmotiv dieser Philosophie der Kultur:

Freie Tätigkeit. Für Cassirer ist die Kultur Ort und Vollzug der Freiheit, da schon jede symbolische Leistung auf die Freiheit des tätigen Geistes zurückgeht. Was wir Wirklichkeit nennen, verdankt sich in allen seinen Formen der Leistung produktiven Gestaltens, und in diesem Gestalten ist immer schon eine Form der Freiheit zu sehen. Darin liegt auch die letzte Antwort auf die Frage, mit der Cassirer in seinem ganzen Werk ringt – auf die Frage des systematischen Zusammenhangs, also: der Einheit von Kultur in der Vielheit ihrer einzelnen Phänomene: Sie besteht in der gemeinsamen Funktion aller symbolischen Formen, in der Befreiung vom bloßen Eindruck zur selbsttätigen Artikulation im gestalteten Ausdruck, in der Befreiung vom bloßen Ausgeliefertsein an das Gegebene durch den Zugriff, den allein die produktive Selbsttätigkeit ermöglicht. Dass wir der ganzen chaotischen Mannigfaltigkeit unserer Eindrücke nicht einfach ausgeliefert sind, sondern nach außen wie nach innen über sie verfügen können, indem wir sie in der artikulierenden Aneignung ordnen und ihnen damit allererst einen Sinn zu geben wissen – das ist die gleichermaßen erkenntnistheoretische wie praktische Pointe dieses Befreiungsmotivs, die heute etwas grobschlächtig als konstruktivistisch bezeichnet wird. Alle Kultur ist als Form der Freiheit und als „Prozeß der fortschreitenden Selbstbefreiung des Menschen" zu verstehen.

Mit diesem elementar praktischen Verständnis der Kultur ist unweigerlich ein ethischer Sinn verbunden. Wenn Kultur damit als das vielgestaltige Projekt menschlicher Selbstbestimmung begriffen ist, dann steckt darin immer schon eine positive Bewertung und ein normativer Appell an die Verantwortung der kulturellen Akteure für ihre Kultur.[10]

III.

Im Sommersemester 1928 erhält Cassirer einen Ruf an die Universität Frankfurt und kommt angesichts eines sehr attraktiven Angebotes ernsthaft ins Überlegen. Da fühlt sich Aby Warburg genötigt, öffentlich einzugreifen und schreibt am 23. Juni 1928 den legendären Artikel im *Hamburger Fremdenblatt* „Warum Hamburg den Philosophen Cassirer nicht verlieren darf" – eine nachdrückliche Anerkennung seines Werkes und eine bewegende Würdigung der Einheit von Person und Werk.[11] Noch in die Zeit der daraufhin geführten Bleibeverhandlungen fällt die Einladung des Senators Paul de Chapeaurouge an Cassirer, die Rede bei der Verfassungsfeier 1928 zu halten, verbunden mit dem Ausdruck der aufrichtigen

Hoffnung, der so geehrte Adressat möge seine „großen anerkannten Gaben unserer jungen Universität als einer ihrer führenden Gelehrten weiter erhalten.“[12]

„Ich schwöre Treue der Reichsverfassung“, hatte der neuberufene Professor Cassirer am 17. Oktober 1919 vor dem Präses der Oberschulbehörde bekräftigt. Die Rede *Die Idee der republikanischen Verfassung* vom 11. August 1928 lässt erkennen, dass dies keine leere Formel war. Sie ist ausdrücklich gegen die völkischen und antidemokratischen Bewegungen jener Zeit gerichtet, die in der Demokratie eine westliche Verirrung sehen wollen, welche dem deutschen Nationalwesen fremd wäre. Cassirer zeigt hier durch die ideengeschichtliche Genealogie des modernen Verfassungsgedankens und der damit verbundenen Idee vom unveräußerlichen Naturrecht des Individuums, dass es deutsche Philosophen waren – allen voran Leibniz und Wolff – die mit der Idee der Freiheit und der gleichen Rechte in maßgeblicher Weise die Befreiungsbewegungen des 18. Jahrhunderts in Amerika und in Frankreich beeinflusst haben, mit denen sich der kritische Kant im Zuge der Entfaltung seiner bis in die Gegenwart maßgebenden politischen Theorie wiederum auseinandersetzte. Auf diese Weise sucht Cassirer mitten in der Krise der Weimarer Republik den Nachweis vom Ursprung des modernen Verfassungsgedankens in der deutschen idealistischen Philosophie zu führen, und er schließt seine Ausführungen mit dem Befund,

> … dass die Idee der republikanischen Verfassung als solche im Ganzen der deutschen Geistesgeschichte keineswegs ein Fremdling, geschweige ein äußerer Eindringling ist, dass sie vielmehr auf deren eigenem Boden erwachsen und durch ihre ureigensten Kräfte, durch die Kräfte der idealistischen Philosophie, genährt worden ist.[13]

Die als grundlegende Werbung für den Verfassungsgedanken mit dem Argument ihrer Naturwüchsigkeit im deutschen Denken angesetzte Verteidigung mündet aber in eine subtile Überbietungspointe: Ein wesentliches Merkmal des deutschen Denkens, das auf diese Weise in Kontinuität mit dem der anderen europäischen Nationen gerückt wird, wäre demnach gerade der allen Nationalismus übersteigende universalistische Impetus der hier entwickelten Ideen. Erkennbar sucht Cassirer damit den politischen Gegner zwingend in die Pflicht der Demokratie zu nehmen, vor allem aber gibt er sich damit selbst als Verfechter der allgemeinen Menschenrechte zu erkennen. Auf diese Weise artikuliert er sich in einer Zeit, in der der Verfassungsgedanke und mit ihm der Parlamentarismus in der Krise steckten, nachdrücklich als ein vom europäischen Gedanken durchdrungener Verfassungsdemokrat.

Es gehört zu den ermutigenden Aspekten in der Geschichte der Hamburger Universität, dass sie den Redner, der sich in düsteren Zeiten so exponiert hatte, ein Jahr später zu ihrem Rektor machte. Das Protokoll der Vollversammlung zur Wahl des Rektors für das Amtsjahr 1929/30 am Sonnabend, den 6. Juli 1929 hält ein Wahlergebnis fest, das die gelegentlich anzutreffende Behauptung, die Wahl Cassirers zum Rektor sei „umstritten" gewesen, nicht belegt. Die *CV-Zeitung* (i.e. die *Blätter für Deutschtum und Judentum* des *Central-Vereins deutscher Staatsbürger jüdischen Glaubens*) würdigte in ihrem Artikel „Ernst Cassirer, Rektor der Universität Hamburg" vom 2. August 1929, „dass der angesehene Philosoph den Problemen des Judentums lebhaftes und tätiges Interesse entgegenbringt".[14] Bei dem üblichen Festakt zur Amtsübergabe in der Musikhalle am 7. November 1929 hielt er einen Vortrag über „Formen und Formwandlungen des philosophischen Wahrheitsbegriffs".

Umstritten war dann aber die Verfassungsfeier der Universität, für die Cassirer als Rektor im Sommer 1930 sorgte – die erste und einzige, die es an der Hamburgischen Universität überhaupt gegeben hat. Möglich war sie als Kompromiss, indem man sie verband mit der Feier zur Befreiung des Rheinlandes, und es hat um die Verbindung und Gewichtung der beiden Anlässe ein heftiges Ringen im Akademischen Senat und insbesondere mit der Studentenschaft gegeben.[15] Die Feier fand schließlich am 22. 7. 1930 statt, und Cassirer hielt selbst die Rede über „Wandlungen der Staatsgesinnung und der Staatstheorie in der deutschen Geschichte".[16] Im Anschluss an eine konzise historische Darstellung der Staatstheorien von Grotius und Leibniz über Fichte, Herder, die Romantik und Hegel appelliert er auch hier wieder an die Einsicht in die Notwendigkeit einer einigenden Gesetzgebung und lobt die Weimarer Verfassung als ein „Werk der Not", durch das bei allen Mängeln im einzelnen „das deutsche Volk in den Zeiten des furchtbarsten Druckes und der höchsten Gefahr seine innere Fassung bewahrt habe". Dem Plädoyer für die *Freiheit im Staat*, das er ausführlich in der Rede des Vorjahres begründet hatte, stellt er hier komplementär die Ermahnung zur *Freiheit der Wissenschaft* an die Seite – eine Ermahnung insofern, als er – sicher in Anspielung auf die um die Verfassungsfeier geführte ideologische Auseinandersetzung – an die Bedingung erinnert, auf der diese Freiheit beruht: Die Universitäten dürfen keine Stätten des politischen Kampfes werden. Der Beitrag der Universität zum gesellschaftlichen Leben liegt allein in der Erkenntnis und im Verstehen.

In diese politisch bewegte Zeit fällt im April 1929 auch die epochale *Davoser Disputation* zwischen Ernst Cassirer und Martin Heidegger. In diesem philosophischen Streitgespräch, das die beiden Dozenten zum Abschluss eines gemeinsam geleiteten Ferienkurses in den Davoser Hochschulwochen führten, ging es nur vordergründig um das Verhältnis zu Kant. Heidegger war hier, wie auch schon in seinem zwei Jahre zuvor veröffentlichten Werk *Sein und Zeit* als Herausforderer der Subjekt- oder Bewusstseinsphilosophie aufgetreten, die damals vor allem vom akademisch dominierenden Neukantianismus vertreten wurde, aus dessen Schulzusammenhang Cassirer hervorgegangen war. Doch die Frage nach der richtigen Kantauslegung führt rasch in eine tiefere praktische Dimension der Auseinandersetzung, deren Stichwörter sind: Kultur, Angst, Kampf, Humanismus. Wenn es Heidegger letztlich darum geht, „daß die Philosophie die Aufgabe hat, aus dem faulen Aspekt eines Menschen, der bloß die Werke des Geistes benutzt, gewissermaßen den Menschen zurückzuwerfen in die Härte seines Schicksals", dann ist das nicht nur eine maliziöse Spitze gegen den Gegner, sondern eine veritable Verkennung seines Arbeitsgebietes: In dieser Alternative zwischen der Konfrontation mit der Härte des Schicksals und dem bloß parasitären Partizipieren an der Kultur überspringt Heidegger gerade das, worum es Cassirer geht: die produktive Aktivität, die seinen Kulturbegriff auszeichnet. Heidegger will nicht nur im Hinblick auf die philosophischen Grundlegungsfragen „den Boden zu einem Abgrund machen", er will den Menschen radikal der Angst des nackten Daseins ausliefern, um ihn zu exponieren für die Transzendenz im Augenblick. Für den Kantianer Cassirer ist die Angst keine Grundbefindlichkeit des eigentlichen Daseins, in der das Nadelöhr des sinnvollen Lebens zu sehen wäre, sondern ein bloßer Affekt, und für ihn gibt es auch keine solche Augenblicksfaszination. Er, der den Sinn der Kultur geradezu in der Befreiung des Menschen von Angst und anderen Nöten sieht, weiß zugleich, dass es auch für den Willen zur Veränderung mit den großen Aus- und Aufbrüchen niemals getan ist, sondern nur mit der reformerischen Arbeit in den Institutionen der Kultur, auf die sich der Freiheitsanspruch stützen und verlassen muss.

* * *

Wo der Philosoph Ernst Cassirer sich als politischer Philosoph und Zeitgenosse äußerte, da geschah dies stets in der Absicht, einen Beitrag zur Sicherung der Freiheit des Einzelnen in einer freiheitlichen Verfassung des Ganzen zu leisten.[17] Doch obwohl er in der Rede zur Verfassungsfeier 1930 Konsequenz in der Freiheit der Wissenschaft einfordert, wird auch deutlich, dass diese Gedanken für ihn keine bloße Theorie sind. Es gibt, um es mit einem von Goethe übernommenen Lieblingsausdruck Cassirers zu sagen, einen „prägnanten Punkt" in der Biographie dieses Denkers, an dem sich zweifelsfrei erweist, dass diese Position der politischen Philosophie getragen ist von einem vitalen und jederzeit *praktischen* Sinn für die politischen Verhältnisse, von einer wachsamen Urteilskraft, an der wir den Philosophen als selbstbewussten Bürger erkennen. Gemeint ist damit die geistesgegenwärtige Einsicht, mit der Cassirer Abschied nahm von seiner Universität und der Stadt Hamburg. Nach dem Ausgang der Wahl im Januar 1933 gab es für Ernst und Toni Cassirer, die den Antisemitismus im universitären und im städtischen Alltag der 20er Jahre erfahren hatten, kein Zögern in der Frage, was zu tun war. Sie verließen Hamburg am 12. März 1933[18] und waren so schon etwa einen Monat außer Landes, als am 7. April das Reichsgesetz zur Wiederherstellung des Berufsbeamtentums in Kraft trat. Bereits am 5. April ersuchte Cassirer den Rektor um die Aufhebung aller Verpflichtungen bis zu einer allgemeinen Regelung.[19] In einem Brief an den Hochschuldezernenten heißt es dazu am 27. April:

> Ich denke von der Bedeutung und Würde des akademischen Lehramtes zu hoch, als daß ich dieses Amt ausüben könnte zu einer Zeit, in der mir als Juden, die Mitarbeit an der deutschen Kulturarbeit bestritten oder in der sie mir, durch gesetzliche Maßnahmen, in irgend einer Hinsicht geschmälert oder verkürzt wird.[20]

Bereits am 27. Juli 1933 wurde Cassirer mit Wirkung zum 1. November in den Ruhestand versetzt. Seine Kollegen an der Universität haben ihn ohne Aufbegehren und Protest einfach ziehen lassen. Die Stationen seiner Emigration führten ihn über die Schweiz und England nach Schweden, wo ihm in Göteborg eine Professur angeboten wurde. 1939 wurde ihm die schwedische Staatsbürgerschaft verliehen; auf die deutsche verzichtete er. Nach seiner Emeritierung nahm er Gastprofessuren in den USA wahr – zuletzt in New York, wo er 1945 seinem Herzleiden erlag.

Literatur

Hans Blumenberg:
„Ernst Cassirers gedenkend bei Entgegennahme des Kuno-Fischer-Preises der Universität Heidelberg 1974", in: Ders.: *Wirklichkeiten in denen wir leben. Aufsätze und eine Rede*, Stuttgart 1981, 163–172.

Georg Brühl:
Die Cassirers. Streiter für den Impressionismus, Leipzig 1991.

Toni Cassirer:
Mein Leben mit Ernst Cassirer (1948; 1981), Hamburg 2003.

Enge Zeit. Spuren Vertriebener und Verfolgter der Hamburger Universität (Ausstellungskatalog), hg. von Angela Bottin unter Mitarbeit von Rainer Nicolaysen, Hamburg 1991.

Rainer Hering:
Theologische Wissenschaft und „Drittes Reich". Studien zur Hamburger Wissenschafts- und Kirchengeschichte im 20. Jahrhundert, Pfaffenweiler 1990.

Ders.:
„Selbstauflösung als Form der Anpassung", in: UniHH 21 (1990). Nr. 2, 30f.

Dominic Kaegi/Enno Rudolph (Hg.):
Cassirer – Heidegger. 70 Jahre Davoser Disputation, Hamburg 2002.

John Michael Krois:
„Ernst Cassirer", in: John Michael Krois/Gerhard Lohse/Rainer Nicolaysen: *Die Wissenschaftler. Ernst Cassirer – Bruno Snell – Siegfried Landshut* (Hamburgische Lebensbilder in Darstellungen und Selbstzeugnissen) Hamburg 1994, 9–40.

Josef Meran:
„Die Lehrer am Philosophischen Seminar der Hamburger Universität während der Zeit des Nationalsozialismus", in: Eckart Kraus/Ludwig Huber/Holger Fischer (Hg.): *Hochschulalltag im „Dritten Reich". Die Hamburger Universität 1933 – 1945, Teil II: Philosophische Fakultät – Rechts- und Staatswissenschaftliche Fakultät*, Berlin/Hamburg 1991, 459–482.

Birgit Recki:
Kultur als Praxis. Eine Einführung in die Philosophie Ernst Cassirers, Berlin 2004.

Dies.:
„Cassirer", Ernst, in: *Das jüdische Hamburg. Ein historisches Nachschlagewerk*, hg. vom Institut für die Geschichte der deutschen Juden, Göttingen 2006, 45–46.

Dies.:
Cassirer [Reihe Grundwissen Philosophie], Stuttgart 2013.

Barbara Vogel:
„Philosoph und liberaler Demokrat. Ernst Cassirer und die Hamburger Universität von 1919 bis 1933", in: Dorothea Frede/Reinold Schmücker (Hg.): *Ernst Cassirers Werk und Wirkung. Kultur und Philosophie,* Darmstadt 1997, 185–214.

Martin Warnke:
„Die Bibliothek Warburg und ihr Forschungsprogramm", in: *Porträt aus Büchern. Bibliothek Warburg und Warburg Institute. Hamburg 1933 London,* hg. von Michael Diers, Hamburg 1993, 29–34.

Anmerkungen

1 Siehe dazu Birgit Recki: *Cassirer* [Reihe Grundwissen Philosophie], Stuttgart 2013, 94–99.

2 Gut einen Monat später ernennt ihn am 18. Juni 1919 der Senat der Stadt zum ordentlichen Professor. Ernst und Toni Cassirer beziehen mit ihren Kindern das Haus in der Blumenstraße 26. Cassirer leitet das *Seminar für Philosophie* zunächst in der Domstraße 8/9, bevor es als Philosophisches Seminar 1928 umziehen sollte in das Gebäude am Bornplatz 1/3 (Hamburg 13), den heutigen „Pferdestall" am Allendeplatz 1.

3 Vgl. Martin Warnke: „Die Bibliothek Warburg und ihr Forschungsprogramm", in: *Porträt aus Büchern. Bibliothek Warburg und Warburg Institute. Hamburg 1933 London,* hg. von Michael Diers, Hamburg 1993, 29–34.

4 Hans Blumenberg: „Ernst Cassirers gedenkend bei Entgegennahme des Kuno-Fischer-Preises der Universität Heidelberg 1974", in: Ders.: *Wirklichkeiten in denen wir leben. Aufsätze und eine Rede,* Stuttgart 1981, 163–172; Zitat: 165.

5 Aby Warburg: *Tagebuch der Kulturwissenschaftlichen Bibliothek Warburg mit Einträgen von Gertrud Bing und Fritz Saxl,* hg. von Karen Michels und Charlotte Schoell-Glass, in: Ders.: *Gesammelte Schriften. Studienausgabe,* Siebte Abteilung, Band VII (im Folgenden zitiert als GS VII).

6 Gemeint ist Joachim Ritter, der letzte Assistent Cassirers in Hamburg, später Oberhaupt der einflussreichen Ritterschule; vgl. Hans Jörg Sandkühler: „Eine lange Odyssee" – Joachim, Ritter, Ernst Cassirer und die Philosophie im ‚Dritten Reich' ", in: *Dialektik* 2006/1.

7 Ernst Cassirer: *Philosophie der symbolischen Formen. Erster Teil: Die Sprache* (1923); Zweiter Teil: *Das mythische Denken* (1925); Dritter Teil: *Phänomenologie der Erkennt-*

nis (1929), in: Ernst Cassirer, *Gesammelte Werke.* Hamburger Ausgabe, hg. von Birgit Recki (ECW), Bd. e 11–13, Hamburg 2001; 2002.

8 John Michael Krois: „Ernst Cassirer", in: John Michael Krois/Gerhard Lohse/Rainer Nicolaysen: *Die Wissenschaftler. Ernst Cassirer – Bruno Snell – Siegfried Landshut* (Hamburgische Lebensbilder in Darstellungen und Selbstzeugnissen) Hamburg 1994, 9–40; Zitat: 23.

9 Siehe eingehender Recki: *Cassirer,* wie Anm. 1.

10 Siehe Birgit Recki: *Kultur als Praxis. Eine Einführung in Ernst Cassirers Philosophie der symbolischen Formen,* Berlin 2004; Kap. C.II–IV.

11 Ein Exemplar des von Warburg selbst veranstalteten Sonderabdrucks aus dem Hamburger Fremdenblatt Nr. 173 findet sich in StA HH Hochschulwesen. Dozenten- und Personalakten IV 146.

12 StA HH Hochschulwesen Dozenten- und Personalakten I.146 Bd. 1 (Schriftstück 42).

13 Ernst Cassirer: „Die Idee der republikanischen Verfassung. Rede zur Verfassungsfeier am 11. August 1928", in: Ernst Cassirer: *Gesammelte Werke.* Hamburger Ausgabe, hg. von Birgit Recki, Bd. 17, Hamburg 2004, 291–307, hier: 307.

14 Auch in den jüdisch-kulturellen Vereinen Hamburgs hat sich Cassirer in den 20er Jahren gelegentlich mit Vorträgen engagiert, so z. B. in der *Akademischen Arbeitsgemeinschaft der Franz Rosenzweig Gedächtnis-Stiftung.* Von 1923 bis zu seiner Emigration im März 1933 war er zweiter Vorsitzender der 1919 gegründeten *Religionswissenschaftlichen Gesellschaft in Hamburg,* deren Ziele – zum Ausgleich für das Fehlen einer Theologischen Fakultät an der Hamburgischen Universität – die „Pflege religionswissenschaftlicher Studien" und die „Verbreitung religionswissenschaftlicher Kenntnisse" waren. Von Cassirer sind während seiner über 10jährigen Mitwirkung in der Gesellschaft zwei Vorträge belegt, die ebenso wie das veröffentlichte Lebenswerk das säkulare, ideengeschichtlich ausgerichtete Profil seines philosophischen Denkens auch über Mythos und Religion dokumentieren: am 14. 7. 1921 „Begriffs- und Klasseneinteilung im mythischen und religiösen Denken" und am 14.1. 1926 „Mittelalter und Neuzeit vom Standpunkt der Geschichte der Philosophie". Mit der Entscheidung für die Emigration legte Cassirer sein Amt im Vorsitz nieder. Siehe auch Birgit Recki: „Cassirer, Ernst", in: *Das jüdische Hamburg. Ein historisches Nachschlagewerk,* hg. vom Institut für die Geschichte der deutschen Juden, Göttingen 2006, 45–46.

15 Siehe die Auszüge aus den Protokollen des Universitätssenats, die Briefe der studentischen Gruppen und die Pressekommentare in StA HH Universität I A 170.8.2.

16 Erstmals gedruckt in: *Enge Zeit. Spuren Vertriebener und Verfolgter der Hamburger Universität* (Ausstellungskatalog), hg. von Angela Bottin unter Mitarbeit von Rainer Nicolaysen, Hamburg 1991, 161–169.

17 Siehe auch Barbara Vogel: „Philosoph und liberaler Demokrat. Ernst Cassirer und die Hamburger Universität von 1919 bis 1933", in: Dorothea Frede/Reinold Schmücker (Hg.): *Ernst Cassirers Werk und Wirkung. Kultur und Philosophie*, Darmstadt 1997, 185–214.

18 Siehe Toni Cassirer: *Mein Leben mit Ernst Cassirer*, Hamburg 2003, 196. – Im Mai sollten Ernst und Toni Cassirer noch einmal für kurze Zeit nach Hamburg kommen, um mit ehemaligen Mitarbeitern und den Mitarbeitern der KBW die Probleme zu besprechen, die sich aus Cassirers Abschied aus Hamburg für diese ergeben hatten.

19 A.a.O., 199.

20 A.a.O., 207 f.

★

Karen Michels

Die Kulturwissenschaftliche Bibliothek Warburg in Hamburg

Hamburg in den zwanziger Jahren: Eine Handelsstadt, deren intellektuelle Topographie Bewegungen zu verzeichnen hat. Es herrscht Gründerstimmung. 1919 wird die Universität eröffnet und mit ihr eine Reihe von Instituten, die, unmittelbar oder nur lose mit ihr verbunden, das wissenschaftliche Profil Hamburgs schärfen. Jüngere, vielversprechende Gelehrte – oft Juden – werden berufen, so Ernst Cassirer, der den philosophischen Lehrstuhl übernimmt und 1929/30 zum ersten jüdischen Rektor der Universität berufen wird[1]. Dem Psychologen William Stern, Spezialist für Intelligenzdiagnostik und Entwicklungspsychologie, gelingt der Aufbau eines der bedeutendsten psychologischen Institute der Weimarer Zeit. Der Völkerrechtler Albrecht Mendelssohn-Bartholdy gründet, in unmittelbarer Reaktion auf den gerade beendeten Weltkrieg, ein „Institut für Auswärtige Politik", das sich, durch den Senat finanziert, der Frage nach den Ursachen von Krieg und Frieden widmet. Der Biologe Jakob von Uexküll richtet ein „Laboratorium für Umweltforschung" ein, in dem das Verhältnis von Tier und Umwelt erforscht und die Frage nach der subjektiven, von seinen Rezeptoren bestimmten Umgebung des Tiers untersucht wird[2]. Und schließlich wird in diesen Jahren die Privatbibliothek des Hamburger Kunsthistorikers Aby Warburg, der einer alteingesessenen Bankiersfamilie entstammt, sukzessive zu einem halböffentlichen Institut ausgebaut. Die „Kulturwissenschaftliche Bibliothek Warburg" zieht nicht nur die ortsansässigen Kunsthistoriker und Studenten des Fachs, sondern Intellektuelle aller Geisteswissenschaften an und wird zum Gravitationsfeld einer Gruppe, die als „Hamburger Schule" bekannt werden sollte. Ihr materieller Kern ist die Büchersammlung Warburgs, die zunächst im Privathaus in der Heilwigstraße 114, ab 1926 in einem auf dem Nachbargrundstück errichteten Bibliotheksgebäude aufgestellt wurde. Die Büchersammlung selbst war einem Problem gewidmet, das mit der allgemeinen Bezeichnung „Nachleben der Antike" eine verkürzte, formelhafte Darstellung fand. Zum Programm der Bibliothek gehörte es, Fritz Saxl zufolge, „die geschichtlichen Tatsachen der Überlieferung zu untersuchen, die Wanderstraßen der Tradition aufzuzeigen, und zwar so allseitig als möglich, dann aber aus solcher Erkenntnis allgemeine Schlüsse auf die Funktion des sozialen Gedächtnisses der Menschheit zu ziehen"[3]. Die Bibliotheksstruktur spiegelte diese Fragestellung: Ordnungsprinzip der Bücher war nicht das gängige Bibliotheksreglement, sondern ein ausgefeiltes begriffliches System, das die Literatur nach inhaltlichen Kriterien gruppierte. Den vier Magazingeschossen des Hauses waren vier Oberbegriffe zugeordnet, die ein grobes Klassifikationssystem bildeten; das erste Geschoss war dem menschlichen Handeln, „Dromenon", gewidmet, das zweite dem Wort, das dritte der Orientierung, das vierte dem Bild[4]. Die von Warburg erdachte Aufstellung nach Problemen, die salopp als „das Gesetz der guten Nachbarschaft" bezeichnet wurde, bezog sich auf geschichtsphilosophische, historische, psychologische und ethische Fragen[5]. Wie die Formulierung des Bibliotheksprogramms selbst unterlag der Bücherapparat einer kontinuierlichen Um- und Neudefinition, der das flexible Signierunssystem mittels Farbstreifen, das Prinzip des „beweglichen Buchs", entsprach; Salvatore Settis hat diese Wanderbewegungen innerhalb der Hamburger- und später auch der Londoner Warburg-Bibliothek kürzlich rekonstruiert[6]. Sie zeichneten unmittelbar die Denkbewegungen Warburgs nach, für dessen Gedankengebäude der ganze Bücherapparat eine „abbildende, ja darstellende Funktion" erfüllte: Als „plastisches Element", so Warburg, mache das Buch „durch seine körperliche Gegenwart und im Nachbarschaftskonzern die Besonderheit der encyclopädischen Ganzheit und Wachstumsfähigkeit" aus, die seine Problembibliothek auszeichnete[7]. Die außergewöhnliche Faszination und Anregung, die von einer solchen, interdisziplinär eingerichteten, kulturwissenschaftlich orientierten Buchsammlung ausging, hat auch Ernst Cassirer sofort erkannt: Er fand die von ihm verfolgten philosophischen Probleme hier gleichsam in Büchern materialisiert wieder, er nutzte die Bibliothek extensiv und ließ sich umgekehrt durch sie (und vor allem durch den damaligen Leiter Saxl) zu zahlreichen eigenen Arbeiten anregen[8].

Nach der Machtergreifung durch die Nationalsozialisten wurde die Bibliothek im Dezember 1933 auf zwei Schiffen nach England gebracht[9]; ständig weiter ausgebaut, bildet sie hier noch heute (freilich unter inhaltlich modifizierten Vorzeichen) als „Warburg Institute" eine selbständige Forschungseinrichtung der Londoner Universität[10]. Warburg selbst war bereits 1929 gestorben, aber seine Mitarbeiter und die – überwiegend jüdischen – Mitglieder des Warburg-Kreises mussten sämtlich fliehen. Im Exil haben sie, vor allem von England und den Vereinigten Staaten aus, in unterschiedlicher Weise die in Hamburg entwickelten Forschungsansätze weitergeführt und diese – oft durch die Exilsituation modifi-

Aby Warburg und seine Frau

ziert – erfolgreich vermittelt. Ihre Methode, die „Ikonologie", d.h. die Frage nach der „eigentlichen", allgemeinen oder symbolischen Bedeutung der Kunstwerke, hat von England und den USA aus Weltgeltung erlangt.

Die Genese der Hamburger Schule verdankt sich einer individuellen Konstellation: Aby Warburg, 1866 geboren, hatte als ältester Sohn einer jüdischen Hamburger Bankiersfamilie noch als Schüler zugunsten seines jüngeren Bruders Max auf das Bankerbe verzichtet und dann Kunstgeschichte studiert[11]. Damit ergab sich für die Familie Warburg ein damals noch seltenes, in der folgenden Generation schon häufig zu beobachtendes Muster, nach dem die Kinder wohlhabender jüdischer Fabrikanten, Juristen oder Kaufleute dem pragmatischen Milieu ihrer Herkunft den Rücken kehrten und mit der notwendigen finanziellen Unterstützung durch ihre Eltern in den wenig lukrativen wissenschaftlichen Bereich überwechselten[12]. Schon während des Studiums begann Warburg mit dem Aufbau einer „exquisiten Bibliothek"[13], deren Finanzierung dem Vater unter kontinuierlicher Argumentation abgerungen werden musste. Seinem Forschungsschwerpunkt und dem Thema seiner Dissertation über Botticelli entsprechend[14], dokumentierte die Büchersammlung zunächst Warburgs Interesse am Fortleben der Antike in der Kunst der italienischen Renaissance. Sein ursprünglicher Plan, die Professorenlaufbahn einzuschlagen[15], wurde nach mühevollem, langwierigem Entscheidungsprozess aufgegeben und die Existenz eines unabhängigen Gelehrten angestrebt, die sich ab 1912 mit der ehrenvollen Verleihung eines Professorentitels durch den Hamburger Senat verband. Von einem mehrjährigen Florenz-Aufenthalt 1904 endgültig nach Hamburg zurückgekehrt, bezog Warburg mit seiner Familie 1909 ein Haus, dessen großzügige Dimensionen die Aufnahme der inzwischen systematisch ausgebauten Bibliothek erlaubten. Gleichzeitig wurde, in Voraussicht auf den wachsenden Bücherbestand, das Nachbargrundstück erworben und die dauerhafte Finanzierung der Bibliothek durch die vier im Bankgeschäft tätigen Brüder vertraglich geregelt[16].

Die Büchersammlung, deren bald erweitertes und verallgemeinertes Programm in Bezeichnungen wie „Bibliothek für die Geschichte der europäischen Kultur"[17] oder „Studienstätte für kulturwissenschaftliche Ikonologie (unter besonderer Berücksichtigung der Verkehrsprobleme auf dem Gebiete internationaler Bilderwanderung)"[18] zum Ausdruck kommt, wurde von Warburg spätestens seit diesem Zeitpunkt als eine öffentliche Einrichtung betrieben, die auf Besucher eingerichtet war. Bibliothekarische Arbeiten wurden auf Hilfskräfte verteilt, und ab 1908 beschäftigte Warburg mit dem Philologen und Indologen Paul Hübner, dann dem Kunsthistoriker Wilhelm Waetzold wissenschaftliche Assistenten. Ihnen folgten 1912 der Orientalist Wilhelm Printz und schließlich 1913 der junge österreichische Kunsthistoriker Fritz Saxl: Der Dvorák-Schüler, der mit einer Rembrandt-Arbeit promoviert worden war und jetzt über astrologische und mythologische illustrierte Handschriften arbeitete, war über gemeinsame Forschungsinteressen mit Warburg bekannt geworden[19], mit dessen Zielen er sich bald identifizierte. Ihm vor allem ist der Entschluss zur Institutionalisierung der Privatbibliothek zu verdanken, der 1914 gesprächsweise mit Warburg entwickelt worden war[20]. Sie wurde vor allem seit 1919, dem Jahr der Wiederaufnahme der durch die Einberufung unterbrochenen Tätigkeit Saxls, konsequent realisiert: Saxl fungierte infolge einer psychotischen Erkrankung Warburgs, die diesen zu einem langjährigen Sanatoriumsaufenthalt zwang, bis zu dessen Rückkehr 1924 als kommissarischer Leiter der inzwischen auf 28.000 Bände angewachsenen Bibliothek[21]. Stets in enger Abstimmung mit dem Erkrankten initiierte er regelmäßige Vortragsabende in der Heilwigstraße, vergab kleinere Stipendien an Studenten und fungierte ab 1921 als Herausgeber zweier Publikationsreihen, der „Vorträge" und der „Studien der Bibliothek Warburg"[22]. Eine weitere, die institutionelle Autonomie entscheidend fördernde Maßnahme war die Herauslösung der Bücher und des Betriebes aus der Privatsphäre des Wohnhauses und der Bau eines eigenen, auch formal vom Privathaus differenzierten Bibliotheksgebäudes, das 1926 bezogen wurde. Im selben Jahr begann Warburg mit der systematischen Registrierung der

Benutzer und der akribischen Notation des Alltags in Tagebüchern, die von ihm selbst, von Fritz Saxl und von der 1922 eingestellten Philosophin Gertrud Bing zu leisten war[23]; sie wurde bald zur engsten Vertrauten und zum bevorzugten, ihm nahezu symbiotisch verbundenen wissenschaftlichen Diskussionspartner Warburgs. Regelmäßige Führungen und die Einrichtung von Ausstellungen waren weitere Mittel mit denen auch „Laien" die Bibliothek und ihre Ziele nahe gebracht wurden. Für die finanzierenden Brüder Warburgs wurden zudem Jahresberichte erstellt, in denen die Absichten Aby Warburgs und seiner Mitarbeiter meist deutlicher als an stärker der Öffentlichkeit zugänglichen Stellen formuliert sind.

Diese Tagebücher, die über die Alltagsprobleme des Betriebs genauso berichten wie über den wissenschaftlichen Erkenntnisfortschritt ihrer Benutzer, dokumentieren deutlich die intensiven Bemühungen Warburgs um die Etablierung der Kulturwissenschaft in der deutschen – und europäischen – akademischen Landschaft. Saxl und Bing waren zwei Mitstreiter, die seine Sache zu der ihren gemacht hatten und sie – „unser Unternehmen" – nach allen Kräften förderten. Hauptnutzer der Bibliothek und damit erste Zielgruppe ihrer Betreiber waren die Angehörigen der Hamburger Universität. Von den Professoren gehörten der Ordinarius für Kunstgeschichte Erwin Panofsky, der klassische Philologe Karl Reinhardt, der Byzantinist Richard Salomon und der Philosoph Ernst Cassirer zu den häufigsten Besuchern. Als Studenten waren der Bibliothek besonders die Cassirer-Schüler Walter Solmitz und Raymond Klibansky sowie Percy Ernst Schramm, der Geschichte studierte, sowie die Kunstgeschichtsstudenten Heinz Brauer, Lothar Freund, Ludwig Heinrich Heydenreich, Georg Heise und Fritz Rougemont verbunden; hinzu kam der als Assistent beschäftigte Privatdozent Edgar Wind. Freund und Förderer Warburgs war zudem Gustav Pauli, der Direktor der Hamburger Kunsthalle. Auch auswärtige Gelehrte, wie der belgische Kunsthistoriker und Journalist Jacques Mesnil, waren über die Teilfinanzierung von Forschungsprojekten der Bibliothek assoziiert, Editionsprojekte wie das der arabischen „Picatrix"-Handschrift durch Hellmut Ritter wurden unternommen und die Dissertationen von Studenten – vor allem durch Saxl – betreut. Ein besonderes Anliegen war den Bibliotheksleitern die fachliche Nähe zum neu gegründeten Kunstgeschichtlichen Seminar, als dessen Leiter (aus formalen Gründen erst ab 1926 Ordinarius) seit 1920 der junge Berliner Kunsthistoriker Erwin Panofsky fungierte. Seine Berufung verdankte sich offenbar neben der fachlichen Qualifikation auch dem Umstand, dass er „durch seinen Lehrer Professor Goldschmidt seit Jahren schon in Fühlung mit der Gedankenwelt der Bibliothek" und bereit war, in ihren Räumen Übungen abzuhalten[24]; zufrieden konstatierte Saxl 1922, dass Panofsky über ein Thema der italienischen Renaissance lehrte und dabei „ganz im Sinne von Professor Warburg auf das Verhältnis dieser Epoche zur Antike" einging[25]. Beide, Warburg wie Saxl, haben das Lehrangebot des Kunsthistorischen Seminars durch eigene Übungen bereichert. Auch in pragmatischer Hinsicht, was Bücheranschaffung und Öffnungszeiten betraf, verstand sich die K.B.W. als eine Ergänzung zum Seminarbetrieb in der Kunsthalle.

Zahlreiche Dissertationen der Hamburger Studenten – und auch Arbeiten von Hochschullehrern – entstanden auf Anregung der Bibliotheksmitarbeiter, die auf diese Weise eigene Forschungsprobleme auslagerten. Bei großer Themenvielfalt – das Spektrum der Untersuchungsgegenstände reichte von mittelalterlicher Skulptur über die architektonischen Entwürfe Leonardos, die Baugeschichte des Kölner Doms bis zu byzantinischen Handschriften, Rembrandt und der italienischen Renaissance-Kunst – ist in den meisten dieser Arbeiten der methodische Ansatz der K.B.W., die Frage nach dem ikonologischen Gehalt der Kunstwerke weniger zu spüren; eine der inhaltlichen Hauptfragestellungen Warburgs dagegen, das Verhältnis von „nordischer" zu italienischer Kunst, wird in mehreren Untersuchungen aufgegriffen und *en détail* bearbeitet. In Arbeiten wie der Erna Mandowskys zu einem Hauptquellenwerk der ikonographisch-ikonologischen Forschung, der „Iconologia" Cesare Ripas, derjenigen Waclaw von Reybekiels zum Motiv der „Fons Vitae" oder der Dissertation von Dorothée Klein über die „Ikonographie der Lukas-Madonnen" dagegen gewinnt die Frage nach der weltanschaulichen Metaebene, der symbolischen Funktion von Kunstwerken, durchaus Kontur. Auch Arbeiten auswärtiger Kollegen wurden, wo möglich, nach den Prämissen Warburgs geformt. So berichtet Saxl über den jungen Göttinger Gelehrten Wolfgang Stechow am 2. Januar 1927 im Tagebuch: „Stechow zeigt seine Habil-Schrift über den niederländischen Manierismus, den wir drucken können. Er will das ganze nochmals im Sinne der KBW überarbeiten" – was Warburg am Rande mit „sehr einverstanden!" kommentiert[26]. Selbst Ernst Cassirer hat, wie seine Frau Toni in ihren Erinnerungen beschreibt, solche Auftragsarbeiten ausgeführt: „Wenn Saxl in seiner Arbeit auf ein Problem stieß, dessen Behandlung er in die Hände eines Sachverständigen legen wollte, bat er denjenigen Benützer der Bibliothek, der ihm für diesen Zweck am geeignetsten erschien, sich die Sache genau anzusehen und einen Vortrag über das Thema auszuarbeiten. Oft kam Ernst mit der Nachricht nach Hause, dass sein 'geistiger Sklavenhalter' Saxl wieder einmal eine Arbeit bei ihm 'bestellt' hätte. So entstanden 'Die Begriffsform im mythischen Denken', 'Sprache und Mythos', ‚Shaftesbury und die Renaissance', 'Der Platonismus in England' und vieles mehr"[27]. Umgekehrt war Cassirer für Warburg ein unverzichtbarer *combattant*, der mit allen Mitteln in Hamburg gehalten werden musste: Als der Philosoph 1928 eine Berufung auf den Frankfurter Lehrstuhl erhielt, verfasste Warburg unter dem Titel „Warum Hamburg den Philosophen Ernst Cassirer nicht verlieren darf" eine engagierte, in der Tagespresse und als Separatdruck veröffentlichte Schrift[28], die dem Publikum die Bedeutung Cassirers für die junge Universität noch einmal dringlich vor Augen führte; dieser lehnte schließlich den Ruf nach Frankfurt ab.

Auch Panofskys frühe Schriften etwa „Dürers Stellung zur Antike", „Idea", „Die Perspektive als symbolische Form", „Hercules am Scheidewege" und die gemeinsam mit Fritz Saxl publizierte Studie über „Dürers Melencolia I" reflektieren deutlich den Einfluss Warburgs und Cassirers[29]. Insgesamt aber lässt sein deutschsprachiges Oeuvre eine differenzierte methodische und thematische Interessenlage erkennen, der ein – bei aller Wertschätzung – kühleres persönliches Verhältnis zu Warburg und auch zu Bing entsprach: Anders als im unmittelbaren Umfeld der Bibliothek üblich, behandelt er auch Fragen der Architektur sowie der mittelalterlichen Kunst und stilkundliche Probleme nehmen bei ihm größeren Raum ein als bei anderen Mitgliedern des Warburg-Kreises. Von einer aus der Distanz geschaffenen Weiterentwicklung der in der K.B.W. empfangenen Anregungen zeugt auch sein 1932 unternommener, später differenzierter und weithin rezipierter Versuch, Warburgs komplexes Ideengebäude auf ein übersichtliches, leicht handhabbares Schema zu kondensieren[30].

Mit dem gewonnenen Kreis der „Habitués", die mehrheitlich der Kunstgeschichte angehörten, gab man sich in der Bibliothek jedoch noch nicht zufrieden. Im Sinne des hier mit allem Nachdruck vertretenen kulturwissenschaftlichen Ansatzes sollten außerdem Vertreter der Nachbardisziplinen akquiriert werden: Wurde im Februar 1927 noch „das Fehlen der Studenten aus anderen Disziplinen" beklagt[31], so freute sich Gertrud Bing im März 1927: „Der erste Theologe! Nicht etwa Religionswissenschaftler, sondern ganz richtig theologischer Doktorand!"[32]. Der eigenen Prämisse einer auf der Ebene der Kulturwissenschaft betriebenen Aufklärungsarbeit entsprachen umgekehrt auch die Aktivitäten Warburgs und seiner Mitarbeiter: Warburg beteiligte sich an dem 1926 in Hamburg veranstalteten Orientalistentag, er lud die Teilnehmer des Amerikanistentages in die Bibliothek ein, stellte für die Besucher Ausstellungen zusammen, er war aktives Mitglied der unter seiner Beteiligung gegründeten, selbst interdisziplinär ausgerichteten Religionswissenschaftlichen Gesellschaft, in der unter anderem Saxl, Panofsky und Cassirer mehrfach Vorträge hielten[33]; Saxl beteiligte sich 1930 mit einem eigenen Referat am Amerikanistentag und dem Kongress der Gesellschaft für Psychologie, Wind sprach 1931 auf dem Kongress für Ästhetik und Allgemeine Kunstwissenschaft und der Tagung der bibliophilen „Maximiliansgesellschaft". Ob in der Sache des deutschen Kunsthistorischen Instituts in Florenz oder der Bibliotheca Hertziana in Rom, ob für die deutsch-italienische Völkerverständigung im ersten Weltkrieg, die Ausstattung des Hamburger Rathauses oder die Universität – Warburg hat sich oft in kulturpolitischen Fragen engagiert. Er kann als Präzedenzfall für die Einsicht gelten, dass sich die Produktion wissenschaftlicher Güter nicht nur in der Theorie, sondern gleichermaßen im Bereich der kulturellen Praxis vollzieht. Neben diesen Aktivitäten, dem Aufbau der Bibliothek und dem Zusammenschluss ihrer Benutzer zu einer „wissenschaftlichen Gemeinschaft"[34] waren es die Vorträge, Führungen und die Lehrveranstaltungen Warburgs, in denen die Rhetorik einer auf Überzeugung zielenden Argumentation auch ein breiteres Publikum erreichte: Zu den Besuchern seiner Vortragsabende gehörten häufig die beiden Bürgermeister, der Präses der Hochschulbehörde und prominente Mitglieder der hanseatischen Kaufmannschaft. Eine noch von ihm für das Planetarium geplante, nach seinem Tod von Saxl dort eingerichtete Ausstellung sollte auch nicht-universitäre Kreise zur Auseinandersetzung mit der „Geschichte von Sternglaube und Sternkunde" verführen. Die Themenstellungen seiner Übungen – das Spektrum reichte von der „künstlerischen Kultur der Florentinischen Frührenaissance" über „Forschertypen auf dem Gebiet der Renaissancekultur" bis zu „internationalen Austauschvorgängen im Kunstschaffen der europäischen Renaissance" – steckten innerhalb des Universitätscurriculums ein neues methodisches Territorium ab. Besonders aber seine häufigen Führungen durch die Bibliothek und vor den im Gebäude verteilten visuellen Dokumenten, wie etwa der Kopie von Rembrandts „Claudius Civilis", trugen dem sozialen Charakter des Erkenntnisprozesses Rechnung. Zur Demonstration bestimmter Gedankenstränge wurden häufig auch Bilderwände eingesetzt: große Tafeln, auf denen in immer wieder neuen Kombinationen Photoserien angebracht wurden, etwa „von der Fortuna über Neptun zur Briefmarke von Barbados"[35], – Tafeln, wie sie in die Konzeption von Warburgs letztem großen, unvollendet gebliebenen Projekt, dem Bilderatlas „Mnemosyne", eingingen. Ein visueller Nachweis kulturellen Wandels, sowohl der Form als auch dem Inhalt nach, war der Atlas als Synthese der Forschungsergebnisse Warburgs geplant; entstehen sollte ein Vokabular der Ausdrucksformen menschlicher Leidenschaft: den von Warburg so genannten Pathosformeln. Dieses Projekt macht deutlich, wie genau Warburgs Verfahrensweise seinen Erkenntnisinteressen entsprach: Das Motiv des künstlerischen Wandels wird umkreist mit einem in beständiger Bewegung befindlichen Bücherapparat, mit einem in kontinuierlichem Fluss befindlichen Karteisystem, mit immer wieder neu montiertem Bildmaterial, mit immer wieder neu ansetzenden Formulierungen, mit beständig umgebildeten Metaphern[36]. Sowohl Warburgs Führungen als auch seine in der Regel zeitlich weit überdehnten Vorträge verlangten dem Publikum eine hohe Konzentration ab: Themen wie „die Funktion der sozialen Mneme als Bewahrerin der antikisierenden Dynamo-Engramme der Gebärdensprache“[37] oder die „Astrologische Psychologie des antikisierenden Dynamogramms“[38], von Warburg mit bedrängender Intensität und in expressionistischer Prosa vorgetragen, führten gelegentlich dazu, dass Besucher oder auch Familienmitglieder, wie er selbst einsah, „unter meinem Sprengwagen litt[en]“[39], dann wieder „rasch Sinn für die Sondermission der K.B.W. als sozialer Organismus“[40] entwickeln konnten.

Warburgs ruheloses, aber auch flexibles, auf das Prozesshafte ausgerichtetes Handlungsmuster kann als Kompensation einer Schreibhemmung interpretiert werden, deren Folge ein recht schmales Schriftenverzeichnis gewesen ist. Dennoch stellt sich die Frage, ob seine kontinuierliche, weiträumige kulturelle Praxis nicht ein ebenso großes Gewicht besaß wie die schriftliche Fixierung seiner Erkenntnisse, ob nicht die von ihm vorgenommene Freilegung der Komplexität eines Denkgebäudes, das künstlerische Ausdrucksformen als Ergebnisse widersprüchlicher Kräfte verstand, nicht auch in besonderer Weise produktiv gewesen ist. Als These ließe sich formulieren, dass sich erst die Zusammenschau beider Handlungsformen zu dem „Text“ fügt, als der Warburgs Beitrag zur Geisteswissenschaft im 20. Jahrhundert gelesen werden muss[41]. Dass er schon zu Lebzeiten Früchte seiner Anstrengungen ernten konnte, dass ihm, unter wissensoziologischen Vorzeichen betrachtet, eine Umpolung seiner Situation und die seiner Gruppe von einer „marginalisierten“ auf eine „privilegierte“ Position gelang, zeigt die zunehmende Anerkennung, die der Bibliothek und ihrer Schriften international zuteil wurde.

Warburgs Anregungen und Einflüsse bildeten ein Potential, das mit unterschiedlicher Intensität genutzt werden konnte. Sie wurden in der Stadt manifest, etwa in dem „Kränzchen“, in dem er wöchentlich zum Frühstück in „Schümanns Austernkeller“ mit Hamburgs Oberbaudirektor Fritz Schumacher, mit dem Schriftleiter des *Hamburger Fremdenblatts* Felix von Eckardt, dem Kunsthallendirektor Gustav Pauli und dem preußischen Gesandten Köster zusammentraf. Darüber hinaus erstreckte sich seine Wirkung sowohl auf „Konsumenten“ und damit diejenigen, die sich lediglich des in der K.B.W. akkumulierten Wissens bedienten, als auch auf die „Neophyten"[42], die sich dem hier vorherrschenden Zwang zur Solidarität und Konformität unterwarfen. Sie bildeten den engeren Kreis der „Patienten", die Warburg in seiner selbstgewählten Rolle als „Arzt" behandelte, sie gehörten zu den Schülern, die seine charismatische Persönlichkeit „zu einer vollständigen und bedingungslosen Unterwerfung ihrer ganzen Existenz unter die Forderungen der Wissenschaft"[43] nötigte. Es lag dabei gewiss nicht in Warburgs Absicht, stand aber mit seiner wissenschaftlichen Tätigkeit in unmittelbarem Zusammenhang, dass dieser engere Kreis überproportional viele Wissenschaftler jüdischer Abstammung anzog, ja dass die K.B.W. mit ihm selbst, Saxl, Bing, Wind, mit Cassirer, mit den studentischen Hilfskräften Walter Solmitz, Lothar Freund und Raymond Klibansky, – und dass auch das Kunsthistorische Seminar mit den Dozenten Panofsky und Karl von Tolnai (Charles de Tolnai) und mit zahlreichen Studenten wie Hugo Buchthal, Erna Mandowsky, Adolf Katzenellenbogen und Helen Rosenau einen überproportionalen Anteil jüdischer Mitglieder zu verzeichnen hatte: überproportional nicht nur im Verhältnis der Juden zur Gesamtbevölkerung, sondern auch bezogen auf die Verteilung im Fach.

Diese Beobachtung lässt sich, so meine These, durch ein gesamtgesellschaftliches Phänomen erklären, dessen Betrachtung einen Perspektivenwechsel erfordert: die Stellung der jüdischen Intellektuellen im deutschen Kaiserreich und der Weimarer Republik. Das deutsche akademische System hat Juden benachteiligt[44]. Waren bereits Habilitationen oft schwer durchsetzbar, so blieben jüdischen Wissenschaftlern die akademischen Spitzenpositionen in der Regel verschlossen, – wobei es natürlich Ausnahmen gab, die aber oft mit der Konversion bezahlt werden mussten. Wenn sie sie überhaupt erreichten, so verblieben Juden sehr viel länger, manchmal ein Leben lang, auf der Privatdozentenebene. Aus diesem Umstand aber ergab sich andererseits, dass die gezwungenermaßen an der akademischen Peripherie agierenden Wissenschaftler dem Druck fachlicher Konformität hier weitaus geringer ausgesetzt waren als ihre dem „mainstream" angehörigen nichtjüdischen Kollegen, und also die Möglichkeit hatten, das Potential ihres jeweiligen Fachgebietes mit größerer Freiheit und gesteigerter Innovationskraft auszuschöpfen. Zudem erleichterte die marginale Position den Blick über den Tellerrand, die Kontaktaufnahme mit benachbarten Fächern, und die Konstruktion neuer Diskurse.

Warburg selbst sowie die meisten Mitglieder seines Kreises und damit auch diejenigen, die seinem ikonologischen Ansatz nach ihrer Vertreibung zunächst im angelsächsischen Raum, später weltweit Geltung verschafften, gehörten als Juden einer solchen peripheren Situation an. Panofskys Berufung auf das Hamburger Ordinariat war eine Ausnahme gewesen, die sich der Tatsache verdankte, dass die Universität hier erst zwei Jahre zuvor, und mit Unterstützung einer jüdischen Familie, nämlich Warburg, gegründet worden war. Hamburg als liberale Handelsstadt lag zudem sowohl geographisch als auch in intellektueller Hinsicht eher am Rande Deutschlands. Hier war die soziale Kontrolle schwächer als anderswo und die junge Hochschule konnte agieren, ohne auf bindende Traditionen Rücksicht nehmen zu müssen. Panofskys Stelle war zudem, was eben auch mit der Neugründung der Universität zusammenhing, nach Dotierung und Prestige eher unattraktiv. Neben ihm hatten in Deutschland nur noch zwei andere jüdische Kunsthistoriker ein Ordinariat inne, nämlich Paul Frankl in Halle und Adolph Goldschmidt in Berlin[45], was insgesamt einen Anteil von zehn Prozent ausmachte. Die Protagonisten der offiziellen Kunstgeschichte, etwa Albert Erich Brinckmann in Köln, Hans Jantzen in Freiburg, Wilhelm Pinder in München oder Paul Clemen in Bonn, betrieben keine Ikonologie, sondern Stilgeschichte. Diese hatte seit dem letzten Drittel des 19. Jahrhunderts das bevorzugte Erkenntnisziel der deutschen Kunstgeschichte gestellt, denn spätestens seit der Reichsgründung war hier die politische Forderung nach einer nationalen Kunst mit der Aufgabe verknüpft gewesen, auch das Kunstschaffen vergangener Jahrhunderte unter der Prämisse eines nationalen Stils neu zu ordnen und zu klassifizieren. Die Kunstgeschichte hat sich dieser Aufgabe bereitwillig angenommen und in zahlreichen Publikationen, darunter Georg Dehios „Geschichte der Deutschen Kunst", Wilhelm von Bodes „Geschichte der Deutschen Plastik" oder Hans Jantzens „Deutsche Bildhauer des 13. Jahrhunderts" ein Panorama spezifisch deutscher Kunst entfaltet, das sich, von einem entfernteren Standpunkt aus betrachtet, zu einem Nationalstil verdichten mochte. Selbstverständlich haben sich auch die – grundsätzlich um soziale und auch nationale Integration bemühten – jüdischen Kunsthistoriker an diesem Unternehmen beteiligt, wie sich unschwer etwa bei einem Blick auf Panofskys deutsche Schriften oder die Arbeiten des national-konservativ gesonnenen Paul Frankl, etwa zu dem dann von den Nationalsozialisten vereinnahmten „Raumstil"[46], feststellen lässt. Beide hatten aber – vielleicht symptomatisch – Ordinariatspositionen inne und waren damit eher geneigt oder gezwungen, sich dem „mainstream" anzuschließen.

Demgegenüber lassen sich bei dem um die „Kulturwissenschaftliche Bibliothek Warburg" agierenden Kreis andere Themen und andere Methoden, differenziertere, stärker auf supranationale Austauschbeziehungen konzentrierte Forschungsinteressen nachweisen. Warburgs komplexes Konzept einer als Teil der Kulturgeschichte verstandenen Kunstgeschichte hielt der Beobachtung nationaler Stilcharaktere und der damit einhergehenden These von einer Abgrenzung der deutschen Kunst gegen „fremde" Einflüsse ein anderes Modell entgegen: Ein Modell, das den künstlerischen Formenwandel durch internationale Austauschprozesse und durch „Kreislaufvorgänge im Wechsel künstlerischer Ausdrucksformen" begründet; ein Modell, dessen liberal-kosmopolitischer Wahrnehmungshorizont auch in seiner tagespolitischen Haltung zum Ausdruck kam. In den Bibliothekstagebüchern finden sich immer wieder Hinweise auf sein Eintreten für die Paneuropa-Idee oder seine Befriedigung über den von Stresemann geschlossenen Locarno-Pakt, der ja eine Beruhigung der europäischen Konfliktlage zur Folge hatte. Charlotte Schoell-Glass hat die politische Motivation der Arbeit Warburgs und die Rolle der K.B.W. als politisches Instrument gegen die Bedrohung durch nationalistische und antisemitische Strömungen deutlich gemacht[47]. Die K.B.W. galt ihren Benutzern, obwohl äußerlich eher dem jüdischen Bescheidenheits- und Unauffälligkeitstopos entsprechend, als eine „feste Warburg"[48].

Der in einem solchen, auch politischen, Bedeutungszusammenhang an der disziplinären Peripherie entwickelte ikonologische Ansatz ist zunächst fast ausschließlich an Themen erprobt worden, die mit der Erforschung des Nachlebens der Antike, der Renaissance-, Humanismus- und Neoplatonismus-Forschung, in Verbindung stehen[49]. Angesichts des konkreten Identifikationsangebots, das ein auf die Inhalte des Humanismus fixiertes Programm gerade an deutsche Juden richtete, verwundert es nicht, dass es besonders von dieser Seite Zulauf erhielt. Auf der anderen Seite hat nicht zuletzt die Anwesenheit Panofskys in den späten zwanziger und frühen dreißiger Jahren viele jüdische Studenten, die sich anderswo, vor allem in München, in steigendem Maße bedroht fühlten, nach Hamburg gezogen[50]. Mit dem Inkrafttreten der nationalsozialistischen Gesetzgebung wurde diese Gruppe zerstört; die Bibliothek selbst und ihre jüdischen Mitglieder – denen sich auch einige nichtjüdische Kollegen anschlossen – mussten emigrieren. Dass die politische Aufladung der in Hamburg vermittelten Form des Umgangs mit dem historischen Bildmaterial auch im Exil für die meisten Mitglieder der Gruppe verbindlich und dass die Ikonologie ein gesellschaftsrelevantes „Programm" blieb, hat Panofsky noch nach dem Krieg, worauf schon Horst Bredekamp hingewiesen hat, bestätigt: Die ikonologische Beschäftigung mit der antiken Tradition, so mit Plato, sei „auch als Damm gegen den zeitgenössischen Nationalismus gedacht" gewesen[51].

Die schon in den dreißiger Jahren im Zusammenhang mit der soziologischen Diskussion um die Gestalt des „Fremden"[52] entwickelte These, nach der kulturelle Paradigmenwechsel durch gesellschaftliche Minoritäten vorangetrieben werden[53], ist jetzt empirisch nicht nur für die Kunstgeschichte[54], sondern auch für andere, vor allem naturwissenschaftliche Disziplinen bestätigt worden. Der Wissenschaftshistoriker Klaus Fischer hat für die Molekulargenetik, aber auch die Kernphysik nachgewiesen, wie sich auch diese Fächer aus der Abspaltung einer kleinen Wissenschaftlergruppe von der offiziellen Disziplin als zunächst marginale, aber innovative Spezialgebiete entwickelten, die – auch ihre Hauptvertreter mussten emigrieren – im Ausland zu Brennpunkten der Forschung mutierten[55]; als weitere Parallelfälle zeichnen sich die heute Kommunikationswissenschaft, früher Publizistik genannte Disziplin, und die Ökonomie ab. Auch die im Umkreis des Frankfurter Instituts für Sozialforschung betriebene Soziologie taucht in diesem Kontext auf – wie es überhaupt eine zur K.B.W. analoge Grundstruktur aufwies: Wie die Warburg-Bibliothek war das Institut privat finanziert und somit autonom, und auch seine Mitglieder waren zum überwiegenden Teil jüdischer Abstammung gewesen, thematisiert aber wurde das Verhältnis zwischen Judentum und Gesellschaft in beiden Einrichtungen nur unter einem jeweils „neutralen" Rubrum. Alle diese Fächer sind, wie die Ikonologie, aus der Interaktion verschiedener Disziplinen hervorgegangen, und alle haben im Exil, vor allem in der rezeptionsfreundlichen Wissenschaftslandschaft der Vereinigten Staaten Karriere gemacht.

Damit ließe sich die Entstehung der Ikonologie als Funktion einer gesellschaftlichen Bewegung beschreiben, welche die Ausgrenzung einer Minderheit zur Bedingung hatte. Ihr Ergebnis kehrt, verengt man den Blickwinkel auf die rein wissenschaftliche Ebene, die Dynamik des nationalsozialistischen Destruktionswillens um: Vom Exil aus haben sich die im Umkreis der K.B.W. entwickelten Fragestellungen hamburgischer Prägung – freilich in transformierter Form – einen respektablen Platz im Methodenkanon der Kunstgeschichte – und über sie hinaus – erobert, und sie haben die spätere methodische Entwicklung der Kunstgeschichte im speziellen und der Geisteswissenschaften im allgemeinen, etwa im Hinblick auf semiotische, psychologische und ethnologische Fragen, wesentlich gefördert. Für die Emigranten behielt sie, vor allem in Gestalt von Humanismus- und Neoplatonismusforschung, die Funktion eines idealistischen, kontinuitätsversprechenden Identifikationsangebots: eine geistige Heimat.

1 Damit war er einer der ersten jüdischen Rektoren Deutschlands überhaupt.

2 Jakob Baron von Uexküll, Friedrich Brock: „Das Institut für Umweltforschung." In: Ludolph Brauer/Albrecht Mendelssohn Bartholdy/Adolf Meyer, *Forschungsinstitute, ihre Geschichte, Organisation und Ziele.* 2 Bd. Hamburg 1930, 233–237.

3 Fritz Saxl, „Die Kulturwissenschaftliche Bibliothek Warburg in Hamburg (1930)." In: Dieter Wuttke (Hg.), *Aby M. Warburg. Ausgewählte Schriften und Würdigungen* (Saecula Spiritualia 1), Baden-Baden 1979, 331.

4 Vgl. die Rekonstruktion von Salvatore Settis, „Warburg continuatus. Description d'une bibliothèque." In: Marc Baratin, Christian Jacob (Hg.), *Le Pouvoir des Bibliothèques. La mémoire des livres en Occident*. Paris 1996, 122–169.

5 Vgl. Fritz Saxl, „Bericht über die Bibliothek Warburg und ihre Entwicklung zu einem öffentlichen Forschungsinstitut (1921)", abgedruckt in: Tilmann von Stockhausen, *Die Kulturwissenschaftliche Bibliothek Warburg. Architektur, Einrichtung und Organisation.* Hamburg 1992, 116 ff.

6 Settis 1996 (vgl. Anm. 4)

7 Vgl. Kurt W. Forster, „Die Hamburg-Amerika-Linie, oder: Warburgs Kulturwissenschaft zwischen den Kontinenten." In: Horst Bredekamp (u. a.), *Aby Warburg. Akten des internationalen Symposions Hamburg 1990.* Weinheim 1991, 19; *Tagebücher der K.B.W.* (London, Archiv des Warburg-Institute), Bd. 3 (1927–28), 59.

8 Vgl. Toni Cassirer, *Mein Leben mit Ernst Cassirer.* Hildesheim 1981, 125 ff.

9 Vgl. Eric M. Warburg, „The Transfer of the Warburg Institute to England in 1933." In: *The Warburg Institute Annual Report 1952–1953*, Appendix, 13–16, sowie Bernard Buschendorf, „Auf dem Weg nach England – Edgar Wind und die Emigration der Bibliothek Warburg." In: Michael Diers (Hg.): *Porträt aus Büchern. Bibliothek Warburg und Warburg Institute.* Hamburg (Privatdruck) 1993, 85–128.

10 Vgl. Nicholas Mann, „Kulturwissenschaft in London: Englisches Fortleben einer europäischen Tradition." in: Robert Galitz und Brita Reimers (Hg.), *Aby M. Warburg. „Ekstatische Nymphe ... trauernder Flußgott"*, Hamburg 1995, 210–227.

11 Zum Studium vgl. Ernst H. Gombrich, *Aby Warburg. An Intellectual Biography,* London 1970, 25–66 sowie neuerdings Bernd Roeck, *Der junge Warburg.* München 1997.

12 Vgl. Ulrike Wendland, *Verfolgung und Vertreibung deutschsprachiger Kunsthistoriker im Nationalsozialismus. Ein biographisches Handbuch,* Hamburg 1995 (Ms., Diss.), 129 ff.

13 Brief an den Vater vom 20. 7. 1889, zit. in: Ernst H. Gombrich, *Aby Warburg. Eine intellektuelle Biografie.* Hamburg 1992 (1970), 73.

14 Aby M. Warburg, *Sandro Botticellis „Geburt der Venus" und „Frühling". Eine Untersuchung über die Vorstellungen von der Antike in der italienischen Frührenaissance*. Hamburg, Leipzig 1893.

15 Im Deutschen Kunsthistorischen Institut in Florenz befindet sich ein Fragment der als Habilitationsschrift angelegten Arbeit.

16 Die Bibliothek war gemeinschaftlicher Besitz der fünf Warburg-Brüder, die bis auf Aby alle im Bankgeschäft tätig waren.

17 Fritz Saxl, „Das Warburg Institute 1944." In: Diers 1993 (vgl. Anm. 9), 130.

18 Zit. nach: Dorothea McEwan, *'Mein lieber Saxl!' – 'Sehr geehrter Herr Professor'. Die Aby Warburg – Fritz Saxl Korrespondenz 1910 bis 1919*. Ms., London 1997, 14 (Veröffentlichung in Vorbereitung).

19 Vgl. Gertrud Bing, „Fritz Saxl (1890–1948)." In: D.J. Gordon (Hg.), *Fritz Saxl 1890–948: A Volume of Memorial Essays from his friends in England*. London, Edinburgh 1957, 1–48.

20 Fritz Saxl, „Die Geschichte der Bibliothek Aby Warburgs (1886–1944), 1943/44." In: Wuttke 1979 (vgl. Anm. 3), 340.

21 Vgl. Karl Königseder, „Aby Warburg im „Bellevue"." In: Robert Galitz und Brita Reimers (Hg.), *Aby M. Warburg. „Ekstatische Nymphe ... trauernder Flußgott"*, Hamburg 1995, 74–103.

22 Saxl 1943/44 (vgl. Anm. 20), 340 ff.

23 Die neun Tagebücher befinden sich im Archiv des Warburg-Institute, London. Ihre Publikation durch Charlotte Schoell-Glass und d. Verf. ist im Rahmen der Gesamtedition von Warburgs Schriften geplant.

24 Saxl 1921 (vgl. Anm. 5), 116.

25 Fritz Saxl, „Bericht über die Bibliothek Warburg für das Jahr 1921", abgedruckt in: Stockhausen 1992 (vgl. Anm. 5), 124 ff.

26 Statt dieser Arbeit ist dann 1932 Stechows Buch zur Ikonographie des „Apoll und Daphne"-Themas in den Studien erschienen (Wolfgang Stechow, *Apollo und Daphne*. Studien der Bibliothek Warburg (Hg. von Fritz Saxl), Bd. 23, Leipzig 1932). Im amerikanischen Exil ist Stechow zu einem der Hauptvertreter der hamburgisch geprägten Ikonologie geworden.

27 T. Cassirer 1981 (vgl. Anm. 8), 127.

28 Aby Warburg, „Ernst Cassirer. Warum Hamburg den Philosophen Ernst Cassirer nicht verlieren darf". In: *Hamburger Fremdenblatt*, Nr. 173, 23. Juni 1928.

29 „Dürers Melencolia I" ist 1923, „Idea" 1924, „Die Perspektive als symbolische Form" 1924/25, „Hercules am Scheidewege" 1930 von der K.B.W. veröffentlicht worden.

30 Erwin Panofsky, „Zum Problem der Beschreibung und Inhaltsdeutung von Werken der bildenden Kunst." In: *Logos*, 21 (1932), 103–119. Zum Vergleich Warburg-Panofsky vgl. Margaret Iversen, „Warburg – neu gelesen." In: *Denkräume zwischen Kunst und Wissenschaft*. (5. Kunsthistorikerinnentagung in Hamburg 1991, hg. von Silvia Baumgart ...). Berlin 1993, 32–47.

31 Tagebuch der K.B.W. , Bd. II (1927), 28 (London, Warburg-Institute).

32 Ebd., 85.

33 Vgl. Rainer Hering, *Theologische Wissenschaft und „Drittes Reich". Studien zur Hamburger Wissenschafts- und Kirchengeschichte im 20. Jahrhundert*. Pfaffenweiler 1990, v.a. 117–137.

34 Saxl 1921 (vgl. Anm. 5), 126.

35 Tagebuch der K.B.W., Bd. III (1927/28), 37.

36 Wie aus den in London (Warburg Institute) befindlichen Tagebüchern ersichtlich, formuliert Warburg Titel und Einleitung des Atlas immer wieder um. In Vorträgen neigte er zum Extemporieren, was häufig zu einem Überschreiten des zeitlichen Rahmens führte.

37 Tagebuch der K.B.W., Bd. III (1927/28), 29.

38 Ebd., 37.

39 Ebd., 29.

40 Ebd., 167.

41 Timothy Lenoir hat darauf hingewiesen, dass der Kontext solcher Erkenntnisprozesse bis heute zumeist missachtet wird, dass seine Spuren durch das Unternehmen der Wissenschaft verwischt worden sind (Timothy Lenoir, *Politik im Tempel der Wissenschaft. Forschung und Machtausübung im deutschen Kaiserreich*. Frankfurt, New York 1992).

42 So in der 1926 von Hamburger Studenten verfassten, parodistischen „Festschrift" zu Warburgs 60. Geburtstag (Warburg Archiv Hamburg, Kopie).

43 Saxl 1943/44 (vgl. Anm. 20), 344.

44 Vgl. Shulamith Volkov, „Soziale Ursachen des Erfolgs in der Wissenschaft. Juden im Kaiserreich." In: *Historische Zeitschrift*, 245 (1987), 315–342.

45 Zuvor war schon Goldschmidts Berufung auf den Hallenser Lehrstuhl mit großen Schwierigkeiten verknüpft gewesen da, hier „die Professur nur mit einem Protestanten besetzt werden" konnte (Kurt Weitzmann, *Adolph Goldschmidt und die Berliner Kunstgeschichte*, Berlin 1985, 10f.). Eine Berufung auf das Ordinariat in Bonn war schon 1900 an antisemitischen Vorbehalten gescheitert (ebd., 9).

46 Paul Frankl, „Nation und Kunst." In: *Der Deutsche und das Rheingebiet*. Halle 1926, 175–185.

47 Charlotte Schoell-Glass, *Aby Warburg und der Antisemitismus: Zur Logik der Kulturwissenschaft*. Hamburg 1996 (Ms., Veröffentlichung in Vorbereitung).

48 Ebd., 174.

49 Diese empirische Beobachtung muss natürlich die Theorie der Ikonologie unberücksichtigt lassen; die sozialen Entstehungsbedingungen einer wissenschaftlichen Methode sind von ihren Inhalten zu trennen.

50 Vgl. Wendland 1995, 123 ff. (vgl. Anm. 12).

51 Panofsky 1940, vgl. Horst Bredekamp, „Götterdämmerung des Neoplatonismus." In: Andreas Beyer (Hg.), *Die Lesbarkeit der Kunst. Zur Geistes-Gegenwart der Ikonologie*. Berlin 1992, 76. Platon ist als Figur, wie etwa auch Dürer, natürlich auch von der politischen Gegenseite instrumentalisiert worden.

52 Vgl. Georg Simmel, „Exkurs über den Fremden", in: Ders., *Soziologie. Untersuchungen über die Formen der Vergesellschaftung* (Hg. Otthein Rammstedt; Gesamtausgabe, Band 11), Frankfurt/M. (Suhrkamp), 1992 (1908), 766 ff.: „Das klassische Beispiel gibt die Geschichte der europäischen Juden". Als einen der Hauptcharakterzüge dieser Gruppe macht Simmel die durch die Gleichzeitigkeit von Nähe und Entferntheit, durch seine Randstellung entwickelte Objektivität aus.

53 Vgl. Erich Grünfeld, *Die Peripheren. Ein Kapitel Soziologie*. Amsterdam 1939.

54 Vgl. Karen Michels, *Transplantierte Kunstwissenschaft. Der Wandel einer Disziplin als Folge der Emigration deutschsprachiger Kunsthistoriker in die USA*. Hamburg 1996 (Ms., Veröffentlichung in Vorbereitung).

55 Vgl. Klaus Fischer, „Vom Wissenschaftstransfer zur Kontextanalyse – Oder: Wie schreibt man die Geschichte der Wissenschaftsemigration?" In: Rainer Erb und Michael Schmidt (Hg.), *Antisemitismus und Jüdische Geschichte. Studien zu Ehren von Herbert A. Strauss*. Berlin 1987, 267–292 sowie: Ders., „Wissenschaftsemigration und Molekulargenetik: Soziale und kognitive Interferenzen im Entstehungsprozess einer neuen Disziplin." In: Herbert A. Strauss, *Die Emigration der Wissenschaften nach 1933. Disziplingeschichtliche Studien*. München (u. a.) 1991, 105–136.

★

Die Welt ist ein Schauplatz,
Du kommst, siehst und gehst vorüber.

Und wirst vom Schauplatz vergessen, wer du auch seist. Mach aber, daß dich das wenig kümmern dürfte.

Quelle: Matthias Claudius, *Denksprüche alter Weisen, mit meinen Randglossen*, in: Matthias Claudius, Sämtliche Werke, hrsg. Von Hannsludwig Geiger . Wiesbaden o.J.: Emil Vollmer, S. 79–80.

Martin Hose

Bruno Snell

oder: Von der Verantwortung des Intellektuellen

Nach den üblichen Maßstäben universitärer Berufungspolitik war es eher eine Verzweiflungstat: 1931 musste die philosophische Fakultät der jungen Hamburgischen Universität wieder einmal einen der beiden Lehrstühle für Klassische Philologie neu besetzen. Denn Friedrich Klinger, der 1925 auf das latinistisch ausgerichtete Ordinariat berufen worden war, hatte 1930 einen Ruf an die traditionsreiche Universität Leipzig angenommen. Die Fakultät hatte daraufhin die übliche Liste mit Nachfolgekandidaten aufgestellt, die an erster Stelle einen temperamentvollen Italiener benannte: Giorgio Pasquali – doch der lehnte ab. An den Zweitplatzierten, den Göttinger Extraordinarius Hermann Fränkel, erging der Ruf erst gar nicht. Fränkel war Jude und die jüdischen Professoren der Fakultät befürchteten Ressentiments, sollte erneut ein Jude berufen werden. So wurde Fränkel übergangen und der Lehrstuhl einem Privatdozenten aus der eigenen Fakultät angeboten, der im Brotberuf Lehrer an einer Hamburger Schule war: Bruno Snell. Derartiges würde an einer deutschen Universität im 21. Jahrhundert von jedem Präsidium unterbunden werden, weil Snell als Latinist kaum ausgewiesen war. Doch was im 21. Jahrhundert akademisch skandalös erschiene, war eine glückliche Fügung für die Universität Hamburg und die Stadt selbst.

Der mühsame Weg an die Universität

Bruno Snell wurde 1896 in Hildesheim geboren und wuchs in Lüneburg auf, wo sein Vater, der Psychiater Otto Snell, seit 1900 die „Provinzial-Irrenanstalt" leitete. Er legte das Abitur Ostern 1914 am Johanneum ab, wo ihn seine Latein- und Griechischlehrer besonders geprägt hatten. Trotz künstlerischer Neigungen (Snell besaß zeichnerisches Talent und ein feines Gefühl für Sprache, das seine späteren Arbeiten prägen sollte) begann er ein Studium der Rechts- und Staatswissenschaften, freilich in Edinburgh. Dort überraschte ihn im August 1914 der

Ausbruch des 1. Weltkriegs. Man internierte ihn auf der Isle of Man, bis er im Frühjahr 1918 nach Holland ausreisen durfte. Während der Internierung war er in der Lagerbibliothek auf eine Ausgabe des griechischen Tragödien-Dichters Aischylos gestoßen, der ihn in seinen Bann zog. So nahm er 1918 in Leiden ein Studium der Altphilologie, verbunden mit Philosophie und Anglistik, auf, das er nach weiteren Stationen in Berlin und München 1922 in Göttingen mit Staatsexamen und Promotion abschloss.

Allerdings hatte Snell mit seiner Dissertation *Die Ausdrücke für den Begriff des Wissens in der vorplatonischen Philosophie* nicht gerade ein Thema bearbeitet, das den Trends in der Altphilologie der zwanziger Jahre folgte. Denn hier war einerseits Weiterarbeit am positivistischen Projekt einer die Antike in ihrer Totalität rekonstruierenden Altertumswissenschaft gefragt, wie sie durch Mommsen oder in der Gräzistik durch Mommsens Schwiegersohn Ulrich von Wilamowitz-Moellendorff verkörpert wurde. Andererseits versuchte sich die Altphilologie unter der Ägide von Werner Jaeger, Wilamowitz' Nachfolger in Berlin, unter der Formel eines neuen, ‚dritten' Humanismus einen neuen Bildungsauftrag zu erarbeiten. In Göttingen vertrat der Wilamowitz-Schüler Max Pohlenz eine Gräzistik positivistischen Typs. Er vermittelte hierbei den Eindruck, dass in seinem Fach nur noch die Möglichkeit einer ‚wissenschaftlichen Ährenlese' bestünde, also eigentlich, modern gesprochen, die griechische Literatur ‚ausgeforscht' sei. So ist es kaum verwunderlich, dass Pohlenz sich weigerte, Snells Arbeit als altphilologische Dissertation anzunehmen. Denn in ihr war der Versuch gemacht, in der frühgriechischen Literatur – beginnend mit den homerischen Epen – in philologisch exakter Analyse die allmähliche Entstehung abstrakter Begriffe herauszuarbeiten. Am Beispiel der verschiedenen Formen und Wörter – mit denen auf mannigfache Weise von Homer bis zu den vorsokratischen Philosophen und Tragikern ‚Erkennen', ‚Wissen' oder ‚Verstehen' ausgedrückt wird – entwarf Snell in nuce eine Geistesgeschichte der griechischen Archaik, in der Wissen und Erkennen zunächst mit Begriffen gefasst wird, die auf sinnliche Wahrnehmung oder handwerkliche Fertigkeiten bezogen sind, Erkennen also etwa ‚Sehen' bedeutet, mit den Vorsokratikern aber eine zunehmende Abstraktion und ‚Entsinnlichung' der Wissensbegriffe entsteht. Snell bestimmte damit das archaische Denken neu. Indem er eine Entwicklungslinie von einem konkret-sinnlichen zu einem abstrakt(er)en Denken zeichnen konnte, die ihren gedanklichen Abschluss in der griechischen Philosophie der Klassik fand, hat er den Grundstein für ein Gedankengebäude gelegt, an dem er bis zu seiner letzten größeren Publikation (*Der Weg zum Denken und zur Wahrheit*, 1978) weiterarbeiten würde: Er entdeckte in der griechischen Literatur der Archaik und Klassik die Anfänge und die allmähliche Ausbildung der Formen des Denkens, mit dem sich der europäische Mensch seiner selbst und seiner Welt bewusst geworden ist. Snell selbst (wie auch seine nicht wenigen Kritiker) wusste natürlich, dass er mit dieser Sicht auf die griechische Literatur Denktraditionen des deutschen Idealismus, insbesondere Hegels, weiterführte, die er während seines Studiums in Leiden bei dem Philosophen Gerardus Bolland intensiver kennengelernt hatte. Zudem griff er dabei Wilhelm Diltheys Geschichtsphilosophie auf. Doch bedeutete dies für ihn kein hermeneutisches Problem, da er die von ihm gezeichnete Entwicklungslinie des griechischen Denkens auf ‚objektivierbare' Beobachtungen des Sprachgebrauchs in Epos, Lyrik und Tragödie gestützt sah.

Im Resultat gewannen Snells Forschungen für die griechische Literatur – und damit für die Beschäftigung mit ihr – eine neue Bedeutung: Wer das europäische Denken und das damit verknüpfte Menschenbild in seinen historischen Dimensionen verstehen will, muss sich mit der griechischen Literatur auseinandersetzen. Damit konnte Snell den Anspruch erheben, die Altphilologie in wesentlich grundsätzlicherer Art neu legitimiert zu haben, als es Jaegers ‚Dritter Humanismus' zu leisten vermochte.

Freilich war der Weg für Snell noch beschwerlich. Zwar war in Göttingen der Philosoph Georg Misch (Diltheys Schwiegersohn und Verfasser einer noch immer berühmten mehrbändigen *Geschichte der Autobiographie*) bereit, die Dissertation anzunehmen. Doch Snell saß nun ‚zwischen den Stühlen': Für die Philologie war er zu philosophisch, für die Philosophie zu philologisch. Ein Lichtblick war es da, dass kein geringerer als der greise Ulrich von Wilamowitz-Moellendorff, den Snell in Berlin aufsuchte, gern bereit war, die Dissertation in einer von ihm herausgegebenen Reihe zu drucken.

Snell absolvierte das Referendariat für die Fächer Latein, Griechisch und Englisch (1923/24), unterrichtete als Lektor Deutsch an der Scuola Normale Superiore in Pisa (1924/25) und wurde schließlich Lehrer am Matthias-Claudius-Gymnasium in Wandsbek. Den Kontakt zur Universität versuchte er als nebenamtlicher ‚wissenschaftlicher Hilfsarbeiter' am Seminar für Klassische Philologie zu halten, wo ihm 1925 der Gräzist Rudolf Pfeiffer die Habilitation mit einem Buch ermöglichte, in dem Snell sein Konzept der frühgriechischen Geistesgeschichte weiter ausbaute. In *Aischylos und das Handeln im Drama* (1928 publiziert) stellte er die These auf, dass den in Epos und Lyrik der Archaik dargestellten Menschen niemals bewusst sei, dass sie Entscheidungen treffen. Statt eines solchen Bewusstseins finde sich ein von außen, also etwa von den Göttern, gegebener Anstoß zu einer bestimmten Option, die etwa ein Achill oder Agamemnon bei Homer verfolgt. Erst mit der Tragödie und hier zunächst mit den Stücken des Aischylos ändere sich dies: denn dort werden regelrechte ‚Entscheidungsszenen' entworfen, in denen ein Mensch vor zwei für ihn gleich furchtbare Möglichkeiten des Handelns gestellt sei. Snell führt dies in einer immer noch eindrucksvollen Interpretation der *Hiketiden* des Aischylos exemplarisch vor, in denen in einer Schlüsselszene der argivische König Pelasgos vor die Wahl gestellt ist, Flüchtlinge aufzunehmen und einen Krieg mit deren Verfolgern zu riskieren oder sie abzuweisen und sich den Zorn der Götter zuzuziehen. Dieses Buch hat seit seinem Erscheinen heftige Kritik in der Klassischen Philologie hervorgerufen, zumal etwa im homerischen Epos in zahllosen Szenen de facto-Entscheidungen fallen. Der homerische Mensch entscheidet sich also pausenlos, dennoch soll er nichts von seiner Fähigkeit hierzu wissen? Unabweislich bleibt freilich Snells philologische Beobachtung, dass die griechische Sprache zunächst kein Wort für ‚Entscheidung' besitzt und dass erst mit der griechischen Tragödie, in der immer wieder explizit „Was soll ich tun?" gefragt wird, der Blick auf den inneren Menschen in Entscheidungssituationen gelenkt wird. Hinzu kommt, dass Snell nicht nur ein genauer Beobachter der Sprache war, sondern mit ihr selbst in bemerkenswerter Weise umzugehen verstand. So gewinnt das Aischylos-Buch an persuasiver Kraft durch die Mühelosigkeit und Eleganz, die Pathos und Jargon ohne Verlust an Präzision vermeidet, mit denen Snell seine Beobachtungen und Thesen formuliert. Die Lektüre, und dies zeichnet fortan alle seine Texte aus, wird zu einem auch literarischen Erlebnis.

Wenn man also in Snell einen zwar außerhalb der Traditionen der Fachphilologie stehenden jungen Privatdozenten sehen konnte, der jedoch seine Gegenstände in einer großen Perspektivierung auf die europäische Geistesgeschichte zu lesen verstand und zudem ein brillanter Stilist war, ist die ‚merkwürdige' Entscheidung der Hamburger Fakultät 1931, der Gelehrte von Format wie Ernst Cassirer und Erwin Panofsky angehörten, am Ende recht plausibel.

Vom aufrechten Gang in dunklen Zeiten

Nur vier Semester blieben dem jungen Ordinarius Snell, um sich seinen wissenschaftlichen Zielen ungestört widmen zu können. Neben dem weiteren Ausbau seines Konzepts einer frühgriechischen Geistesgeschichte wandte er sich dem philologischen ‚Kerngeschäft' zu, der Erschließung und Edition griechischer

Texte. Er arbeitete sich in die Papyrologie ein und edierte für die Reihe *Bibliotheca Teubneriana* den griechischen Lyriker Bakchylides neu, der durch Papyrusfunde des 19. Jahrhunderts bekannt geworden war.

Als diese Ausgabe 1934 erschien und Snell sich weiteren Editionsprojekten hätte zuwenden können, hatten sich Hamburg und seine Universität bereits dramatisch verändert. Die nationalsozialistische Diktatur war in die akademische Welt ‚eingebrochen'. Bereits mit dem Sommersemester 1933 verlor Snells Fakultät unter anderem ihre Koryphäen Cassirer und Panofsky. Ihre Struktur wurde verändert: Der Lehrstuhl für Philosophie, den Cassirer innegehabt hatte, wurde für Rassenkunde, der für Kunstgeschichte für Kolonial- und Überseegeschichte ausgewiesen. Snell gehörte zu den wenigen, die den schleichenden Weg in die Tyrannei nicht einfach akzeptierten. Ein Schüler Snells hat dessen Haltung mit dem Satz zusammengefasst: „Er hat uns gezeigt, wie man in dunkler Zeit aufrecht geht." Snell protestierte – erfolglos – beim neuen, von den Nazis eingesetzten Rektor der Universität. Er lud oppositionelle Gesinnungsgenossen zu Treffen in seine Wohnung ein, er unterstützte Verfolgte des Regimes, wo er konnte. So versteckte er den Maler Kurt Löwengard für mehrere Tage nach der ‚Reichspogromnacht' 1938, half 1939 dem jüdischen Altphilologen Paul Maas bei der Ausreise nach England oder sorgte in den letzten Kriegsjahren dafür, dass der von der Deportation bedrohte jüdische Altphilologe Kurt Latte mit seiner kranken Mutter ein sicheres Versteck fand. Im Seminar für Klassische Philologie sorgte er für geistige Freiräume, die Regime-ferne junge Wissenschaftler anzogen. Diesen eröffnete Snell Zukunftsperspektiven, indem er ihre Habilitation ermöglichte: Wolf-Hartmut Friedrich (später Ordinarius in Göttingen) gelang dies 1938, Wolfgang Schmid (später Ordinarius in Bonn) 1942 oder Uvo Hölscher (später Ordinarius in Berlin, Heidelberg und München) 1944. Nimmt man die Assistenten dieser Jahre hinzu, also etwa zunächst Kurt von Fritz und Hans Diller, sodann Friedrich Mehmel oder Ernst Siegmann, ferner Doktoranden wie Hartmut Erbse, so ergibt sich eine Liste, die das ‚Who is who' der späteren bundesdeutschen Altphilologie repräsentiert und eindrucksvoll Snells intellektuelle Präsenz zeigt.

Hierbei scheint er auch Risiken nicht gescheut zu haben. So gab er einem ratsuchenden Studenten der Germanistik, der sich 1941 erkundigen wollte, ob es noch sinnvoll sei, die alten Sprachen zu studieren, eine positive Auskunft: „Allerdings unter der Voraussetzung, daß wir den Krieg verlieren. Aber das werden wir ja." Der Student, Walter Jens, war erstaunt über die Offenheit des Professors, dem er zuvor noch nie begegnet war. Doch Snell erklärte: „Sie haben beim Eintreten ‚Guten Tag' gesagt." – er hatte also aus dem unterbliebenen Hitlergruß auf die

Haltung von Jens geschlossen. So gewann Snell Jens für die Klassische Philologie.

Bereits 1935 hatte ein kleiner Aufsatz Snells international für Aufsehen gesorgt: In der Fachzeitschrift *Hermes* publizierte er einen kurzen Beitrag zum sog. Eselsroman des Apuleius, in dem er einige Textstellen erläuterte und dabei darauf hinwies, dass nach griechischer Auffassung der Eselsruf „nein" (griech. *Ouchi*) bedeute. Dann fügt Snell an: „[...] während kurioserweise die deutschen Esel gerade umgekehrt immer nur ‚ja' sagen." Für den zeitgenössischen Leser im In- und Ausland war damit auf die Propaganda der Nazis für eine Volksabstimmung 1934 angespielt, bei der auf Plakaten zu lesen war: „Ein ganzes Volk sagt zum 19. August: JA".

Aus der bis dahin eher bedeutungslosen Hamburger Sektion der ‚Deutsch-Griechischen Gesellschaft' machte Snell als Vorsitzender von 1938 an ein geistiges Zentrum für Regime-Gegner und die ostentativ gegenwartsfernen Vortragsreihen verwiesen mit ihren auf die geistige Tradition Europas ausgerichteten Themen implizit auf den Ungeist der Gegenwart. Snell gelang sogar das Kunststück, einen Vortragszyklus, der 1943 anlässlich des 25jährigen Bestehens der Gesellschaft durchgeführt wurde, Ende 1944 zum Druck zu bringen, als wissenschaftliche Buchproduktion sonst unmöglich geworden war. Der Band erschien im Februar 1945 unter dem Titel *Antike und Abendland* (hieraus sollte von 1946 an eine von Snell begründete Zeitschrift gleichen Namens werden) und im auf Dezember 1944 datierten Vorwort scheint verhalten auf, welche Bedeutung die Vorträge im Jahr der Zerstörung großer Teile Hamburgs durch englische Luftangriffe (im Rahmen der sog. Unternehmung „Gomorrha" im Juli/August 1943) für die Zuhörer haben mochten: „In dem schwersten Jahr, das Hamburg erlebt hat, fanden diese Vorträge bei den zahlreichen Hörern ein so freundliches Echo, daß wir hoffen, sie werden auch im weiteren Kreis auf einiges Interesse treffen."

Auch Snell selbst hatte der Krieg getroffen: Er war ausgebombt worden und hatte seine Bibliothek verloren. Als im Dezember 1943 Luftangriffe Leipzig trafen, wurde auch der Verlag Teubner zerstört und eine kurz vor der Auslieferung stehende Ausgabe des griechischen Lyrikers Pindar, die Snell besorgt hatte, verbrannte (erst 1953 würde sie erneut erscheinen können). Dass Snell dennoch an wissenschaftliche Weiterarbeit dachte, bleibt erstaunlich, erstaunlich auch die Wege, die er dabei beschritt. Als sich Ende 1944 Gerüchte verbreiteten, die Engländer würden die Universität Hamburg schließen und nur Forschungsinstitute sollten weiterbestehen, gründete Snell kurzerhand ein Forschungsinstitut, das „Archiv für griechische Lexikographie", um damit eine Weiterbeschäftigung von Mitarbeitern und einen Fortgang der Altertumswissenschaft in Hamburg zu ermöglichen. Einen offiziellen Antrag an die Universität richtete er am 9. Februar, die Genehmigung erfolgte am 3. April 1945. Der Weg in eine wissenschaftliche Zukunft nach der Nazi-Zeit war geöffnet.

Der Wiederaufbau

Britische Truppen besetzten am 3. Mai Hamburg. Die bisherige Universitätsleitung wurde abgelöst, der Anglist Emil Wolff neuer Rektor und Snell Dekan der philosophischen Fakultät. Seine Haltung während der Nazi-Zeit, aber auch der Umstand, dass er im Gegensatz zu anderen deutschen Professoren fließend Englisch sprach, machten ihn zu einer wichtigen Figur für die britische Besatzungsmacht, die den Kontakt mit ihm suchte. So wuchs Snell großer Einfluss bei den Überlegungen zu Reformen des Bildungswesens in der britischen Besatzungszone zu. 1946 nahm er an den Marburger Hochschulgesprächen teil, die einem ersten Gedankenaustausch zwischen deutschen und ausländischen Hochschullehrern dienten. Snell referierte dabei in einem Panel gemeinsam mit Rudolf Bultmann über „Hochschule, Antike und Christentum". Ferner berief man Snell in den Studienausschuss für Hochschulreform, der 1948 das „Gutachten zur Hochschulreform" vorlegte, das zwar nicht umgesetzt wurde, doch wichtige Impulse für die gesamte westdeutsche Hochschulentwicklung der folgenden Jahrzehnte gab. Dieses sog. ‚Blaue Gutachten' unternahm den Versuch einer gedanklichen Neubegründung der Universität vor dem Hintergrund der Nazi-Zeit. Es formuliert hierbei eine Reihe von Gedanken und Positionen zu den Aufgaben von Hochschulen, die in der heutigen Zeit – die die Universitäten von immer neuen Reformwellen überflutet sieht – neue Lektüre verdienen könnten. So heißt es etwa: „Wir setzen uns von denjenigen Auffassungen ab, für welche nicht der Mensch, sondern die Forschung an der Spitze steht. Wir glauben, daß Hochschulbetrieb nur soweit gerechtfertigt ist, als er Dienst am Menschen bleibt." Dieser Dienst am Menschen führt, so das Gutachten, zu einem allgemeinen Bildungsauftrag der Universität. In den frühen 50er Jahren arbeitete Snell als Mitglied des sog. ‚Hofgeismarer Kreises' an konkreteren Reformvorschlägen zu einer Neugliederung des Lehrkörpers mit.

Ein Ziel der Reformpapiere bestand darin, in der Universität den Gedanken einer ‚Ganzheit der Welt' grundsätzlich zu verankern und hieraus auch eine Verantwortung der Wissenschaft für die Gesellschaft und die Politik abzuleiten

– hier lag für Snell ein großes Versagen von 1933. Dementsprechend heißt es im ‚Blauen Gutachten': „Die Universität beruht auf dem Glauben, daß der Mensch und die Welt, in der er lebt, eine Ganzheit sei. Dieser Glaube ist nicht beweisbar, sein Ende aber wäre das Ende unserer bisherigen Kultur." Eine solche ‚Ganzheit' erstreckt sich natürlich auch auf die Wissenschaft selbst und hier setzte die Gründung der „Joachim-Jungius-Gesellschaft der Wissenschaften" 1947 an, die Snell zu ihren Initiatoren zählte. Ziel dieser Gesellschaft (sie ist 2006 in der „Akademie der Wissenschaften in Hamburg" aufgegangen) war es explizit, den Dialog zwischen Natur- und Geisteswissenschaften zu fördern.

Für die Jahre 1951/52 und 1952/53 wählte die Universität Snell zu ihrem Rektor. Nun stand er zusätzlich vor der Aufgabe, den Auf- und Ausbau der Universität auch durch neue Gebäude zu planen und umzusetzen; von ihm ging die Initiative zur Gründung des Europa-Kollegs aus (1955), einer Einrichtung, die Studierende aus Europa zusammenführen und so einen Beitrag zur Integration leisten sollte. Snell hat sich als Protektor dieses Kollegs in ideeller wie praktischer Hinsicht große Verdienste erworben. Nimmt man hinzu, dass Snell 1952/53 auch Präsident der Deutschen Akademie für Sprache und Dichtung war, so ist das Ausmaß des von ihm Geleisteten staunenswert, zumal er zusätzlich großes Engagement auch für die Reorganisation der Altertumswissenschaften in Deutschland aufbrachte. Auf sein Betreiben traf sich 1949 eine Gruppe von Klassischen Philologen in Hinterzarten und beschloss die Gründung eines eigenen Fachverbandes, der Mommsen-Gesellschaft, deren erster Vorsitzender Snell von 1950 bis 1954 war. Snell sorgte ferner für die Fortsetzung der vom Krieg unterbrochenen Fachzeitschriften *Philologus* und *Glotta*, er war Mitbegründer neuer wissenschaftlicher Reihen: der *Studienhefte zur Altertumswissenschaft* und der *Hypomnemata*. *Antike und Abendland* baute er von 1946 an zu einer Zeitschrift aus. Zudem gingen auf seine Initiative aus dem von ihm begründeten *Archiv für griechische Lexikographie* zwei große Projekte hervor: das *Lexikon des frühgriechischen Epos* und der *Index Hippocraticus*: das Lexikon stellt den Wortschatz des Anfangs der griechischen Literatur überhaupt bereit, der Index den Wortschatz des ersten wissenschaftlich zu nennenden Corpus der griechischen Literatur. Diese beiden Projekte (und gestützt auf eine umsichtige Sorge Snells um die Finanzierung) boten in den 50er und 60er Jahren vielen jungen Altphilologinnen und Altphilologen nicht nur aus Deutschland, sondern aus ganz Europa und Amerika, die Möglichkeit, in Hamburg erste wissenschaftliche Schritte in der Lexikographie zu unternehmen.

Doch Snells Arbeit ging nicht in seinen administrativen Leistungen auf. Er forschte und publizierte weiterhin mit hoher Intensität. 1946 erschien sein wohl berühmtestes Buch, *Die Entdeckung des Geistes*, mit dem Snell eine Reihe von Aufsätzen und Essays vorlegte, die die Genese des europäischen Denkens in der griechischen Literatur in einzelnen Stationen nachzeichneten. Dieses Buch hat in vier Auflagen (1946, 1948, 1955, 1975 – es wird noch immer nachgedruckt) immer wieder Umgestaltungen erlebt und ist in viele Sprachen (u. a. ins Japanische) übersetzt worden. Snell schreitet in ihm einen weiten Horizont ab, der sich vom homerischen Menschenbild (das nach Snell aufregend fremd erscheint, da bei Homer der Mensch nicht ganzheitlich, sondern als Summe seiner Teile gedacht werde) bis hin zur Trennung von Theorie und Praxis in der griechischen Kultur erstreckt. Doch es war nicht nur dieses Werk, das ihm 1969 den „Sigmund-Freud-Preis für wissenschaftliche Prosa" eintrug, es war nicht minder das Büchlein *Neun Tage Latein* (1955, seither viele Nachdrucke), in dem Snell Radiovorträge, in denen er für ein weiteres Publikum die Bedeutung des Latein und der lateinischen Literatur erläuterte, zum Druck brachte. Hinzu kam die *Griechische Metrik* (1955, immer wieder erweitert bis zur 4. Auflage 1982), in der Snell in prägnanter Kürze und Klarheit die vielfältigen metrischen Formen der griechischen Poesie erklärte, ferner das Buch *Der Aufbau der Sprache* (1952, 3. Aufl. 1966), in dem Snell seine Auffassung von drei Grundfunktionen der Sprache: Darstellung, Ausdruck und Intentionalität, explizierte, oder Bücher wie *Die alten Griechen und wir* (1962), ein Plädoyer für einen an der griechischen Literatur und Kultur orientierten Humanismus, *Dichtung und Gesellschaft* (1965), ein Versuch, die Wirkung der in der griechischen Poesie entworfenen Bilder vom Menschen in der griechischen sozialen Wirklichkeit nachzuzeichnen.

1959 ließ sich Snell vorzeitig emeritieren, um sich einem veritablen Großprojekt widmen zu können, der Edition der Fragmente der griechischen Tragiker. Dieses Vorhaben begleitete ihn bereits seit den 30er Jahren, als er aus Papyrus-Fragmenten eine Rekonstruktion der verlorenen Tragödie *Alexandros* des Euripides erarbeitete (1937). Snell gliederte das Großprojekt in fünf Teile, die sog. *Kleinen Tragiker*, die anonym überlieferten Fragmente („Adespota", ‚herrenlose Fragmente'), sowie die Fragmente des Aischylos, Sophokles und Euripides. Die ‚Kleinen Tragiker' edierte er selbst (1971, 2. Aufl. 1986), Aischylos und Sophokles legte der holländische Gräzist Stefan Radt vor (er war von 1958 bis 1960 Mitarbeiter des Homer-Lexikons gewesen), Euripides Richard Kannicht (ein Schüler des Snell-Schülers Ernst Siegmann). Die Adespota teilte sich Snell mit Kannicht. Man darf diese Gesamtausgabe der Tragikerfragmente (Richard Kannichts Euripides-Edition schloss sie 2004 ab) als eine der großen Leistung der Klassischen Philologie der letzten 100 Jahre ansehen, und sie trägt deutlich Snells Namen und Handschrift.

Snell hat zahlreiche Ehrungen erhalten: die meisten europäischen Akademien machten ihn zum Mitglied, er erhielt zahlreiche Ehrendoktorwürden und wurde zu prestigeträchtigen Gastprofessuren nach England und Amerika eingeladen, man wählte ihn in den Orden Pour le mérite, er erhielt viele Preise. Er war wahrscheinlich der am meisten ausgezeichnete und bewunderte Philologe seiner Zeit.

Freilich gilt auch: Viele der Thesen Snells sind immer wieder kritisiert worden, manche seiner Vorhaben entwickelten sich anders, als er geplant hatte. So veränderte sich etwa das Lexikon des frühgriechischen Epos in seiner Anlage, als nach einem – freilich monumentalen – ersten Band allein zum Buchstaben Alpha zu erkennen war, dass Snells Konzeption mehr als 100 Jahre Bearbeitungszeit erfordern würde. Auch wird man heute Snells *Entdeckung des Geistes* mit der starken Orientierung an Hegel und Dilthey nicht mehr in seinem großen Ansatz für adäquat halten. Doch bleiben seine Editionen, seine brillanten Essays und nicht zuletzt sein Einsatz gegen die Nazi-Barbarei und für einen geistigen Wiederaufbau nach 1945 ein wissenschaftlicher und auch moralischer Schatz. Snell war, in der heutigen Terminologie, ein Leuchtturm der Universität Hamburg.

Bibliographische Notiz

Dieser Beitrag stützt sich insbesondere auf folgende Nachrufe und Würdigungen Bruno Snells:

H. Erbse, „Bruno Snell", Gnomon 59 (1987) 770–775. W. Bühler, „Bruno Snell", *Jahrbuch der Akademie der Wissenschaften in Göttingen* (1989) 109–116. E. Vogt, „Bruno Snell", *Jahrbuch der Bayerischen Akademie der Wissenschaften* (1989) 198–202. G. Lohse, „Bruno Snell 1896–1986", *Hamburgische Lebensbilder in Darstellungen und Selbstzeugnissen*, Bd. 8, Hamburg 1994, 43–74. *Zum Gedenken an Bruno Snell* (1896–1986). *Ansprachen auf der Akademischen Gedenkfeier am 30. Januar 1987.* Hamburg 1988 (Hamburger Universitätsreden Bd. 46).

Ein – nicht vollständiges – Schriftenverzeichnis Snells bis 1966 findet sich in B. Snell, *Gesammelte Schriften*, Göttingen 1966, 213–225. Zum wissenschaftlichen Werk Snells siehe G. Lohse, „Geistesgeschichte und Politik. Bruno Snell als Mittler zwischen Wissenschaft und Gesellschaft", *Antike und Abendland* 43 (1997) 1–20. W. Burkert, „Mikroskopie der Geistesgeschichte. Bruno Snells ‚Entdeckung des Geistes' im kritischen Rückblick", *Philologus* 148 (2004) 168–182.

Instruktiv ist ferner G. Lohse, „Klassische Philologie und Zeitgeschehen. Zur Geschichte eines Seminars an der Hamburger Universität in der Zeit des Nationalsozialismus", in E. Krause, L. Huber, H. Fischer (Hrsg.), *Hochschulalltag im „Dritten Reich". Die Hamburger Universität 1933–1945*. Teil II, Berlin/Hamburg 1991, 775–826.

Einige Informationen verdankt der Verfasser Prof. Dr. Klaus Alpers (Hamburg/Lüneburg) sowie den Festreden von Stefan Radt und Hartmut Erbse, die auf einer Feier anlässlich des 100. Geburtstages von Bruno Snell 1996 an der Universität Hamburg gehalten worden, jedoch ungedruckt geblieben sind.

Der Großprahler ist wie ein gemaltes Schwert;
Beide können nicht gebraucht werden.

Und doch werden beid' oft in vergoldeten Rahmen gefaßt.

Quelle: Matthias Claudius, *Denksprüche alter Weisen, mit meinen Randglossen*, in: Matthias Claudius, Sämtliche Werke, hrsg. Von Hannsludwig Geiger . Wiesbaden o.J.: Emil Vollmer, S. 79–80.

Wolfgang Beutin

„... und danach war nichts mehr wie zuvor"

Der Hamburger Historiker Fritz Fischer (1908–1999)

1. Fischer als Hochschullehrer

Ehe ich im April 1953 zum Studium nach Hamburg kam, lud mich mein Onkel, der Historiker Ludwig Beutin, Professor in Köln, zu einem Gespräch ein. Dessen Zweck war es, mir, dem gerade Neunzehnjährigen, eine kleine Einführung in die Hamburger Universität zu geben, an der er selber ungefähr ein Jahrzehnt lang eine Außerordentliche Professur wahrgenommen hatte. Vor allem auch, mir seine persönlichen Eindrücke über den Lehrkörper zu vermitteln, den ich in den zwei Fächern meiner Wahl – Germanistik und Geschichte – vorfinden würde. Bei dieser Gelegenheit hörte ich zum ersten Mal den Namen Fritz Fischer, eines von ihm hochgeschätzten Kollegen. Über dessen Lebensweg wusste er eine Merkwürdigkeit zu berichten: Dieser sei bei Kriegsende das Opfer einer Maßnahme der Alliierten geworden. Auf der Suche nach Kriegsverbrechern hätten sie nach einem deutschen Offizier, Fritz Fischer, gefahndet und vorsorglich mehrere Träger dieses Namens interniert, um unter ihnen den Täter herauszufinden. Doch der Hamburger Kollege erwies sich endlich als unschuldig.

Neben zwei Germanistikprofessoren war es der Historiker Fischer, von dem ich während meines Studiums in Hamburg die stärksten Impulse empfing. Es gab sonst keinen ähnlich anregenden Hochschullehrer im Fach Geschichte. Keiner von seinen Studierenden wusste, dass er einige Jahre später die nach ihm benannte ‚Fischer-Kontroverse' initiieren und als Autor Berühmtheit erlangen würde. Vom Wintersemester 1953/54 bis zum Wintersemester 1957/58 belegte ich bei dem Historiker an Vorlesungen und Seminaren: Renaissance und Reformation, Europäische Geschichte im Zeitalter der Gegenreformation, Das Zeitalter Bismarcks, Probleme des Ersten Weltkriegs 1918/19, Die Weimarer Republik, Vorgeschichte des Zweiten Weltkriegs. Das Weiterwirken der in den genannten Lehrveranstaltungen empfangenen Anregungen belegen einige meiner eigenen Veröffentlichungen aus späterer Zeit.[1]

Doch zogen mich nicht nur die Themen in Fischers Lehrprogramm an, sondern gleichermaßen seine lebhafte Unterrichtspraxis. Frisch und energiegeladen stand er bei Vorlesungen im Hörsaal, deutlich artikulierend, dabei im raschesten Tempo sprechend, im Seminar den Teilnehmerinnen und Teilnehmern die prompte Erfüllung der ihnen gestellten Aufgaben abverlangend. So etwa, wenn er eine weltpolitische Situation in einem bestimmten Jahr, sagen wir 1905, umrissen haben wollte, mit Hervorhebung des „point of view" jeder einzelnen Nation. Er zeigte dann rasch hintereinander auf acht, neun, zehn von uns, seine Geste mit einem Stichwort begleitend, und die aufgeforderten Studierenden mussten die jeweilige Position skizzieren: „England 1905", „Frankreich desgleichen", „Deutschland, Rußland, Österreich, Japan, China, USA ..." (Wusste man nichts, wie gern hätte man sich weggeduckt!)

Später gab es mit Fritz Fischer nur noch sporadische Begegnungen. Um einige zu erwähnen: Nach dem Erscheinen seines Hauptwerks *Griff nach der Weltmacht* (1961) setzten einige überregionale Zeitungen eine förmliche Kampagne gegen den Historiker in Gang, darunter DIE WELT (Hamburg). Es amüsierte mich, als ich eines Tages in einem Kommentar des damaligen Chefredakteurs, Hans Zehrer, den Hinweis auf Fischers Buch fand, verbunden mit Zitierung der studentischen *underground*-Zeitschrift LYNX (Hamburg, erschienen 1960–1967, redigiert von mir), wobei der Kommentator den Professor und die LYNX-Mitarbeiter in einem Begriff zusammenfasste: „die rote Intelligentsia von Hamburg"; aus der Schreibweise mit „ts" sollte die Leserschaft auf Russland-Hörigkeit schließen. In der kurzen Periode der ‚Außerparlamentarischen Opposition' und während der ‚Studentenbewegung' beteiligte ich mich an einer vom Hamburger AStA ins Leben gerufenen Institution, genannt ‚Gegenhochschule', mit diversen Vorlesungen (zweistündig!), in denen ich kritische Professorenporträts entwarf. Eins davon widmete ich dem Historiker Golo Mann. Während ich über diesen vortrug, saß vor mir in der ersten Reihe des Hörsaals Fritz Fischer, wodurch ich mich verständlicherweise sehr geehrt fühlte. Als ich über ihn selber las, ebenfalls zweistündig, blieb er aus.[2]

Zum letzten Mal sah ich ihn Jahrzehnte danach an seinem 90. Geburtstag. Die Universität Hamburg bereitete ihm eine Feier in einem der größten Hörsäle des ‚Philosophenturms'. Dem Gefeierten, sichtlich bewegten, verursachte das Sprechen Schwierigkeiten. Die Feier leitete der in der Geschichtswissenschaft selber sehr renommierte, in Hamburg beliebte Fischer-Schüler Peter Borowsky (geb. 1938). 1999 starb Fischer. In der FAZ (3. 12. 1999) erläuterte in einem Nachruf Michael Jeismann: „Um das Beben zu verstehen", das Fischer mit seinem Hauptwerk auslöste, „muß man sich vor Augen halten, wie fest verankert in der Bevölkerung – nicht nur Deutschlands – die Auffassung war, daß die europäischen Nationen in den Ersten Weltkrieg ‚hineingeschlittert' waren, so die Worte des englischen Außenministers Edward Grey." – „Da erschien Fritz Fischers ‚Griff nach der Weltmacht', und danach war nichts mehr wie zuvor."

2. Wellen der Polemik gegen Fischer

Gegen den Verfasser brach 1961 die erwähnte Kampagne los, munitioniert insbesondere von der konventionellen Geschichtswissenschaft in der Bundesrepublik. Kürzlich (September 2014) ließ Otto Köhler noch einmal Revue passieren, was damals gegen Fischer vorgetragen worden war: er habe die „aufgewärmte Kriegsschuldlüge der Alliierten" abermals aufgetischt (Michael Freund, FAZ); sein Werk wäre „Landesverrat" (Percy Ernst Schramm), eine „nationale Katastrophe" (Theodor Schieder). Gerhard Ritter warf dem Hamburger Historiker „Flagellantentum" vor, er zersetze den Wehrwillen der deutschen Jugend. Jeismann notiert, derselbe Ritter habe auch beim Außenminister der Bundesrepublik interveniert, „um eine Reise Fischers in die Vereinigten Staaten zu verhindern". Kollegial? In der Kampagne bewährte sich neuerlich ein altgedienter NS-Schlagetot, der ehemalige Experte im Amt Rosenberg bei der „Bekämpfung der jüdischen Weltgefahr", Erwin Hölzle[3].

Eine zweite Welle kritischer Beiträge über Fischer, die nunmehr vehement auf seine Persönlichkeit zielten, entwickelte sich nach seinem Tode, als nämlich Forschungen in seinem Nachlass und die Untersuchung von Archivalien politisch Belastendes aus seiner Vergangenheit zutage förderten. Er hatte in der Weimarzeit der völkischen Jugendbewegung angehört, sich in rechtsradikalen Freikorps getummelt. 1933 trat er in die SA ein, 1937 in die NSDAP. Er neigte zu den ‚Deutschen Christen' und schreckte auch nicht davor zurück, antisemitische Auffassungen zu popularisieren. Anzunehmen ist, dass er seine – zunächst Außerordentliche – Professur in Hamburg (dort Hochschullehrer bis zu seiner Emeritierung, 1973) mit Protektion durch einen führenden NS-Politiker erlangte. Volker Ullrich listete diese Details auf und resümierte: „dass Fischer, wie die meisten anderen, um seiner akademischen Karriere willen bereit war, sich sehr weit auf den Nationalsozialismus und seine Ideologien einzulassen"[4].

2011 veröffentlichte Rainer Nicolaysen eine Untersuchung über Fischer, worin er der Frage nachging: „Rebell wider Willen?" In der Tat bietet Fischers Lebensweg eine Problematik ernsthaftester Art: Wie konnte sich aus dem bis fast zu seiner Lebensmitte angepassten Akademiker der Gelehrte entwickeln, in dessen Werk die Erforschung des deutschen Anteils an der „Urkatastrophe des Jahrhunderts" (G. F. Kennan) das Zentrum bildet? Und hätte der Historiker vielleicht aus dem Übereifer, eine als belastend empfundene ‚Schuld' zu kaschieren, die ‚Schuld' Deutschlands an der Herbeiführung des 1. Weltkriegs übersteigernd behauptet? Oder mit anderer Akzentuierung: Würde sich bestätigen lassen, dass die Konversion eines Gelehrten – vom weit rechts angesiedelten Nationalisten und sogar Nationalsozialisten – hin zu einem unerbittlichen Aufklärer und „Rebellen" gegen altes Denken und eingewurzelte Geschichtslegenden jederzeit möglich ist? Wie würde die Psychologie eine solche Kehrtwendung einschätzen? Nicolaysen reflektiert über die Spannung in Fischers Leben zwischen NS-Aktivitäten und „kompromißlos-aufklärerischer (Forschungs-)Tätigkeit nach 1945". Für Fischers Leistung nach dem Kriege macht er geltend: „Wie kaum ein zweiter Historiker in der jungen Bundesrepublik hat sich Fritz Fischer in den 1950er und 1960er Jahren um die Revision des deutschen Geschichtsbildes bemüht." Er habe sich „nach 1945 geradezu programmatisch zum Umstürzler der Zunft" entwickelt.[5] Wer sich heutzutage selber als Wissenschaftler in der Tradition der Aufklärung versteht, würde vermutlich sehr wohl einräumen, dass es menschenmöglich sei, sich vom Anhänger einer widervernünftigen Ideologie zu einem wirkungsmächtigen Förderer einer aufgeklärten Gedankenwelt umzuformen.

Die entscheidende Frage dürfte lauten: Diente Fischers Autorschaft nach 1945 lediglich der eigenen angestrengten Gewissensentlastung, in einem Ausmaße, dass er zu diesem Zweck Geschichte entstellt hätte, nachweislich die deutsche ‚Kriegsschuld' übertreibend? Oder hat er nach 1945 bei sich einen durchgreifenden Prozess des Umdenkens vollzogen und sich in seinen wissenschaftlichen Arbeiten seither als genuiner Aufklärer erwiesen? Im zweiten Fall hätte er, soweit dies beim wissenschaftlichen Forschen erreicht werden kann, mit Objektivität sich den Fakten der Geschichte gewidmet, der deutschen und der Weltgeschichte.

Gegenwärtig, im Jahre 2014, da die Medien, die Wissenschaftler und Festredner an den Beginn des 1. Weltkriegs erinnern, werden Fischers Forschungsergebnisse und -leistungen noch einmal auf den Prüfstand gestellt. „Prüfstand" ist dabei eine eher dezente Bezeichnung, denn allzu häufig wird dem Lesepublikum empfohlen, Fischers schriftstellerische Hinterlassenschaft auf sich beruhen zu lassen, um statt ihrer neuere Publikationen zu konsumieren. So fand der Kommentator einer norddeutschen Provinz-Zeitung für dies Ansinnen nach dem Erscheinen des Buchs *Die Schlafwandler* von Christopher Clark die ‚klassische' Formulierung:

„Das gleich dicke Buch des Hamburger Kollegen Fritz Fischer aus dem Jahr 1961, in dem Deutschland als Hauptangeklagter für den Krieg ausgemacht wird, kann damit aus den Regalen entfernt und entsorgt werden."[6]

3. Clarks Buch als Waffe gegen Fischer?

Der Geschichtsschreiber Clark hat einen Vorläufer – kannte er ihn? –: den Schriftsteller Bruno Brehm (1892-1974). Dieser veröffentlichte 1931/33 eine Roman-Trilogie, später zusammengefasst unter dem Titel: *Die Throne stürzen* (Neuauflage in der Reihe der dtv-Taschenbücher). Der 1. Band hieß anfangs noch: *Apis und Este*, mit dem Untertitel: *So fing es an*, und enthält vorwiegend Szenen aus dem Balkanland vor 1914 bis zum Attentat von Sarajewo, im Wechsel damit aus Österreich. (Apis war der Tarnname des serbischen Geheimdienstchefs. Este meint den österreichischen Thronfolger, Franz Ferdinand.) Von Serbien wollte Brehm so etwas wie den Eindruck einer von Blut dampfenden Räuberhöhle vermitteln, die an die Mordatmosphäre in Shakespeares Dramen mit Motiven aus den englischen Rosenkriegen (2. Hälfte 15. Jahrhundert) erinnert, und er wählte den Dichter Shakespeare sogar auch als Kronzeugen.

Mit derselben Intention – Serbien eine blutdampfende Räuberhöhle – verfasste Clark[7] die ersten siebzig Seiten seines Buchs, Überschrift: *Serbische Schreckgespenster* (S. 23–99; ein Zehntel seines Gesamttexts). Vorsätzlich rücke er Sarajewo und den Balkan, schreibt er, „wieder in den Mittelpunkt der Geschichte" (S. 16). Er unterließ die Abwägung, ob hier wirklich das Zentrum der Entscheidungen lag und ob von Belgrad tatsächlich mehr als der Anlass zum Kriege geliefert wurde. Leidet nicht unter falscher Wahrnehmung, wer die „Schreckgespenster" in Belgrad hausen sieht, statt in den Hauptstädten einiger Großmächte? Clark meint auf den von den Mainstream-Medien der EU seit zwei Jahrzehnten gehässig verbreiteten Ruf der Serben und auf Gräuelmeldungen aus dem NATO-Krieg gegen die Bundesrepublik Jugoslawien setzen zu dürfen. Deutlich bezieht er sich mit Anspielungen in seinem Buch darauf. Und ganz naiv strengt er sich an, seiner Leserschaft die Machenschaften der Regierenden im Juli 1914 als unmittelbare Gegenwart von heute aufzuschwatzen: „Das vorliegende Buch setzt sich zum Ziel, die Julikrise von 1914 als ein modernes Ereignis zu verstehen ..." (S. 17) Die Aufgabe des Historikers besteht jedoch darin, zu erforschen „wie es gewesen ist", was seinen Verzicht auf überflüssige Aktualisierungen erfordert. Ein hundert Jahre zurückliegendes Ereignis ist nichts anderes als ein geschichtliches, nimmermehr ein „modernes". Im Falle Clarks bestand die Aktualisierung im Nachtreten; dem Verlierer von 1999 wollte er es ‚noch einmal so richtig geben'. Doch immer gilt ja noch Rosa Luxemburgs Feststellung aus dem Kriege 14/18: „Wenn irgendein Staat nach allen äußeren formalen Merkmalen das Recht der nationalen Verteidigung auf seiner Seite hat, so ist es Serbien."[8] Den Medien scheint genau das Serbien-*bashing* zuzusagen, wie denn der Rezensent in einem Kreisblatt, dem „Grafenauer Anzeiger", rühmte:

> ... eine ganz andere und durchaus faszinierende Perspektive. ... Die Hauptschuld für den Ausbruch des Krieges lastet er den Serben an. ... Clark erklärt eigentlich die Serben zu den wichtigsten Kriegstreibern, fast zu Schurken der Geschichte. ... Das ist meisterhaft, große Geschichtsschreibung, die einen hohen ästhetischen Genuss verspricht und auch verschafft.[9]

Die Wahrheit lautet: Clarks Buch ist keine Spur meisterhaft, noch vermittelt es irgendwo einen Hauch „großer Geschichtsschreibung". So stellte Stefanie van de Kerkhof fest, Clark

> ... betreibt aufwändig international vergleichende Diplomatie- und Politikgeschichte, die bewusst alle mittel- und langfristigen Ursachen des Krieges sowie wirtschaftliche Belange ignoriert. Clark konzentriert sich lediglich auf die politischen Vorgänge des Sommers 1914 und die serbische Nationalbewegung. Er vertritt mit diesem eingeschränkten und methodisch rückwärtsgewandten Ansatz die schon 1919 vom britischen Premier Lloyd George geäußerte These, dass die großen Mächte allesamt in den Krieg ‚hineinschlitterten'. ... Üblich wurde es nach Fischers Analyse von Kriegsschuldfrage und Kriegszielen zudem, die sozial- und wirtschaftshistorischen Aspekte und die Rolle der Funktionseliten nicht mehr zu vernachlässigen. In diesem Sinne stellt das Buch von Clark einen deutlichen Rückschritt gegenüber der Forschung der 1970/80er Jahre dar.[10]

Offenbar wird Clarks Buch allezeit an Fischers gemessen, wie auch Fischers Buch an Clarks. Mittlerweile erfährt Fischers von 1961 krasse Herabsetzungen, oder es wird – gegenteilig – doch wieder oder immer noch als das historiographische Nonplusultra der Geschichtsschreibung über den 1. Weltkrieg gerühmt. Vergleicht man seriös, sind die gravierenden Versäumnisse des jüngeren Verfassers unschwer ermittelbar. So zum Beispiel stellt er nicht die Verbindung der Entscheidungen deutscher Politiker mit den Hegemonialbestrebungen des Reichs her. Ersatzweise schuldigt er eine Geisteskrankheit an, das ist: „die kriegerische und imperialistische Paranoia der österreichischen und deutschen Politiker" (S. 716). Schlafwandler oder Paranoiker, sollte man wirklich bei diesem ‚Resultat neuerer Geschichtsforschung' stehen bleiben? Weithin versäumt er es, die Verantwortlichkeit handelnder Politiker zu erforschen – ihm reicht im Wesentlichen der Hinweis auf diejenige der Serben. Vielfach treten indessen anonyme Instanzen ein: „... die souveränen Strukturen, die in der Krise die Politik gestalteten ..." (S. 13). Strukturen, ja gewiss, sind es, in denen sich die Politiker wie alle Menschen auf dem Planeten bewegen, aber innerhalb ihrer wird die Politik denn doch entschieden von den Menschen gemacht. Ein Beispiel dafür, wie hilflos dieser Autor vor der zu behandelnden Problematik verharrt, ist sein Umgang mit dem vielleicht wichtigsten Text der ganzen Julikrise, dem österreichischen Ultimatum. Um die Bonität eines Texts zu ermitteln, darunter des wissenschaftlichen – also auch des historiographischen, des von Clark stammenden wie desjenigen von Fischer –, dürfen keineswegs die Details vernachlässigt werden. Dass, wer ein Urteil abgeben möchte, die großen Lineamente des Werks in Augenschein nehme, würde ohnehin vorauszusetzen sein. Abermals vergleichend: wie geht Clark mit den Details um, wie ging Fischer damit um?

Wider Erwarten beantwortete Belgrad das Ultimatum in der äußerst kurzen Frist, die ihm Österreich ließ. Nach Meinung des Kaisers Wilhelm, als er am 27. Juli davon erfuhr, eine „brillante Leistung" (der Serben!). Damit aber, so schlussfolgerte er, „fällt jeder Kriegsgrund fort". Österreich, befahl er daher dem Reichskanzler, solle nun von Berlin gewarnt werden, Serbien den Krieg zu erklären und in das Land einzumarschieren. Was geschah?

Bethmann Hollweg sandte zwar ein Telegramm an den deutschen Botschafter in Wien, „überging aber das entscheidende Beharren des Kaisers, dass es nunmehr keinen Kriegsgrund mehr gebe" (Clark, S. 669). Am 28. Juli erklärte Österreich Serbien den Krieg.

Die ganze Schwäche der Ausführungen des Autors liegt auf der Hand, wenn er des Reichskanzlers Handlungsweise wie folgt kommentiert: „Weshalb Bethmann Hollweg dies tat, ist immer noch schwer zu sagen." (Ebd.)

Bei Lichte besehen, ist es die Verweigerung einer Kommentierung. Und die Ursache dafür? Die auf der Hand liegende Deutung hätte die ganze (Fehl-)Konstruktion Clarks zum Einsturz gebracht.

Schwer zu sagen? Jedenfalls nicht unmöglich zu sagen. Fischer hatte es gesagt. Konnte Clark nicht bei diesem nachlesen?

Aber Fischer, dessen Forschungen über den Krieg die wichtigsten sind, die in Deutschland seit 1945 entstanden, ist bei Clark – der ausgerückt war, mit großem Getöse Fischers Ergebnisse zu eliminieren – wie oft herangezogen, paraphrasiert, zitiert? Ratet mal! – Er ist kaum existent; im Namenregister von Clarks Buch gerade einmal – *mit einer einzigen Stelle ...*

Fritz Fischer führte aus, dass Bethmann Hollweg zum eklatant kritischen Zeitpunkt, unmittelbar vor der Kriegserklärung, die Meinung seines obersten Chefs krass ins Gegenteil verfälschte, indem er in sein Telegramm an den Botschafter den Satz aufnahm: „Sie werden es dabei sorgfältig zu vermeiden haben, daß der Eindruck entsteht, als wünschten wir Österreich *zurückzuhalten*."[11] (86)

Fischer kommentierte:

„Dieser Zusatz vom 28. Juli verdeutlicht einmal die Motive des deutschen Handelns und zeigt zum anderen erneut, wie bewußt die Reichsleitung das Risiko eines Weltkriegs auf sich nahm." (Ebd.)

4. Fischers kleinere Schriften

Um ein begründetes Urteil über die Bedeutung von Fischers historiographischem Werk fällen zu können, erscheint es zweckmäßig, nicht einzig auf seinem Hauptwerk zu fußen. Im Folgenden streife ich deshalb drei seiner kleineren Schriften. Sie sämtlich demonstrieren die Vorzüge von Fischers historischem Forschen und Darstellen: die sorgfältige Heranziehung von allem erreichbaren Aktenmaterial, dessen genaue Interpretation sowie die verlässliche Kombinatorik des Autors.

1958 veröffentlichte er seine Analyse: *Das Verhältnis der USA zu Rußland von der Jahrhundertwende bis 1945.*[12] Damals gerade erreichte der ‚kalte Krieg' einen Höhepunkt. Die beiden genannten Länder waren die Protagonisten ihrer jeweiligen Militärblöcke. Insofern liefert der Verfasser eine Art Vorgeschichte des ‚kalten Kriegs'. Auch in diesem Text Fischers ist eines der übergeordneten Merkmale seiner historiographischen Schriften zu konstatieren: die niemals fehlende Berücksichtigung der Ökonomie. Zur „Auflösung der traditionellen Freundschaft der beiden Länder ... waren es neben ideell-moralischen Momenten vornehmlich wirtschaftliche und machtpolitische Faktoren, die diesen Wandel in den Beziehungen herbeiführten" (S. 301). Wie Fischer nachweist, zeigte sich bereits 1917 vor allem von seiten der Ententestaaten England und Frankreich das Verfahren, Russland „in Interessensphären" auswärtiger Mächte aufzuteilen (S. 312).[13] Fischer bezieht auch Deutschland und „deutsches Weltherrschaftsstreben" in die Betrachtung ein. In den USA wurde das destruktive Verhalten des Reichs zu den durch Russland „inaugurierten Haager Friedenskonferenzen (1899 und 1907) ... bitter getadelt". Die Reichspolitik etablierte sich in den Augen der US-Amerikaner als „Störenfried des Weltfriedens" (S. 305). Fischer beseitigt – so wie stets, wenn erforderlich – auch eine Legende, wonach Lenin ein ‚deutscher Agent' gewesen wäre: er nutzte die von der Reichsleitung seiner Gruppe gebotenen

„Möglichkeiten nur entschlossen für seine eigenen Ziele, und sein Sieg ist, nächst der Macht seiner Persönlichkeit, nur aus den spezifischen Bedingungen der Sozialstruktur wie der Parteientwicklung im Rußland vor und nach der Märzrevolution begreiflich“ (S. 311; die Märzrevolution: 1917). Das Versagen der Reichspolitik in Verkennung der politischen und militärischen Realitäten vor dem 1. Weltkrieg und in diesem habe sich im 2. Weltkrieg fortgesetzt, als Hitler „aus einer verhängnisvollen Unterschätzung der russischen Großmacht“ den Angriff auf diese unternahm (S. 337).

Von spezifischer Bedeutung ist die Schrift *Deutsche Kriegsziele* (zuerst 1959)[14], weil eine Art Avis des Hauptwerks. An ihrem Beginn stellt Fischer komprimiert vor, was sich ihm als Ergebnis aus einem zweijährigen Aktenstudium ergeben hat, und er nimmt damit die Grundlinie seines entstehenden Hauptwerks von 1961 vorweg:

> daß die traditionelle Gleichung von Kriegszielen und territorialen Annexionen im engsten Sinn unzureichend ist. Es handelt sich vielmehr um Ausbau und Sicherung einer deutschen Weltmachtstellung als Ertrag des mit so ungeheueren Opfern als Verteidigungskrieg – wie er vom Volk empfunden, von der Regierung feierlich proklamiert wurde – begonnenen Weltkriegs, wobei die überseeischen und Orientziele als Fortsetzung der seit 1890 im Zuge eines voll bejahten Imperialismus betriebenen ‚Weltpolitik‘ erscheinen. ... Hierbei vollzog sich freilich der Übergang vom Defensiv- zum Offensivgedanken und zu Forderungen, die, wenn durchgeführt, gerade das angestrebte Ziel des Dauerfriedens unmöglich machen mußten, da die *Weltmachtstellung*, wie sie sich aus der zusammenfassenden Schau aller Kriegsziele Deutschlands ergibt und auch wörtlich von der Reichsleitung vertreten wurde, die drei Ententemächte zur Abdankung als Großmächte gezwungen hätte. (S. 20 f.)

Aufschlussreich ist das Datum 1890; denn was das Kaiserreich nach der Entfernung Bismarcks vollzog, sei „ein tiefer Bruch mit der ‚Bismarckischen‘ Tradition der Außenpolitik und mit dem bisherigen Selbstverständnis des deutschen Staates ...“ (S. 22) Eine weitere primäre These, die sich ihm aus dem Aktenstudium ergab, veränderte die bisherige Auffassung des Verhältnisses zwischen Militärführung in Deutschland und Reichsleitung, wobei die letztgenannte zuvor viel weniger als treibende Kraft galt: hinsichtlich der Kriegsziele stimmten – „weit mehr als bisher angenommen – die zivile Reichsleitung, insonderheit Reichskanzler und Auswärtiges Amt“ grundsätzlich mit der Militärführung überein (S. 24). Und noch eine Übereinstimmung: mit der Politik des Kaisertums Österreich. Dessen Außenminister Berchtold ließ 1914 in Istanbul der türkischen Regierung eröffnen: „unser Hauptziel sei in diesem Kriege die nachhaltige

Schwächung Rußlands, weshalb wir auch im Falle unseres Sieges die Gründung eines unabhängigen ukrainischen Staatswesens begrüßen würden" (S. 27). Eben dasselbe erscheint in einem Memorandum Zimmermanns (Staatssekretärs in spe im deutschen Außenministerium): „*Gleichzeitig* müsse die Niederkämpfung Rußlands *jetzt* erfolgen, sonst müßte die Endabrechnung in einem zweiten Kriege wenige Jahre später erfolgen." (S. 35)[15] Ähnlich reflektierte der deutsche Botschafter in Wien, Graf von Wedel, 1918: bei einer Wiederaufrichtung Rußlands würden „unsere Nachfahren den zweiten punischen Krieg wahrscheinlich wieder gegen die englisch-russische Koalition durchzufechten haben" (S. 81), so als hätte der Graf den Feldzug von 1941 vorhergesehen. Der deutschen Reichspolitik erschien als „größere Lösung" die durch den Krieg zu realisierende „Dekomposition Rußlands" (in Form der Eroberung, Aufteilung und Ausbeutung). Sie wurde für möglich gehalten, weil in der Sicht deutscher Planer „dieses im 18. und 19. Jahrhundert durch die Zaren zusammengefügte Reich nur ein künstliches Gebilde war", von dem sie wähnten, dass es „mit der Schwächung und zuletzt dem Zusammenbruch der Zentralregierung wieder in seine nationalen Bestandteile zerfallen mußte" (S. 52 f.). Dabei setzte Berlin auch auf die baltischen Staaten, die man von Rußland abzureißen und künftig zu annektieren gedachte. Hierbei würde das Reich, wie Bethmann Hollweg sich ausdrückte, „diese als selbständige Staaten zu frisieren" haben (S. 51; das Verbum „frisieren" verräterisch!). Das Kriegsziel: Trennung der Ukraine von Russland und deren „Verselbständigung" glaubte die deutsche Regierung in Brest-Litowsk erreicht (64). Zu früh gefreut. Fischer schreibt: „Auf den Sturz des Zarenreiches folgte der Zusammenbruch des osmanischen Reiches, der Donaumonarchie und des deutschen Kaiserreiches." (S. 83) – Bleibt die Frage, ob die nach 1890 konzipierte deutsche „Weltpolitik" mit diesem 1914/18 von Deutschland nicht *vorher*gesehenen – und schon gar nicht vorgesehenen – Schluss definitiv endigte? – Die Wahrheit ist, man ging im Reich alsbald daran, den neueren, den „zweiten punischen Krieg" vorzubereiten.

Zwanzig Jahre später erschien eine weitere kleine, aufschlussreiche Schrift Fischers, betitelt: *Bündnis der Eliten*.[16] In ihr bringt der Verfasser zum dritten Mal einen besonders wichtigen Beleg für das deutsche Kriegsziel „Schwächung Rußlands" bei, nachdem er ihn schon 1959 (S. 38) in seiner Untersuchung sowie 1961 in seinem Hauptwerk zitiert hatte. Es ist eine Äußerung des deutschen Reichskanzlers in einem Bericht an den Kaiser:

> Wenn die Entwicklung der militärischen Ereignisse und der Vorgänge in Rußland selbst eine Zurückdrängung des Moskowiterreichs nach Osten unter

> Absplitterung seiner westlichen Landesteile ermöglichen sollte, so wäre uns mit der Befreiung von diesem Alp im Osten gewiß ein erstrebenswertes Ziel geboten (S. 103).

Nicht anders schallte es von Politikern wie von bekannten Akademikern. Der Balte Johannes Haller, Geschichtsprofessor in Tübingen, perorierte 1914:

> Rußland muß ungefährlich werden, und damit es das werde, müssen ihm seine Westmarken, das Land der Fremdvölker ... vor allem seine Meeresküsten genommen werden. Das wichtigste Stück darunter sind die baltischen Provinzen. Durch ihre Einverleibung wurde Rußland europäische Großmacht, mit ihrem Verlust, verbunden mit dem Verlust von Finnland, Litauen, Polen, Kleinrußland (d.h. der Ukraine), Bessarabien und der Schwarzmeerküste wird es aufhören, europäische Großmacht zu sein, und wird es wieder werden, was es vor Peter dem Großen war ... (S. 41)

Fischer kommentiert Hallers Diktum und andere gleiche oder ähnliche:

> Diese, gegen den ‚russischen Koloß' kontinuierlich eingehaltene Zielsetzung 1914 bzw. 1914/18 sollte davor bewahren, den Verfasser eines zehn Jahre später geschriebenen Buches, Adolf Hitler, und die immer wieder zitierte Passage über den Zug nach Osten als den Urheber solcher Ideen hinzustellen. (42 f.)[17]

Ebenso sei etwa Hitlers Ausspruch gegenüber Carl Burckhardt (1939): „Ich brauche die Ukraine", „ durchaus kein neuer Gedanke" gewesen (S. 48).

5. Fischers Hauptwerk, oder: „die historiographische Wende"

Nach 1918 wollte alle Welt Auskunft darüber, wer die Verantwortung für die Verursachung des gerade Geschehenen trüge. So beschäftigten sich auch die deutschsprachige Publizistik und alsbald die Forschung mit der sog. „Kriegsschuldfrage". Dies vor allem, nachdem das Reich den Versailler Vertrag hatte unterzeichnen müssen. Der Artikel 231 darin besagt, dass Deutschland und seine Verbündeten als „Urheber" für die Schäden der Kriegsgegner „verantwortlich" seien, die diese „durch den Angriff Deutschlands und seiner Verbündeten" und infolge des ihnen damit „aufgezwungenen Krieges erlitten haben".

Beim Erscheinen von Fischers Buch *Griff nach der Weltmacht* erregten am meisten Aufsehen die ersten beiden Kapitel, die unter der Überschrift „Einleitung" zusammengefasst sind: „(1.) *Deutscher Imperialismus.* Von der Großmachtpolitik zur Weltmachtpolitik; (2.) *Deutschland und der Ausbruch des Weltkrieges.* Die Fehlrechnung mit der englischen Neutralität."

In ihnen revidierte Fischer die bis dahin gültige Generallinie der Deutung des Kriegsbeginns, um eine besser fundierte Ansicht zu begründen, die sich aus seinem intensiven Aktenstudium ergab. Er verwarf die in Deutschland bevorzugte ‚Metaphysik' des ‚Kriegsausbruchs' (ohne immer auf den Terminus zu verzichten), und besonders auch die Behauptung des allgemeinen „Hineinschlidderns" (Lloyd George):

> … von einem zufälligen ‚Hineinschliddern' kann keine Rede sein; die Entschlüsse Bethmann Hollwegs am Beginn und auf dem Höhepunkt der Krise waren kein waltendes Schicksal und keine verhängnisvolle Tragik, sondern eine bewußte politische Entscheidung.[18]

Er lehnte es ab, wie ein Jurist Schuld gegen Unschuld abzuwägen: „So ist dieses Buch weder Anklage noch Verteidigung. Beides ist nicht Aufgabe des Historikers. Er hat Tatsachen festzustellen und sie in den Zusammenhang von Ursachen und Folgen einzuordnen." (F, S. 11) Der Begriff, den Fischer statt „Anklage", „Schuld" usw. gebraucht, lautet: „Verantwortung". Er schreibt:

> Es bedarf keiner Frage, daß in dem Zusammenstoß von politisch-militärischen und wirtschaftlichen Interessen, Ressentiments und Ideen, die in der Julikrise zur Wirkung kommen, die Regierungen der beteiligten europäischen Mächte in der einen oder anderen Weise und in sehr abgestufter Form an der Verantwortung für den Ausbruch des Weltkrieges teilhaben. … Da Deutschland den österreichisch-serbischen Krieg gewollt, gewünscht und gedeckt hat und, im Vertrauen auf die deutsche militärische Überlegenheit, es im Jahre 1914 bewußt auf einen Konflikt mit Rußland und Frankreich ankommen ließ, trägt die deutsche Reichsführung einen erheblichen Teil der historischen Verantwortung für den Ausbruch des allgemeinen Krieges. (F, 103 f.).

An dieser Stelle verschärfte der Autor seine Formulierung in einer späteren Ausgabe des Buchs: „… trägt die deutsche Reichsführung den entscheidenden Teil der historischen Verantwortung …"[19]

Wenn man in der Verwerfung metaphysischer Kategorien einen der Vorzüge von Fischers Forschungen sehen will, so fehlt bei Clark jede Entsprechung. Gegen Fischer, der die Metaphysik des ‚Kriegsausbruchs' und Krieges widerriet, besteht Clark darauf, der „Kriegsausbruch" sei eine „Tragödie" gewesen (S. 716).

Spezifisch für Fischers Vorgehensweise in seinem Hauptwerk ist, dass er das Wesen des Kriegs und dessen Entstehung strikt in Verbindung mit Deutschlands

Kriegszielprogramm 1914/18 zu erforschen und darzulegen trachtet. Diesem widmet er sieben Achtel des Buchs. Auf dem „Höhepunkt des deutschen Machtbewußtseins Anfang und Mitte 1918", als der Sieg greifbar vor Augen schien, ergaben die Ziele der Reichsleitung in ihrer Gesamtheit „das Bild eines Imperiums von grandiosen Ausmaßen" (F, S. 823). Im Westen sollten Belgien, Luxemburg und rohstoffreiche Regionen Frankreichs mit Deutschland verbunden bleiben. Im Osten bestand das Ziel darin, „mit dem Mittel der Völkerbefreiung Rußland zu schwächen und sich selbst eine Machtposition in Europa aufzubauen" (F, S. 172). Sie wäre zu erreichen mittels einer Angliederung verschiedener Länder und Regionen an Deutschland oder einer Verkettung mit diesem: Polen, Teile Russlands, darunter die Ukraine, Balkanländer, das Osmanische Reich. Als zusammenfassender Begriff für das Konstrukt diente: „Mitteleuropa". Neben dem auf dem europäischen Kontinent angestrebten Kriegsziel verfolgte die Reichspolitik auf dem afrikanischen das mittel*afrikanische*. So in Umrissen Berlins Kriegszielprogramm, das als „Produkt des deutschen Weltmachtanspruchs" gelten muss.[20]

Als eine vornehmliche Funktion seiner Geschichtsschreibung bestimmt Fischer, „bestimmte Denkformen und Zielsetzungen für die deutsche Politik" im 1. Weltkrieg aufzuzeigen, „die weiterhin wirksam geblieben sind" (F, S. 12). Besonders verweist er auf den Rassismus. Das war kein plötzlicher Einfall in verworrenen Köpfen der Ära nach 1918. Maßgebliche in der Reichsleitung wie Kaiser Wilhelm II., sein Generalstabschef Falkenhayn sowie Staatsekretär v. Jagow waren besessen von der Vorstellung, es müsse zwischen Germanen und Slawen ein Krieg um die Existenz stattfinden.[21] Vom deutschen Generalstabschef v. Moltke (im Amt bis 1914) ist bekannt, dass er bereits im Februar 1913 äußerte, „daß ein europäischer Krieg über kurz oder lang kommen muß, in dem es sich in letzter Linie handeln wird um einen Kampf zwischen *Germanentum und Slawentum*. Sich hierauf vorzubereiten, ist Pflicht aller Staaten, die Bannerträger germanischer Geisteskultur sind. *Der Angriff muß aber von den Slawen ausgehen.*" (F, S. 41)

Auch kündigte sich auf deutscher Seite unüberhörbar der Wahn vom ‚Lebensraum' an (F, S. 194).[22] Dies und anderes mehr legt nahe, den 2. Weltkrieg als Neuauflage des ersten zu begreifen (in der Bildlichkeit von 1914/18: ‚der 2. Punische Krieg', s. o.). Es gehöre zu den Verdiensten Fritz Fischers, schrieb 2014 der Historiker Kurt Pätzold, dass er die „erste Hälfte des 20. Jahrhunderts in der deutschen Geschichte als eine Einheit" gesehen habe.[23]

Fischer stützt sich auf die Argumentation von Ludwig Dehio, wonach „die beiden Weltkriege, untereinander als zwei Akte desselben Dramas zusammenhängend", „die wohlbekannten Familienzüge jener europäischen Hauptkriege" zeigen, der Kriege um die europäische Hegemonie, „wie sie ... durch die Namen Karls V. und Philipps II., Ludwigs XIV. und Napoleons I." symbolisiert werden.[24] Das wären dann, Zeitalter für Zeitalter, aufeinander folgende „Griffe nach der Weltmacht" gewesen: der spanische im 16. Jahrhundert, der französische vom 17. bis Beginn des 19. sowie, z. T. den französischen überlagernd, der englische vom Anfang des 18. bis Anfang des 20. Jahrhunderts. Nach dem englischen „Griff" wäre der deutsche gekommen, der die erste Hälfte des 20. Jahrhunderts hindurch den Planeten in Aufruhr versetzte. Ritter, der damalige Doyen der Geschichtswissenschaft in der Bundesrepublik, beklagte, dass sich in Fischers Buch „zum erstenmal die ebenso glänzende wie gefährliche (weil zuletzt doch nur halbwahre) These Ludwig Dehios von dem ‚Hegemonialkampf' als Wesen beider Weltkriege ausgewirkt hat" (S. 144).[25]

Im selben Sinne wie Dehio und Fischer schrieb der Historiker Eric Hobsbawm: „Denn Deutschland wollte eine weltweite politische und maritime Machtposition erringen, die zu dieser Zeit noch von Großbritannien eingenommen wurde."[26] Er verstand die Weltkriege ebenfalls als einen einzigen, der vom 28. Juli 1914 (Österreichs Kriegserklärung an Serbien) bis zum 14. August 1945 gedauert habe (Japans Kapitulation):

> ... das großartige Bauwerk der Zivilisation des 19. Jahrhunderts brach in den Flammen des Weltkriegs zusammen, als seine Säulen einstürzten. Das Kurze 20. Jahrhundert wäre ohne diese Geschichte nicht zu verstehen. ... Seine Geschichte, genauer gesagt, die Geschichte seit dem Beginn seines Zusammenbruchs und der Katastrophe, muß mit der Geschichte des einunddreißigjährigen Weltkriegs beginnen. (S. 38)

Fischer provozierte mit seinem Buch *Griff nach der Weltmacht* einen Sturm der Entrüstung. Gerhard Ritter ließ sich hinreißen, Fischer als einen Verursacher veritabler Verdunkelung hinzustellen, als tristen Gegenaufklärer. In seinem Werk werde „ein erster Gipfel erreicht in der politisch-historischen Modeströmung unserer Tage: in der Selbstverdunkelung deutschen Geschichtsbewußtseins, das seit der Katastrophe von 1945 die frühere Selbstvergötterung verdrängt hat und nun immer einseitiger sich durchzusetzen scheint." (Wie Anm. 24)

Andere Rezensenten bewerteten das Buch gegenteilig, als vorbildlich erhellend. So Rudolf Neck, der darin „die historiographische Wende" vollzogen sah, vor allem auch in der Art, „wie es die notorischen Fakten festhält und zueinander in Beziehung setzt"[27], sprich: vermittels der kombinatorischen Gabe des Verfassers. Die Entwicklung der deutschen Geschichtswissenschaft nach 1945 habe „wieder in die ausgefahrenen Geleise der vornationalsozialistischen Zeit" eingelenkt; woraus gegenüber der Periode 1933/45 die Einstellung resultierte: „Die Zeit der Hitlerherrschaft wurde als eine einmalige, isolierte Entartungserscheinung der deutschen Geschichte gebührend verabscheut, im übrigen aber jeder Konnex, jede Kontinuität mit der Vergangenheit geleugnet." (S. 145 f.) Fischers Buch habe Entscheidendes zur „Frage der Kontinuität in der deutschen Geschichte" beigetragen, „die letzten Endes das Kernproblem der sog. ‚unbewältigten Vergangenheit' darstellt." Und genau hier „hätte für die deutschen Historiker die Revision des Geschichtsbildes einzusetzen. Gerade an Hand des vorliegenden Werkes drängt sich von selbst der Eindruck eines vielfältigen Zusammenhangs nicht nur mit der Weimarer Republik in Persönlichkeiten wie Rathenau, Stresemann und Erzberger auf, sondern viel frappanter noch sind die Parallelen zur Zeit Adolf Hitlers." (S. 155)

Wie steht es nach alledem um den Triumph der Clark-Verklärer? – Um ihre Forderung, dass mit dem Erscheinen der *Schlafwandler* das ein Halbjahrhundert ältere Buch Fischers „aus den Regalen entfernt und entsorgt" werden solle? Mag sie immerhin zeitgemäß sein in einer Epoche, da uns unbelehrte Bellizisten neuerlich Kriege als Mittel der Politik in hohen Tönen anpreisen, – sie kann sich bei einer exakten Vergleichung beider Werke nur als vollkommen unbegründet erweisen. Erweisen hingegen wird sich zügig, dass des Hamburger Geschichtsschreibers Forschungsleistung Standard bleibt, sein Buch, womit er „die historiographische Wende" vollbrachte.

Hinter sie führt auf Dauer kein Weg zurück.

1 Darunter sind die folgenden Arbeiten: „Neuzeit. Religiöse Besessenheit Europas bis zu den Weltkriegen", in: K. Deschner (Hg.), *Kirche und Krieg. Der christliche Weg zum Ewigen Leben*, 1970; „Humanismus und Reformation", in: Wolfgang Beutin u. a., *Deutsche Literaturgeschichte. Von den Anfängen bis zur Gegenwart*, [8]2013 (EA 1979); *Der radikale Doktor Martin Luther* ([2]1983, EA 1982, 3. Aufl. i. Vorb.); „Das Sozialistengesetz, „Schlüsselglied" in Bismarcks politischem Kalkül?" In: H. Beutin u. a., *125 Jahre Sozialistengesetz*, 2004.

2 Die beiden Vorträge waren: „Golo Mann oder Der neue Galletti", in: K. Deschner (Hg.), *Wer lehrt an deutschen Universitäten?* (1968); „Fritz Fischer oder Wurde der erste Weltkrieg „inszeniert"?" Ebd.

3 In: *junge Welt*, 8. September 2014.

4 (Artikel:) „Griff nach der Wahrheit. Der berühmte Historiker Fritz Fischer im Zwielicht", in: DIE ZEIT 4/2004.
5 In: Rainer Nicolaysen / Axel Schildt (Hgg.), *100 Jahre Geschichtswissenschaft in Hamburg*, Berlin 2011, S. 197–236; hier: S. 202, 215 u. 236
6 *Stormarner Tageblatt*, 16. September 1913
7 *Die Schlafwandler. Wie Europa in den Ersten Weltkrieg zog*, [8]München 2013, S. 718. – Der Titel ist identisch mit einem Roman-Titel Hermann Brochs. Die Überschrift des 2. Kapitels bei Clark: „Das Reich ohne Eigenschaften" (gemeint: Österreich-Ungarn) ist an den Titel des Hauptwerks von Musil angelehnt, übrigens völlig sinnlos, da Clark in seinen Ausführungen just *die Eigenschaften* der Habsburgermonarchie resümiert.
8 „Die Krise der Sozialdemokratie". In: *Gesammelte Werke*, Bd. 4: August 1914 bis Januar 1919, [2]Berlin 1979, S. 140. (Verfasst im April 1915).
9 (Lokalausgabe der *Passauer Neuen Presse*), 10. Februar 2014 (Verfasser: Peter Steinbach, Titel: „Schlafwandlerisch in die Katastrophe".
10 In: *Friedensjournal*, Jan. / Febr. 2014 – Nr. 1, S. 6.
11 Fritz Fischer, *Griff nach der Weltmacht. Die Kriegszielpolitik des kaiserlichen Deutschland 1914/18*, [3]Düsseldorf 1964, S. 107 (EA 1961) (Im folgenden: F)
12 *Historische Zeitschrift*, H. 185/2, April 1958, S. 300–347.
13 Ähnlich wie nach einer Mitteilung von Willy Wimmer (CDU), ehemaligem Staatssekretär im Ministerium für Verteidigung, gegenwärtig die USA eine „Interessensphäre" in Osteuropa zwischen Russland und der EU beanspruchen (mit den zentralen Punkten Riga – Odessa – Diyabakir), um jederzeit die Landverbindung von zwei ihrer Konkurrenten unterbrechen und beide gegen einander treiben zu können, nicht zuletzt auf ökonomischem Gebiet (in: *junge Welt*, 13. / 14. September 2014).
14 (Untertitel:) Revolutionierung und Separatfrieden im Osten 1914–1918, in: Ernst Wilhelm Graf Lynar (Hg.), *Deutsche Kriegsziele 1914–1918. Eine Diskussion*, Frankfurt etc. 1964, S. 18–83.
15 Der Ausdruck „Endabrechnung" klingt wie die Bezichtigung, Russland habe sich eines Delikts schuldig gemacht, für welches es sühnen müsse. Dabei wurden in Preußen und Deutschland seit der 2. Hälfte des 19. Jahrhunderts von beutelüsternen Politikern fortgesetzt Pläne gemacht, die eine Zerstückelung und Ausplünderung Russlands vorsahen; Bismarck (als „Spreekosak", „Rußlandfreund" diffamiert) hat sich zeitlebens gegen diese Ungeheuerlichkeiten gewehrt (Beleg: seine „Gedanken und Erinnerungen").
16 (Untertitel:) Zur Kontinuität der Machtstrukturen in Deutschland 1871–1945

(Ursprünglich Vortrag auf dem 32. Deutschen Historikertag in Hamburg, in der Buchform erweitert).

17 Fischer meint den Passus im 2. Bd. von „Mein Kampf, im Kapitel: „Ostorientierung oder Ostpolitik", worin es heißt: „Wir stoppen den ewigen Germanenzug nach dem Süden und Westen Europas und weisen den Blick nach dem Land im Osten." (Im Original gesperrt).

18 „Weltpolitik, Weltmachtstreben und deutsche Kriegsziele", HZ 199 (1964), S. 265–346; hier: S. 343

19 Nachdruck (1994) der Sonderausgabe 1974, S. 82.

20 Wie Anm. 18, S. 346.

21 Zu den Belegen vgl.: „Wolfgang Beutin, Fritz Fischer oder wurde der Erste Weltkrieg „inszeniert"?" Wie Anm. 2, S. 99–142; hier: S. 129.

22 Clark gibt an, Hitlers „Lebensraum-Konzept" habe nie als „Plattform für politisches Handeln" gedient (S. 364). Indes die Dokumente sprechen eine andere Sprache (siehe den Generalplan Ost usw.).

23 In: *junge Welt*, 11./12. Januar 2014.

24 *Deutschland und die Weltpolitik im 20. Jahrhundert*, Frankfurt / M. 1961, S. 9 (zuerst 1955). – Den Zusammenhang beider Weltkriege betonte auch Friedrich Heer, „Die Kriege und ihre Folgen", in: K. Deschner (Hg.), *Das Jahrhundert der Barbarei*, München 1966, S. 43–138; hier: S. 54 f.

25 In: „Eine neue Kriegsschuldthese?" In: Lynar, wie Anm. 14, S. 121–144; hier: S. 144.

26 *Das Zeitalter der Extreme. Weltgeschichte des 20. Jahrhunderts*, München 1998, S. 47 f.

27 In: Kriegszielpolitik im ersten Weltkrieg, in: Lynar, wie Anm. 14, S. 145–157; hier: S. 154.

★

Damals war ich vierzehn Jahre alt. Nun kam aber ein Brief von meinem Onkel Jakob aus Hamburg, worin er schrieb, es sei nicht recht von seinem Bruder, mich für sich zurückzubehalten, weil er nun Proben hätte, daß ich mich gut schicke und etwas für die Zukunft verspreche; er dagegen habe mich ohne Probe verlangt. Dies war nun meinem Onkel empfindlich, und er sagte: "Der Junge soll morgen fort, ich will um den keinen Verdruß haben." Ich wurde also mit meinem Bruder auf die Post gepackt und nach Hamburg geschickt. Ich nahm Abschied von meinen Tauben und Kaninchen und freute mich der Reise; denn ich dachte: Je weiter in die Welt, desto besser! Je ferner von Haina, desto klüger sind die Menschen, besonders da, wo Schiffe sind, die Menschen aus allen Weltteilen zusammenbringen, von denen man vieles erfahren kann, und wo der Weg offen steht nach den fernen Orten selbst.- Ich kam also nach fünf Tagen in Hamburg an, meine Abreise fiel auf den 16. Mai 1766.

Quelle: Heinrich Wilhelm Tischbein, Aus meinem Leben, hrsg. Von Kuno Mittelstädt. Berlin 1956: Henschelverlag, S. 51.

Verlage / Medien

Knut Hickethier

Kritische Weltoffenheit

Die Medienstadt Hamburg, die Bildermedien Film und Fernsehen und die Rolle Egon Monks

1. Hamburgs Aufstieg zur Medienstadt

Nach dem Ende des Zweiten Weltkriegs stieg Hamburg in der neu gegründeten Bundesrepublik zur führenden Medienstadt auf. Das lag vor allem daran, dass Berlin die Rolle als deutsche Medienmetropole aufgrund seiner Insellage innerhalb der sowjetischen Besatzungszone und dann der DDR verlor. Hamburg hatte jedoch auch eine lange Tradition als Medienstadt, denn die Hafenstadt war immer auch ein Informationsumschlagplatz: ihr bürgerlicher, stadtstaatlicher Status zwischen konträren politischen Flächenländern machte die Stadt auch als Verlags- und Publikationsort für eine kritische Publizistik attraktiv. Seit dem 18. Jahrhundert prägte sie mit ihren Zeitungen den norddeutschen Raum und darüber hinaus, war „eine der wichtigsten Medienstädte", „Nachrichtenzentrum für Nordeuropa" und „ein Zentrum der Aufklärung". Sie bot noch im 19. Jahrhundert mit ihren Zeitungen wie dem *Hamburgischen Correspondenten*[1] und Verlagen wie Hoffmann und Campe den kritischen Intellektuellen wie Heine, Börne und anderen eine publizistische Plattform. Mit der Reichsgründung sank die Bedeutung der Stadt für die Medien. Auch die Gründung des Norddeutschen Rundfunks (Norag) in den 1920er Jahren und die Übertragung von frühen Fernsehversuchen aus Berlin in den 1930er Jahren konnten daran wenig ändern.

Hamburg, bis zur Reichsgründung 1870/71 eine freie und unabhängige Stadt, war hinter der Reichshauptstadt Berlin zurückgetreten, übrigens auch im Bereich des Theaters und der Unterhaltungskunst. Die Gründe dafür liegen nicht darin, dass die Hamburger Kaufleute von den Künsten und den Medien wenig hielten, wie gern kolportiert wird, und die deshalb auch heute oft noch als „Pfeffersäcke" gescholten werden, sondern daran, dass die Künste und die Medien in der prosperierenden Reichshauptstadt die Nähe zur Macht suchten und deshalb in Berlin ihr natürliches Zentrum fanden. Der kritische Geist blieb dagegen länger in Hamburg zu Hause, hatte hier doch die deutsche Sozialdemokratie eines ihrer wichtigen Zentren, weil die Sozialistenverfolgung am Ende des 19. Jahrhunderts hier weniger drastisch als in anderen Regionen des Reiches exekutiert wurde.

Nach 1945 wurde Hamburg nicht zufällig zum Zentrum einer neuen Medienpublizistik und Medienkunst. Mit der Etablierung neuer Presseorgane und Verlagskonzerne, dann auch mit dem Film durch die Real Film GmbH, von Musikkonzernen wie der Deutschen Grammophon und nicht zuletzt dem Nordwestdeutschen Rundfunk (NWDR) entstand hier eine zunehmend vernetzte Medienagglomeration, die alle damals bedeutenden publizistischen Medienformen umfasste.

Die Vielfalt der in Hamburg neu entstandenen Medien war enorm[2]. Da es in diesem Beitrag vor allem um die Entwicklungen im Film- und Fernsehbereich gehen soll, seien hier die anderen Medienbereiche nur kurz skizziert, um die These von der Medienstadt Hamburg etwas stärker zu konturieren.

Durch die Lizenzierung der Presse in den Nachkriegsjahren entstanden neue Verlage wie der Axel Springer-Verlag mit dem *Hamburger Abendblatt*, der *Welt*, der *Bild-Zeitung* und nicht zuletzt der Rundfunkzeitschrift *Hör Zu*, der Gruner-und-Jahr-Verlag, der Spiegel-Verlag, der Ende der 1940er Jahre von Hannover nach Hamburg gezogen war, der Bauer-Verlag und andere. Neben den Presseverlagen entstanden oder reaktivierten sich Buchverlage wie Hoffmann & Campe oder Rowohlt, der seit 1960 in Reinbek bei Hamburg seinen Firmensitz hat und nach dem Krieg mit seinen auf Zeitungspapier gedruckten Rowohlts Rotationsromanen (rororo) die Form des Taschenbuchs neu begründete. Hervorzuheben ist auch der Carlsen-Verlag, der als Ableger des dänischen Illustrationsforlaget/PIB 1953 in Hamburg gegründet wurde und (inzwischen von diesem unabhängig) vor allem mit den Reihen *Tim und Struppi, Die Schlümpfe, Spiro und Fantasio* und den japanischen Mangas zu einem der führenden Comicverlage in Deutschland wurde. Auch bei den anspruchsvollen Comic-Kunstbüchern machte sich der Carlsen-Verlag einen Namen mit den Corto Maltese-Comics von Hugo Pratt und anderen ambitionierten Bildgeschichten. Die Verbindung von Wort und Bild und der vorurteilsfreie Umgang mit den Unterhaltungsmedien (die oft von Bildungsbürgern als Schund bezeichnet werden) kennzeichnen Hamburgs Umgang mit den Medien insgesamt.

Hamburg war, nur am Rande erwähnt, immer schon auch eine bedeutende Musikstadt mit Komponisten wie Händel, Telemann, Mendelssohn-Bartholdy und Brahms bis zu György Ligeti nach 1945 (nicht zuletzt auch durch das Sinfonieorchester des NDR unter Hans Schmidt-Isserstedt[3]). Die Stadt gilt nach den Neuanfängen der Operettenszene nach 1945 (um die sich vor allem der NWDR in Hamburg bemühte) heute als erste Musicalstadt in Deutschland (Theater im Hafen, Neue Flora, Operettenhaus Hamburg) und hat zu einem umfangreichen Musicaltourismus aus der ganzen Bundesrepublik nach Hamburg (*König der Löwen*) geführt. Auch in der Unterhaltungs- und Popmusik war Hamburg immer ein wichtiger Ort: vor 1945 mit verschiedenen Tanz- und Unterhaltungsorchestern, die teilweise auch noch in den 1950er Jahren das Musikleben prägten.

Vor allem der NDR mit seinen Orchestern hatte einen großen Anteil an der Musikproduktion. Im Unterhaltungsmusikbereich wurde Chris Howland als „Platten-Jockey" zum Markenzeichen der internationalen Popmusik aus Hamburg. 1962 starteten die Beatles im Star Club auf der Großen Freiheit ihre Karriere, Udo Lindenberg war in Hamburg mit seinem „Panic Orchester" zu Hause, sowie die Gruppe „Fettes Brot" oder die oft als „Hamburger Schule" bezeichneten Bands wie „Blumenfeld" oder „Tocotronics". Ebenso siedelte sich in Hamburg die zum Siemens-Konzern gehörende Schallplattenproduktion „Deutsche Grammophon" an, die zum wichtigsten deutschen Tonträger-Produzenten der 1950er und 1960er Jahre aufstieg und nach einem Firmenverbund mit dem niederländischen Philips-Konzern 1972 zum Schallplattenkonzern Polygram verschmolz. Neben der klassischen Musik wurde vor allem Unterhaltungsmusik produziert und zahlreiche Musik-Entertainer von Freddy Quinn bis James Last unter Vertrag genommen. Polygram ging dann 1998 in der global agierenden Universal Music Group auf, deren deutscher Teil 2002 von Hamburg nach Berlin zog.

Hamburg war seit der Wende zum 20. Jahrhundert auch eine bedeutende Theaterstadt mit zahlreichen renommierten Privattheatern, einem breiten Angebot an Unterhaltungs- und Varieté-Bühnen. Neben zahlreichen Privatbühnen (insbesondere auch das mundsprachliche Ohnesorg Theater), die nach 1945 wieder neu begründet wurden, spielte und spielt vor allem das staatliche Deutsche Schauspielhaus eine zentrale Rolle. Nach den ab 1945 wirkenden Intendanten Arthur Hellmers und Albert Lippert machte vor allem Gustaf Gründgens das Theater zwischen 1955 und 1963 zu einer der ersten Bühnen der Bundesrepublik. Sein Nachfolger wurde bis 1968 Oskar Fritz Schuh, der aber dem anhaltenden „Mythos Gründgens" wenig entgegensetzen konnte. Die Theater bildeten in vielerlei Hinsicht einen Fundus für den Hörfunk und das Fernsehen.

Von der Aufbruchstimmung in der Medienwelt, die in den frühen 1950er Jahren Hamburg belebte, gingen zahlreiche Impulse für die weitere Entwicklung der Medien in der entstehenden Bundesrepublik aus. Hamburg selbst war Mitte der 1960er Jahre, so schreibt der Zeithistoriker Axel Schildt, „der Höhepunkt einer linksintellektuell geprägten Medienkultur".[4] Für die Situation in Hamburg Anfang der 1950er Jahre waren sicherlich eine Reihe von Faktoren ausschlaggebend, entscheidend war jedoch vor allem das liberale Klima der Hansestadt und die offene Lizenzpolitik der Briten, die in der ihnen von der Mentalität her verwandten und durch den Handel und die Schifffahrt weltoffenen Stadt eine entsprechende Lizenzvergabe handhabten und dadurch frühzeitig die Etablierung neuer auf eine Demokratisierung der Deutschen abzielende Medien betrieben.

2. Vom Nordwestdeutsche Rundfunk (NWDR) zum Norddeutschen Rundfunk (NDR)

Für die Rundfunkentwicklung ab 1945 war es von Vorteil, dass im Gegensatz zu anderen deutschen Vorkriegssendern die Sendeanlagen der Norag in Hamburg unzerstört geblieben waren, sodass der neu etablierte Sender Radio Hamburg (ab 1946 Nordwestdeutscher Rundfunk, NWDR) bereits am 4. Mai 1945, also noch vor der endgültigen Kapitulation am 8. Mai, unter britischer Regie senden konnte. Die Briten organisierten – im Gegensatz zu den Amerikanern – den Hörfunk zentral für ihre Besatzungszone von einer Sendeanstalt aus, die in Hamburg angesiedelt war (mit Funkhäusern in Köln, Hannover, Kiel und im britischen Sektor Berlins für die später entstehenden Bundesländer Nordrhein-Westfalen, Niedersachsen, Schleswig-Holstein und die besondere Stadt Berlin). Dies bedeutete, dass hier eine rasch funktionstüchtige und durch die Gebühren finanziell starke Rundfunkanstalt entstand, die sich auch in der Programmarbeit entsprechend umfangreich engagieren konnte.

Treibende Kraft war der britische Leiter von Radio Hamburg, der von der britischen BBC kam, Hugh Carlton Greene und der das Modell der BBC auf den deutschen Rundfunk übertrug: Dieser sollte unabhängig von Staat und Parteien sein, sich als kritische Instanz der Öffentlichkeit verstehen und auch Regierung und Parlament kritisch beurteilen dürfen.[5] Das war durchaus nicht selbstverständlich, propagierten doch Konrad Adenauer und die Parteien CDU wie SPD einen eher „governmental" ausgerichteten Rundfunk, wie sie ihn aus der Weimarer Republik kannten.

Der kritische Gestus der Hörfunk-Programmarbeit des NWDR gerade in den ersten Jahren – der sich auch gegenüber der britischen Besatzungsmacht artikulierte – führte dazu, dass das NWDR-Radioprogramm sehr rasch von der Bevölkerung akzeptiert und als ihr Programm verstanden wurde. Entscheidend war dabei, dass die Kritik an Entscheidungen der Besatzungsmacht, der dann entstehenden Bundesregierung oder auch des Hamburger Senats beim Hamburger Rundfunk aus einer liberalen und sozialen Haltung heraus geführt wurde, weniger – wie etwa bei der in Hamburg ansässigen Wochenzeitschrift *Die Zeit* – von einer letztlich deutschnationalen Position aus. Legendär ist etwa das Hörfunk-Feature „Der 29. Januar", als die Feature-Abteilung unter Ernst Schnabel in dem extrem kalten Winter 1946/47 die Hörer aufrief, Texte darüber einzuschicken, was sie am 29. 1. 1947 täten, und aus den vielen tausend Einsendungen ein Feature montierte. Der Rundfunk verkündete auch – unter stillschweigender Duldung der britischen Besatzungsmacht –, wann denn die Kohlezüge durch die Stadt fuhren und wo sie besonders langsam fuhren, sodass diese von vielen frierenden Hamburgern geentert und um Brennmaterial erleichtert werden konnten.

Greene setzte im Zusammenspiel mit den anderen westlichen Besatzungsmächten für die Westzonen das Prinzip des öffentlich-rechtlichen Rundfunks durch, wie es im Wesentlichen noch heute für die deutsche Rundfunklandschaft bestimmend ist. Dabei kam es im Laufe des erstarkenden Kalten Kriegs auch zu zahlreichen internen Auseinandersetzungen. Einerseits trennt sich Greene schon früh von Mitarbeitern, die sich in der NS-Zeit für die Nazis engagiert und unmittelbar nach Kriegsende bei Radio Hamburg Unterschlupf gefunden hatten (und wie sie auch für wichtige neue Zeitungen und Zeitschriften, oft unter Pseudonym, arbeiteten[6]), aber auch von Mitarbeitern, die Kommunisten waren wie dem Publizisten Karl Eduard von Schnitzler, der nach seinem Ausscheiden aus dem NWDR zum Rundfunk nach Ost-Berlin ging und dort rasch zu einem berühmt-berüchtigten Propagandisten des Kalten Krieges wurde.

Greene setzte im Bereich der Technik auf erfahrene Rundfunktechniker, die schon vor 1945 bei der Industrie oder beim Vorkriegsrundfunk gearbeitet hatten, etwa Werner Nestel, der vor 1945 bei Telefunken gearbeitet hatte und nun zum Technischen Direktor des entstehenden NWDR aufstieg und mit zahlreichen Initiativen die Entwicklung des bundesdeutschen Rundfunks maßgeblich beeinflusste. Die optimale und zugleich kreative Leitung der Rundfunktechnik war nicht ganz unwichtig (auch wenn die Deutsche Post zunächst für die Rundfunktechnik zuständig war), musste doch der Hörfunk technisch den Übergang zum UKW-Radio bewerkstelligen, weil die internationale Kopenhagener Wellenkonferenz 1948 den Deutschen die zentralen Mittel- und Langwellen weggenommen hatte. Und er musste möglichst rasch eine flächendeckende Vollversorgung der Bevölkerung gewährleisten, weil der Hörfunk in der ressourcenknappen Nachkriegszeit das zentrale Informationsmedium für die gesellschaftliche Kommunikation wurde.

Für das Programm gewann Greene zahlreiche junge Mitarbeiter, die zum Teil aus dem Exil kamen oder in der amerikanischen und britischen Kriegsgefangenschaft eine andere als die reichsdeutsche Art Rundfunk zu machen kennen gelernt hatten. Auch wenn die Radioprogramme, die dann beim NWDR entstanden (neben dem Mittelwellenprogramm in den frühen 1950er Jahren auch zwei UKW-Programme) vor allem musikbetont waren, hatten sie doch einen starken Wortanteil, wobei die Kultur im Programm eine zentrale Rolle spielte.

Das Feature, eine aus dem Britischen stammende Sendeform, die dokumentarisches Material verarbeitet, vermittelte unter Schnabel den Deutschen eine neue Welt. Das Hörspiel unter Heinz Schwitzke vergab sehr früh an die jungen neuen Autoren Produktionsaufträge und finanzierte sie auf diese Weise. Eine der bedeutenden frühen Produktionen war Wolfgangs Borcherts *Draußen vor der Tür*, 1947 gesendet, das die Kriegs- und Kriegsheimkehrerthematik behandelte und eigentlich für die Bühne geschrieben worden war, wo es aber zunächst nicht aufgeführt wurde. Schwitzke – selbst in der Zeit vor 1945 Autor und nach 1945 Publizist beim Evangelischen Pressedienst – war ein wortgewaltiger Kämpfer für das literarische Hörspiel. Insbesondere die zur Gruppe 47 gehörenden Autoren erreichten über Hörspiel- und Feature-Sendungen, die zudem auch noch gut bezahlt wurden, in einer Zeit der Papierknappheit, die die Buchverlage in ihrem publizistischen Wirken hemmte, ein breites Publikum. Im Mai 1952 traf sich auf Initiative von Schnabel und Einladung des NWDR auch die Gruppe 47 im Erholungsheim des NWDR in Niendorf (Ostsee) bei ihrer jährlichen Tagung mit Rundfunkleuten und es festigte sich die Verbundenheit von Literatur und Hörfunk.

Doch auch in anderen Programmsparten – wie z. B. in der Nachrichtengebung oder im Bereich der Reportagen, die der NWDR durch den Erwerb von Übertragungswagen stärkte – gelang es dem Hamburger Sender zu einem führenden Informationsorgan für die bundesdeutsche Bevölkerung zu werden und Maßstäbe zu setzen.[7] Der Hörfunk war in den 1950er Jahren das Leitmedium für die westdeutsche Gesellschaft und der NWDR als die finanzstärkste Landesrundfunkanstalt setzte hier richtungweisende Impulse. Zahlreiche Sendereihen wie die Opern- und Operettenübertragungen, die Musiksendungen („Hafenkonzert",

„Von Hamburg nach Tahiti"), die Kindersendungen (das „Klingende Haus" mit Ilse Obrig), die Unterhaltungsabende (u.a. mit Peter Frankenfeld), aber auch die Sportübertragungen, die Technikvorträge und Kultursendungen schufen breite Informationsmöglichkeiten für ein auf die Welt neugieriges und nach neuem Wissen hungerndes Publikum. Gleichzeitig führten die Aktivitäten der Hörfunkredaktionen dazu, dass sich zahlreiche künstlerische und journalistische Mitarbeiter in Hamburg heimisch fühlten und neben Arbeitsmöglichkeiten im Hörfunk auch von den anderen Medien Aufträge erhielten.

Der NWDR wurde auch für das neu entstehende Medium des *Fernsehens* zu einem zentralen Ausgangspunkt. Fernsehen hatte es in Deutschland schon vor 1945 in Berlin gegeben und die Techniker und Programmmitarbeiter des in Berlin von 1935 bis 1944 arbeitenden Vorkriegsfernsehens waren in den letzten Kriegsmonaten – zum Teil unter Mitnahme von Fernsehkameras und anderer Geräte – von Berlin aus nach Schleswig-Holstein und von dort nach Hamburg geflüchtet. Sie fanden beim NWDR eine neue Heimat und bauten, maßgeblich protegiert vom NWDR-Direktor Nestel, das ab 1948 von den Briten zugelassene Fernsehen auf. 1951 kam es zu ersten Versuchssendungen vom Bunker auf dem Heiliggeistfeld, ab Weihnachten 1952 dann zu einem regulären Programmbetrieb des NWDR, der im Auftrag der 1950 gegründeten ARD (Arbeitsgemeinschaft der Rundfunkanstalten Deutschlands) dann ein tägliches Programm von etwa zwei Stunden ausstrahlte und über die bis zum 1. 11. 1954 nach München gebaute Richtfunkstrecke über weite Teil der Bundesrepublik und West-Berlin verbreitete. Der NWDR setzte hier – natürlich in Absprache mit den ARD-Kollegen – die Maßstäbe nicht nur in technischer, sondern auch in programmgestaltender Weise für das neue Medium.

Auch wenn das Fernsehen bis weit in die Gegenwart hinein für das Bildungsbürgertum und für zahlreiche Künstler als ein Unmedium galt, so partizipierten doch viele Künstler und Journalisten am neuen Medium. Es wurde – gerade auch in den Anfangszeiten – zu einem selbstverständlichen Brauch, dass zahlreiche in Hamburg gerade anwesende Künstler im Fernsehen auftraten und dadurch ein zusätzliches Publikum fanden[8].

Die rundfunkpolitische Konstruktion des NWDR mit seinem Sendegebiet über mehrere Bundesländer hinweg wurde jedoch in den 1950er Jahren kritisch, weil sich die politischen wie auch die kulturellen Interessen der beteiligten Bundesländer voneinander entfernten. Vor allem Nordrhein-Westfalen wollte sich als bevölkerungsstärkstes Bundesland nicht mit einem Funkhaus in einer von Hamburg dominierten Rundfunkanstalt begnügen, sondern strebte nach einer eigenen Landesrundfunkanstalt. Nachdem 1954 bereits in West-Berlin die eigene Anstalt des Senders Freies Berlin (SFB) gegründet worden war, der seine besondere Programmaufgabe darin sah, ein rundfunkpublizistisches und kulturelles ‚Fenster' zur DDR hin zu sein, schied 1955 auch Köln aus dem NWDR-Verbund aus und es entstanden die beiden neuen Landesrundfunkanstalten des Norddeutschen Rundfunks (NDR) und des Westdeutschen Rundfunks (WDR), die jedoch in der Programmproduktion bis 1961 in einem gemeinsamen Nordwestdeutschen Rundfunkverbund (NWRV) zusammen arbeiteten. Denn vor allem in Hamburg waren zahlreiche Produktionseinrichtungen des Hörfunks (und noch mehr des Fernsehens) entstanden. Auch hier war also noch längere Zeit Hamburg führend.

Zu den wichtigsten Leistungen des Hamburger Fernsehens gehörte in der zweiten Hälfte der 1950er Jahre der Fernsehdokumentarismus. Mit Mitarbeitern wie Rüdiger Proske, Max H. Rehbein und Carsten Diercks fuhren Kamerateams rund um die Welt und produzierten große, z. T. mehrteilige Fernsehreihen, die dem staunenden Fernsehpublikum von den Ereignissen rund um den Globus berichteten. Sendereihen wie „Auf der Suche nach Frieden und Sicherheit" und „Pazifisches Tagebuch" berichteten über die Schwerpunkte der westlichen Verteidigung[9], von den militärischen Aktivitäten der USA im Pazifik und den Entwicklungen in Afrika.[10] Erstmals wurden hier neue Formen des Dokumentarischen – etwa der Pilotton, der lippensynchrone Aufnahmen und damit eine besondere Realitätsnähe ermöglicht – oder der Einsatz neuer lichtempfindlicher Materialien erprobt.[11]

Der Umbau des NDR nach dem Ende des NWRV führte in Hamburg unter Leitung von Rüdiger Proske zum Aufbau einer neuen zeitkritischen Redaktion. Diese entwickelte dann ab 1961 – zunächst im zweiten ARD-Programm, das als Versuchsprogramm bis zum Sendebeginn des ZDF am 1. 4. 1963 lief – nach britischem Vorbild eine Magazinsendung mit dem Titel „Panorama", die sich besonders kritisch mit der konservativen Bundesregierung unter Konrad Adenauer auseinandersetzte. Gerd von Paczensky war der erste Moderator („Nun wollen wir uns wieder einmal mit der Bundesregierung anlegen"), zahlreiche Autoren und Kameraleute fanden hier ein Betätigungsfeld für neue Formen der Berichterstattung. Vor allem diese Berichterstattung trug sehr dazu bei, dass sich das Fernsehen insgesamt nicht mehr nur als Unterhaltungsveranstaltung, sondern auch als eine politische, letztlich Öffentlichkeit schaffende und aufklärerisch wirkende Institution verstand. Besonders die Aktivitäten der Bundesregierung gegen das Magazin *Der Spiegel*, die 1962 wegen eines Artikels über ein Nato-Manöver („Bedingt abwehrbereit") zu Redaktionsdurchsuchungen und der Verhaftung von Rudolf Augstein und Redaktionsmitarbeitern geführt hatten, wurden von „Panorama" ausführlich dargestellt und führten zu heftigen öffentlichen Demonstrationen und schließlich zum Rücktritt des Bundesverteidigungsministers Franz Josef Strauß, der die Aktion gegen den *Spiegel* maßgeblich mit vorangetrieben hatte. Die sogenannte „Spiegel-Affäre" (richtiger eine „Strauß-Affäre") führte letztlich zu einer Stärkung der Pressefreiheit und der kritischen Berichterstattung durch die Medien.

Der kritische Fernsehjournalismus war beim NDR nicht nur durch den Aufbau einer neuen Redaktion „Zeitgeschehen" durch Proske möglich geworden, sondern auch dadurch, dass eine Reihe kritischer Journalisten von der Hamburger Tageszeitung *Die Welt* abgewandert war, weil Springer nach seinem etwas blauäugigen und missglückten Versuch, in Moskau Chruschtschow zur deutschen Einigung zu überreden, in seinen Zeitungen einen stramm antikommunistischen und konservativen Kurs fuhr. Zu den kritischen Autoren gehörten Erich Kuby, Gösta von Uexküll, Gert von Paczensky und andere. Hinzu kamen Realisatoren wie Otto Wilfert, Klaus Wildenhahn, Rüdiger Lauschke, Lothar Janssen.

Neben der Redaktion „Zeitgeschehen" gab es in Hamburg auch die Nachrichtensendung des Ersten Programms, die „Tagesschau", welche ab 1952 ausgestrahlt wurde. Zwar wollten in den 1950er Jahren andere Sendeanstalten Hamburg den Sitz der „Tagesschau"-Redaktion streitig machen, doch blieb die Tagesschau weiterhin in Hamburg und wurde weiter zu einer Abteilung für Aktuelle Information für das gesamte Programm des Ersten Deutschen Fernsehens ausgebaut. Ironischer Weise war der erste Ort der „Tagesschau"-Redaktion unter Martin S. Svoboda in Hamburg das Aby-Warburg-Haus in der Heilwigstraße gewesen, in dem 1948/49 die Wochenschau im Erdgeschoss logierte, aus deren Produktionsresten Svoboda im Keller des Hauses die ersten „Tagesschau"-Sendungen montierte. Die Wochenschau zog wenig später nach Hamburg-Rahlstedt in die Nähe des Geyer-Kopierwerkes, Svoboda mit der Tagesschau in das neu gebaute Fernsehstudio in Hamburg Lokstedt. Auch hier gab es also schon früh eine mediale Vernetzung.

Es ist ein Kennzeichen für das liberale Medienklima der Hansestadt Hamburg, dass solche Medienwechsel und beruflichen Wanderungen zwischen den Medien möglich waren. Denn es waren ja nicht nur die Zeitschriften wie *Der Stern*, die Wochenzeitungen *Die Zeit* (die erst seit Ende der 1960er Jahre ihre heutige Position fand) und *Christ und Welt* und der *Spiegel*, sondern eben auch der NDR mit seinen Programmplätzen für einen kritischen Journalismus. Natürlich blieb es nicht aus, dass von politischer Seite, insbesondere von der Bundesregierung über die CDU-Mitglieder im NDR-Rundfunkrat Druck auf die Programmproduktion ausgeübt und versucht wurde, die Magazin-Sendung „Panorama" zu disziplinieren. Doch auch wenn in der Folge Gert von Paczensky als Moderator und Rüdiger Proske als Leiter der Hauptabteilung „Zeitgeschehen" abgelöst wurden, hielten die Nachfolger wie Eugen Kogon, Joachim Fest oder Peter Merseburger an der auch von der NDR-Intendanz gedeckten kritischen Berichterstattung fest.

Der kritische Ton im Fernsehen, den maßgeblich der NDR von Hamburg aus in das ARD-Programm einbrachte, war nicht nur auf den Journalismus beschränkt, sondern führte auch zu neuen Konzepten in den nicht-journalistischen Sendeformen. Mit dem Umbau des NDR durch die Bildung von Hauptabteilungen entstand neben anderen auch eine neue Hauptabteilung Fernsehspiel, die für die fiktionalen Sendungen zuständig war. Zuvor hatte es nur verschiedene Produktionsgruppen u.a. unter der Leitung von Heinz Schwitzke gegeben. Die neue Hauptabteilung Fernsehspiel wurde vom NDR-Intendanten Walter Hilpert und dem Fernsehdirektor Hans Arnold dem jungen Mitarbeiter Egon Monk übertragen, der beim Berliner Ensemble in Ost-Berlin ein Assistent Bertolt Brechts gewesen war, dann 1953 in den Westen ging, beim RIAS in West-Berlin und schließlich beim NDR in Hamburg im Hörspiel gearbeitet hatte. Er besaß also Theater-, Film-, Hörspielerfahrungen, als er die Leitung der neuen Hauptabteilung übernahm und war die ideale Besetzung für eine Sendeform, die sich gerade bundesweit im Umbruch ihrer Konzeptionen und technischen Realisierungsmöglichkeiten befand.

Monk ging es darum, das Fernsehspiel mit den aktuellen politischen Themen der Zeit zu verbinden und eine fiktionale Darstellungsform für aktuelle Probleme zu entwickeln. Das Fernsehspiel sollte – ganz im Brechtschen Sinne – Aufklärung leisten, das Publikum nicht von den gesellschaftlichen Themen ablenken, sondern mit seinen eigenen besonderen Möglichkeiten der Verdichtung und Zuspitzung auf eine Veränderbarkeit der Gesellschaft hinweisen.[12] Eine der ersten Produktionen, die Monk übernommen hatte, aber konzeptionell nachhaltig beeinflusste, war Fritz Kortners Fernsehfilm „Die Sendung der Lysistrata" (1961). Dabei geht es um die Fernsehinszenierung von Aristophanes' Stück „Lysistrata", das sich die beteiligten Schauspieler am Abend der Sendung auf dem Bildschirm zu Hause bei einer der Mitwirkenden anschauen wollen. Barbara Rütting (als Lysistrata und Agnes) und Romy Schneider spielen die Frauen, die gegen den Krieg der Männer agieren, indem sie sich den Kriegsheimkehrern verweigern.

Die in der Gegenwart spielende Rahmenhandlung stellt einen Bezug des Aristophanes-Stückes zur Atombewaffnung der späten 1950er Jahre her: Agnes (Barbara Rütting) bringt ihren Mann (Wolfgang Kieling) dazu, ein für ihn lukratives Angebot aus der amerikanischen Rüstungsindustrie auszuschlagen. Kortners Inszenierung des Fernsehfilms führte zu einem Eklat, einige Sender waren gegen die Ausstrahlung der Sendung, letztlich aber schaltete sich nur der Bayerische Rundfunk aus der Übertragung aus, weil angeblich von Romy Schneider einige Sekunden lang eine nackte Brust zu sehen sei, was im öffentlich-rechtlichen Rundfunk gegen die Sitten verstieße. In Wirklichkeit war jedoch der pazifistische Gestus des Fernsehfilms anstößig in einer Zeit, in der sich Strauß für die atomare Bewaffnung der Bundeswehr einsetzte.

Monk betrieb eine konzeptionelle Neuausrichtung der fiktionalen Formen des Fernsehens, also des Fernsehspiels, in dem er sich mit politischen Themen beschäftigte, insbesondere mit dem Nationalsozialismus und seinem Verschweigen in der Bundesrepublik. Hintergrund waren der gerade 1961 in Jerusalem stattfindende Eichmann-Prozess, später dann auch der 1963 in Frankfurt/M. beginnende Auschwitzprozess. Monk, der bei einer Reihe von Fernsehspielen selbst Regie führte, wollte mit dem Fernsehspiel nicht nur Aufklärung betreiben, sondern durch die fiktionale Form dem Publikum Dinge nahe bringen, was durch eine bloß journalistische Vermittlung vielleicht nicht zu erreichen war. Es sind Fernsehproduktionen wie „Die Anfrage“ (1962), „Mauern“ (1963), „Schlachtvieh“(1963) und vor allem die Darstellung des KZ-Alltags 1939 in „Ein Tag“, die 1965 ausgestrahlt wurden. Das Publikum wurde hier bewusst mit seiner eigenen politischen Ideologie konfrontiert, die sonst in der Öffentlichkeit eher verschwiegen wurde, weil immer noch zahlreiche Funktionsträger aus der NS-Zeit in der Bundesrepublik in Amt und Würden waren.[13]

Worin bestand das Neue in den Fernsehspielen, die Monk als Hauptabteilungsleiter Fernsehspiel und als Regisseur zu verantworten hatte? Ihm ging es in der Fernsehfiktion nicht um eine Form bloßer Unterhaltung durch Spielhandlungen, nicht um individuelle, persönliche Geschichten, die das Herz der Zuschauer rührten, sondern um die gesellschaftlichen Verhältnisse, um politische Positionen. „Private Leidenschaften interessieren mich nicht“, hat er anlässlich der Verleihung des DAG-Fernsehpreises 1965 für seinen Fernsehfilm „Ein Tag“ gesagt. Er wollte in einem abgewandelten Brechtschen Sinn Situationen und die in diesen handelnden Figuren vorführen, zu denen dann der Zuschauer sich selbst verhalten konnte, ja durch die Inszenierung mehr oder weniger gezwungen, Stellung zu nehmen.

„Anfrage" z.B. schildert einen Instituts-Assistenten (gespielt von Hartmut Reck), der einen Amerikaner empfangen soll, der nach Deutschland gekommen ist, um einen Juden zu suchen, der sich in der NS-Zeit in der Stadt versteckt und überlebt hat, aber jetzt immer noch nicht zu finden ist. Der Assistent geht durch die Stadt, befragt Leute, die ihn gekannt haben, die aber immer noch gängige Vorurteile gegen Juden vertreten. Dazu hält er schon einmal quasi den Film an, wiederholt eine Situation, um dem Zuschauer klarzumachen: „Was hat der da gerade gesagt?" Die Suche bleibt erfolglos und der Amerikaner will schon abreisen, da fährt der Assistent mit ihm in die Gedenkstätte des KZ Dachau. Der Film zeigt hier ohne Ton in einer langen Einstellung die Hinrichtungsstelle und präsentiert damit den Kontext, in dem diese Vorurteile in der NS-Zeit mörderische Konsequenzen hatten. Und er kommentiert gegenüber dem sprachlosen Amerikaner: „Da hört die Gemütlichkeit auf". In seinem Inszenierungsstil zeigt der Film eine Nähe zu den kargen Bühnenbildern des Dokumentartheaters seiner Zeit, wird jedoch um Brechtsche Schrifttafeln und filmische Sequenzen von Straßenszenen erweitert.

Ähnlich wird in „Mauern" gezeigt, wie der politische Gegensatz, der 1961 zum Bau der Mauer führte, seine Wurzeln schon in der politischen Konfrontation von Nazis und Kommunisten hat und immer noch nicht überwunden ist. Auch kommen zu den Studioszenen Ausschnitte aus historischen Aufnahmen deutscher politischer Schlüsselszenen von 1918 bis 1961 sowie filmische Aufnahmen der innerberliner Grenze an der Oberbaumbrücke. In „Schlachtvieh" wird das Nicht-Wissen-Wollen der Bundesbürger in einer satirischen Parabel sinnfällig gemacht. Fahrgäste in einem Eisenbahnabteil liefern in dieser Satire ein gesellschaftliches Panorama, innerhalb dessen Verdrängungspraktiken demonstriert werden, die in verschiedenen Spielen des Tötens enden.

Monk führte auch Regie bei einem Film über das Hamburger Arbeitermilieu: „Wilhelmsburger Freitag" (1964), der in Farbe gedreht, aber in Schwarzweiß ausgestrahlt wurde (Farbfernsehen gab es in der Bundesrepublik erst ab 1967). Hier geht es um das Schweigen der Arbeiterklasse und wie sich ein junger Arbeiter und seine Frau, die ein Kind erwartet, von der Konsumwelt haben einfangen lassen, ohne dass sie selbst zu einem Bewusstsein ihrer eigenen Lage kommen. Es ist ein besonders undramatischer, nur minutiös beschreibender Erzähl- und Darstellungsstil, der an die Erzähltechniken des damals aktuellen *nouveau roman* erinnert und heute vor allem durch seine karge Farbigkeit der Bilder auffällt (die allerdings weniger einer inszenatorischen Absicht als durch den Verfall der Farbigkeit des verwendeten Filmmaterials im Laufe der Jahrzehnte entstanden ist).

Monks Fernsehspiele stehen in einem Fernsehspielprogramm, das auch in seinen anderen Produktionen eine kritische Haltung zur bundesdeutschen Wohlstandsgesellschaft aufweist. Das Fernsehspiel „Zuchthaus" nach dem Roman von Henry Jaeger, dessen Zuchthauserlebnis hier verarbeitet wird, brachte dem Hamburger Fernsehspiel unter Monk die von dem Kritiker und späteren Filmproduzenten Werner Kließ geprägte Kennzeichnung einer „Hamburger Dramaturgie des Fernsehspiels"[14] ein – damit den Fernsehproduktionen eine Art Lessingsche Neudefinition dieser Sendungsform geleistet zu haben. Monk beschäftigte kritische Autoren wie Gunter R. Lys, Christian Geissler und andere und bemühte sich um einen eher nüchternen Regiestil, um das Publikum zu politischen Einsichten zu bringen, nicht um sie zu bestimmten Emotionen zu verführen.

Obwohl Monk sich in den 1960er Jahren selbst wenig konzeptionell in der Öffentlichkeit zu seinen Fernsehspielen und zur Programmarbeit des NDR-Fernsehspiels geäußert hat, gilt er als der für dieses Jahrzehnt führende Fernsehspielvertreter, der dieses Genre im Jahrzehnt der 1960er Jahre entscheidend verändert hat. Gleichwohl darf man jedoch auch nicht übersehen, dass neben den kritischen Fernsehspielen, die aus der NDR-Fernsehspielabteilung Monks stammten, der NDR auch zahlreiche unpolitische, ja teilweise sehr konservativ-traditionelle Fernsehfiktionen (insbesondere auch in den Serien) produzierte, die vor allem in der Hauptabteilung Unterhaltung entstanden, die Harald Vock, der auch Drehbuchautor und Regisseur zahlreicher Sendungen war, leitete[15].

3. Filmproduktion in Hamburg: von der Realfilm zu Studio Hamburg

Monks Fernsehspiel-Neukonzeptionierung ist nicht denkbar ohne einen Blick auf die Filmproduktion in Hamburg. Dazu muss noch einmal auf die Nachkriegssituation zurückgegangen werden.

Die Zeit des deutschen Films zwischen 1945 und 1949 ist dadurch gekennzeichnet, dass die Alliierten den deutschen Ufa-Konzern (der als Ufi ab 1942 staatlich war und alle anderen größeren Filmproduktionsgesellschaften einschloss) zerschlagen wollten und die Neuproduktion an den Erwerb von Lizenzen banden. In verschiedenen traditionellen Filmstädten wie Berlin und München vergaben die Alliierten Filmproduktionslizenzen. In Hamburg erhielten Walter Koppel, der als Jude das KZ Hamburg-Fuhlsbüttel überlebt hatte, und Gyula Trebitsch, der als ungarischer Jude ebenfalls mehrere KZs überstanden hatte, 1947 von den Briten Lizenzen für die Filmproduktion. Beide besaßen Filmerfahrung. Sie gründeten in Hamburg die Realfilm, die in Hamburg Tonndorf Ende der 1940er Jahre Studios aufbaute und in den 1950er Jahren zum größten und einflussreichsten bundesdeutschen Spielfilmproduzenten wurde. Diese Produktion wurde – wie andere Filmproduktionen dieser Zeit auch – zeitweise durch Filmbürgschaften des Bundes gestützt, die jedoch Koppel Anfang der 1950er Jahre verweigert wurden, weil er unmittelbar nach Kriegsende mit den Kommunisten sympathisiert hatte. Das Land Hamburg sprang dann mit Landesbürgschaften ein und sicherte auf diese Weise die Realfilm-Produktion.

Koppel vertrat auch in der Zeit des Kalten Kriegs eine eher kritische Haltung gegenüber der Vergangenheit und ihrem Fortleben in den restaurativen Tendenzen der Adenauer-Republik. Sie schlug sich in zahlreichen Unterhaltungsfilmen nieder, die er als Produzent verantwortete und in denen er für die einfachen Leute eintrat (z. B. „Keine Angst vor großen Tieren", 1953). Das Klima in Hamburg war durch eine kritische Grundhaltung gegenüber dem NS-Film und seinen Protagonisten bestimmt, die dadurch begünstigt wurde, dass Hamburg selbst keine eigene Vergangenheit als Filmstadt hatte. Als ab 1949 zahlreiche NS-Filmregisseure (Veit Harlan, Wolfgang Liebeneiner u. a.) wieder neue Filme drehten und es 1951 zur Aufführung von Harlans Film „Unsterbliche Geliebte" kam, rief der damalige Leiter der staatlichen Pressestelle Erich Lüth zum Boykott der Harlan-Filme auf, weil Harlan als Regisseur von „Jud Süß" der „Nazifilm-Regisseur Nr. 1" gewesen sei. Es kam zu zahlreichen Protestveranstaltungen gegen die Aufführung von Harlan-Filmen. Harlan selbst klagte gegen Lüth, das Bundesverfassungsgericht bestärkte jedoch im sogenannten Lüth-Urteil Lüths Position und formulierte mit dem Urteil gleichzeitig in grundsätzlicher Weise das Recht auf Meinungsfreiheit.

Für Koppel und Trebitsch war von vornherein klar, dass sie nie Filme mit den herausragenden Regievertretern des NS-Films drehen würden, auch wenn das letztlich schwierig war, weil es kaum Nachwuchs gab und die alte Grade in den 1950er Jahren bei bis zu achtzig Prozent der bundesdeutschen Kinospielfilme Regie führte. Koppel und Trebitsch setzten sich bei aller Unterhaltungsorientierung ihrer Spielfilme für eine letztlich demokratische Grundorientierung ihrer Filme ein.

Für die 1950er Jahre stellte die Realfilm neben einer Reihe weiterer kleiner Hamburger Filmfirmen, die häufig in den Ateliers der Realfilm ihre Filme produzierten, einen wichtigen Faktor in der Hamburger Medienlandschaft dar. Hamburg war nicht mehr nur eine Zeitungs- und Verlagsstadt, sondern eben auch eine Stadt der audiovisuellen Bewegtbildmedien. Der deutsche Nachkriegsfilm mit seinen Varieté- und Revuefilmen, aber auch mit anderen Genres, Literaturverfilmungen und mit kritischen, die Gesellschaft thematisierenden Produktionen hatte hier sein Zentrum.

Als sich Ende der 1950er eine Expansion der Fernsehens bei gleichzeitigem Niedergang des Kinos abzeichnete, verkauften Koppel und Trebitsch die Mehrheit an den Studios der Realfilm an die Werbetochter des NDR, weil das Fernsehen mit seinen wachsenden Teilnehmerzahlen auch den Umfang seines Programmangebots ausweitete und deshalb neue Produktionskapazitäten benötigte. Das war keine für Hamburg singuläre Erscheinung. Die Münchener Bavaria-Filmproduktion verkaufte die Mehrheit ihrer Studios an den Westdeutschen (WDR) und den Süddeutsche Rundfunk (SDR). Der Bayerische Rundfunk erwarb in Unterföhring neue Studios und auch die kleineren Sendeanstalten legten sich über ihre Werbetochtergesellschaften Filmstudios zu. In Hamburg wurden die Realfilm-Studios in Studio Hamburg umbenannt und neben der Kinofilmausrüstung zusätzlich mit der Fernsehproduktionstechnik ausgestattet.

Koppel und Trebitsch blieben gleichzeitig als Produzenten mit ihren aus dem Realfilm-Komplex ausgegliederten Produktionsfirmen weiterhin in der Filmproduktion tätig. Koppel setzte weiterhin auf den Kinofilm, war jedoch mit seinen weiteren Produktionen ab 1960 wenig erfolgreich, weil er sich der sogenannten Altfilmbranche mit ihrer Orientierung auf Serienfilme wie die Edgar-Wallace- oder Karl-May-Filme verweigerte und seine Versuche, mit den Regisseuren des Neuen deutschen Films zu kooperieren, erfolglos blieben. Trebitsch hingegen zeigte sich flexibler und kooperierte mit dem Fernsehen, das für seine im Umfang wachsenden Programme zusätzliche Produktionskompetenz benötigte. Gyula Trebitsch – und auch seine Tochter Katharina Trebitsch – stiegen zu erfolgreichen Fernsehfilmproduzenten auf.

Monk produzierte als einen der ersten der von ihm als Hauptabteilungsleiter verantworteten Fernsehfilme den schon erwähnten Kortner-Film „Die Sendung der Lysistrata" zusammen mit Gyula Trebitsch, der dafür auch die Kinorechte an dem Film erwarb und deshalb – nachdem der Bayerische Rundfunk aus der Ausstrahlung des Films im Fernsehen in seinem Sendegebiet unterband – den Film in den Münchner Kinos zeigte. Hier wurden bereits früh die Möglichkeiten eines engen Verbunds zwischen Film und Fernsehen sichtbar.

Monk selbst hatte seine Hauptabteilung Fernsehspiel dann Anfang der 1960er Jahre auf dem Gelände des Studios Hamburg in Tonndorf untergebracht – auch um hier eine größere Nähe zum Produktionsapparat zu haben und damit selbst die Redaktionsarbeit mit der der Produktionsherstellung enger verkoppeln zu können. Das führte dazu, dass er – im Gegensatz zu den bis dahin fast ausschließlich als Eigenproduktionen der Sendeanstalten hergestellten Produktionen – die Zusammenarbeit mit externen Filmproduktionsfirmen auf eine neue organisatorische Basis stellen konnte und erste Kalkulationen erstellen ließ.

4. Kinoinformationen durch die Wochenschau und der Experimentalfilm

Die Hamburger Filmszene ist noch um weitere Akteure zu ergänzen, die zugleich die Aktivitäten und damit die Bedeutung von Hamburg als Filmstadt beleuchten. Vor den Toren Hamburgs hatte 1947 die Firma Junge Union Film ein Studio in dem kleinen Bendestorf gegründet, Lizenzinhaber war Rolf Meyer, ein ehemaliger Tobis-Filmautor, der in Bendestorf zahlreiche Filme produzierte. Das Unternehmen ging jedoch Anfang der 1950er Jahre in Konkurs, weil Meyer nicht über genügend Eigenkapital verfügte. Seine Studios, die immer auch zur Hamburger Filmszene mitzählten, weil sie von hier aus gemanagt wurden, sind der Grund dafür, dass die Stadt zu einer in den 1950er Jahren prosperierenden Filmmetropole wurde. Heute sind dort Industrie- und Werbefilmunternehmen tätig. Eine Reihe weiterer kleiner Filmfirmen entstand in jenen frühen Jahren, u. a. eine Filmproduktionsfirma von Helmut Käutner, oder die Kammerspielfilm-GmbH von Ida Ehre, die die Hamburger Kammerspiele leitete. Sie waren jedoch nur von kurzer Dauer, weil ihnen der unternehmerische Wille eines Koppel oder Trebitsch fehlte.

Neben diesen in der Regel zumeist nur kurzlebigen Filmproduktionsfirmen etablierte sich in Hamburg auch 1949 die Deutsche Wochenschau GmbH, die die „Neue deutsche Wochenschau" produzierte und damit zur wichtigsten Wochenschau-Lieferantin des bundesdeutschen Kinos wurde.[16] An ihr war die Bundesregierung über das Bundespresseamt beteiligt, später kam die Produktion weiterer Wochenschauen hinzu, sodass Hamburg zum Zentrum für die Nachrichtenfilme im Kino wurde. Die Wochenschau-Firma produzierte auch andere Filme, Dokumentationen und Deutschlandmagazine für die Auslandsarbeit der Bundesregierung. Diese Wochenschau-Produktion, die in ihren besten Zeiten wöchentlich mehrere Hundert Kopien der jeweils neuen Wochenschau vertrieb, stellte einen für die Hamburger Filmlandschaft gewichtigen Faktor dar, weil ihre Redakteure, Autoren und Kameraleute umfangreiches Produktionswissen für das Herstellen audiovisueller Nachrichten besaßen.[17]

Die Kinokrise führte mit der Schließung zahlreicher Kinos auch zum Rückgang der Wochenschauproduktion. Ein Versuch der Deutschen Wochenschau, an der Gründung des von Konrad Adenauer ab 1958/59 betriebenen kommerziell organisierten Bundesfernsehens teilzuhaben und für dieses neue Fernsehprogramm die Nachrichtenproduktion zu übernehmen, scheiterte jedoch mit dem Verbot des Adenauer-Fernsehens durch das Bundesverfassungsgericht. Danach kam es zu keinen neuen Initiativen der Wochenschau GmbH, dem Niedergang der eigenen Filmform etwas entgegenzusetzen. 1977 wurde die Wochenschau-Produktion in Hamburg eingestellt, das Fernsehen hatte ihr längst den Rang in der aktuellen visuellen Nachrichtenvermittlung abgelaufen, Filmmaterial aus den historischen Wochenschauen wird heute vom Cinecentrum (im Kontext von Studio Hamburg) vertrieben.

Für die Hamburger Filmlandschaft zeichnete sich in den 1970er Jahren eine Dominanz der über Studio Hamburg betriebenen Film-Fernsehkooperation ab. Es entstand eine integrierte Film-Fernsehwirtschaft mit einem breiten Spektrum von Film- und Fernsehproduktionen. Im Zentrum stand nun der zum NDR gehörende Komplex von Studio Hamburg. Wie so oft führte die Schaffung großer Produktionskomplexe auch zu gegenläufigen Entwicklungen. Ende der 60er Jahre entstanden zahlreiche kleine Filminitiativen und Filmemachergruppen, die unabhängig von den großen Komplexen nach einer neuen und alternativen Form des Filmemachens suchten. War schon der Neue Deutsche Film aus dem Oberhausener Manifest von Kurzfilmregisseuren hervorgegangen, so entstand in den 1960er und 1970er Jahren in Hamburg eine alternative Filmemacherszene, die ohne viel Geld Filme realisierte und diese teilweise auch als sogenannte Lowbudget-Produktionen an experimentelle Fernsehredaktionen verkaufte. In Hamburg war diese Filmemacherszene aus den Filmclubs hervorgegangen, die von den Pädagogen und Wissenschaftlern wie Wolfgang Kempe und Jörn Stückrath gefördert wurde und in der sich dann Filmemacher wie Hellmuth Costard, Helmut Herbst, Klaus Wyborny, Werner Nekes, Heinz Emigholz und Franz Wintzensen bewegten. Sie hatten im Arbeitskreis Film und Fernsehen an der Hamburger Universität erste Filme produziert und gründeten mit anderen zusammen die *Hamburger Filmemacher Cooperative*, die neben den ganz unterschiedlichen neuen Experimentalfilmen auch das Fernsehen vor allem in seinen Dritten Programmen durch die Produktion von Animationsfilmen und Programmgrafik – etwa von Helmut Herbst – bereicherte. Die Filmemacher waren jedoch nicht darauf aus, wie die Münchner Film-Avantgardisten um Alexander Kluge, Werner Herzog oder Wilm Wenders, das deutsche Kino zu übernehmen, wie es Helmut Herbst 1979 kritisch gegenüber den Münchner Filmemachern formulierte, sondern sie verstanden sich eher als einen der bildenden Kunst nahestehenden und alternativ bleibenden Filmunderground nach amerikanischem Vorbild. Die Szene zerstreute sich dann in den 1970er Jahren, weil es nicht gelang, wichtige Filmkünstler der Cooperative dauerhaft an Hamburg zu binden. Sie übernahmen an zahlreichen Kunsthochschulen in der Bundesrepublik und im Ausland Lehrtätigkeiten. Gleichwohl bleibt ihr Name mit dem der Filmstadt Hamburg verbunden.

Deutlich wird damit, dass zu einer florierenden Medienstadt neben den großen Produktionsagglomeraten gerade auch die kleinen Initiativen und Gruppen gehören, die die Entwicklung auch in künstlerischer Weise vorantreiben. Es ist ihr Kreativitätspotential, das sich produktiv auf das Klima einer Medienstadt auswirkt.

5. Im Fernsehspiel und Fernsehfilm: Meichsner, Fechner, Breloer und die Folgen

Noch einmal zu Egon Monk, jenem Angelpunkt im fiktionalen Film der 1960er Jahre in Hamburg. Monk hatte in den 1960er Jahren – in den der Kinospielfilm marginalisiert und der Neue Deutsche Film noch in seinen Anfängen steckte – in kurzer Zeit das NDR-Fernsehspiel zur ästhetisch führenden Fiktionsproduktion der Bundesrepublik aufgebaut. Erst gegen Ende der 1960er Jahre fand er im WDR-Fernsehspiel unter Günter Rohrbach, der von der Filmkritik im Umkreis von Enno Patalas kam, einen in gleicher Weise innovativen Konkurrenten. Monk bekam 1968 das Angebot, als Intendant das berühmte Hamburger Schauspielhaus nach dem Ausscheiden von Oskar Fritz Schuh zu übernehmen. Auch hatte er ein Angebot vom Frankfurter Theater bekommen. Er war als Brechtschüler immer dem Theater als dem eigentlichen Ort der Darstellenden Kunst verhaftet geblieben und hatte auch in den 1960er Jahren wiederholt in der Hamburger Oper bei Rolf Liebermann moderne Opern inszeniert.

1968, in den stürmischen Jahren des kulturellen Umbruchs, ging Monk also an das Schauspielhaus und inszeniert dort Stücke ganz im Sinne seiner frühen Fernsehspiele. „Über das Gehorsam" ein Stück von seinem Dramaturgen Claus Hubalek sowie Schillers „Räuber" führten in Hamburg rasch zu einem Eklat, weil das bürgerliche Theaterpublikum sich in seinen von Gründgens und Schuh geprägten Erwartungen enttäuscht sah. Entscheidend war auch, dass er als Mann, der vom Fernsehen kam – jenes in den Augen des bürgerlichen

Publikums Unmediums – nun die hehre Institution des Theaters übernahm. Es kam zu einer unheilvollen Liaison zwischen dem Bürgertum und Springers *Bild-Zeitung*, die mit dicken Überschriften gegen den linken Intendanten zu Felde zog. Monk, eher ein stiller Macher als ein lautstarker öffentlicher Kämpfer, gab nach zweieinhalb Monaten auf und kehrte zum Fernsehen zurück – nun jedoch als freier Regisseur und Autor.

Denn nach seinem Weggang vom NDR hatte der 1965 als Chefdramaturg zum NDR gekommene Dieter Meichsner die Leitung des NDR-Fernsehspiels übernommen. Meichsner hatte mit Monk zuvor schon gemeinsam Fernsehspiele wie „Der Preis der Freiheit" um einen aus dem Osten in den Westen gekommenen Mann und dessen Probleme im Westen gedreht.

Das Aufklärungskonzept des NDR-Fernsehspiels blieb zunächst erhalten, wandte sich aber unter Meichsners Ägide anderen Themen zu. Hatte Monk zunächst mit seinem Fernsehfilm „Industrielandschaft mit Einzelhändlern" (1970) und vor allem der mehrteiligen Fallada-Verfilmung „Bauern, Bomben, Bonzen" (1973) noch an seinem Aufklärungskonzept festgehalten, so ging er dann mit seinen weiteren Filmen (u. a. „Geschwistern Oppermann" und „Die Bertinis") in den 1980er Jahren zum ZDF, wo er mehr Unterstützung als in Hamburg fand. Meichsner sah den Aufklärungsbedarf weniger in der Thematisierung deutscher Vergangenheit als in der Auseinandersetzung mit der Studentenbewegung, der DDR und linken Strömungen in der Bundesrepublik.

In Meichsners Film „Alma Mater" setzten sich Meichsner und Rolf Hädrich (Regie) mit der Studentenbewegung auseinander und zeigen die Aktionen an der FU Berlin in den End-1960er Jahren. Meichsner war bei diesem Thema besonders involviert, sah er – der zur Gründergeneration der Freien Universität in den frühen 1950er Jahren gehörte und 1953 einen Roman *Die Studenten von Berlin* und deren antikommunistischen Kampf geschrieben hatte – seine Universität durch die „roten Faschisten", wie es im Film einmal heißt, bedroht. Er schreckt auch vor denunziatorischen Bild- und Tonmontagen nicht zurück, wenn er z. B. fiktionale Bilder mit der leicht stotternden Stimme des Studentenführers Tilman Fichter unterlegte oder in bekannte Dokumentaraufnahmen vom Wasserwerfereinsatz der Polizei gegen die demonstrierenden Studenten den Schauspieler Claus Theo Gärtner einmontierte. Die Kritik gerade von Seiten der Studenten war heftig, ihm wurde Täuschung, Manipulation und Geschichtsklitterung vorgeworfen.

Meichsner, der neben seiner Leitung des NDR-Fernsehspiels (von 1968 bis 1991), auch das Recht hatte, selbst Drehbücher für Fernsehfilme zu schreiben, wandte sich dann großen Literaturverfilmungen (vor allem von Fontane) und Filmen zu, die sich mit Wirtschaftsvergehen in der Bundesrepublik beschäftigten. In einer 18-teiligen Reihe „Schwarz-Rot-Gold" beschäftigte er sich von 1982 bis 1996 mit Wirtschaftsvergehen, die ein Zollfahnder (gespielt von Uwe Friedrichsen) aufdeckt.

Der Aufklärungsgestus war jetzt der Thematisierung von gesellschaftlichen Konflikten in einer eher gängigen Kriminaldramaturgie gewichen, die ganz im konsensualen Verständnis der Gesellschaft gelöst wurden. Die gesellschaftlichen Grundprobleme wie die Beschäftigung mit der NS-Vergangenheit, der deutschen Teilung und die Probleme des bundesdeutschen Alltags als zentrale Aspekte des NDR-Fernsehspiels traten bei Meichsner in den Hintergrund. Auch wenn sich Meichsners Fernseharbeit nun stärker an der Maximierung der Einschaltquoten orientierte, war die realistische Grundorientierung der in Hamburg entstehenden Fernsehfilme weiterhin unangefochten. „Soviel Realismus wie möglich, soviel Kintopp wie nötig", wurde Meichsner als Maxime der NDR-Fernsehspielabteilung zugeschrieben.

Die Verbindung von Fiktion und Dokumentation innerhalb der fiktionalen Filmproduktion war unter Monk schon dadurch gefördert worden, dass Monk innerhalb seiner NDR-Fernsehspielabteilung auch dokumentarische Produktionen verantwortete. So zog er den Filmemacher Klaus Wildenhahn aus der Abteilung Zeitgeschehen des NDR (und damit aus den „Panorama"-Sendungen) zum Fernsehspiel, um den spezifischen dokumentarischen Stil Wildenhahns mit seinem das Authentische beschwörenden Darstellungsstil für die Fernsehspielarbeit zu nutzen. Oder er vermittelte einer als Regieassistentin mitarbeitenden jungen Frau Einsichten in die Kraft des Dokumentarischen, die diese, Erika Runge, später in der Veröffentlichung von Tonbandprotokollen von Arbeiterinnen (*Bottroper Protokolle*) nutzbar machte. Mit deren Verfilmung und weiteren dokumentarischen Sendungen beim WDR erregte sie besondere Aufmerksamkeit.

Aus dem Prinzip der Verbindung von Fiktion und Dokumentation entwickelte ein anderer Filmemacher und Autor einen eigenen sehr suggestiven Stil des gesellschaftlichen Gruppenporträts: Eberhard Fechner, Schauspieler und ab Mitte der 1960er Jahre als Regieassistent bei Monk engagiert, weil er Interesse an der Regiearbeit gefunden hatte. (In Monks Film „Ein Tag" (1965) spielt er den kriminellen KZ-Kapo Mennes). Fechner drehte dann neben Literaturverfilmungen wie den Romanen von Walter Kempowski, die sich autobiografisch mit der deutschen Nachkriegsgeschichte in der DDR beschäftigen („Tadellöser und Wolff", 1975, und „Ein Kapitel für sich", 1977), vor allem Dokumentarfilme. 1969, schon unter der Fernsehspiel-Ägide von Dieter Meichsner, verfolgte Fechner in der West-Berliner Polizeizentrale die eingehenden Suizidmeldungen und griff die Nachricht vom Tod einer alleinstehenden 72-jährigen Frau auf. Aus den Aussagen der Nachbarn, Polizisten, entfernten Verwandten und Ladenbesitzern aus der Umgebung des Berliner Weddings rekonstruierte er ein Bild der Frau und fügte aus den geführten Interviews oft nur kurze Passagen zu einem sich ergänzenden Erzählfluss zusammen.

Aus dieser Montagetechnik entwickelte Fechner in der Folgezeit Gruppenporträts von Menschen, die durch Alter, Herkunft und gleiche Tätigkeit einen gemeinsamen Fokus hatten, sodass sich die Porträts von Fechner in differenzierter Montagearbeit zu einer kollektiven Rede einer Generation zusammen fügten. „Klassenphoto" (1970) schildert eine Schulklasse 1933, deren Lebenswege sich durch die Judenverfolgung über die Welt verstreuten, ähnlich auch bei den „Comedian Harmonists" (1976), oder in „Damenstift" (1984), „La Paloma" (über Seeleute 1988) oder „Wolfskinder" (über Kriegswaisen bei Kriegsende, 1990). Sein wichtigstes Filmprojekt wurde die Begleitung der Düsseldorfer Majdanek-Prozesse 1976 bis 1981, in dem („Der Prozeß", 1984) seine Montagetechnik aus den Aussagen der Prozessbeteiligten und anderer ein dichtes Bild jener NS-Verbrechen in den KZs und den Umgang mit ihnen in der Bundesrepublik der End-1970er Jahre lieferte. Mit seinen dokumentarischen Fernsehfilmen gehörte Fechner zu den wichtigsten Vertretern neuer dokumentarischer Formen. Seine Filme haben das Selbstverständnis und die Sicht auf die deutsche Alltags- und Generationengeschichte wesentlich beeinflusst.

Zu den Weiterführungen des Monkschen Aufklärungskonzeptes gehören auch die Arbeiten von Heinrich Breloer und Horst Königstein. Breloer wurde 1970 an der Hamburger Universität mit einer Dissertation über Georg Kaiser promoviert und fand nach journalistischen Tätigkeiten zum Fernsehen, drehte nach einem Film über Brecht und einer Dokumentarfilmreihe „Mein Tagebuch" (1982) zusammen mit dem Fernsehredakteur Horst Königstein nach dem Roman von Arnold Zweig *Das Beil von Wandsbek* (1982). Mit dem Roman begab sich Breloer auf die Spurensuche nach den dokumentarischen Zeugnissen des im Roman thematisierten ‚Altonaer Blutsonntags', bei dem es bei einer Straßenschlacht zwischen Nazis und Kommunisten 12 Tote gab. Der Film montiert die Recherche selbst und ihre Ergebnisse, befragt Verwandte des 1934 unschuldig hingerichteten Bruno Tesch und andere Zeitzeugen. In einem zweiten Teil wird der Schlächter Teetjen geschildert, der aus Geldnot das Amt des verhinderten Henkers übernimmt, um eine Geschäftspleite abzuwenden und sich, als die Information seiner Tat durchsickert und er keine Kunden mehr hat, selbst das Leben nimmt. Es ist diese Mischung von Dokumentation und nachstellender Fiktion, die Breloers Film auszeichnet und auch seine Folgearbeiten über bundesdeutsche Skandale wie z. B. „Die Staatskanzlei" (über die Barschelaffäre, 1989), „Kollege Otto" (über die Coop-Affäre, 1991), über Mogadischu („Todesspiel", 1997) oder über Lebenswege wie „Wehner- die unerzählte Geschichte" (über Herbert Wehners Zeit vor 1945 in Moskau, 1993) „Speer und Er" (über Hitler und seinen Rüstungsminister Albert Speer in der Kriegszeit, 2004). In seinen Filmen – vor allen in den frühen wie „Die Staatskanzlei" entsteht durch Breloers Montagen, dem Nebeneinander von dokumentarischer Person und fiktionaler Figur sowie durch das Ineinander von miterlebbarer Recherche und Aussage im Spiel ein ganz eigentümliches Verhältnis von Wirklichkeit und ihrer medialer Darstellung. Es bleibt – anders als Meichsner/Hädrichs Ineinander von Dokument und Fiktion in „Alma Mater" immer auch ein Bewusstsein der Differenz von Darstellung und Wirklichkeit. Der Zuschauer ist quasi beim Erzeugen der Realitätserzählung dabei und wird nicht durch die medialen Möglichkeiten getäuscht.

Horst Königstein profilierte sich neben seiner Arbeit als Co-Drehbuchautor von Breloer-Filmen mit eigenen Arbeiten. Er beschäftigte sich in Filmen und Buchprojekten mit der jüngeren Geschichte der Unterhaltungskünste, produzierte Porträts wie über den Fernsehjournalisten Dieter Gütt und Filme wie „Reichshauptstadt privat" (1987). Er entwickelte eine ähnliche Form der Mischung von Dokumentation und Fiktion, wie sie der Tradition der Fernsehfilme des NDR entsprach, um einerseits der Wirklichkeit des Dargestellten und andererseits den emotionalen Innensichten der Figuren nahe zu kommen.

Das Fernsehspiel bzw. der Fernsehfilm des NDR – und hier kann man durchaus von einer Art NDR-Stil sprechen – ist durch ästhetisch anspruchsvolle Verbindung von Fiktion und Dokumentation im Rahmen unterschiedlicher Gestaltungskonzepte geprägt. Seine besten Beispiele zielen auf eine gesellschaftliche, ja sogar politische Aufklärung. Er will dem Zuschauer etwas zumuten und ihn damit auch als einen politischen Bürger verstehen.

Sicherlich hat der neuere Fernsehfilm des NDR den Anspruch Aufklärung zu treiben, nicht dauerhaft bis heute durchgehalten. Vor allem in der Zeit ab 1991 nach Dieter Meichsner unter dem von Studio Hamburg kommenden Matthias Esche und vor allem Doris Heinze als umstrittener und letztlich wegen Drehbuchbetrügereien entlassener Fernsehspielchefin gab es eine Zeit des Niedergangs, in der vor allem auf die zu erreichende Zuschauerquote und weniger auf inhaltlich ambitionierte Geschichten geachtet wurde. Mit Christian Granderath, der als Producer von der Filmfirma TeamWorx (Köln) kam, gibt es ab 2010 einen Neubeginn, der mit Produktionen wie „Mörderische Entscheidung" an die Tradition kritischer und auf Aufklärung zielender Fiktionsproduktionen vom NDR setzt.[18]

6. Ausblick

In den elektronischen Medien setzte bereits in den 1970er Jahren ebenso wie im Film, in den Audio- und Printmedien erst langsam, dann immer schneller und umfassender die Digitalisierung ein, die zu einem tiefgreifenden technischen Umbruch führte und weitreichende Strukturveränderungen und völlig neue Medienkonstellationen hervorbrachte. Mit der Etablierung des Internets als neuer Medienplattform entstanden zahlreiche neue Medienanbieter, die sich auch in Hamburg ansiedelten und Teil der neu entstandenen sogenannten „Kreativwirtschaft" wurden. Doch das ist ein neues Thema, das hier nicht mehr umfassend erörtert werden kann.

1 Brigitte Tolkemitt: *Der Hamburger Correspondent. Zur öffentlichen Verbreitung der Aufklärung in Deutschland*. Tübingen: Niemeyer 1995, S. 10.

2 Vgl. auch Axel Schildt: „Hamburg – eine Metropole des Geistes? Zur Intellektuellen-Geographie nach dem Zweiten Weltkrieg". In: *Zeitgeschichte in Hamburg 2013*, hrsg. von der Forschungsstelle für Zeitgeschichte. Hamburg 2014, S. 55–74.

3 Vgl. Andreas Vollberg: „„Weit mehr als eine bloße Musikfabrik" – Programm-Hegemon mit Kulturmacht. Die Musik im NWDR-Hörfunk". In: Hans-Ulrich Wagner (Hrsg.): *Die Geschichte des Nordwestdeutschen Rundfunks*. Bd. 2. Hamburg: Hoffmann und Campe 2008, S. 229 ff.

4 Axel Schildt: „Hamburg – eine Metropole des Geistes". a.a.O., S. 74.

5 Vgl. Knut Hickethier (Mitarbeit Peter Hoff): *Geschichte des deutschen Fernsehens*. Stuttgart/Weimar: Metzler 1998, S. 64 ff.

6 Vgl. Alexander Gallus: „Deutschlandpolitische Querdenker in einer konservativen „Zeit" – die ersten beiden Chefredakteure Samhaber und Tüngel 1946–1955". In: Christian Haase und Axel Schildt (Hrsg.): *Die „Zeit" und die Bonner Republik*. Göttingen: Wallstein 2008, S. 225 ff.

7 Vgl. Peter von Rüden/Hans Ulrich Wagner (Hrsg.): *Die Geschichte des Norddeutschen Rundfunks*. Band 1. Hamburg: Hoffmann und Campe 2005; Hans-Ulrich Wagner (Hrsg.) *Die Geschichte des Nordwestdeutschen Rundfunks*. Band 2. Hamburg: Hoffmann und Campe 2008.

8 Vgl. Knut Hickethier: „Das „bewegte Auge der Daphnie“ und die „geschnitzte Botschaft“. Bildung und Kultur im NWDR-Fernsehen“. In: Hans-Ulrich Wagner (Hrsg.): *Die Geschichte des Nordwestdeutschen Rundfunks* Bd.2, Hamburg: Hoffman und Campe 2008, S. 336 ff.

9 Knut Hickethier: *Geschichte des deutschen Fernsehens*, a.a.O. S. 170 ff.

10 Vgl. Peter Zimmermann: „Geschichte von Dokumentarfilm und Reportage von der Adenauer-Ära bis zur Gegenwart“. In: Peter Ludes, Heidemarie Schumacher, Peter Zimmermann (Hrsg.): *Informations- und Dokumentarsendungen*. München: Fink 1994, S. 216 ff. (=Geschichte des Fernsehens in der Bundesrepublik Deutschland Bd. 3)

11 Vgl. Carsten Diercks: *Die Welt kommt in die Stube. Es begann 1952: die Anfänge des Fernseh-Dokumentarfilms im NWDR/ARD.* Hamburg 2000. Vgl. auch Christian Hißnauer/Bernd Schmidt: *Wegmarken des Fernsehdokumentarismus: Die Hamburger Schulen*. Konstanz: UVK 2013.

12 Vgl. Julia Schumacher: „Egon Monks Fernsehspiele der 1960er Jahre“. In: *Rundfunk und Geschichte* 37. Jg. (2011), H., S. 19–30.

13 Vgl. auch Knut Hickethier, „1994: Das Fernsehspiel oder Der Kunstanspruch der Erzählmaschine Fernsehen.“ In: Helmut Schanze/Bernhard Zimmermann (Hrsg.): *Das Fernsehen und die Künste*. München: Fink (Geschichte des Fernsehens in der Bundesrepublik Deutschland Bd.2), S. 303–348. auch: Knut Hickethier: „Egon Monks „Hamburgische Dramaturgie“ und das Fernsehspiel der sechziger Jahre“. In: *Augenblick* 1995, Heft 21, Marburg.

14 Werner Kließ: „Egon Monks Hamburgische Dramaturgie. Das Fernsehspiel „Zuchthaus“, inszeniert von Rolf Hädrich, produziert von Egon Monk“. In: *Film* 5. Jg. (1967) Nr. 6, S. 38–39.

15 Vgl. Timo Hempel: *Die Bedeutung der Redaktion im Modell des Autorenfernsehens am Beispiel ausgewählter NDR-Produktionen von Harald Vock und Christian Granderath.* Unveröff. Masterarbeit Universität Hamburg 2014.

16 Vgl. Knut Hickethier: „Wochenschauen in Deutschland nach 1945. Mobilisierung für eine neue Gesellschaft?“ In: Harro Segeberg (Hrsg.): *Mediale Mobilmachung II. Hollywood, Exil und Nachkrieg. Mediengeschichte des Films*. Bd. 5. München: Fink 2006, S. 272–298.; Ders.: „Repräsentationen von Welt. Von den Kinowochenschauen zur Tagesschau“. In: Harro Segeberg (Hrsg.): *Film im Zeitalter Neuer Medien I. Fernsehen und Video*. Mediengeschichte des Films Bd. 7, München: Fink 2011, S. 139–155.

17 Vgl. auch: Sigrun Lehnert: *Wochenschau und Tagesschau in den 1950er Jahren*. Konstanz: UVK 2013.

18 Vgl. Timo Hempel: *Die Bedeutung der Redaktion im Modell*, a.a.O. ★

Sonja Valentin

Buchhandlung - Antiquariat - Kunsthandel Felix Jud

90 Jahre zwischen Tradition und Avantgarde

Die Buch- und Kunsthandlung *Felix Jud* ist einer jener rar gewordenen Orte, an dem die Welt von gestern und die Welt von heute eine glückliche Allianz eingehen. Ein Ort, an dem die Zeit bisweilen still zu stehen scheint, weil intensive Gespräche über Bücher, Kunst und Kultur möglich und erwünscht sind.

Am 16. Oktober 2013 wurde bei *Felix Jud* das 90jährige Firmenjubiläum mit geladenen Gästen gefeiert. Dieser Abend versetzte in die Gründungszeit des Geschäftes: eine Zeit, als Hamburg zu einer der künstlerisch aktivsten und fortschrittlichsten Städte Deutschlands zählte.

In expressionistischen Kostümen des Hamburger Künstlerpaares Lavinia Schulz und Walter Holdt aus der Sammlung des Museum für Kunst und Gewerbe traten Tänzer auf. Dr. Claudia Banz und Dr. Rüdiger Joppien führten ein Gespräch über die quirlige Kultur der 20er Jahre in Hamburg. Gleichzeitig wurde die Jubiläumsausstellung „Herbstsalon" mit Werken von Erich Heckel, Ernst Ludwig Kirchner, Max Liebermann, Emil Maetzel, Dorothea Maetzel-Johannsen, Emil Nolde, Pablo Picasso u.a. eröffnet.

Die Geschichte der Buchhandlung

Felix Jud war 24 Jahre alt, als er 1923 seine „Hamburger Bücherstube" gründete. In der Einladung zur Eröffnung hieß es selbstbewusst: „Allen Verhältnissen zum Trotz – im Glauben an eine bessere Zukunft Deutschlands und im Vertrauen auf das literarisch gebildete Hamburger Publikum – haben wir uns entschlossen, eine neue Buchhandlung zu eröffnen.

Die *Hamburger Bücherstube Felix Jud & Co.* soll eine Pflegestätte sein für das gute und schöne Buch, für Publikationen über alte und moderne Kunst und für Bücher über Philosophie. Darüber hinaus werden alle wesentlichen Erscheinungen aller anderen Wissensgebiete stets vorrätig sein."

Dieses Credo bildete den Grundstein für eine anhaltende Erfolgsgeschichte und hat auch heute – 90 Jahre später – nichts an Gültigkeit und Glaubwürdigkeit eingebüßt.

Felix Jud, 1899 im ehemals niederschlesischen Klingenthal geboren und schon als Kind ein passionierter Leser, absolvierte zunächst eine kaufmännische Lehre im Eisenwarenhandel, bevor er sich seinen Traum erfüllen konnte und Buchhändler wurde. Nach seiner Ausbildung bei Eckard Klostermann übernahm er schon kurz nach Ausbruch des Ersten Weltkrieges (da war er 15 Jahre alt) die volle Verantwortung für die Fromman'sche Hofbuchhandlung in Jena. Er war 16 erwachsenen Kolleginnen vorgesetzt, deren Männer im Krieg standen. 1919 fand er eine Stelle in Hamburg, und vier Jahre später (am 20. November 1923) eröffnete er in den Colonaden 104 die *Hamburger Bücherstube*. Neben der klassischen Literatur hat für ihn zeitlebens die neue deutsche Literatur eine zentrale Rolle gespielt – ermöglichte sie ihm doch den persönlichen Umgang mit den Autoren.

Die Jahre 1933–1945 und der Neuanfang

Den Nationalsozialisten stand Felix Jud völlig distanziert gegenüber. Nach der Machtübernahme gab es immer wieder Signale und Reaktionen von ihm, die seine Abneigung gegen das Nazi-Regime deutlich machten. 1935, als jeder Buchhändler per Erlass dazu verpflichtet wurde, an Hitlers Geburtstag ein Sonderfenster in seinem Geschäft zu gestalten, platzierte Felix Jud ein eingerissenes Titelblatt mit dem Photo des Führers in der Mitte der Scheibe und füllte das Fenster mit diversen Exemplaren des Südsee-Reisebuches „Heitere Tage mit braunen Menschen" von Richard Katz. Nach den Prozessen gegen die Mitglieder der „Weißen Rose" in München wurde der Hamburger Zweig der Widerstandsgruppe, der Felix Jud angehörte, systematisch unterwandert. Felix Jud, der wie einige seiner Kollegen unterm Ladentisch Bücher anbot, die offiziell nicht mehr verkauft werden durften, wurde Opfer dieser Unterwanderung und geriet ins Netz der Gestapo. Er wurde am 19. Dezember 1943 verhaftet und zu mehreren Jahren Zuchthaus verurteilt. Während der Haft wurde er in das KZ Neuengamme (bei Hamburg) gebracht, wo er bis zu seiner Entlassung 1945 bleiben musste. Danach schlug er sich zunächst durch, um seine Familie zu ernähren, denn die Buchhandlung war bei der Bombardierung Hamburgs 1943 zerstört worden. 1948 begann er mit Hilfe eines befreundeten Architekten eine Ruine am Neuen Wall auszubauen. Ein weiterer Freund unterstützte ihn finanziell, und so gelang es

Felix Jud, die *Hamburger Bücherstube* am 6. Oktober 1948 neu zu eröffnen. 1955 wurde das Grundstück verkauft, doch mit der Unterstützung von Axel Springer gelang es Felix Jud, eine neue Bleibe zu finden. Die *Hamburger Bücherstube*, am jetzigen Standort Neuer Wall 13, wurde wieder zum Treffpunkt für – so der Inhaber – „Freunde, Politiker aller Couleur, für Maler, Dichter, Schauspieler und Müßiggänger aller Art."

Matthias Wegner formuliert es in der Firmenschrift zum 75jährigen Bestehen der Bücherstube so: "Jahrzehntelang war das Auftauchen des Silberschopfes von Felix Jud hinter der Schaufensterscheibe das Signal zur sofortigen Einkehr in sein Reich. Dann stand man im Banne dieses gleichermaßen wissenden wie neugierigen Causeurs und verließ – viel zu spät, aber herrlich erfrischt – den Laden mit einer Handvoll Bücher unter dem Arm. Wilfried Weber und Marina Krauth haben es auf bewundernswürdige Weise geschafft, den Zauber von einst zu erhalten und ihn mit eigener Handschrift zu versehen. Sie haben der *Hamburger Bücherstube* ihr eigenwilliges, aber vornehmes Gesicht erhalten."[1] Im Jahre 2005 erfolgte eine Umfirmierung: aus der Hamburger Bücherstube Felix Jud & Co. wird Felix Jud GmbH & Co. KG Buchhandlung. Letzten Anstoß für diese Entscheidung gab Karl Lagerfeld mit der Feststellung: „Cher ami, Ihre Buchhandlung ist ja alles, nur keine Stube!"

Das Besondere

Die Buch- und Kunsthandlung *Felix Jud* war und ist durch eine ganze Reihe von Aktivitäten mit der Kunst- und Literaturszene Hamburgs verbunden. Sie arbeitet eng mit den Läden in der Hamburger Kunsthalle zusammen und betrieb jahrzehntelang den Shop im Museum für Kunst und Gewerbe. Wilfried Weber, der 1962 zu *Felix Jud* kam und mit seiner Teilhaberschaft 1973 das Angebot der Buchhandlung um die Bereiche Kunst und Antiquariat erweiterte, ist Mitbegründer und langjähriger Vorstandsvorsitzender des Literaturhauses Hamburg gewesen und seit Jahren im Vorstand der Freunde der Kunsthalle tätig. Wilfried Weber und Marina Krauth, Mitinhaberin seit 1993, sehen eine besondere Herausforderung darin, ihr Traditions-Geschäft in einer Zeit zu führen, die voller wirtschaftlicher, kultureller und technischer Veränderungen ist. Wilfried Weber ist überzeugt: „Man muss sich die berühmte Nische schaffen, in der man gebraucht wird und in der ein Teil der Kundschaft seine Bedürfnisse erfüllt sieht. Man muss sich als Unikat präsentieren. Unser Weg ist Konzentration auf die Bereiche, die unser persönliches Interesse ausmachen, wo wir uns auskennen und auch breit sortiert sind, sowie der kompetente Dialog mit den Kunden." Marina Krauth betont: „Für uns gilt: Fortschritt nutzen, Individualität wahren, Orientierungshilfen bieten. Bei uns ist der Kunde weniger König – er ist und bleibt Persönlichkeit."

Autoren im Dialog - Lesungen mit prominenten Gästen

Die Liste der hochrangigen Autorinnen und Autoren, die schon als Gast bei *Felix Jud* aufgetreten sind, um aus ihren Büchern zu lesen und mit dem Publikum zu diskutieren, ist lang und beeindruckend. Stellvertretend für die vielen prominenten Gäste seien hier nur einige genannt: Henry Miller, Gregor von Rezzori, Siegfried Lenz, Cees Nooteboom, Walter Kempowski, Martin Walser, Wolfgang Hildesheimer, Nobelpreisträger Derek Walcott, Jurek Becker, Durs Grünbein, Karl Lagerfeld, Alexander Graf Schönburg, Joachim Fest, Christian Kracht, Louis Begley. Hervorragende Sprecherinnen und Sprecher haben ihre Stimmen Autoren geliehen, die ihre Texte nicht mehr selbst vortragen konnten: Hanns Zischler (Henry James), Iris Berben (Bulgakow und Némirovsky), Katja Riemann (Fontane), Bruno Ganz und Otto Sander (Flaubert und Turgenjev), Barbara Auer (Puschkin), Jan Philipp Reemtsma (Arno Schmidt), Markus Boysen (Max Beckmann), Joana Maria Gorvin (Minetti), und Gert Westphal (Wieland und Goethe), Ulrich Tukur (Osip Mandelstam), Helmut Lohner und Jürgen Flimm (Thomas Bernhard und Siegfried Unseld), u. a.. In der Reihe „Leben mit Philosophie" sprachen u. a. Rüdiger Safranski, Volker Gerhardt und Norbert Bolz.

Künstler bei *Felix Jud*

Bücher waren für Horst Janssen Garanten, die seine künstlerische Arbeit dokumentierten. Bei deren Entstehen wirkte er emsig mit. Vom Ende der 60er Jahre an fanden zahlreiche Buchpremieren mit Janssen am Neuen Wall statt. Diese Veranstaltungen hatten Happening-Qualität, denn der Künstler las eigene Texte und signierte anschließend das neue Buch, trüffelte es mit einer gezeichneten Widmung. Dafür standen die Leute geduldig stundenlang bis auf die Straße an. Janssen hat Radierungen, die wir verlegt haben, zu unterschiedlichen Anlässen geschaffen.

Nach dem Brand des Geschäftes an Silvester 1989/90 hatte Horst Janssen eine zündende Idee. Er organisierte eine Autographenauktion mit eigenen Radierungen, auf denen er die Größen aus Kultur und Politik einlud, sich textlich aus-

zudrücken: Willy Brandt, Peter Ustinov, Elias Canetti, Jürgen Habermas, Patricia Highsmith, Loriot und viele andere. Das Ereignis war überwältigend und half bei der Finanzierung der neuen Einrichtung.

Eine enge Verknüpfung von Kunst und Literatur ist durch die langjährige Zusammenarbeit mit dem Künstler Klaus Fußmann und den Autoren Siegfried Lenz und Ulla Hahn gelungen. Dabei sind sehr erfolgreiche Buchprojekte in bibliophiler Ausstattung entstanden. Klaus Fußmann haben wir mehrfach in Einzelausstellungen präsentiert, zuletzt seine Ansichten zu Alster und Elbe (2012). Für unser 90jähriges Jubiläum hat er eine lebendige Darstellung der Alsterarkaden mit Blick auf Rathaus und Barlach-Denkmal geschaffen. Der Jubiläumsausgabe *Leute von Hamburg* von Siegfried Lenz ist dieser Linolschnitt beigelegt.

Daniel Richter zeigte bei uns 2010 seinen Zyklus zu Hubert Fichte. 2011 las er an einem legendären Abend gemeinsam mit dem Kunsthallen-Direktor Hubertus Gaßner aus dem Briefwechsel zwischen Max Liebermann und Alfred Lichtwark. 2012 widmeten wir ihm eine Einzelausstellung.

Jochen Hein, der in diesem Jahr große Einzelausstellungen in Koblenz und Klagenfurt hat, zeigte bei uns bereits zwei erfolgreiche Ausstellungen – zuletzt 2012 seine „Schaubeck-Sessions“.

Die Klassische Moderne und der Expressionismus sind stets Thema am Neuen Wall – so wie in diesem Jahr die Jubiläumsausstellung „Herbstsalon".

Und immer wieder finden die raffiniert-amüsanten Holzskulpturen von Georg Schulz einen Platz bei uns im Schaufenster.

So verbinden sich bei uns Literatur und Kunst in ganz eigener, unverwechselbarer Weise.[2]

1 Aus: *Und wer besorgt das Spielzeug? – 75 Jahre Hamburger Bücherstube Felix Jud & Co.*, Hamburg 1998.

2 Felix Jud GmbH & Co. KG Buchhandlung Antiquariat Kunsthandel
Neuer Wall 13 · 20354 Hamburg
Telefon: (040) 34 34 09
Telefax: (040) 34 18 48
www.Felix-Jud.de / kontakt@felix-jud.de.

★

Michael Töteberg

Zwischen vier Stühlen

Der Rowohlt Verlag in Hamburg 1945–1960

Eine Lizenz besaß er noch nicht, aber an der Tür hing bereits das Schild: „Rowohlt Verlag". Handgeschrieben, denn der Neuanfang im Nachkrieg war notgedrungen improvisiert. Am Ende des Krieges war Ernst Rowohlt im von Bomben stark zerstörten Hamburg gestrandet. Im Broschek-Haus, wo bis 1943 das *Hamburger Fremdenblatt* produziert wurde, hatten sich neben einer Dienststelle der englischen Besatzungsmacht drei Privat-Personen eingenistet: im ersten Stock der Publizist Hans Zehrer, den Rowohlt in den letzten Wochen auf Sylt kennen gelernt hatte und der im Auftrag der Engländer die Gründung einer Tageszeitung, der späteren WELT, vorbereitete, im zweiten Stock der Autor Kurt W. Marek, Redakteur ebenjener Zeitung, und im vierten Stock unter dem Dach Ernst Rowohlt, der seine Wohnung kurzerhand zum Verlagsbüro deklarierte.

Dass er nach dem Krieg wieder seinen Verlag eröffnen würde, darüber hatte Ernst Rowohlt nie Zweifel. Im Juli 1938 war er, wegen „Tarnung jüdischer Schriftsteller", aus der Reichskulturkammer ausgeschlossen worden, was faktisch ein Berufsverbot bedeutete. Drei Monate später wurde der Rowohlt Verlag der Deutschen Verlags-Anstalt (DVA) angegliedert; Geschäftsführer wurde Heinrich Maria Ledig-Rowohlt, der im Verlag seines Vaters in Berlin gearbeitet hatte und nun nach Stuttgart umziehen musste. Vier Jahre schlug er sich mehr schlecht als recht durch, dann war endgültig Schluss: Zum 1. November 1943 wurde der Rowohlt Verlag geschlossen. Doch schon im Oktober 1944 wollte Ernst Rowohlt mit seinem alten Bestsellerautor Hans Fallada einen neuen Generalvertrag abschließen – für die Zeit nach dem Krieg, denn das Ende des „Dritten Reiches" war absehbar. In den Wirren des Zusammenbruchs kam es nicht mehr zur Unterzeichnung.

Auch alle anderen Beziehungen zu Autoren, Mitarbeitern und Freunden waren abgeschnitten – es galt, Adressen ausfindig zu machen. Viele waren ausgebombt oder beim Einmarsch der Russen aus Berlin geflüchtet. Bedrohte und verfolgte Autoren wie Mascha Kaléko und Alfred Polgar hatten sich ins Ausland retten können. Alte Kontakte wurden wieder aufgewärmt: Ernest Hemingway meldete sich, es kam Post von George Grosz aus New York. Nicht alle hatten überlebt, erst jetzt erfuhr man die Wahrheit über manches traurige Schicksal. Paul Kornfeld,

Rowohlt-Autor seit 1922, war in Auschwitz ermordet worden. „Wie Sie wissen, war ich mit Kornfeld, der monatelang bei mir gewohnt hat, sehr, sehr befreundet", schrieb Rowohlt Fallada im August 1946. „Mir haben sich die Gedärme umgedreht bei dem Gedanken, daß er in die Gaskammer geschickt wurde." Franz Hessel, der Lektor aus besseren Tagen, war im französischen Exil gestorben, sein Nachfolger Friedo Lampe wurde versehentlich bei einer Patrouille im Mai 1945 von sowjetischen Soldaten erschossen. Das Telefonnetz war weitgehend zerstört; die Post funktionierte nicht, Briefe über die Zonengrenzen hinweg erreichten die Empfänger oftmals erst nach Wochen oder auch gar nicht.

Mitten im Nachkriegs-Chaos entfaltete Ernst Rowohlt, anstelle seines Normalgewichts abgemagert auf gerade noch 75 Kilo, erstaunliche Aktivitäten. Er ernannte Marek sogleich zum Lektor; eine Sekretärin hatte er bereits vorher angestellt. Mit Major Bernetson von der Information Control war er seit Monaten in Kontakt, aber die ersten von der Besatzungsmacht erteilten Verlagslizenzen gingen an andere: Rowohlt wurde immer wieder vertröstet. Gewiss, der Verleger war damals schon eine lebende Legende, aber: Er war Parteigenosse gewesen. Wie jeder Deutsche hatte er den Fragebogen des Military Government of Germany peinlich genau auszufüllen. Auch Frage No. 103 nach Spenden an die NSDAP oder ihren Unterorganisationen. „Kleinere Zahlungen an eine SS-Staffel, welche von der Firma Rowohlt Verlag GmbH, Berlin, gezahlt und auf Spesenkonto gebucht wurden. Einzelheiten über diese Zahlungen kann ich nicht geben, da keine Unterlagen mehr vorhanden." Und er musste erklären, warum er 1940 aus Brasilien zurückgekehrt war. In einem sechsseitigen, immer wieder abgetippten Memorandum schilderte er seine Haltung zum Nazi-Regime und die Position des Verlages. Rowohlt hatte prominente Fürsprecher. Wichtigstes Zeugnis, dass er nie Nazi gewesen war, war das Verlagsprogramm: Rowohlt war der Verleger von Kurt Tucholsky, Robert Musil und zahlreichen anderen Autoren, deren Werke auf dem Scheiterhaufen, den die Nazis der Literatur errichteten, verbrannt worden waren. Die Prüfung zog sich hin; am 27. März 1946 endlich erhielt Ernst Rowohlt von den britischen Behörden unter der Nr. CB 202 B die Lizenz zur Gründung eines belletristischen Verlages.

Musste „Väterchen" in Hamburg erst das Entnazifizierungsverfahren überstehen, wurde H. M. Ledig in Stuttgart, das in der amerikanischen Zone lag, geradezu zur Verlagsgründung gedrängt. In einem Strategie-Papier, das bereits vor dem Einmarsch die Maßnahmen der Besatzungsmacht für den demokratischen Neubeginn festlegte, war dem auch in den USA bekannten Rowohlt Verlag eine besondere Aufgabe zugedacht. Ledig erhielt bereits am 6. November 1945 eine

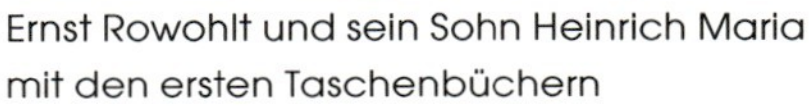
Ernst Rowohlt und sein Sohn Heinrich Maria mit den ersten Taschenbüchern

Das erste rororo Taschenbuch

der ersten Lizenzen und wurde zudem mit einem „Letter of Recommendation" (18. Januar 1946) von James J. Kelleher, dem leitenden Publications Control Officer, ausgestattet. Punkt 1 lautete:

> In the very near future a publishing program conceived by Mr. Heinrich Ledig of Rowohlt Verlag will be in operation in Stuttgart. It is hoped and believed that this publishing house is in the position to make a great contribution to the growth of the democratic and enlightened Germany. [...] It is therefore recommended that this publishing house which was a special victim of the Nazi regime be given all reasonable aid and assistance in reopening their business.

„Inzwischen haben wir endlich ein Büro bekommen", konnte Ernst Rowohlt aus Hamburg am 30. Juli 1946 Hans Fallada berichten, „das zwar noch äußerst primitiv eingerichtet ist, aber wir haben wenigstens ein eigenes Telefon und eigene Räume; alles andere wird schon werden. Vor allen Dingen hoffe ich, daß wir bald Fensterscheiben bekommen, denn vorläufig sitzen wir noch im schönsten Zug und ich habe schon einen Mordshexenschuß." Fensterscheiben kamen im nächsten Monat, aber den strengen Winter 1946/47 musste man in ungeheizten Räumen durchhalten. Was den Altmeister nicht daran hinderte, eine Idee, die Ledig in Stuttgart vorbereitet hatte, zu verwirklichen: Romane im Zeitungsformat, hergestellt im Rotationsdruck auf billigem Papier, in hohen Auflagen auf den Markt bringen. Die Buchproduktion litt an Papiermangel; das nächste Problem war die buchbinderische Weiterverarbeitung – für die Herstellung eines Buches benötigte man oft ein ganzes Jahr. In der Zeit der Not waren die Zeitungsdrucke ein willkommener Ersatz für das gedruckte Buch. „Rowohlts Rotations-Romane", kurz: RO-RO-RO, hatten eine Auflage von jeweils 100.000 Exemplaren, enthielten einen kompletten Roman (und ein Nachwort zum Autor), kosteten zwischen 50 Pfennig (Normalpreis) und 1,50 Mark bei umfangreicheren Titeln. Sie waren stets nach Erscheinen in wenigen Tagen verkauft.

Begonnen hatte Ernst Rowohlt einst mit bibliophilen Drucken, doch danach war die Zeit nicht.

> Ich bin selbst Buchdrucker gewesen und Buchbinder, und ich bedaure es am allerstärksten, daß ich nicht mehr ein schönes Buch hinstellen kann. Aber mir ist das heute ganz egal. Die Hauptsache ist, daß es schnell geht und daß möglichst große Auflagen möglichst billig an den Mann kommen,

lautete sein Credo. Literatur für die breite Masse – Rowohlt, der nichts von elitären Literaturkonzepten hielt, schloss niemanden aus: Zu den Lesern, die er erreichen wollte, zählte „der Universitätsprofessor und der Straßenbahnschaffner, der Student und die Stenotypistin, der entlassene Soldat, der Kriegsgefangene, der Mann aus dem KZ, ja natürlich der Nazi, der im Camp sitzt und schon jetzt darauf vorbereitet werden muss, dass er eines Tages in die Gemeinschaft zurückkehrt". Das Programm bestand vornehmlich aus Werken jener Autoren, die in den zwölf Jahren der Nazi-Diktatur nicht gedruckt werden konnten: Ernest Hemingway, Kurt Tucholsky, Ignazio Silone, Sinclair Lewis, Anna Seghers, Graham Greene, Erich Kästner u.v.a.. Der Nachholbedarf war groß, nicht zuletzt an Romanen aus England, Frankreich und den USA; in der Nazi-Zeit war der deutsche Leser von der internationalen Literaturszene abgeschnitten gewesen. Bis Oktober 1949 erschienen 32 Hefte, Gesamtauflage drei Millionen Exemplare.

Am liebsten hätte Ernst Rowohlt Berlin wieder zum Sitz seines Verlages gemacht. Er habe zwei Jahre lang mit Freunden versucht, „in Hamburg ein bißchen Berliner Luft zu machen, aber es ist mir nicht geglückt", bekannte er auf dem Berliner Schriftsteller-Kongress Oktober 1947, dem ersten und letzten gesamtdeutschen Zusammentreffen. Seine Rede wurde mit viel Beifall bedacht, obwohl er die Probleme offen ansprach und keineswegs die Zukunft in rosigen Farben malte. Im Gegenteil warnte der Verleger davor, die derzeitige Nachfrage-Situation zu überschätzen: „Es ist ja heute kein Kunststück, die größte Auflage sofort zu verkaufen. Die Zeiten werden sich ändern." Auch in politischer Hinsicht: Das Land konnte nicht ewig von den Alliierten besetzt sein. Mit Blick auf die Zukunft bestand er darauf, die Rechte an einem Autor und dessen Werk für ganz Deutschland zu vertreten. Neben der amerikanischen (Stuttgart) und der britischen (Hamburg) hatte Rowohlt inzwischen auch eine Lizenz für die französische Zone – Kurt Kusenberg betreute diese Dependance, er brachte Jean-Paul Sartre, Simone de Beauvoir und Albert Camus zu Rowohlt. Bald danach gab es auch in Ost-Berlin – eine repräsentative Adresse: Friedrichstraße 194/95 – einen Rowohlt Verlag, geleitet von Mary Gerold-Tucholsky, der Witwe des Autors. Damit war man der einzige Verlag, der in allen Teilen Deutschlands operieren konnte. Und dies geschickt zu nutzen wusste. Rowohlt organisierte im Dezember 1947 30 Tonnen Rotationspapier in der russischen Zone oder er ließ ein RO-RO-RO-Heft gleich in Ost-Berlin, in der Druckerei der *Täglichen Rundschau*, der Zeitung der Roten Armee, herstellen.

Unumstritten war der umtriebige Verleger nicht, weder im Osten noch im Westen. Nach einer Personality-Story im *Spiegel* im März 1948 wies ein Leserbrief-Schreiber auf Rowohlts Vergangenheit als Fliegeroffizier und Blockadebrecher hin und schloss: „Ich will nicht sagen, daß Herr Rowohlt tausend Gesichter hat. Aber zwei hat er mindestens." Ernst Rowohlts Antwort, im *Spiegel* am 29. Mai, war ein grundsätzliches Bekenntnis zu einem Verlagsprogramm, das offen ist für die Mannigfaltigkeit der Ideologien.

> Andere Verlage gewinnen Charakter gerade durch die Beschränkung. Es ist eine Frage des Naturells, daß ich mich dafür entschied, meinen Verlag als Forum zu wählen, als Arena, als Tummelplatz der freien Geister.

Diese Arena offen zu halten, erwies sich als schwierig, kündigte sich doch bereits auf dem Schriftsteller-Kongress der Kalte Krieg unverkennbar an. Er habe keine Illusionen über die Stellung Deutschlands in der Welt, meinte Rowohlt, aber: „Ich weigere mich, es als endgültig zu nehmen, dass Deutschland geteilt ist in zwei Hälften mit drei Stühlen hier und einem dort."

„Ernst Rowohlt, Deutschlands einziger Verleger mit vierzonaler Lizenz, wurde zu Oberst Tulpanow nach Berlin gebeten", meldete *Der Spiegel* am 20. November 1948. Aber noch einmal konnte Rowohlt die Gefahr der Schließung des Büros in der Sowjetzone abwenden. Er sah es als seine Aufgabe an, „nicht zuzulassen, daß durch die Zoneneinteilung sich geistige Grenzen zwischen uns auftun". Spätestens mit der Währungsreform und der Gründung der beiden deutschen Staaten war dieses Ziel illusorisch, doch Ernst Rowohlt hielt unbeirrt daran fest. Er unterstützte die Vorschläge der DDR zur Bildung einer provisorischen deutschen Regierung 1950, unterschrieb ein Jahr später Bertolt Brechts Aufruf zur Ächtung der Atombombe, reiste – als einziger Verleger aus dem Westen – zum 1. Kongress des neugegründeten DDR-Schriftstellerverbandes. Seine Aktivitäten in Ost-Berlin sorgten für Aufregung in der Heimat: Das „Publizistische Zentrum für die Einheit Deutschlands" (in Zusammenarbeit mit der „Kampfgruppe gegen Unmenschlichkeit"), an der Spitze Verleger Josef Witsch, forderte im Januar 1951 den Ausschluss des Rowohlt Verlags aus dem Börsenverein des deutschen Buchhandels. Doch solche Attacken prallten an Ernst Rowohlt ab, Berührungsängste kannte er nicht, im Gegenteil: Demonstrativ ließ er sich auf der Frankfurter Buchmesse vom Fotografen des *Neuen Deutschlands* zusammen mit Walter Janka vom Ost-Berliner Aufbau Verlag fotografieren.

Der neue alte Verlag knüpfte nicht nur an die Tradition und die Erfolge von einst an, sondern konnte auch neue Autoren gewinnen. Nachdem das Hörspiel *Draußen vor der Tür* im Rundfunk gesendet worden war, erschien an seinem Krankenbett, berichtete Wolfgang Borchert einem Freund, „der Altmeister Rowohlt und verlobte mich seinem Verlag mit Haut und Haar". Die Uraufführung des Theaterstücks, das über alle Bühnen gehen sollte, erlebte der Dichter nicht mehr: Er starb einen Tag zuvor am 20. November 1947. Ein anderer Autor, der nie zuvor etwas veröffentlicht hatte, erwies sich, als wesentlich schwieriger durchzusetzen: Der Erzählungsband *Leviathan* von Arno Schmidt fand im Buchhandel so wenig Resonanz – ganze 37 Exemplare Vorbestellung notierten die Vertreter auf ihrer Reise –, dass Ernst Rowohlt sich veranlasst sah, im November 1949 den „Notruf eines Verlegers" an die Presse zu schicken. Die wirtschaftliche Lage des Verlags war dramatisch: Wie von ihm prophezeit, hatte sich die Situation auf dem Buchmarkt nach der Währungsreform grundlegend gewandelt. Die unansehnlichen RO-RO-RO-Zeitungsromane, um die man sich früher gerissen hatte, blieben liegen. Inzwischen hatten die Käufer wieder Ansprüche an Ausstattung, Druck- und Papierqualität, man wollte wieder ein „richtiges Buch", das sich auch verschenken ließ. Der kurz vor dem Ruin stehende Verlag wurde gerettet durch einen Bestseller, den der Lektor Kurt W. Marek unter dem Pseudonym C.W. Ceram schrieb: *Götter, Gräber und Gelehrte* kam Ende 1949 heraus, rechtzeitig zum Weihnachtsgeschäft und entwickelte sich über die Jahre zum Longseller mit einer Gesamtauflage von mehr als zwei Millionen Exemplaren.

Marek sicherte auch in anderer Hinsicht das Überleben des Verlags: Er vermittelte zwischen den beiden Streithähnen Vater und Sohn und ihm gelang das Kunststück, dass Ledig sich mit dem cholerischen Herrn Papa arrangierte, „seinen" Stuttgarter Verlag schloss und nach Hamburg kam. Das Verhältnis blieb gespannt. Der Alte war eine Legende, dagegen konnte der Sohn sich schwer behaupten. Dabei war er es, der auf Einladung der US-Regierung im Juni 1949 in New York gewesen war und die Idee des Pocket Book mitbrachte. rororo, die erste deutsche Taschenbuchreihe kam im Juni 1950 mit vier Titeln auf den Markt, Erstauflage jeweils 50000 Exemplare, Preis pro Band DM 1,50. Man startete mit einem Rowohlt-Klassiker: *Kleiner Mann – was nun?* von Hans Fallada. Damit begann eine bis heute andauernde Erfolgsgeschichte; sechs Jahre später, im Oktober 1956, erschien rororo Band 200, die Gesamtauflage betrug inzwischen knapp 20 Millionen Exemplare. Immer neue Reihen entstanden, *rowohlts deutsche enzyklopädie, rowohlts monographien* usw. Aus dem Verlag wurde ein Buchkonzern, eine Bestsellerfabrik. Viele sensationelle Entdeckungen verdankte man jedoch alten Verbindungen: Henry Miller z. B. war ein Tipp von George Grosz.

Die Erfolgsstory ist bekannt und braucht hier nicht noch einmal ausgebreitet zu werden. Interessanter sind die vertanen Chancen, die Irrtümer und Fehlleistungen des Lektorats, nachzulesen in den hausinternen Gutachten, die heute im Literaturarchiv Marbach schlummern.

Arno Schmidt vermochte man nicht zu halten. Marek trat zwar für ihn ein und postulierte: „Der Verlag ist verpflichtet, sich sofort um diesen außergewöhnlichen Mann zu kümmern, der völlig allein steht und einsam um sich schlägt." Ernst von Salomon, ein alter Rowohlt-Kumpan, der in der Nachkriegszeit mit *Der Fragebogen* einen fragwürdigen Bestseller landete, äußerte dagegen den Verdacht, dass „das Talent des Autors Blendwerk der Hölle ist; mir scheinen da beträchtlich falsche Haare auf der Brust zu wachsen". Über jedes neue Manuskript zerstritt sich regelmäßig das Lektorat. Wolfgang Weyrauch argumentierte: „Wo gibt es denn sonst in der deutschen Prosa der Gegenwart einen solchen Kerl, der der schoflen Tradition und der alles vermummenden Restauration so ins dummdreiste Gesicht scheißt wie Arno Schmidt?" Verkäuflich war dieser Autor nicht (600 Stück wurden von seinem Debüt abgesetzt), genialisch und originell gewiss, aber zugleich fordernd und anstrengend, eine skurrile Randerscheinung des

Literaturbetriebs, über die man sich im Haus genüsslich Anekdoten erzählte. Er lebte am Existenzminimum und man versuchte ihm finanziell zu helfen, indem man ihn Unterhaltungsromane für die rororo-Reihe übersetzen ließ. Statt dankbar zu sein, schrieb Arno Schmidt beleidigende Briefe. Von Lektoren ließ sich dieser Autor nichts sagen; im Verlag galt er als beratungsresistent. Waren seine ersten Arbeiten noch euphorisch begrüßt worden, empfand man nun die Prosa Schmidts mit ihren sprachlichen Eigentümlichkeiten inzwischen als „Fatzkerei" eines Wichtigtuers. „Jedes Wort wackelt da sozusagen mit den Ohren. Ausdrucksgeile Kunststückchen verderben fast durchweg die Melodie und spielen sich mit arroganten Possen laut nach vorn", heißt es in einem Lektorat zu „Seelandschaft mit Pocahontas".

> Verquälte Formulierungen hält Arno Schmidt offenbar für geistreich. Er möchte dem Leser mit gesuchten Vokabeln imponieren und protzt unaufhörlich mit seinem Latein, seinem Mittelhochdeutsch, mit Englischkrümeln und mit aus den verborgensten Schlünden des Fremdwörterlexikons hervorgepolkten Bluffnummern.

Nach fünf Jahren handelte es sich um eine zerrüttete Beziehung und die Ehe zwischen Verlag und Autor wurde geschieden.

Die Autorenkorrespondenz fiel einem Archivbrand weitgehend zum Opfer, erhalten haben sich jedoch die alphabetisch nach Verfassernamen abgelegten Voten. Im Deutschen Literaturarchiv in Marbach ist man noch nicht über den Buchstaben „K" hinausgekommen, weil sich die Hauptarbeit derzeit auf das Suhrkamp-Archiv konzentriert. (Wohl nicht zuletzt deshalb, weil dieser Ankauf Millionen gekostet hat, während man die Rowohlt-Unterlagen geschenkt bekam.) Dabei gibt es hier durchaus aufschlussreiche Querverbindungen. „Peter Weiss, halbjüdischer Emigrant und etwa 35 Jahre alt, in Stockholm lebend, hat uns schon mehrere Manuskripte geschickt", hielt Rowohlt-Cheflektor Wolfgang Weyrauch in einer Aktennotiz am 17. Dezember 1954 fest. Nun hatte er einen neuen Text geschickt, Titel *Journal einer Jugend*, ein Fragment von 132 Seiten, dazu zwei Seiten Ausblick auf den noch zu schreibenden Rest. Der Lektor war beeindruckt. „Aber es ist ja nicht abzusehen, wohin der Autor mit seinem Manuskript steuern wird." Er sah durchaus Möglichkeiten einer künftigen Zusammenarbeit. „Doch müßte man jetzt, wenn Weiss in Hamburg auftaucht, den Autor nach Strich und Faden in die Zange nehmen." Auch Martin Walser klopfte, bevor er wie Peter Weiss Suhrkamp-Autor wurde, bei Rowohlt an. Er schickte drei Erzählungen, *Eine Banane genügt*, *Der Umzug* und *Das Gerät*, die recht unterschiedlich beurteilt wurden. Der Lektor Willi Wolfradt empfahl in seinem Votum vom 27. Juni 1953 „nur sehr zögernd" die Publikation. „Man täte wohl noch besser daran, von Gültigem erst etwas mehr zu sammeln. Jedenfalls aber kommt da ein poetisch-komischer Autor von Rang herauf, der uns anziehen muß." Wolfradt, eigentlich Kunsthistoriker, 1892 geboren, hatte 1921 eine Monografie über Grosz veröffentlicht und war in der Weimarer Republik Mitarbeiter der *Weltbühne* gewesen; er legte an die Arbeiten der jungen Autoren Maßstäbe an, die aus längst vergangenen Zeiten stammten. Kurt Kusenberg, Jahrgang 1904, schon im alten Rowohlt Verlag Autor, fand Wolfgang Koeppens Manuskript *Das Treibhaus* zwar „überaus begabt geschrieben" und „recht großartig in seiner zornigen, zynischen Sprachkraft". „Da es aber keine geistige Führung aufweist und keine Form, ermüdet man bald an ihm." Sein Votum fiel negativ aus. Mit einem Witzchen zog sich Kusenberg aus der Affäre: „Koeppen, aber kein Köpfchen. Diesem Autor fehlt es an Reife und an musischer Intelligenz."

Der Verlag war in Gefahr, den Anschluss an die zeitgenössische Literatur zu verlieren. Ledig-Rowohlt spürte das und stellte einen neuen Lektor ein: Fritz J. Raddatz. Wirtschaftlich ging es dem Verlag blendend – man expandierte. Hatte der Verlag erst in der Rathausstraße 27, II. Stock, dann am Reesendamm 3 und schließlich am Rotherbaum, in der Bieberstraße 14, residiert, waren jetzt schon wieder die Verlagsräume zu klein. Man wollte nicht alle paar Jahre umziehen, sondern suchte ein Domizil für die Dauer. So stand der Entschluss fest: Es wird gebaut. Im Mai 1960 wurde das neue Verlagsgebäude eingeweiht, am 1. Dezember desselben Jahres starb Ernst Rowohlt. Eine Ära ging zu Ende, ein neues Kapitel wurde aufgeschlagen. Seitdem heißt die Verlagsadresse: Hamburger Straße 17, Reinbek bei Hamburg.

★

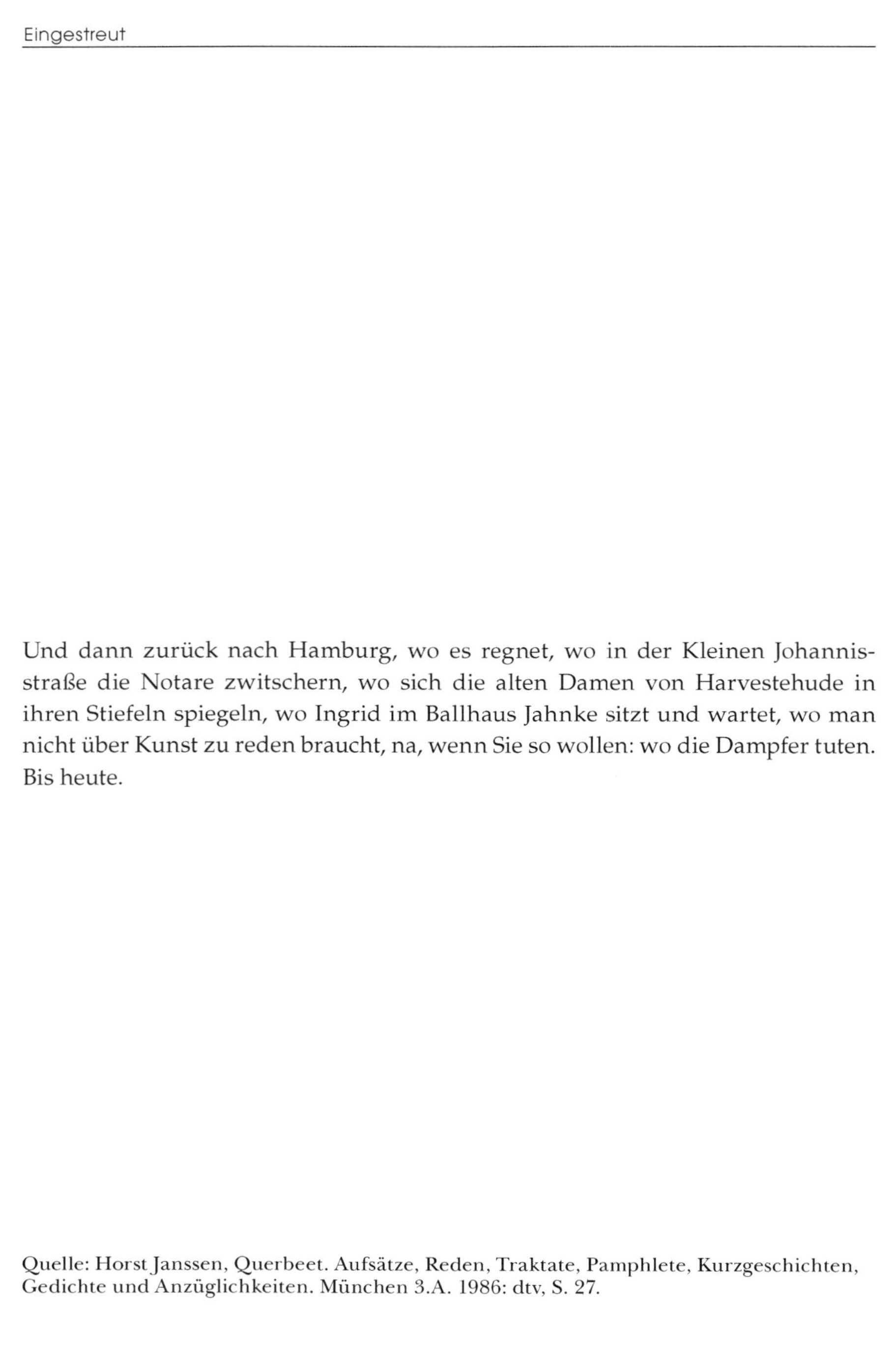

Und dann zurück nach Hamburg, wo es regnet, wo in der Kleinen Johannisstraße die Notare zwitschern, wo sich die alten Damen von Harvestehude in ihren Stiefeln spiegeln, wo Ingrid im Ballhaus Jahnke sitzt und wartet, wo man nicht über Kunst zu reden braucht, na, wenn Sie so wollen: wo die Dampfer tuten. Bis heute.

Quelle: Horst Janssen, Querbeet. Aufsätze, Reden, Traktate, Pamphlete, Kurzgeschichten, Gedichte und Anzüglichkeiten. München 3.A. 1986: dtv, S. 27.

Künste

Gesche Tietjens

Horst Janssen

Fünfsinnige Lust oder der ängstliche Anarch

> Mich hat schon immer Zweifellosigkeit
> in jeder Form erstaunt; insbesondere
> die Zweifellosigkeit der Leute, wenn sie
> über Erlebnisse anderer referieren.
>
> *Janssen, 1972*

Janssen hat es immer allen leicht gemacht.

Seit er Mitte der 60er Jahre mit einem Trommelwirbel die sogenannte Kunstszene betrat, lieferte er verzückten Verehrern wie *denkdünnen* Verächtern immer neue Steilvorlagen für ihre jeweiligen Gewissheiten. Lobsingend oder schmähend benutzten sie oft die gleichen Argumente.

Nur zu gern meinte man in ihm einen Ausbund an Begabung, den Talentprotz sehen zu dürfen, der vor Produktions- und Spiellust aus allen Nähten platzte. Allein: Janssen wurde vor Stereotypen, Zuschreibungen, gar Ansprüchen – kurz: vor fast jeder Außenwahrnehmung seiner so lustvoll hergestellten grafischen Kammermusiken kindlich verzagt.

Trotzig, wenig amüsiert bemerkte er später, als er Anfang der 70er schon üppig „nachgelegt" hatte:

> Im nachhinein verwirren mir die Rezensenten meine gehabten Tage:
> sie schaukeln mir eine Wiege, in der ich nie gelegen habe, zeichnen mir
> Wege in meine Wanderjahre, die ich nie gegangen bin und legen mir
> ein Fleisch auf den Teller, das ich nicht mag. Gut – ich bin geboren,
> habe gespielt, bin belehrt worden und sitze nun da und zeichne:
> Marktzeichnungen, Präsentzeichnungen, Selbstbildnisse und Allerleizeichnungen.

Weghören können, kühle Gelassenheit, gar zweifellose Selbstgewissheit waren Janssen nicht gegeben. Schnell verfestigte sich seine misstrauische Wagenburgmentalität angesichts des doppelten Missverständnisses, auf das er stieß: das des

Eklektikers (reaktionär!) und das des vitalen, unreflektierten Genies (endlich!), das Bilder hervorsprudelt wie ein Wasserspeier Wasser. Zusammen mit dem halböffentlichen Geraune über seine bisweilen zelebrierten, skandalträchtigen Lebensusancen gerannen diese Missverständnisse zum Klischee einer Art Popfigur des „bourgeoisen Künstlers" schlechthin – fatal für eine unbefangene Rezeption seines Riesenœuvres bis heute.

Einen nicht unerheblichen Teil seiner Energie verwandte Janssen auf verschwenderische Attacken, die er gegen jede unberufene Kommentierung seiner Produkte ritt, wie weiland Don Quijote. Beifällig hätte er auch einen Arnold Gehlen zitieren können – solche erratischen Denker liebte Janssen gewöhnlich innig –, der der Kunst des 20sten Jahrhunderts schon frühzeitig kritisch attestierte, sie ereigne sich vor allem im Medium von Begleittexten und Begleitsprache. Nicht nur das Irrsinns-Tandem Kunst und Kommerz – das auch –, vielmehr Kunst und Kommentar, eine *k. u. k.*-Despotie, schienen Janssen die perfidesten und dümmsten Totengräber eines Kunstverständnisses zu sein, wie er und *Seinesgleichen* es trieben und liebten.

Zu genau wusste er ja, dass er keine griffige Botschaft, keine marktgängige „Lehre", keine „Neuerung" anzubieten hatte. Das Lob gelehrter Betrachter war ihm zwar gewiss, aber sein ganz und gar musikantisches Naturell brauchte unbedingt das Grundgefühl des Einverständigen – nicht nur das des Geschätztwerdens – u n d des Mitspielens! Das, was in seinem Metier die einen mit pädagogischem Aplomb, die anderen mit banalen Indoktrinationen erreichen wollten, nämlich eine Renaissance des „unmittelbaren" Zugangs zu den Phänomenen einer sichtbaren wie unsichtbaren Wirklichkeit, war Janssen die allerselbstverständlichste Voraussetzung jeden künstlerischen Tuns. D a n a c h ging das Spiel ja erst los!

Programme, vorab entworfene Theorien, jeglicher Überbau interessierten ihn bestenfalls im Nachhinein achselzuckend als Bestätigung. Das scheinbar Spekulative mancher seiner Texte *Über das Zeichnen nach der Natur* zum Beispiel oder etwa *Über's Kucken* schrieb er nicht als Theorem nieder, sondern als präzise und lebhafte Wiedergabe seiner Erfahrung und Reflexion.

Wie wichtig Janssen diese Einsprüche seit Anfang der 70er Jahre wurden, zeigt nun nicht nur die schiere Menge seiner *Wörtereien* (ein paar tausend publizierte Seiten, die nicht zu zählenden Briefe *an und für mich* nicht eingerechnet) und ihr zunehmend eigenständiger Gestus, sondern auch der strategische Impuls, aus dem heraus er seine schriftstellerische Produktion betrieb: nach außen die Erläuterung und Abgrenzung seiner Arbeit (und seiner Person) einer Öffentlichkeit gegenüber, der ein ästhetisches Allgemeinwissen sowie künstlerischer Instinkt

„Simplon"
Farb- und Bleistift
Mai 1971

abhanden gekommen oder hypertheoretisiert war, zugleich dem korrumpierten Justemilieu einer Kunstszene gegenüber – wie er es schnell sah –, nach innen die klärende Selbstreflexion. Aber auch als die andere Möglichkeit, schreibend eine Wirklichkeit zu begreifen, der er allein in seinen Bildern nicht restlos habhaft werden konnte.

Janssens eigene Kommentare, Aussagen über seine Arbeit und deren Voraussetzungen, Betrachtungen nach links und rechts und nicht zuletzt über sein Leben spiegeln sein Werk naturgemäß facettierter als die meisten Fremdinterpretationen. Ein Werk, das außer in seinen großen, von ihm prophetisch konzipierten *Bilderbüchern* kaum öffentlich präsent ist.

(Auch in dem Museum in der Stadt seiner Kindheit, das seinen Namen trägt, weht mitnichten Janssen'scher Geist.)

Das Ungenügen an einer je gefundenen Form, die mangelnde Fähigkeit, sich auf einer einsamen Idee auszuruhen, dies Ausbrechen, Lösen und Neugruppieren ist ein konstituierendes Element des Janssen'schen Werks: in verwandter Form auch die seines Lebens.

So ist denn auch der Duktus seiner Zeit seines Lebens verstreut publizierten Texte, ihrem jeweiligen Anlass entsprechend, höchst unterschiedlich. Von krauskokett, aus dem Dickicht seiner gesprochenen, manchmal geschrienen Suada, über (fast) behagliche Erzählformen bis zur „fundamental richtigen" (Pound) durchsichtigen Prosa. Leichthändige Kurzgedichte und verspielte Litaneien, Märchen voll unschuldiger Gewalttätigkeit, selbstdenunziatorische Texte wechseln mit Titeln wie *Empfindungen* (!) oder *Von Abgrund zu Abgrund* (!). Und er umkreist immer wieder witternd jene Lücken, die für ihn „zum angemessenen Bestand eines herrlichen Lebens" (Jünger) gehören: die Allgegenwart des Todes und die einer alten Schönheit.

Aus Abbildungen und Geschichten in gewiss bescheidenen Almanachen, *Büchern vom deutschen Land* und ähnlicher Hausmannskost, aus Schnurrigem und Biedermeierlichem, Ludwig Richter und Moritz von Schwind, Sackpfeifen und Hörnerklang, Peitschenknall und Gevatter Hein pusselte sich das Kind Janssen in den 30er Jahren seinen Basisvorrat an Seelenbildern zurecht. Intellektuelle Anregungen wurden im Haus des geliebten Großvaters, Schneidermeister Fritz Janssen in der Lerchenstrasse in Oldenburg zu Oldenburg, sicherlich nur spärlich verteilt. Dafür durfte der kleine Junge beschützt unter dem Schneidertisch hocken, auf dem Opa mit gekreuzten Beinen saß. In der Küche oder im Hintergarten trällerten die Frauen des Hauses – Großmutter, Mutter und Tanten –

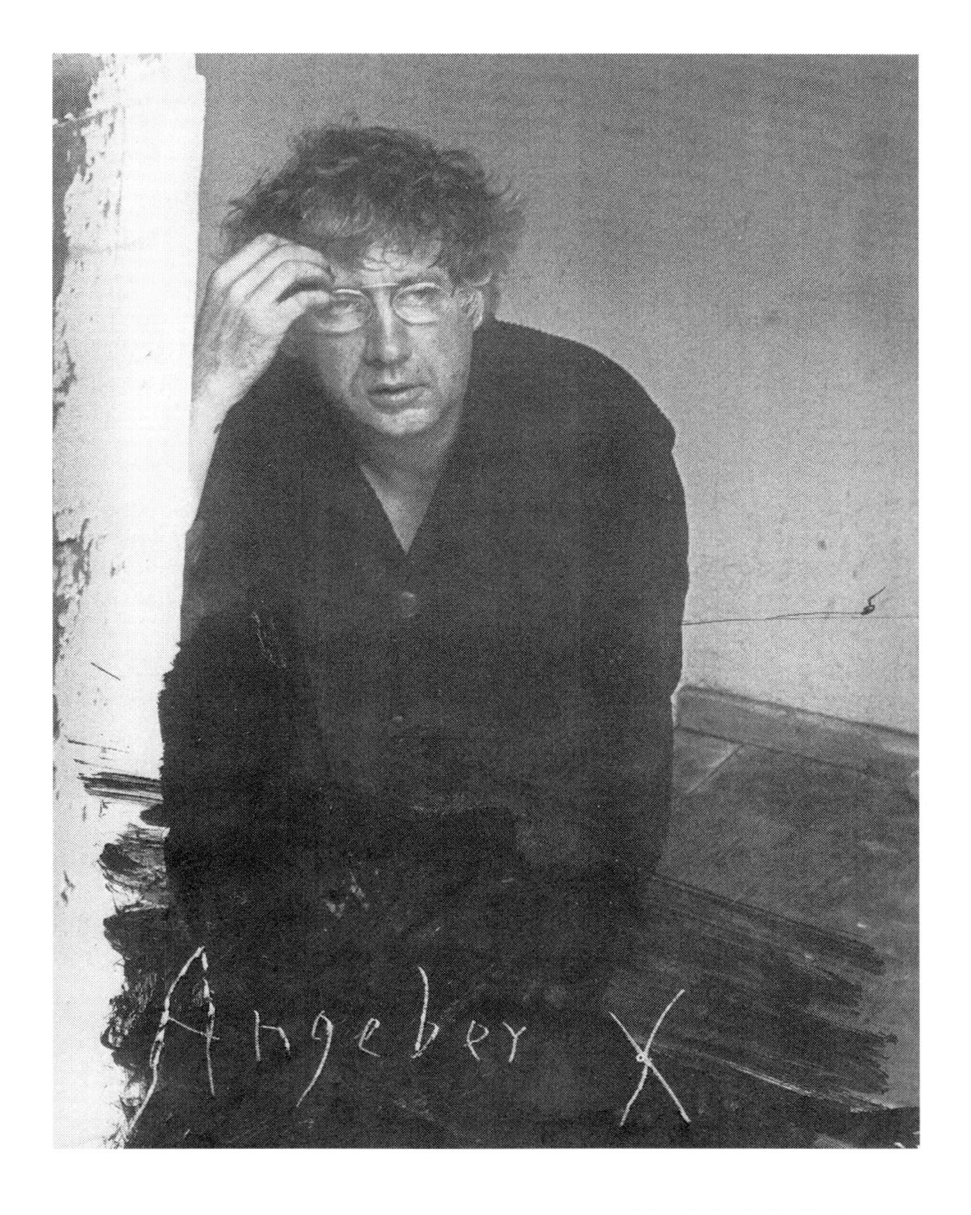

Foto: Volker Eckhoff, 70er Jahre

„Warum weinst du schöne Gärtnersfrau?" Das geistige Klima der einstigen Residenz- und Garnisonsstadt Oldenburg – das Großherzogtum wurde erst 1918 republikanisch – war noch deutlich spürbar: patriarchalisches Preußentum, ideologisch verlängert in völkisches Bewusstsein. Janssens Beschreibungen seiner *geliebten Provinz* in all ihrer engbrüstigen Magie sind das Herzstück seiner literarischen Selbsterkundungen, sie ist lebenslang Humus Janssen'scher Motive. Die Lücken in dieser Genremalerei, das, was er nicht sagt, sind deutlich spürbar.

Der Tod des Großvaters, die abrupte Umtopfung in eine „Nationalpolitische Erziehungsanstalt" (mit dem entsetzt unterdrückten Verdacht: „sie" wollten mich los sein!), der fast unerwähnte Tod der Mutter – 10, 11, 12 Jahre war Janssen da alt – sind die Katastrophen, deren Zentren beiläufig-kunstvoll von ihm ausgespart werden. Nur in den kurzen Napolatexten benennt er die Erschütterung des Jungen, der er war, deutlicher.

Die Napola Haselünne im Emsland war vielleicht für Janssen nicht nur die rigide Zuchtanstalt. Das war sie sicher auch. Aber sie war zugleich der Ort, an dem sein erster, eher ziviler Zeichenlehrer ihn, die Waise (ein leiblicher Vater hatte sich ja nie zu ihm bekannt), quasi adoptierte.

Allein aber das Katapultieren des kleinen Prinzen aus Omas Küche in ein rüdes Internatsmilieu, das Abrichten zum Zögling XY und Jungmann Janssen muss für den eher schüchternen, *phantasiegeschlagenen* Kleinstadtbengel betäubend genug gewesen sein. Ideologische Indoktrinationen gab es in Haselünne gewiss, aber Janssen war noch Kind genug, um all dem militanten Parolengeschmetter auch eine abenteuerliche Seite abzugewinnen. Vieles war einfach famoser Wandervogel mit Hermann Löns und „... denn wir fahren gegen Engelland, Engelland" vor dem weiten violett-erdfarbenen Fond des Emslands, überwölbt von einem hohen Himmel. Deutliche Spuren dieser Jahre, die heillosen Verluste nächster Menschen, aber auch die Bilder der melancholischen Landschaft sind in Janssens seelischer und künstlerischer Ökonomie als tiefdunkle Partien später immer aufzufinden – gerettet in Sprache und Bilder.

Diese *Militärzeit* und der „heroische Ausnahmezustand" des Krieges, dessen reale Gräuel Janssen weitgehend erspart blieben, endete für ihn im Frühjahr 45 in Plön, der zentralen Napola in Schleswig-Holstein. Von dort wanderte Janssen in mehreren Tagesmärschen nach Hamburg, in dessen Trümmerbergen seine Tante Anna-Johanne irgendwo hausen musste. Sie war der letzte Mensch, an den er sich halten konnte. Hier endet auch Janssens geografische Biografie.

Aus Radiersuite „Hannos Tod", Dezember 1972

Er zog noch einmal, Ende der 60er Jahre, aus der alsternahen Warburgstrasse in seine Burg in Blankenese, ein im englischen Landhausstil gebautes, verwinkeltes kleines Kutscherhaus mit Viertelblick auf die Elbe. Hierhin pilgerte bald eine Vielzahl von Menschen im Sog seiner faszinierenden Produktivität: Lautere und weniger Lautere, Kluge und Voyeure, Arbeitskumpane und Profiteure, Profileure und neugierige Mädchen. Sein Hausbedarf an „Freunden" war von Zeit zu Zeit immens. Zurück blieb ein – ohnehin belebt-chaotisches – Refugium, das einem geschleiften Vorwerk glich. Ein Teil seiner Wutverzweiflungen hatte handfeste Gründe. Doch das prägte erst die letzten Jahrzehnte.

Vorerst glückte dem eher ziellosen 16-jährigen mehr zufällig der Einstieg in die sich gerade wieder bildende Hamburger Landeskunstschule am Lerchenfeld. Ihr Nomen war heimatliches Omen für Janssen. Und wirklich wurde die spätere Akademie für beträchtliche Zeit sein ausschließliches Lebensumfeld und seine Spielwiese. Der entscheidende Lehrer seines Handwerks wurde Alfred Mahlau, dem später seine präzisen Erinnerungen galten. Auf dessen Persönlichkeit reagierte Janssen lange mit kindlicher, oft mutwilliger Zuneigung. Bald avancierte er, wiewohl der Jüngste, zum Klassenprimus. Mahlau erkannte das stupende zeichnerische Talent seines schnell lernenden Schützlings nur allzu genau, sah jedoch nachgiebig über dessen beginnende Tollheiten hinweg. Frühzeitig unterstützte er ihn und die nicht wenigen eigenwilligen Talente seiner Klasse mit offiziellen Aufträgen vielfältigster Art, die auch Janssens allmählichen Übergang ins Professionelle beförderten.

Das war Mitte der 50er Jahre.

Erst einmal schwamm und gründelte Janssen hingerissen im Ententeich „seiner" Kunstschule, war quicker Teil eines lebhaften geistigen und handwerklichen Aneignungsprozesses. Kunsthistorische und -philosophische Kollegs wurden zwar nicht explizit gehalten, aber es gab Denkanstöße, Hinweise und Vorgaben die Menge: nicht nur von den erfahrenen Lehrern, sondern auch aus dem zusammengewürfelten Haufen der Studenten – nicht mehr ganz jung, kriegs- und lebenserfahren wie viele von ihnen waren. Mahlau pflegte die Hohe Schule des Selberguckens in einem unkonventionellen Sinn tagaus, tagein viele Semester lang: die Kultivierung des suchenden, primär interesselosen Auges. Dies Instrument, dies Auge, perfektionierte Janssen dann absolut. Das gänzlich vorurteilslose Gucken (*ich bin nur ganz Auge*) auf die Erscheinungen der Welt barg allerdings auch die Freiheit, letztlich a l l e s zum ästhetischen Material zu machen, unter Einschluss jeden Tabus. Hierher gehört das von Janssen gelegentlich zitierte Diktum

Kleists, wonach man – Caspar David Friederichs *Mönch am Meer* – „betrachtet, als ob einem die Augenlider weggeschnitten wären".

In der Akademiezeit schärfte Janssen sein – ohnehin schon hochsensibles – eidetisches Gedächtnis ungemein: aus geringsten Details, "Nebensächlichkeiten", unfehlbar das Prinzip einer Erscheinung zu erfassen, alle Staffage ausblenden zu können, das waren natürlich entscheidende Hilfsmittel bei jedweder ästhetische wie intellektuelle Inbesitznahme.

Solch eine, nicht einmal besonders exemplarische, Sozialisation eines 1929ers hält nur bedingt als d i e Matrix seiner kolonisatorischen künstlerischen (und menschlichen) Landnahmen und Verranntheiten her. Für Freud'sche Pathologen oder schlichte Interpreten mutierte Janssen ohnehin zum herrschaftlichen Demonstrationsobjekt. Nun konnte Janssen selbstredend das Fegefeuer seiner „Psychosen" und Obsessionen (Narzissmus!, Paranoia!, Fetischisierung des Frauenkörpers!) sehr versiert selbst hüten, schüren und *verwerten*. Dröge Experten hinkten bloß hinterher. „Der anstrengendste Liebling der feinen Hamburger Gesellschaft" in den 60er Jahren wollte und konnte die anfangs so begehrte Aufmerksamkeit nicht von simulierter (zweckgerichteter) Aufmerksamkeit trennen. Janssen entblätterte das Kulturbestiarium später in seinen teils witzigen, teils ätzenden, auch verzweifelten Sottisen über die *Regulierten und Gewißlinge*.

Dennoch: immer wieder trafen auch *Seinesgleichen* auf ihn. Wie nie danach pflegte er in den 50er Jahren zu zwei (ganz und gar unterschiedlichen) bildenden Künstlern, Reinhard Drenkhahn und Paul Wunderlich, enge Beziehungen. Der erstere nahm sich früh das Leben, letzterer entwickelte sich zügig weg von Janssen. Derartig nahe „Bruderschaften", deren genaues Korrektiv so wichtig für den isolierten Prozess schöpferischer Arbeit ist, ergaben sich für ihn in dieser Art nie mehr. Die beiden späteren „Ebenbürtigen", Gerhard Schack und Joachim Fest, ebenfalls höchst disparate Naturen, kamen nicht aus seinem Metier, traten dennoch auf ganz unterschiedliche Weise in einen durchweg fruchtbaren Dialog mit ihm.

Bezeichnenderweise erregte Janssens grafisches Werk, dann auch sein literarisches, bei nicht wenigen Kollegen der schreibenden Zunft dezidiertes Interesse. Rühmkorf, Walser, Bienek, auch ein Cioran seien nur erwähnt und insbesondere Hildesheimer mit seinen klugen, empathischen Essays über *Janssen und wir*. Nur fand diese Aufmerksamkeit kaum Widerhall bei Janssen, seine monomanische Weltreproduktion ließ eine Korrespondenz wohl nicht mehr recht zu. Zwar liebäugelte er sogar in den 70ern mit einer Art „Männerorden Gleichgesinnter", der in einem hübschen Landhaus in Agno in Oberitalien etabliert werden sollte. Wie aber absehbar, zog er sich jedoch schnell zurück: Zu wenig war sein unruhiges und immer konzentrierter um sich kreisendes Temperament zu echtem Austausch von Ideen, Gedanken, Eindrücken gemacht. Ein Talent zur Freundschaft – oft heftig herbeigeprobt – hatte er nicht.

So blieb (und bleibt) die Wirkungsgeschichte seines Werks problematisch. Wie immer guckte (und guckt) nur eine Minderheit genauer hin. Seine Arbeiten mit der aparten Aura des Morbiden ließen sich ja ebenso genüsslich (und so kommod im Preis) konsumieren wie seine widerborstigen Schreibereien. Dem schwindelerregenden Furor, mit dem Janssen seine Kunst und sich va banque erfand, wurde nur selten Rechnung getragen. Jede Berührung mit Fragern, Bewunderern, „Sammlern", „Multiplikatoren" oder der *blöden Truppe der Journaille* und ihre unerbetene Teilhabe an seinen misanthropischen Exzessen geriet immer, immer schlicht zur S t ö r u n g und schlug um in ärgerliche Wut, später in die resignierten Maskeraden einer Selbstdarbietung. Die wechselnde Menschenmenagerie um ihn herum musste schon in Drachenblut gebadet haben, um manche seiner Gewaltausbrüche zu überstehen. Selten zu ihrem Schaden. Dass sich nicht Wenige an seinen Absencen labten, sie als „authentisch", *katastrophaler als die eines Mittelbürgers*, öffentlich machten per Fotoband, Biographie oder Film, verknäuelte die Missverständnisse nur umso mehr und so wird er wohl noch eine Weile „das Verhängnis im Bademantel" bleiben.

Die Götter haben mich ungemein gestraft mit meinen Gaben, seufzte Janssen mitunter. Wohl wahr. Sein labyrinthisches, formbewusstes Werk, das grafische und das damit innig verknüpfte literarische, hat er mit hoher Disziplin auf weiten Strecken gegen sein Leben und nicht selten auch gegen seine Gaben geschaffen. Seine Lebenswirklichkeit drohte oft genug elend formlos zu werden.

Das ständig bereite Assoziationsfederchen in Janssens Hirn und das *Schüttelding, das Kaleidoskop innen drinnen mit den vergessenen und erinnerten Augenblicken, die sich bei der geringsten Bewegung wieder und wieder zu neuen Bildern assoziieren*, sie terrorisierten ihn nicht selten unmäßig. Allein während seiner geduldigen *Herstellungen der Ordnungen auf dem Papier, begrenzt von den vier Seiten*, entkam er dem obsessiven Bildergewimmel.

War er zu erschöpft, öffnete er unfroh und aus alter Gewohnheit dem leutselig zum *Feind Nr. 1* nobilitierten Alkohol das Treppengatter seiner Burg. Dieser Kerl (und allzu oft das *Prinzip Frau* – nur entzückender) brachten seine ohnehin leicht irritierbaren inneren und äußeren Verfassungen immer wieder in dramatische Schieflagen.

Sein eigentlicher Feindfreund jedoch war der hinter, über und zwischen allem anwesende Tod, „eingeritzt wie ein Nadelstich im Augenwinkel". D e r war die ungeheuerliche Zumutung, der allerletzte Unterbrecher, der ihm unweigerlich ins Wort fallen würde. Der Rausch diente ihm (unter anderem) als eine Art Kollaboration, als eine Gewöhnung an die sichere Niederlage. Zugleich aber war der Schwindel einer plötzlich aufblitzenden Präsenz des Todes Motor zu allen seinen PflanzeTierMensch-Bildnissen (exemplarisch: die Radiersuite *Hannos Tod*), den dunkelleuchtenden Landschaften, den Kasperl-Knochenmännern und ihre erotische Entourage, den Beschwörungen seiner geliebten, *längst verstorbenen Zeichner, die ihm* kitzelnd *im Nacken saßen* und und und. D a s waren s e i n e Faustpfänder! Zwar ohne jede Glaubensgewissheit, doch mit der zaghaften Hoffnung auf vorübergehende Unsterblichkeit. So gesehen, lebte, dachte, fühlte Janssen immer à mort.

Diejenigen aber, die selbst einen inneren Spielfundus haben, werden jedes Mal freudig erschrecken über eine geistreiche Formulierung auf dem Papier, wenn sie Nerven haben für das Plus, das eine Oberfläche oder ein Stoff, von Janssen behandelt, enthält.

Irrenhäuser

(Janssen'sches Stoßgebet) (1980)

Nein – ich geh nicht wieder in die Stadt – ich spiele nicht mehr mit, ich geh nach Hause.

Ich besitze kein Auto
kein Bankkonto
keine Aktien
keine Zeichnungen
keine Radierungen
und auch nicht die Platten
ich habe 3 Söhne
1 Tochter
1 Katze
1 Burg
1 rechte Hand
und als Leihgabe ein Träumchen im Kopf

Ich geh nicht wieder in die Stadt – ich bleibe in meiner Burg, wo immer dieselbe sein wird.

Ich werde eines Tages wunderbare Bäume finden, entzückende Wiesen und die aufregendsten Dinge auf einem Teller, und zeichnen. Und Porträts zeichnen – wie innige Dialoge, und Erotikas, die nur so schlüpfen, und Kerfe und größere Tiere und Fabeltiere auch. Und das alles werde ich zum Ende mit Zartheit zeichnen können – ich brauche dann nicht mehr so stark aufzudrücken aus Spekulation oder Unsicherheit. Nein – nach einem langen Weg werde ich das Einfache gewonnen haben.

Einfach gewonnen haben – So Gott will und gegen alle in der Stadt. Amen.

Jürgen Klein

Einige Bemerkungen über die Hamburger Kunsthalle im 20. Jahrhundert

Einleitung

Die Geschichte der Hamburger Kunsthalle beginnt im ersten Drittel des 19. Jahrhunderts, als interessierte Bürger sich dafür einsetzten, eine Kunstsammlung zu begründen. Durch mannigfache Stiftungen und Erbfälle konnte ein Bestand von Bildern und Kunstgegenständen angesammelt werden, für den ein geeignetes Gebäude gesucht wurde. Die zunächst noch kleine Sammlung kam in „den oberen Sälen der Börsenarkaden" unter. Dies konnte allerdings nur eine Interimslösung sein, denn durch weitere Spenden, Erbfälle und Legate wuchs die Sammlung an, sodass um die Mitte des Jahrhunderts daran gedacht wurde, ein Kunstmuseum zu bauen – der Nucleus der heutigen Hamburger Kunsthalle.

Es wurde ein Konsistorium aus Hamburger Bürgern für das Projekt gegründet und schließlich nach der Auswertung einer Ausschreibung die Architekten Georg Theodor Schirrmacher und Hermann von der Hude mit dem für die Stadt bedeutenden Bauauftrag betraut.

Von der Planung (1858) bis zur Fertigstellung des Hauses am Glockengießerwall vergingen elf Jahre, sodass das Kunstmuseum erst am 30. August 1869 eingeweiht werden konnte. Mit der Leitung wurde ein Verwaltungsbeamter betraut, den das Konsistorium überwachte. Die Organisation, Leitung und Kontrolle des Hauses wurde somit von kunstbeflissenen Bürgern betrieben, nicht aber von fachlich ausgewiesenen Kunsthistorikern. Es nimmt daher nicht Wunder, dass sich Kritik aus Künstlerkreisen erhob. Vor allem der Maler Martin Feddersen machte 1884 eine ganze Reihe von Neuerungsvorschlägen zum Kunstmuseum, seiner Ausstattung, Gestaltung und Ausstellungspraxis:

> Wenn wir zunächst untersuchen, woher es kommt, daß die Hamburger Galerie so unendlich viel mittelmäßige Werke aufzuweisen hat, so ist der Grund hierfür zum Theil in den Verhältnissen zu suchen, unter denen sie entstand (...) und so kann man sagen, daß die Galerie nichts ist als ein Zusammenfluß von an die Öffentlichkeit gebrachten Privatsammlungen![1]

Deshalb forderte Feddersen die Einsetzung eines Direktors.

Alfred Lichtwark

Das Blatt wendete sich für die Hamburger Kunstsammlung mit der Besetzung des Direktorpostens durch Alfred Lichtwark (1852–1914). Lichtwark stammte aus einer Hamburger Handwerkerfamilie, hatte Kunst und Pädagogik in Dresden, Leipzig und Berlin studiert und sich jahrelang mit Schulreformen befasst. Sein Direktorat begann 1886. Unter Lichtwark wurden die Sammlungen intensiv und geordnet erweitert. Ihm ging es nicht um die Quantität, sondern um die Qualität der Kunstwerke: „Ein Bild ersten Ranges bedeutet mehr als eine ganze Galerie mäßiger Durchschnittsleistungen."[2] Lichtwark sammelte Kunst des Mittelalters, Romantik (Caspar David Friedrich, Philipp Otto Runge), aber auch wichtige Maler des späteren 19. und frühen 20. Jahrhunderts wie Pierre Bonnard, Lovis Corinth, Wilhelm Leibl, Adolph Menzel und Édouard Vuillard. Auch kultivierte der neue Direktor einen Grundzug der Hamburger Kunsthalle, der bis heute bedeutend ist: die Öffentlichkeitsarbeit. Dazu gehörten Vorlesungen zur Kunstgeschichte und zu bestimmten Werken, aber auch eine Praxis von wechselnden Ausstellungen. Dies begründete der neue Direktor mit einem Vergleich zu den europäischen Hauptstädten: Diese verfügten über Universitäten, Polytechniken und Akademien der Wissenschaften und Künste. Solche Einrichtungen fehlten in Hamburg. Da keine Synergiebeziehungen begründbar waren, musste – so Lichtwark – die Kunsthalle eine Funktion des Hamburgischen Akademischen Gymnasiums übernehmen: den öffentlichen Bildungsauftrag.[3] Damit kämpfte er auch gegen Hamburger Indolenz an: „Der kostspieligste Luxus, den sich eine Stadt leisten kann, ist Beschränktheit und Unwissenheit."[4] Lichtwark legte Wert darauf, dass das Publikum Zugang zu künstlerischen Originalen des Kupferstichkabinetts erhielt. Er sah in den zu damaliger Zeit üblichen schlechten Reproduktionen die Quelle für die Einübung eines schlechten Geschmacks. Später entdeckte Lichtwark auch die Bedeutung der Photographie und legte eine der ersten Sammlungen an.[5] Es ging also bereits hier um die Aura originaler Kunst.[6]

Eine Besonderheit war es, dass Lichtwark künstlerische Darstellungen Hamburgs sammelte, wovon die vor einigen Monaten gezeigte Ausstellung *Lichtwark revisited* beredtes Zeugnis abgegeben hat. Insgesamt ist diese Gründergestalt der genuine Anfangspunkt einer weit über Hamburgs Grenzen hinaus bedeutenden Kunstsammlung. Lichtwark hatte sich als erster für die Moderne stark gemacht und dafür herbe Kritik ignoranter Hochgestellter einstecken müssen. Von Wilhelm II. ist überliefert, dass er „nur mit einem Revolver bewaffnet [...] die Hamburger Kunsthalle betreten [würde]."[7] Als Lichtwark 1914 starb, betrauten die Hamburger den vormaligen Direktor der Bremer Kunsthalle, Gustav Pauli, mit der Nachfolge – ein Glücksfall für die Stadt- und Kulturgeschichte. Denn es war Pauli, der für die Hamburger Kunstsammlung den Weg in die Moderne eröffnete.

Gustav Pauli und die Moderne

Pauli (1866–1938), Sohn eines Bremer Senators und einer künstlerisch interessierten Mutter, studierte Kunstgeschichte in Leipzig und Basel, vertiefte seine Kenntnisse durch Studienreisen nach Italien, Belgien und Holland und promovierte 1899 in Leipzig über Bremer Renaissance-Architektur. Nach weiteren Aufenthalten in Rom und in der Schweiz fand er 1894 eine Anstellung am Dresdner Kupferstich-Kabinett, machte aber schon bald Karriere in seiner Heimatstadt Bremen, wo er 1905 Direktor der dortigen Kunsthalle wurde. Bereits dort hatte er sich für die deutsche wie auch die französische Moderne eingesetzt. Durch seine Initiative erwarb die Bremer Kunsthalle Werke von Paula Modersohn-Becker, Claude Monet, Eduard Manet, Gustave Courbet, Auguste Renoir, Camille Pissarro, Max Liebermann, Lovis Corinth, Max Slevogt und – Vincent van Gogh. Pauli hatte also schon eine beträchtliche Leistung als Kunsthistoriker und Museumsmann aufzuweisen, als er 1914 die Hamburger Kunsthalle als Direktor übernahm.

Hier setzte er seine Ambitionen im Blick auf die moderne Kunst fort – und fand, dass der Bedarf an Werken dieser neuen Richtungen in Hamburg beträchtlich war. Pauli verfolgte auch das Projekt Lichtwarks weiter, den Bestand des Kupferstichkabinetts wissenschaftlich aufzuarbeiten, doch der Erste Weltkrieg verzögerte seine Pläne. Große Verdienste erwarb sich der neue Direktor um die Erweiterung der Sammlungen: Zu den Erwerbungen gehörten Arbeiten der Expressionisten, z. B. Oskar Kokoschka, Franz Marc. 1923 wurde der Vortragssaal zwischen Alt- und Neubau der Kunsthalle fertiggestellt. Der Neubau mit seiner

Rotunde war bereits 1911 unter Lichtwark entworfen worden, konnte aber erst im Jahre 1919 unter Pauli vollendet werden.

Schon 1919 hat Gustav Pauli in einem aufschlussreichen Papier seine Gedanken zur Museumskonzeption[8] vorgelegt. Darin werden u. a. folgende Punkte betont: Die „allgemeine Erschütterung“ durch den Weltkrieg stelle den traditionellen Umgang mit Kunst auf den Prüfstand. Die Behandlung von Kunstwerken nach ideologischen Prämissen müsse ein Ende haben und der Betrachtung des intrinsischen, genuinen Werts des Kunstwerks Platz machen. Letzterer sei aber auch mit der jeweiligen gesellschaftlichen Wirklichkeit vermittelt. Pauli betont, dass das Kunstmuseum sich vorrangig mit der Gegenwartskunst befassen solle, und deshalb müsse es über die Konzepte des Fürsten- und Gelehrtenmuseums hinausgehen hin zum *Volksmuseum* (S. 20). Dies ist ein Plädoyer für die Öffentlichkeit und Allgemeinheit der Kunstsammlungen. Pauli legt hier besonderen Wert auf die kunstpädagogische Begleitung des Publikums: „[es] bleiben die Museen der so genannten hohen Kunst die berufenen Stätten einer reinen Kunsterziehung“.[9] Zu Paulis Prinzipien gehört, dass nur das Wertvollste dauernd gezeigt werden solle, während andere Bestände dem Publikum durch Wechselausstellungen anzubieten seien. Last not least dringt er darauf, dass die Museumsführung und die Abteilungsposten von Fachleuten besetzt werden.

1933 wurde Gustav Pauli von den Nazis entlassen, weil er ihnen weder politisch noch künstlerisch genehm war. Moderne Kunst galt den Nazis bekanntlich als „entartet“[10]

Die Nazi-Zeit

Die NS-Zeit ist für die Hamburger Kunsthalle eine düstere Phase. Als Nachfolger Paulis wurde 1941 der SS-Untersturmbannführer Werner Kloss berufen, ein Kunsthistoriker, der die Kunsthalle von „entarteter Kunst“ „reinigte“:

> 72 Gemälde, 296 Zeichnungen und Aquarelle, 926 Druckgraphiken und 8 Plastiken wurden beschlagnahmt und nach Berlin verbracht. Von dort aus wurden die Werke entweder gegen Devisen verkauft oder möglicherweise vernichtet. Vieles davon ist heute verloren.[11]

Erstaunlich allerdings ist, dass Kloss sich weigerte, die Münchner Ausstellung *Entartete Kunst* 1938 in der Kunsthalle zu zeigen. Am Kriegsbeginn wurde die Hamburger Kunsthalle geschlossen. Die Kunstwerke wurden an sicheren Orten ausgelagert und konnten nach dem Krieg Schritt für Schritt wieder zurückgeführt werden.

Neuanfang nach 1945: Carl Georg Heise

Erster Direktor nach dem Zweiten Weltkrieg wurde Carl Georg Heise (1890–1979), der – wie Pauli – negative Erfahrungen mit dem Nazi-Regime gemacht hatte. Er stammte aus einer künstlerisch interessierten Hamburger Kaufmannsfamilie. Schon 1906 wurde Aby Warburg sein Mentor. Es verwundert nicht, dass Heise das Studium der Kunstgeschichte aufnahm, und zwar in Freiburg, Halle, und in München (bei Heinrich Wölfflin). 1910 unternahm er eine Italien-Exkursion mit Aby Warburg und Wilhelm Waetzoldt. 1916 folgte die kunstgeschichtliche Promotion über mittelalterliche Malerei des Nordens in Kiel. Im selben Jahr erhielt Heise eine Anstellung an der Hamburger Kunsthalle, im Rahmen derer er den Bestandskatalog der älteren Gemälde verfasste. 1920 wurde er Museumsdirektor in Lübeck und setzte sich dort unmittelbar für die moderne Kunst ein, kaufte Arbeiten von Ernst Barlach, Franz Marc und Edvard Munch an. Er wurde 1933 aus dem Amt entlassen. Eine Reihe seiner Ankäufe moderner Gemälde gelangten in die NS-Ausstellung „Entartete Kunst". Heise wurde 1945 zum Direktor der Hamburger Kunsthalle berufen und übte dieses Amt bis 1955 aus.

Heise orientierte sich nach seinen Erfahrungen mit dem Nazi-Regime nicht an den Neokonservativen und Klassik-Epigonen der 50er Jahre. Er verband seine Einsicht in den „wankenden Fortschrittsglauben des 19. Jahrhunderts" mit seiner Skepsis gegenüber den sogenannten *Bewahrenden*, die sich auf Quietismus und Pflege der Tradition beschränkten. Die weltfremde Beschäftigung mit Kunst und Literatur[12] hatte im Nachkriegsdeutschland Konjunktur, sodass die Rezeption der Moderne zunächst einmal weitgehend bedeutungslos blieb. Für Heise hingegen sollte das Museumswesen „ein echter Bildungsfaktor unseres gegenwärtigen Lebens bleiben". Das Museum soll Bildungsstätte, offene Forschungseinrichtung sein, was ohne kunstgeschichtliche Expertise gar nicht möglich ist. In erster Linie ist für Heise „das Museum der Gegenwart [...] Stätte der künstlerischen Erziehung und Selbsterziehung der Allgemeinheit."[13] Nur das Wertvollste soll dauernd gezeigt werden – dies entspricht der Auffassung Paulis – zur Gewährleistung des „höchst-mögliche[n] Schau-Wert[s]" und der „volkspädagogische[n] Hinleitung auf das Wesentliche".[14] Daraus ergeben sich praktische Konsequenzen für die Einrichtung eines Kunstmuseums. Heise fordert hier nach englischem Vorbild ein *educational department*. Es geht um den angemessenen Ausgleich zwischen Dauer- und Wechselausstellung. Dieser dient der Verlebendigung des Sehangebots: Heise will nicht nur die traditionellen Sehgewohnheiten des Publikums bedienen, sondern auch zu neuem Sehen und zur Reflexion provozieren. Denn: „nur von der Gegenwartskunst her wird auch das Alte lebendig."[15]

Alfred Hentzen: Licht für die Kunst

Alfred Hentzen (1903–1985) war der zweite Nachkriegsdirektor der Kunsthalle. Er studierte Kunstgeschichte, Literaturwissenschaft und Archäologie in München (Heinrich Wölfflin), Bonn und Berlin (Adolph Goldschmidt) und promovierte 1926 bei Wilhelm Pinder in Leipzig mit einer Arbeit über den mitteldeutschen Barock. Hentzen begann seine Berufslaufbahn 1927 unter Ludwig Justi[16] an der Nationalgalerie, wo er für die Kunst des 20. Jahrhunderts verantwortlich war. Er machte sich bei den Nazis missliebig, weil er 1934 ein Werk über moderne deutsche Plastik (Ernst Barlach, Wilhelm Lehmbruck, Gerhard Marcks und Georg Kolbe) veröffentlichte. 1936 wurde das Buch verboten. Hentzens Abteilung „Moderne Kunst" wurde geschlossen, weil die dort versammelten Werke als „entartete Kunst" galten. Eine Weile konnte er sich noch mit Arbeiten für die Olympiade über Wasser halten, wurde jedoch 1942 eingezogen. 1948 nahm er seine Arbeit als Kunsthistoriker durch die Wiederbelebung der Hannoverschen Kestner-Gesellschaft wieder auf. Unter seiner Leitung wurden wieder moderne Künstler gezeigt wie Nolde und Picasso.

Auf die Initiative Carl Georg Heises ist es zurückzuführen, dass Hentzen 1955 als dessen Nachfolger nach Hamburg berufen wurde. Hentzens Sache war es, die Hamburger Kunsthalle „durchzurenovieren" und die Sammlungen neu zu platzieren. Dabei verzichtete er wegen der Zweiteilung des Baukomplexes auf einen Rundgang und bevorzugte kleinere Einheiten zu Epochen und Kunststilen. Ein wesentlicher Faktor seiner Neuerungen war die in großem Stil durchgeführte Verbesserung der Beleuchtung der Räume unter Verwendung von *Listralglas* für die Tagesbeleuchtung und eine Installation der Abendbeleuchtung, sodass die Bilder auch spät gut betrachtet werden konnten. Es war auch Hentzen, der die ‚unglückliche' Lösung des Museumseingangs beklagte und eine neue Lösung forderte.[17]

Hentzen hat sich aber nicht nur für die technische Erneuerung der Kunsthalle und die Neuordnung der Bestände eingesetzt. Er erweiterte die Bestände der modernen Kunst und schaffte Werke von Alexander Calder, Sam Francis und Antoni Tàpies an. Parallel zu seiner Arbeit als Direktor leitete er bis 1962 den Hamburger Kunstverein. Hentzen war in der nationalen Kunstorganisation gut vernetzt und gehörte dem documenta-Beirat an. Als seinen Amtsnachfolger schlug er Werner Hofmann vor.

Die Ära Werner Hofmann (1969–1990): Internationale Anerkennung

Werner Hofmann (1928–2013), stammte aus Wien. Er studierte 1947–1949 Kunstgeschichte in Wien und Paris, promovierte, wurde Assistent an der Albertina und übernahm Gastprofessuren in den USA (Columbia University, später University of California at Berkeley und Harvard University). Die frühe Anerkennung als Kunsthistoriker brachte ihm das Gründungsdirektorat des Wiener *Museums des 20. Jahrhunderts* ein, das er von 1962 bis 1969 leitete. 1969 übernahm er die Leitung der Hamburger Kunsthalle, die er bis 1990 innehatte. Hofmann ist ein bedeutender und international renommierter Kunsthallendirektor gewesen, der durch seine wissenschaftliche Arbeit[18] ebenso überzeugte wie durch seine aufregenden und geistig faszinierenden Ausstellungen. Hier sei die Ausstellungsserie *KUNST UM 1800* genannt (Füssli, Goya, Friedrich, Turner).

Die Wiener Schule der Kunstgeschichte, mit der Hofmann durch seine Studien verbunden war, legte besonderen Wert auf den Symbolbegriff. Somit war für Hofmann, der in Wien studiert hatte, eine Affinität zu Ernst Cassirer und der Warburg-Schule gegeben. Hier spielt vor allem Erwin Panofsky eine Rolle, der sich von der Symbolanalyse zur Erforschung der bildlichen Metaphern vorarbeitete und die *Ikonologie* begründete. Hofmann fand in Hamburg noch den Geist der Warburg-Schule, auch wenn deren Vertreter nach England und – wie Panofsky – in die USA emigriert waren. Die Ideen der Warburg-Schule wirkten über Panofsky in den U.S.A. und über das Londoner Warburg-Institut auf den europäischen Kontinent zurück. Schon in seiner weit verbreiteten Arbeit *Grundlagen der modernen Kunst* (1978) geht es Werner Hofmann darum, in Bezug auf die Moderne „den leitmotivischen Rang gewisser ‚symbolischer Formen'" herauszuarbeiten, wobei er sich – was kaum verwundert – auf Cassirers Erkenntnistheorie beruft.[19]

Hofmann, der sich in der alten Kunstgeschichte hervorragend auskannte, ließ es nicht zu, dass die moderne Kunst „verketzert" wurde und er legte sich mutig, kampfeslustig – und ohne Rücksicht auf Karrierenachteile – mit Hans Sedlmayr, einem Papst der Kunstgeschichte der 50er Jahre an, dessen umstrittenes Werk *Verlust der Mitte* deutlich die konservative Ideologie der Zeit spiegelt.[20]

Hofmanns große Ausstellungen machten die Hamburger Kunsthalle berühmt und stellten ein kulturelles Highlight Hamburger Kultur im 20. Jahrhundert dar. In seiner weit bekannten Ausstellungsserie *KUNST UM 1800* ging er den Wurzeln der Moderne nach, die er mit guten Gründen in dieser Zeit ausmachen konnte. Die Caspar-David-Friedrich-Ausstellung zu dessen 200. Geburtstag im Jahre 1974 machte ein solches Furore, dass die Kunsthalle 218 910 Besucher begrüßen konnte, eine unvorstellbare Zahl für die damalige Zeit.[21] Ebenfalls 1974 wurde die Füssli Ausstellung in Hamburg gezeigt.[22] Für Werner Hofmann ist Füssli ein komplexer Künstler, der die intrikate und düstere Innenwelt des Menschen darstellt. Wenn er Subjekte als positiv, negativ und abstoßend zeigt, geht dies meist zusammen mit der Dialektik von Zwang und Freiheit einher: " – the human being – is split up into many variations which then become themes in their own right."[23]

Mit Werner Hofmann ist die Infragestellung des traditionellen Museums als Tempel der Kunst verbunden. Er hegt Zweifel an der fragwürdigen Symbiose zwischen räumlicher Verortung von Staatsgeschmack und künstlerischem Akademismus.[24] Er hat den Vorschlag gemacht, die Lehrkonzeption, wie sie im Bauhaus entwickelt wurde, zur Schule des Sehens für Kunstwerke zu übernehmen. Moderne Kunst reiche über Tafelmalerei und Plastik hinaus. Im Bauhaus lerne man eine „Fülle neuer Materialien" experimentell zu untersuchen:

> Vom Gebrauchsgegenstand bis zur Villenkolonie wird die gesamte „Wirklichkeit" des Menschen zugleich Lehr- und Experimentiergegenstand. [...] Der gemeinsame Nenner all dieser Bemühungen liegt nicht in einer deduktiv gewonnenen Stiletikette, sondern in ihrem inneren, organisch funktionellen Zusammenhang. Expressionistisches Pathos, dadaistischer Scherz und konstruktivistische Prägnanz kommen gleichermaßen zu Wort. Keiner idealen, sondern einer induktiv gewonnenen, organisch begründeten Schönheit wird solcherart der Boden bereitet ...[25]

Werner Hofmann versteht das Museum als lebendiges Ganzes: wir lernen in ihm das Sehen, um vom Einfachen zum Vielgestaltigen fortschreiten zu können. Dazu sind nach seiner Auffassung keine dogmatischen Lehrvorträge sinnvoll. Es geht um das Einführen ins *selbständige* Sehen. Fragen lauten hier: Wie entsteht Form? Wie sind Formen zu lesen? Welche Ausdrucksmöglichkeiten haben die Grundfarben? Es ist der Gestaltungsprozess, der anschaulich erläutert werden sollte.

Der Besucher muss zum aktiven Sehen erzogen werden: „Das Museum moderner Kunst zu einem Umschlagplatz neuer Ideen, zu einem Zentrum des Gedankenaustausches zu machen, scheint mir von größter Dringlichkeit."[26]

Weiterentwicklungen: Uwe M. Schneede und die Galerie der Gegenwart

Uwe M. Schneede (*1939 in Neumünster) war von 1991 bis 2006 Direktor der Hamburger Kunsthalle. Er studierte Kunstgeschichte, Klassische Archäologie und Literaturwissenschaft in Kiel und München und promovierte 1965 mit *Das repräsentative Gesellschaftsbild in der niederländischen Malerei des 17. Jahrhunderts* ... Seine berufliche Laufbahn begann 1967 mit einer Assistentur an der Kunsthalle Düsseldorf. Es folgten weitere Positionen: 1968 Direktor des Württembergischen Kunstvereins Stuttgart, 1973: Direktor des Kunstvereins Hamburg mit reicher Ausstellungstätigkeit, ab 1985: Professor für Kunstgeschichte an der Münchner Universität und ab 1991 das Direktorat der Hamburger Kunsthalle.

Stets hat sich Uwe M. Schneede intensiv mit der Moderne befasst. Dies bezieht sich auf Lehrtätigkeit, Ausstellungskonzeptionen und -durchführungen ebenso wie auf wissenschaftliche Veröffentlichungen. Wenn man die letzteren in den Blick nimmt, so lassen sich aus der Fülle der Bücher die Arbeit über den Surrealismus ebenso heranziehen wie die Monographien z. B. über – Max Ernst, George Grosz, Vincent Van Gogh, Max Beckmann, Gerhard Richter und Georg Baselitz.

Ein Kristallisationspunkt von Uwe Schneedes Wirken in Hamburg war der Neubau und die Einrichtung der *Galerie der Gegenwart*, deren kubischer Bau von Oswald Ungers entworfen wurde. Der Bau wurde 1997 eröffnet und gab die Möglichkeit, modernste Kunst (Richter, Polke, Baselitz, Serra und Kobakov) großzügig auszustellen. An der kubischen Strukturierung des Baus hat es auch Kritik gegeben, z. B. in Bezug auf „zu niedrige Fenstersimse und zu kurze Treppenstufen."[27] Die Galerie lebte offenbar davon, dass sehr häufig Ausstellungen *neuer Werke* präsentiert wurden. Die Kosten waren sehr hoch, was die Politik aber nicht mittragen wollte. Die Behörde hatte die Etatansätze von vornherein zu niedrig berechnet:

> „Wir hatten die Betriebskosten 1997 solide kalkuliert", erinnert sich Schneede. „Dann hat die Bürgerschaft plötzlich beschlossen, nur die Hälfte zu ersetzen." Was hieß, dass der Stiftungsrat die Kunsthalle jeweils ersuchte, die Zahlen so zu verän-

dern, dass man sie absegnen konnte. „Da hat man dann mit höheren Einnahmeerwartungen gearbeitet", sagt Schneede.

Den selbst produzierten Unwillen über die Finanzlage der *Galerie der Gegenwart* versuchte die Senatorin Karin von Welck später an Hubertus Gaßner „abzuarbeiten".

Hubertus Gaßner

Hubertus Gaßner (*1950), seit 2006 Direktor der Hamburger Kunsthalle, hat in Marburg, Heidelberg und München Kunstgeschichte, Philosophie und Soziologie studiert. Er promovierte 1982 in Heidelberg bei Peter Anselm Riedl mit einer Arbeit über den Russischen Konstruktivismus (*Aleksandr Rodcenko: Konstruktivistische Fotografie*). Von 1989–1992 leitete er das Documenta-Archiv in Kassel und wurde Honorarprofessor an der dortigen Universität. In München wirkte er als Hauptkurator am Haus der Kunst (1993–2002) und später als Direktor des Folkwang Museums von 2002–2005.[29]

Der neue Direktor ging davon aus, dass Wechselausstellungen „eher aus der eigenen Sammlung heraus [zu] konzipieren [seien]", auch sei die chronologische Aufstellung der Hamburger Sammlung nicht zu fixieren, zumal „thematische Neuhängungen" international Aufmerksamkeit gewonnen hätten. Zwischen Lichtwark und Hofmann steuert Gaßner einen interessanten Mittelkurs: „Was mir am Herzen liegt, ist auch, dass das Haus nicht nur eines der Bildung ist, sondern auch eines, wo Kunst geschieht, ..."[30]

Über die Ausstellungsaktivitäten der Hamburger Kunsthalle unter Hubertus Gaßner wäre viel Gutes zu sagen. Es mag hier genügen, einige Highlights zu benennen, nämliche folgende Präsentationen: *Kosmos Runge. Der Morgen der Romantik, R. B. Kitaj. Die Retrospektive, Giacometti. Die Spielfelder, Nanna. Anselm Feuerbach. Elixier einer Leidenschaft* sowie die gegenwärtige Ausstellung *Max Beckmann. Die Stillleben.*

*

Ruhe ist nicht die erste Bürgerpflicht und einen Kulturschlaf möchte kein Aufgeweckter weder der Kunsthalle noch dem Hamburger Kulturleben insgesamt wünschen. Das wurde bei dem Konflikt offenbar, den die Kunsthalle 2010 gegen die damalige Kultursenatorin Karin von Welck und ihre Schließungspläne für die *Galerie der Gegenwart* mit Erfolg durchstand. Das war das wundersame Jahr der hamburgischen kulturpolitischen Negativa, ja eigentlich ein Polit-Skandal.[31] Die *Galerie der Gegenwart*, auf Grund eines Senatsbeschlusses vorübergehend oder länger zu schließen, bewies einen Tiefstand des staatlichen Engagements für Kultur. Die Argumente für die Schließung fielen dementsprechend fadenscheinig aus. Große Protestaktivitäten der Freunde der Kunsthalle und Werner Hofmanns, der sich wie Uwe M. Schneede an die Seite von Hubertus Gaßner stellte, konnten dem unsäglichen Unsinn ein Ende bereiten.

Die Hamburger Kunsthalle bleibt eine der wichtigsten kulturellen Einrichtungen in der Stadt, die weit über die Stadtgrenzen hinauswirkt – geistige und kulturelle Anregung schafft, mit Altem und Neuem vertraut macht, aber auch zuzeiten provoziert, eingefahrene Gleise hinterfragt und daher stets alert und lebendig bleiben möge.

---

1 Ulrich Luckhardt, *„... diese der edlen Kunst gewidmeten Hallen." Zur Geschichte der Hamburger Kunsthalle*. Hamburg 1994.

2 Vgl. Uwe M. Schneede (Hrsg.), *Erneuerung und Tradition. Hamburger Museumstexte*. Hamburg 1997: Hamburger Kunsthalle, S. 9 (Alfred Lichtwark, *Die Aufgaben der Kunsthalle* (1886)). Vgl. auch: Carsten Meyer-Tönnesmann, „Imperator der Kunst", in: DIE ZEIT, 13. Januar 2014.

3 Schneede (1997), S. 7–8.

4 Zitiert nach Meyer-Tönnesmann (2014).

5 Vgl. Horst Bredekamp, „Kunstgeschichte als historische Bildwissenschaft", *Vortrag in der Reihe ICONIC TURN* der Burda-Stiftung, 4. 7. 2002.

6 Siehe hierzu besonders: Walter Benjamin, *Das Kunstwerk im Zeitalter seiner technischen Reproduzierbarkeit*. Frankfurt/Main 1963: Suhrkamp (edition suhrkamp 28); John Berger, *Ways of Seeing*. London 1988: BBC/Penguin.

7 Zitiert nach Meyer-Tönnesmann (2014).

8 Gustav Pauli, „Das Kunstmuseum der Zukunft" (1919), in: Uwe M. Schneede, *Erneuerung und Tradition* (1997), S. 17–28.

9 Pauli, a.a.O., S. 21.

10 Vgl. in diesem Band den Beitrag von James Knowlson über Samuel Becketts Hamburger Aufenthalt im Jahre 1937.

11 Luckhardt (1994), S. 52.

12 Dies gilt vor allem auch für die westdeutsche traditionalistische Literaturbetrachtung im Sinne von *Hermeneutik* und *New Criticism*, für die Namen wie Benno von Wiese, Emil Staiger und Wolfgang Kayser stehen.

13 Heise, in: Schneede (1997), S. 32.

14 Ebenda.

15 Ebenda, S. 35.

16 Sein Onkel Carl Justi wurde berühmt durch das Standardwerk *Winckelmann und seine Zeitgenossen* (1. Auflage 1866).

17 Vgl. Alfred Hentze, „Gedanken zur Neuordnung der Hamburger Kunsthalle" (1959), in: Uwe M. Schneede (1997), S. 41 und passim.

18 Vgl. Beat Wyss, „Porträt des Kunsthistorikers Werner Hofmann. Anwalt der Moderne", in: *Neue Zürcher Zeitung*, 28. März 2013. Wyss spricht von Hofmanns „Doppelbegabung als Ausstellungsmacher und Wissenschaftler". Von seinen wissenschaftlichen Arbeiten seien zumindest genannt: *Grundlagen der Kunst* (1978), sodann die Monographien über: *Caspar David Friedrich* (2000), *Goya* (2004) und *Degas* (2007), zudem das späte Werk *Phantasiestücke. Über das Phantastische in der Kunst* (2010). Wichtig sind ebenso die theoretischen Arbeiten: *Das entzweite Jahrhundert* (1995) und *Die gespaltene Moderne* (2004).

19 Vgl. Werner Hofmann, *Grundlagen der modernen Kunst*. Stuttgart 1978: Kröner, S. 7. Zitierte Stelle: Ernst Cassirer, *Philosophy of Symbolic Forms*, translated by Ralph Manheim. New Haven, London 1973: Yale University Press, vol. I: Language, S. 78.

20 Vgl. Wyss, a.a.O. Siehe: Hans Sedlmayr, *Verlust der Mitte. Die bildende Kunst des 19. und 20. Jahrhunderts als Symptom und Symbol der Zeit*. Salzburg [5] 1951: Otto Müller.

21 Vgl. Hofmann (1978), S. 7.

22 Die Ausstellung wurde 1975 vom April bis Juli im Petit Palais in Paris gezeigt. Zuletzt zu Füssli und Piranesi siehe: Jürgen Klein/Gunda Kuttler, *Mathematik des Begehrens*. Hamburg 2011: Shoebox House Verlag.

23 Werner Hofmann, „ A Captive", in: *Henry Fuseli 1741–1825. Catalogue*, Tate Gallery 1975, S. 31 und 32.

24 Vgl. Werner Hofmann, „Funktionswandel des Museums" (1959), in: Schneede (1997), S. 53–62.

25 Hofmann, in: Schneede (1997), S. 58.

26 Ebenda, S. 61.

27 Petra Schellen, „Finanzsenators Traum. Gegenwartskunst im Dornröschenschlaf", in: *taz*, 12. 09. 2012.

28 Ebenda.

29 Vgl. „Künftiger Kunsthallendirektor: Hubertus Gaßner stellt sich vor", in: *DIE WELT*, 8. Dezember 2004.

30 Nicole Büsing und Heiko Klaas, kunstmarkt.com, 14. 02. 2006 <http://www.

kunstmarkt.com/pagesmag/kunst_id92410-/journal_berichtdetail.html?_q...>
[8. 11. 2014]

31 Matthias Gretzschel, „'Die Schließung der Galerie der Gegenwart ist ein Hilfeschrei'. Der Streit um die Teilsperrung der Kunsthalle geht in die nächste Runde und wird in Hamburg sowie überregional mit Befremden registriert", in: *Hamburger Abendblatt,* 20. Mai 2010. Vgl. auch: Matthias Gretzschel, „Hubertus Gaßner im Interview. Die Hamburger Kunsthalle auf dem Weg in die Provinzialität", in: *Hamburger Abendblatt,* 15. Mai 2010. Die staatliche Seite hatte sogar erwogen, zum Abbau des Finanzdefizits „Kunst aus dem Bestand der Kunsthalle zu verkaufen."

Der Geist der Controverse erhält die Welt im Gang; (und Witze ölen das (an sonstn schaurije) Getriebe)

Quelle: Arno Schmidt, Zettel's Traum, Seite 971.

Thomas Blubacher

„Bringen Sie mir den Alltag nicht auf die Bühne!“

Gustaf Gründgens als Intendant des Deutschen Schauspielhauses in Hamburg

„Zwar werden die geistigen Potenzen der Stadt ebenso geliebt und verehrt wie anderswo, und die Anhänglichkeit des Hamburgers an seine Koryphäen ist sprichwörtlich, aber man zerrt sie ungern auf den Denkmalssockel, und man verabscheut leichtfertige Mythenbildung“[1], erklärte Gustaf Gründgens – und irrte sich. Mehr als irgendwo anders in Deutschland ist in Hamburg der Mythos des bedeutenden Schauspielers und Regisseurs bis heute lebendig. Stadtbekannt durch sein exaltiert zur Schau gestelltes Bohèmeleben, avancierte der 1899 in Düsseldorf geborene Gründgens in den 20er Jahren zum Star der Hamburger Kammerspiele. 1955 kehrte der ehemalige Generalintendant der Preußischen Staatstheater Berlin, der die Kulturfassade des Dritten Reichs aufpoliert, gleichwohl aber mutig und menschlich integer gefährdete Kollegen geschützt hatte, an die Alster zurück. Zuvor Generalintendant in Düsseldorf, übernahm der für den repräsentativen Klassizismus seiner Maßstäbe setzenden Inszenierungen gefeierte autokratische Theater-Repräsentant der Adenauer-Ära die Intendanz des Deutschen Schauspielhauses, fand in Hamburg seine letzte künstlerische Heimat – und 1963 sein Grab.

Am 1. August 1955 betritt der neue Intendant, ganz unglamourös „im grauen Zweireiher, eine abgewetzte braune Reißverschluss-Aktentasche unter dem Arm“[2], kurz nach zehn Uhr vormittags die Bühne des Schauspielhauses, begleitet von Hans-Harder Biermann-Ratjen und dem Ensemblesprecher Joseph Offenbach. Im gold- und stuckverzierten neobarocken Zuschauerraum des 1899 bis 1900 durch die Wiener Theaterarchitekten Fellner & Helmer errichteten Hauses hat sich die komplette Belegschaft versammelt. „Bringe ich Ihnen nun einen neuen Chef, der einer bestimmten ‚Richtung‘ verhaftet ist? Optieren wir damit für die ‚Tradition‘ gegen die ‚Moderne‘?“, fragt Senator Biermann-Ratjen rhetorisch – und gibt selbstverständlich die Antwort: „Nichts wäre falscher! Wir optieren [...] für die Beachtung der ewig sich gleichbleibenden künstlerischen Grundgesetze, also für etwas, in dem der Gegensatz von Tradition und Moderne sich aufhebt.“[3] Dann formuliert Gründgens in einer seither oftmals zitierten Antrittsrede sein künstlerisches Credo. Nach wie vor begreift er das festliche Theater als heiligen Raum, den es freizuhalten gelte vom Einfluss der Wirklichkeit, damit die theatrale Kunst den ewigen Werten des Schönen und Wahren diene. Er fordert die Wiederherstellung einer Tradition, die Voraussetzung für künstlerische Qualität und zugleich Ziel aller Bemühungen sei, ebenso wie die Beherrschung des Metiers.

> Genieren Sie sich bitte nicht, einen Satz richtig zu betonen. Es ist nicht Formalismus! Genieren Sie sich nicht, eine Rolle sicher in den Griff zu bekommen und zu beherrschen. Es ist nicht Manierismus! [...] ich würde wünschen, daß die drei Stunden, in denen wir abends unseren Beruf ausüben, festliche Stunden sind, besondere Stunden für jeden von uns. Nur dann werden sie besondere Stunden für den Zuschauer sein. [...] Machen Sie in Ihrem Privatleben, was Sie wollen, aber bringen Sie mir den Alltag nicht auf die Bühne.[4]

Einen Monat später eröffnet Gründgens am Donnerstag, dem 1. September 1955, seine erste Hamburger Saison mit der teilweise umbesetzten Wiederaufnahme des Düsseldorfer WALLENSTEINS. Im Publikum haben sich die Spitzen von Politik, Industrie und Kunst versammelt, meist im Smoking, teils sogar im Frack; auch sämtliche Stehplätze sind ausverkauft. Die *Bild-Zeitung* zählt 37 Vorhänge, die *Schleswiger Nachrichten* berichten: „Der Beifall dauerte bis Mitternacht – eine geschlossene Stunde."[5] Die Begeisterung der zahlreichen, von nah und fern angereisten Kritiker hält sich dagegen in Grenzen. „Im ganzen lag der Theaterabend doch wohl etwas zu sehr auf der Linie der Hof- oder Burgtheatertradition"[6], meint Willy Haas in der *Welt*, mit dieser Ansicht völlig im Einklang mit Johannes Jacobi von der *Zeit*, der sich während der Vorstellung daran erinnert habe, „daß Hamburgs Schauspielhaus früher das ‚Burgtheater des Nordens' genannt wurde"[7]. „Diese Aufführung ist auf Repräsentanz und Getragenheit aus. Das Stück wäre auch ganz anders spielbar. Gründgens verkörpert heute im Theaterleben unseres Landes das Element der Bewährung, des konservativen Stils", befindet Friedrich Luft in der *Welt am Sonntag*, doch nicht ohne hinzuzufügen: „Wie sehr er hiermit recht hat, zeigte der Beifall. Es war eine schiere Ovation."[8]

Am 21. April 1957 hat jene Inszenierung Premiere, die seine berühmteste werden wird und mit der es ihm gelingt, das zunächst teils wohlwollend abwartende, teils kritisch-reservierte, hamburgisch spröde Publikum endgültig für sich zu gewinnen: der erste Teil von Goethes FAUST. Hatte sich seine Düsseldorfer Inszenierung nicht wesentlich von den Berliner Aufführungen unterschieden, so hat Gründgens nun, nachdem seine Versuche, Jean Cocteau als Bühnenbildner zu gewinnen, gescheitert waren, zusammen mit Teo Otto eine überzeugende neue Lösung gefunden. Grundlage ihres Konzepts ist das von Gründgens bisher stets gestrichene Vorspiel auf dem Theater, für das man auf der großen, mit silbergrauen Vorhängen begrenzten Bühne des Deutschen Schauspielhauses ein leichtes, praktikables Schaubudengerüst aufbaut:

> Denn in diesem Vorspiel und mit diesem Vorspiel enthebt uns Goethe ein für allemal der Verpflichtung, den Zuschauer glauben zu machen, sein Himmel sei *der* Himmel – seine Kaiserpfalz sei *die* Kaiserpfalz – sein Griechenland sei *das* Griechenland. Nein, es ist alles, der Himmel, die Hölle, die kleine, die große Welt: die Welt des Theaters.[9]

Die ganze Tragödie wird also als Theater auf dem Theater gespielt, man „schonet" entgegen den Worten des Direktors im Vorspiel „Prospekte" und „Maschinen" und schreitet tatsächlich „in dem engen Bretterhaus den ganzen Kreis der Schöpfung aus". Der Dichter kurbelt den Vorhang des Podiums hoch, auf dem die drei Erzengel des Prologs stehen, der Theaterdirektor hängt sich *coram publico* einen Bart um und wird so, für alle sichtbar, „der Herr". Auch das gotische Studierzimmer des dritten Bildes deutet Teo Otto nur noch durch ein Holzregal mit Kaminöffnung und Ofenbank, das große Glasmodell einer Molekülstruktur, das Modernität signalisiert, sowie Schreibpult und Hocker an, Auerbachs Keller durch zwei Regale mit Flaschen und einen groben Holztisch. Während Marthes Garten von Rochus Gliese in Berlin noch naturalistisch als Gemüsegarten mit Kohlköpfen und einer Gartenlaube gebaut worden war, reduziert ihn Otto nun auf ein Holzspalier und einen symbolischen Grasflecken mit Blumen vor dem Podium. Die Bühne wird also „entrümpelt", der „Plüsch von Old Germany [...] überwunden"[10], so Albert Schulze-Vellinghausen in der FAZ. Das Spielpodest wird für Dom und Walpurgisnacht entfernt, um die ganze Fläche der Bühne nutzen zu können. Wie schon 1941 in Berlin gehen diese beiden Szenen nahtlos ineinander über: „Die geduckt hockenden Gläubigen schnellen hoch und sind, mit Licht- und Farbwechsel, orgiastisch durcheinandertaumelnde Masse."[11] Diesmal wird zu Rock-'n'-Roll-Rhythmen getanzt, ein Astronaut als Ikone des Raumfahrtzeitalters erscheint, es blitzt grell und ein Atompilz wird sichtbar.

Will Quadflieg spielt den Faust inspiriert von Robert Oppenheimer als modernen Wissenschaftler mit der Skepsis eines Menschen des 20. Jahrhunderts, alternierend mit Werner Hinz. Antje Weisgerber und später Ella Büchi geben das Gretchen, Elisabeth Flickenschildt, Sybille Binder und Ehmi Bessel lösen sich als

Marthe ab, Uwe Friedrichsen spielt den Schüler und Gründgens selbst (ab 1959 abwechselnd mit Ullrich Haupt) den Mephisto.

> Gustaf Gründgens, zunächst als picassohafter Harlekin und dann als leicht karnevalistischer Höllenkavalier gewandet, entfaltete nach und nach, accelerando, die Wunder seiner profunden Sprachmagie. Ein hohes Vergnügen – und weit mehr. Seine schlangenhafte Körperbeherrschung ermöglicht ihm den brillantesten Mimus. Zum Nutzen der Dichtung! Wer kann das heute noch so? Auf dem Rücken liegend, den Faust umkrallend, oder am Boden robbend in der Verwandlung, verströmt er gespenstische Suggestion[12],

rühmt die *FAZ*, und in der *Zeit* heißt es:

> Die persönliche Gespanntheit und komödiantische Lust des phönixhaft verjüngten Schauspielers umkleiden eine Gestalt, die sich in 25 Jahren von Berlin über Düsseldorf zu der Hamburger Mephisto-Synthese entwickelt hat. Mit der Grandezza des ‚Junkers' Satan löste Gründgens einst den Volksteufel von Werner Krauß ab. Sie ist noch vorhanden, ebenso der ‚gefallene Engel', Mephisto als Luzifer, den Gründgens dann entdeckte und der über Fausts Person hinweg stets mit seinem Wettpartner Gott spricht. Neu ist die Wiedereinführung des Spaßmacherteufels. Weggewischt ist der bisher typische Ton, die fragende Trauer in der Stimme. Dieser dritte Gründgens-Mephisto spricht hoch, leicht, meist leise. Er ist der moderne Skeptiker, dessen Stimme nur manchmal ausbricht, als sei die Figur von Sartre, um Grundsatzpositionen des Nichts zu proklamieren. Hier zeigt sich am einleuchtendsten ein Weg zur Klassiker-Erneuerung: die rein schauspielerische (nicht szenische) Akzentverlagerung auf Werkelemente, die Antworten auf unsere gegenwärtigen Fragen enthalten.[13]

Die hochgelobte Aufführung ist ständig ausverkauft, regelmäßig bildet sich schon am Samstagabend eine Menschenschlange vor der Theaterkasse, an der dann sonntags ab zehn Uhr der Vorverkauf für die kommende Woche beginnt; gelegentlich lässt Gründgens morgens heißen Kaffee an die Wartenden ausschenken. Die Inszenierung wird ein triumphaler Welterfolg. 1959 gastiert das Deutsche Schauspielhaus mit FAUST, dem dritten Akt von WALLENSTEINS TOD und Kleists ZERBROCHENEM KRUG, der dort Premiere hat, in der Sowjetunion – ein vereinbarter Beitrag des deutsch-sowjetischen Kulturabkommens vom Mai desselben Jahres. Man fliegt zunächst nach Helsinki, von wo die Reise nach Leningrad weitergehen soll, doch wegen zu starken Nebels findet sich kein russisches Flugzeug. Als der entnervte Gründgens droht, nach Deutschland zurückzukehren, stehen plötzlich zwei sowjetische Militärmaschinen bereit. Karl Vibach, der vorausgereist war, hatte bereits mit Schauspielschülern und Studenten probiert – ein Telegramm aus Hamburg, man benötige Rock-'n'-Roll-Tänzer, hatte man zunächst abschlägig beschieden: Diese kämen im FAUST nicht vor ... Mit den jungen Leningradern kommt es „zu einer echten Verbrüderung"[14] – trotz der sowjetischen Bemühungen, die deutschen Gäste abzuschotten: Die Fahrten vom Hotel zum Theater finden stets in einem Sonderbus statt, Dolmetscher, die man eher als Aufpasser empfindet, überwachen jeden Schritt. Doch noch spät in der Nacht tanzen die Sowjetstudenten mit den bundesrepublikanischen Schauspielern in der Kantine des 2200 Zuschauer fassenden Kulturpalastes, in dem die Aufführungen stattfinden. „Und bliebe kein Nachhall vom FAUST, sieben Paare tanzen in Leningrad nun vollendet Rock-'n'-Roll"[15], freut sich Gründgens. Mit dem Nachtzug geht es weiter nach Moskau. Wo man im Zentralen Kindertheater, das rund 1200 Plätze bietet, spielt. Hier ist die Atmosphäre völlig anders, offenbar hat man den Komparsen Order gegeben, sich von den Deutschen fernzuhalten. Aber auch in der Hauptstadt ist die Aufführung ein enormer Erfolg. Boris Pasternak, im Jahr zuvor mit dem Nobelpreis für Literatur ausgezeichnet, den er allerdings aus politischen Gründen hatte ablehnen müssen, zeigt sich als Kenner begeistert – mit seiner russischen FAUST-Übersetzung in der Hand verfolgen viele Zuschauer die deutsche Aufführung – und lädt das Ensemble zu sich nach Peredelkino ein. „Die Busse standen schon vor der Hoteltür, da wurde die Einladung abgesagt: Pasternak sei erkrankt"[16], erinnert sich Uwe Friedrichsen.

Auch in den USA wird die berühmte FAUST-Inszenierung gezeigt – und abermals gestaltet sich die Anreise schwierig. Die Lufthansa-Maschine startet am 4. Februar 1961 nicht nur mit Verspätung, sie landet auch wegen des Wetters in Montreal. Die Dekorationen sind eingetroffen, können aber nicht entladen werden, da die Hafenarbeiter wegen der großen Kälte streiken. Derweilen sitzt Gründgens auf den Azoren fest. So muss die Eröffnung einer Ausstellung über das „Neue Theater in Deutschland" in den Pepsi-Cola Corporation World Headquarters an der Park Avenue ohne Gründgens und sein Ensemble stattfinden. Am 6. Februar steht Gründgens um 20 Uhr pünktlich zum Beginn der einzigen Probe auf der Bühne. Tags darauf findet die Premiere statt. Das trotz der Sperrung des dritten Ranges noch immer 2100 Zuschauer fassende City Center of Music and Drama an der 55. Straße, ein maurisch anmutendes Gebäude, 1922–1924 als Tempel für die Shriners, einen Freimaurerorden, erbaut, ist ausverkauft. Man gibt, da die Überschreitung des von der Gewerkschaft vorgegebenen Zeitrahmens enorme Kosten verursacht hätte, die für den 1960 gedrehten Film entstandene gekürzte Fassung.[17] Will Quadflieg, der mit einem Mandelabszess in New York eingetroffen war und in der Nacht vor der Premiere im Bad seines Hotelzimmers vom Theaterarzt der Metropolitan Opera hatte operiert werden müssen, spielt den Faust. Im Publikum befinden sich viele deutschsprachige Emigranten – New York ist die Stadt mit dem größten deutschsprachigen Bevölkerungsanteil außerhalb des deutschen Sprachgebietes –, und so ist dieses Gastspiel für Gründgens zugleich „ein bißchen wie eine nachzuholende Schulaufgabe“[18]: Ihm sei „der Erfolg nicht so wichtig wie die Tatsache, daß ich, nachdem ich in Moskau die neun Monate KZ aus-x-en konnte, *meinen* Mephisto nun den New Yorkern an die Stelle von dem von Klaus Mann setzen“[19] kann. Wer im Publikum der Sprache nicht mächtig ist, kann für einen Dollar einen Kopfhörer mieten, aus dem allerdings nur eine Zusammenfassung tönt. So hören die Amerikaner zu Fausts Monolog „Ich grüße dich, du einzige Phiole, / Die ich mit Andacht nun herunterhole! / In dir verehr ich Menschenwitz und Kunst. / Du Inbegriff der holden Schlummersäfte, / Du Auszug aller tödlich feinen Kräfte, / Erweise deinem Meister deine Gunst!“ ein recht profanes „Faust wants to die“. Und als die Ostergesänge erklingen und Faust getröstet ausruft: „O tönet fort, ihr süßen Himmelslieder! / Die Träne quillt, die Erde hat mich wieder!“, heißt es schlicht: „Now Faust doesn't want to die anymore.“

„FAUST II ist für mich keine Inszenierung, es ist meine Lebensäußerung, es wird – was immer noch folgen mag – mein ‚Requiem‘ gewesen sein“[20], erklärt Gründgens 1958. Die Grablegung gibt Gründgens, so wird er in seinem letzten Interview bekennen, „die tiefste Befriedigung“ seiner gesamten Karriere: Allein auf der leer geräumten Bühne habe er sich durch das blendende Licht der Scheinwerfer wie in einem völlig abgeschlossenen Raum gefühlt und „ein tiefes Glücksgefühl“[21] empfunden.

Vier Monate nach diesem Triumph teilt Gründgens Senator Hans-Harder Biermann-Ratjen mit, er könne eine Verlängerung seines 1960 auslaufenden Vertrages – „falls Sie das überhaupt in Erwägung ziehen“ – nicht verantworten: „Ich bin kräftemäßig nicht mehr imstande, die drei Berufe des Intendanten, des Regisseurs und des Schauspielers wie bisher nebeneinander auszuüben.“[22] Gründgens und Biermann-Ratjen vereinbaren, dass letzterer zunächst mit niemandem über die Kündigung des Intendanten sprechen, nicht einmal den Ersten Bürgermeister Max Brauer informieren solle. Dennoch kursiert das Ondit, Gustav-Rudolf Sellner interessiere sich für den Posten; Heinz Hilpert, dadurch aufgeschreckt, wendet sich schriftlich an den „sehr lieben Gustaf“ mit der Bitte, ihn für die Nachfolge „ins Auge fassen zu wollen“[23]. Gründgens ist gekränkt, dass Biermann-Ratjen kein absolutes Stillschweigen bewahrt hat. So kommt es erst im Mai zu einem Gespräch zwischen dem indignierten Gründgens und Biermann-Ratjen, in dem sich der Intendant dann allerdings zögerlich dazu bereit erklärt zu überdenken, ob er nicht vielleicht doch bereit sei, seinen Vertrag um zwei Jahre zu verlängern. Gebeten und hofiert, entschließt sich Gründgens dann doch, sich sogar für weitere drei Jahre zu verpflichten, also bis zum Ende der Spielzeit 1962/63, und das, obwohl auf Drängen der SPD, die seit den Bürgerschaftswahlen 1957 in einer Koalition mit der FDP den Senat stellt, der riesige Steuerfreibetrag, den man ihm bislang gewährt hat, künftig halbiert wird.

Im Mai 1962 inszeniert Gründgens Hermann Bahrs KONZERT. Gründgens verkörpert den alternden Meisterpianisten Gustav Heink, die Rolle erhält in Hamburg jedoch den Vornamen Albert, denn als Frau Heink, die in elf Ehejahren dem Schwerenöter vieles nachzusehen hatte, steht – erstmals seit zehn Jahren gemeinsam mit ihm – die frühere Frau Gründgens, Marianne Hoppe, auf der Bühne.

Gründgens agiert „mit einer ganz leicht hingehauchten, spöttischen Komik" und „akzentuiert leise, aber eindringlich den eitlen Mann und Konzertstar, der sich selbst mit anmutiger Selbstironie, aber auch mit stummer, tiefer Angst altern sieht und der den Casanova nur noch ganz routinemäßig weiterspielt, um sich immer wieder zu beweisen, daß er noch kein alter Mann ist", lobt Willy Haas in der *Welt* und befindet, „niemals haben der Regisseur und der Schauspieler Gründgens besser miteinander harmoniert"[24].

Fünf Tage nach der KONZERT-Premiere teilt Gründgens Senator Biermann-Ratjen wieder einmal mit, daß er „einer eventuellen Verlängerung meines Vertrages nicht zustimmen" könne, obwohl er „Hamburg sehr lieb gewonnen" habe und auch nicht daran denke, „meinen Wohnsitz von hier zu verlegen". Er fühle sich, teilt er Biermann-Ratjen mit, nach 30jähriger Intendantentätigkeit „nicht mehr in der Lage, die künstlerische Verantwortung für ein Institut von der Wichtigkeit des Deutschen Schauspielhauses noch länger zu tragen", stehe aber „in einem begrenzten Zeitraum" als Schauspieler und Regisseur zur Verfügung. Allerdings, auch schon bei seiner Demission in Düsseldorf 1955 hatte Gründgens erklärt, er werde „als Regisseur und Schauspieler weiter in Düsseldorf arbeiten"[25] – und dieses Versprechen ebenso wenig eingelöst, wie er seine acht Jahre zuvor gegebene Zusage gehalten hatte, dem Deutschen Theater Berlin als Gast verbunden zu bleiben. Erwartet Gründgens, dass Biermann-Ratjen angesichts seines angekündigten Abschieds (der „unwiderruflich"[26] sei, wie Gründgens betont) ein weiteres Mal alles in Bewegung setzt, ihn vom Rücktritt abzuhalten? Erhofft er einen Aufschrei der Öffentlichkeit? Natürlich versucht Biermann-Ratjen erneut, die Psyche des empfindsamen Intendanten zu ergründen, zeigt Verständnis, vermutet bei Gründgens ein Gefühl der Leere und Verlassenheit, ermutigt behutsam, den Entschluss zu überdenken. „Fast war ich ein wenig geniert, daß es jemanden gibt, der um mich und meine Probleme so viel weiß", antwortet Gründgens und legt die Gründe für seinen Rücktritt dar:

> Es ist eigentlich nicht so sehr der Wunsch, von der Verwaltungsarbeit erlöst zu sein, der meinen Entschluss bestimmt hat. Ich habe diese Arbeit nicht ungern getan. Es sind eigentlich zwei Gründe: die Schwierigkeit, einen Spielplan sinnvoll zu gestalten, und die Schwierigkeit, die Schauspieler immer wieder zu überzeugen, daß Geldverdienen zwar eine schöne Sache ist, aber daß sie ihr künstlerisches Kapital sehr schnell verwirtschaften, wenn sie nicht den Halt an einem Ensemble haben. Und zum anderen ist es meine Meinung, daß ein Mann, der ein Theater wie das Deutsche Schauspielhaus leitet, nicht auf die Dauer sich allen öffentlichen und halböffentlichen Veranstaltungen oder Streitgesprächen entziehen kann. Und hier ist meine Antipathie unüberwindlich. Ich leide sehr unter der politischen Entwicklung, und ich leide sehr unter der fatalen Geschäftigkeit um das Theater.[27]

Die oft banalen Alltagsgeschäfte wie der Konflikt mit einem Pförtner, der sich weigert, während der Dienstzeit Zeitungskritiken auszuschneiden, oder der Diebstahl durch einen Regieassistenten haben Gründgens weniger ermüdet als die Enttäuschung darüber, dass immer mehr Schauspieler das hohe Berufsethos des „Chefs" und seine bedingungslose Hingabe an die Bühne nicht mehr teilen und dass ihre zahlreichen Drehtermine die Disposition immer mehr erschweren. Gründgens kann „die Jagd nach Stücken, nach Schauspielern, nach diesem unwürdigen Puzzlespiel ‚wer spielt was wann?' einfach nicht mehr ertragen"[28]. Hinzugekommen sind nicht zuletzt die Vorwürfe der Presse, die im Januar 1962 einen „wachsenden Provinzialismus" in Hamburgs Theatern konstatiert und dies nicht zuletzt dem Schauspielhaus angelastet hatte, „weil der Gründgenssche Spielplan das Theater in Hamburg notleiden läßt"[29], da er die zeitgenössische Dramatik nicht genügend beachte. Nicht zu Unrecht: In dem zwar klug zwischen klassischen Werken und leichtem Spiel ausbalancierten, aber durchaus konservativen Repertoire fehlen zahlreiche wichtige Autoren völlig. Immerhin lässt Gründgens gegen Ende seiner Intendanz Friedrich Dürrenmatts PHYSIKER (in Erfurths Regie vom *Hamburger Abendblatt* allerdings als „braves Stadttheater"[30] gerügt) und Max Frischs DON JUAN ODER DIE LIEBE ZUR GEOMETRIE zu. Die Bilanzen, die Gründgens aufweisen kann, sind hingegen mustergültig: Während die Einnahmen der bundesdeutschen Theater durch Kartenverkauf und Abonnements durchschnittlich 39 Prozent des Etats ausmachen, spielt das Deutsche Schauspielhaus 71 Prozent seiner Kosten ein und übertrifft damit sogar das enorme Einnahmesoll von 69 Prozent. Misserfolge wie Gerhard Büntes Inszenierung von García Lorcas MARIANA PINEDA mit Maria Becker, bei einer Vorstellung im 1600 Plätze großen Haus vor gerade einmal 17 Zuschauern gespielt, sind die Ausnahme geblieben.

Am 2. Juni 1962 wird die Berufung Oscar Fritz Schuhs als Intendant des Deutschen Schauspielhauses bekanntgegeben – sehr zur Enttäuschung von Ulrich Erfurth, der fest damit gerechnet hatte, die Nachfolge seines langjährigen Mentors anzutreten. Vor allem zeigt er sich enttäuscht, dass sich Gründgens selbst für Schuh ausgesprochen, diesen kontaktiert und sogar eine Gasttätigkeit unter ihm zugesagt haben soll. Schuh, der das Ensemble seines Vorgängers fast vollständig und vier Inszenierungen aus dessen Ära ins Repertoire übernehmen wird, tritt in Hamburg ein schwieriges Erbe an. Bald stoßen seine Spielplangestaltung und Ensemblepolitik sowohl in der Öffentlichkeit als auch innerhalb des Hauses auf heftige Kritik. Ullrich Haupt wird Schuh einen „ungeheuer mißtrauischen Menschen" schimpfen, mit dem die „Zusammenarbeit unerträglich" sei und der das Schauspielhaus „auf sein eigenes Maß heruntergeschraubt" habe, Heinz Reincke ihn „Dilettant" und „Ensemble-Zerstörer" schelten.[31] 1968 wird Schuh vorzeitig demissionieren.

In den ausgehenden 60er und frühen 70er Jahren wird mit den Rücktritten von Intendanten wie Boleslaw Barlog in Berlin, Ulrich Erfurth in Frankfurt, Helmut Henrichs in München, Hans Schalla in Bochum und Karl Heinz Stroux in Düsseldorf nicht nur ein Generationswechsel, sondern zugleich ein Paradigmenwechsel im bundesdeutschen Theater stattfinden. Das affirmative, bürgerlich-repräsentative Theater wird zugunsten einer stärker inhaltlich orientierten und zunehmend politisch motivierten Theaterarbeit zurückgedrängt. Der Anspruch, Kunst solle überzeitlichen Charakter haben, gilt als überholt, Inhalte sollen sich nun unmittelbar auf die gesellschaftliche Realität beziehen, Klassiker werden durch die Konfrontation mit eigenständigen Bilderwelten und durch assoziative Regieeinfälle aktualisiert. Die meisten Regisseure verstehen sich als Autoren der Inszenierung, denen der Text Spielmaterial für Regiephantasien liefert und die das tradierte Werk auf seinen aktuellen Gebrauchswert hin überprüfen. Für sie hat der Prinzipal Gründgens, den etwa Jürgen Flimm den „Oberpriester des Reichskanzleistils" und „Gralshüter des konservativen Theaters"[32] nennt, als Vorbild ausgedient. Gründgens ahnt diese Entwicklung voraus und ist sich durchaus darüber im Klaren, dass sein Theaterverständnis schon bald als unzeitgemäß gelten wird. Diese Theaterzeit werde vorbei sein, er beneide ihn nicht um die Zukunft, äußert er einmal, „von einer großen Traurigkeit, aber einer lächelnden Traurigkeit geprägt"[33], Uwe Friedrichsen gegenüber.

Am 20. November 1962 hat Gründgens in Schillers *Don Carlos* in seiner letzten und vielleicht noch vor Hamlet und Mephisto eindrucksvollsten Rolle Premiere: als spanischer König Philipp II., im Zentrum „einer phantastischen Besetzung, wie kein Theater der Welt sie aus eigenem Bestand für Schiller besser aufbieten kann – fesselnd und groß"[34], wie Joachim Kaiser in *Theater heute* schwärmt.

Diese als Modellinszenierung gefeierte Aufführung kann auch als Beispiel dafür dienen, wie sehr Gründgens' vermeintlich überzeitlich-partiturtreue Inszenierungen dem Geist seiner Zeit verhaftet sind.

> Der kalte Marmor dieses absolutistischen Herrscherdenkmals zeigt Risse und fühlt sich nicht mehr so glatt und unnahbar an, wie der Dichter es aufgerichtet hat. Ein Mensch wird sichtbar, ein zerrissener, gespaltener, ein leidender, den Majestät allein nicht mehr krönt. Uns rückt er damit näher, aber der Idee des Stückes ferner. Gründgens zeigte eine große schauspielerische Leistung, deren innere Spannungen ihn offenbar bis an die Grenzen des Physischen beanspruchen. Wir sahen noch keinen Philipp, der uns so bewegt hat.[35]

Posas Freiheitsideen werden ebenso als inhumane Ideologien diskreditiert wie die Unangepasstheit der Jugend abqualifiziert wird, die sich gegen Pflichterfüllung und Triebunterdrückung auflehnt. Posa und der Inquisitor erscheinen als gewissenlose, ideologiehörige Funktionäre. Mit der Figur des Philipp, dem „Porträt einer Qual"[36], so Kaiser, liefert Gründgens dem saturierten Wirtschaftswunder-Publikum am Ende der Adenauer-Ära ein offenbar nur zu gerne akzeptiertes Identifikationsangebot. Dass – auf dem Höhepunkt der *Spiegel*-Affäre![37] – nicht einmal der Ruf nach Gedankenfreiheit jenen „Szenenbeifall, der die Diktatur verrät", erhält, ist indes für Joachim Kaiser ein Anzeichen dafür, dass „selbst Schiller-Enthusiasten das Schicksal unserer Demokratie noch nicht für besiegelt halten"[38]. Der leidende, einsame alte Despot wird nicht verurteilt, das zu Tränen gerührte Publikum vergisst seine Verbrechen, „von diesem König fühlt man sich bedroht und möchte ihn doch trösten"[39]. Fritz Kortner äußert sich in einem Brief an Teo Otto verbittert:

> Zählen die verbrannten menschlichen Gebeine gar nicht? Selbst die Ermordung des Carlos und Posa nicht? [...] Philipp, dieser Vorläufer unserer Faschistenverbrecher mit rührendem Privatleben [...], der Inquisitionsverbündete, drosselt die von den beiden Jungs geplante humane Erhebung, an der teilzunehmen von den beiden Todesmutigen erschütternd aufgefordert wurde? Gründgens, der bundesdeutsche Inszenator, drosselt die beiden von Anfang als Inszenator. Sie kommen erst gar nicht zum Leben. Gründgens ist des gerührten Freispruchs aller sicher.[40]

Doch es ist nicht das Inszenierungskonzept, das den hohen Rang dieser Aufführung ausmacht – es ist die eindrucksvolle darstellerische Leistung von Gründgens. „Es ist, als flösse die Aura, die ihn, Gründgens, umgab, mit der Gestalt zusammen", beschreibt Siegfried Melchinger seinen Eindruck. „Ein Sterblicher stürzt ins Wesenlose. Ein lebender Leichnam kehrt in die Welt zurück, in der er König ist [...]"[41]. Mehr noch als bei der Premiere, in der Gründgens, der alles andere als ein Premierenspieler ist, erst unterspielt, dann „von so heftigem Lampenfieber geschüttelt" wird, „daß er über jeden S-Laut zu stolpern"[42] scheint, spielt er in späteren Aufführungen den Philipp nicht nur in erschütternder Klarheit. „Sein König Philipp läßt kaum einmal die weit ausschwingende Sprachmelodie vernehmen, den seit Jahrzehnten gewohnten Gründgens-Ton, der auf der Dominante zu verschweben pflegt"[43], Gründgens spricht nüchtern und direkt, so leise wie kaum je zuvor, in einem überraschend modernen Ton.

Eigentlich hatte Gründgens danach Sophokles' ANTIGONE inszenieren wollen, aufgrund der Premieren-Verschiebung von DON CARLOS, der wegen einiger Gäste nur bis Ende Januar gezeigt werden kann und bis dahin 27mal gegeben wird, sagt er die Produktion jedoch ab – zumal der Premierentermin von Strindbergs TOTENTANZ unbedingt gehalten werden muss, denn Gründgens, bereits 1960 mit einer Inszenierung von FRÄULEIN JULIE erfolgreich, setzt das Stück zum 60. Geburtstag von Werner Hinz am 18. Januar in Szene. Am 29. Januar 1963 tritt Gründgens zum letzten Mal als Philipp auf. Bevor er Hamburg verlässt, um auf Madeira Shakespeares HAMLET vorzubereiten, schreibt er Biermann-Ratjen:

> Nach der HAMLET-Premiere möchte ich mich langsam aus Hamburg zurückziehen. Ich gedenke das ganz unauffällig zu tun, indem ich im internen Hausspielplan, der immer für einen Monat voraus bekanntgegeben wird, noch angesetzt werde und die letzten Vorstellungen eben durch andere ersetze. Ich werde dann also fast ein Jahr nicht nach Hamburg zurückkommen. Meine Gespräche mit Herrn Prof. Schuh drehten sich um einen Auftrittstermin am 1. April 1964. Geplant ist der KAISER VON AMERIKA – eine Anregung, die von mir kam, die mich aber noch Bedenken, was den letzten Akt angeht, hegen läßt.[44]

Anfang März kehrt Gründgens zum Probenbeginn von HAMLET nach Hamburg zurück: die letzte von 28 Inszenierungen, die Gründgens, der zudem 15 Hauptrollen übernommen hat, am Deutschen Schauspielhaus in Hamburg selbst verantwortet. Insgesamt sind dort in den Jahren 1955 bis 1963 in jährlich rund 400 Vorstellungen 33 Klassiker, 22 Werke der ersten Jahrhunderthälfte, 33 zeitgenössische Stücke, darunter zehn Uraufführungen, und mehrere Weihnachtsmärchen gezeigt worden. Nun also setzt Gründgens zum Abschluss seiner fast 30jährigen Intendantenlaufbahn das Stück in Szene, dessen Titelrolle ihm – noch vor dem Mephisto – die Sehnsuchtsrolle seines Lebens gewesen ist. Die Probenarbeit beginnt zunächst in einer angespannten Atmosphäre. Marianne Hoppe hatte, in der Meinung, die beiden Bühnen würden alles Terminliche untereinander regeln, mit dem Bayerischen Staatsschauspiel einen Vertrag als Iokaste in Sophokles' KÖNIG ÖDIPUS abgeschlossen, dessen Premiere zwar bereits im vergangenen Oktober stattgefunden hatte, doch überschneiden sich nun einzelne Vorstellungstermine mit den HAMLET-Proben in Hamburg. Doch die Misstöne verschwinden bald wieder, zumal sich als eigentliches Problem der HAMLET-Proben die Besetzung der Hauptrolle herauskristallisiert.

Schon am 21. Mai 1961 hatte sich der damals 30jährige Maximilian Schell, der Anfang jenes Jahres in einer Fernsehfassung des HAMLET zu sehen gewesen war, aus Hollywood mit der Frage an Gründgens gewandt, ob sich dieser vorstellen könne, das Stück mit ihm in Hamburg zu realisieren. Tatsächlich verpflichtet Gründgens den für seine Rolle im URTEIL VON NÜRNBERG inzwischen mit einem Oscar als bester Schauspieler ausgezeichneten, publicityträchtigen Darsteller, der 1959 unter seiner Regie – mit Erfolg – den Phaon in Lawrence Durrells Versdrama SAPPHO gespielt hatte. So erwartet man nicht nur in Hamburg hochgespannt die Premiere am Ostersonntag, dem 14. April 1963, und erhofft sich insbesondere die „Inauguration eines neuen generationstypischen Hamlet"[45]. Im abstrakten szenischen Raum von Teo Otto und in historisch orientierten Kostümen spielt Hermann Schomberg den Claudius, „drohend, gefährlich in Erscheinung und forciertem Sprechton, aber auch gewinnend gütig und ein milder König, wo es der Vorteil heischt"[46]. Marianne Hoppe vollbringt als Gertrude „die stupendeste Kunstleistung des Abends"[47]. Ella Büchi gibt die Ophelia, Ullrich Haupt den Horatio, Eduard Marks den Oberkämmerer Polonius, Volker Brandt seinen Sohn Laertes und Sebastian Fischer den Prinzen Fortinbras, Charles Brauer und Uwe Friedrichsen spielen Rosenkranz und Güldenstern, Joseph Offenbach stellt den 1. Totengräber dar und Werner Hinz den 1. Schauspieler. Doch der exquisit besetzten Inszenierung fehlt die geistige Mitte, denn der wegen seiner Beziehung zur schönen und unglücklichen Soraya, der Exgattin von Schah Mohammad Reza Pahlavi (die nicht die Premiere, sondern die Vorstellung vom 19. April besuchen wird), auch in der Yellow Press omnipräsente Kassenmagnet Maximilian Schell zeigt sich trotz intensiver Proben, auf denen er mit Vorliebe Übersetzungsdetails diskutiert hatte, der komplexen Titelrolle nicht gewachsen, ist zudem unpräzise im Ablauf. „Vielleicht wächst Schell [...] auch in den Hamlet hinein. In Hamburg bot er nur schöne Ansätze – und Gründgens nur einen resignierten Ausklang"[48], zeigt sich der Kritiker Joachim Kaiser enttäuscht, und Johannes Jacobi meint in der *Zeit*:

> Mir scheint, der Regisseur war der Gefangene seines Hauptdarstellers Maximilian Schell. Durch seine Statur und als Hamlet einer Fernseh-Aufführung mochte sich Schell, mit einem Film-‚Oscar' dekoriert, auch als Gründgens' Rollennachfolger empfehlen. Schon einmal hatte ja echte Tradition, Weitergabe im Geist an eine andere Person, im Deutschen Schauspielhause stattgefunden. Das geschah, als Ullrich Haupt von Gründgens den Mephisto übernahm. In Maximilian Schell jedoch dürfte sich Gründgens getäuscht haben, sofern er nicht das maßstäbliche Niveau seiner Bühne preisgeben wollte. Die Mattscheibe verdichtet, ein Theater mit 1500 Zuschauern entlarvt. [...] Diesem Hamlet fehlt die Dimension der Tiefe. Maximilian Schell verweilte in den Vorhöfen der geistigen Hamlet-Probleme.[49]

Jacobi wünscht sich sogar, Gründgens oder sein Nachfolger Schuh würden Hamlet-Darsteller wie etwa Erich Schellow, Rolf Henniger oder Thomas Holtzmann in dieser Inszenierung gastieren lassen ...

Natürlich wird das nicht realisiert, doch tatsächlich hat zumindest während der Proben ein anderer Hamlet-Darsteller Schell ersetzt. Da Maximilian Schell als Gewinner des Vorjahres gebeten ist, am 8. April Anne Bancroft den Academy Award für die beste Schauspielerin zu überreichen, gestattet ihm Gründgens, wenn auch ungern nach Los Angeles zu fliegen. So springt Gustaf Gründgens, der parallel zu den HAMLET-Proben vom 5. März an 16mal Bahrs KONZERT gespielt und darin am 7. April 1963 den letzten öffentlichen Auftritt seines Lebens hatte, bei den Proben vom 8. und 9. April für den abwesenden jungen Kollegen ein. Damit diese nicht ausfallen, werde er den Text lesen, hatte Gründgens verkündet, doch dann legt er bei einem Durchlauf nach wenigen Sätzen das Textbuch beiseite und spielt in seinem dunkelgrauen Arbeitsoverall, den er beim Inszenieren gelegentlich trägt, noch einmal den Hamlet, überraschend gut beherrscht er den Text. „Wie ein Lauffeuer"[50], so wird sich Charles Brauer erinnern, kursiert die Nachricht davon im Haus, die Gassen füllen sich mit Mitarbeitern aus der Kantine, den Büros und den Werkstätten. An diese Probe werden sich die Beteiligten noch Jahrzehnte später erinnern.

„So, nun wißt ihr, wie es zu sein hat", habe Gründgens, der während der Proben immer darauf gewartet habe, wann Schell „endlich zu spielen anfange"[51], danach knapp gesagt, wird Fischer berichtet.

> Nie werde ich den Probentag vergessen, [wird sich Marianne Hoppe erinnern], wie Gustaf von unten vom Regiepult die Treppe zur Bühne hinaufkam, hinter die Kulissen stürzte und nach den drei Anrufen ‚Mutter, Mutter, Mutter' auf der Szene stand, sie mit mir spielte. Noch einmal, mit seinem ganzen Einsatz, mit aller verbliebenen Kraft. ‚Oh Hamlet, du zerspaltest mir das Herz.' Er wird Hermine Körner gehört haben, die die Königin mit ihm spielte. Es waren Stimmen um uns. Von Käthe Gold, von Maria Koppenhöfer, Walter Franck, Aribert Wäscher, Paul Bildt. Es war ein einziger Abschied von allen, allen. Sein Gesicht, mir ganz nahe, vom Ende gezeichnet, ließ sie alle lebendig werden.[52]

Auch das Premierenpublikum erlebt die Aufführung am Ostersonntag 1963 vor allem als Abschied. „Über dem glanzvoll besetzten Haus lag spürbar stimulierend das Bewußtsein von einem unwiderruflichen Vorbei. Der stürmische Beifall nach dem großen Bühnensterben, diese allgemeine Danksagung für die österliche HAMLET-Inszenierung von Gustaf Gründgens in Hamburg markierte vollends einen Schlußpunkt, das Ende einer Ära."[53] Gründgens wirkt auf Uwe Friedrichsen „trauerumweht, was die Aufgabe des Berufes betrifft"[54], „wie ein Kind, das seine Eltern verloren hat"[55], empfindet ihn Dinah Hinz.

Vier Jahrzehnte lang war das Theater für Gründgens ein präzise organisierter Raum gewesen, den er gegen eine als chaotisch und glanzlos empfundene Wirklichkeit gesetzt hatte, ja, mehr als das: Nur dem Theater hatte er Realität zugebilligt. „Das Spiel war für ihn stets so ernst, daß kein Raum mehr blieb für das Leben"[56], hatte Jean Améry schon 1955 bilanziert. Nun will Gustaf Gründgens, so sagt er es selbst, endlich anfangen zu leben, will versuchen, leben zu lernen: „Wenn man es doch lernen könnte wie eine Rolle."[57]

---

1 Gustaf Gründgens an die MERIAN-Redaktion. – In: *Nachspiel auf dem Theater. Für Gustaf Gründgens*. Reden und Texte der Gedenkfeier am 20. Oktober 1963 im Deutschen Schauspielhaus in Hamburg. Hamburg 1963, S. 45.

2 *Die Welt*, 2. 8. 1955.

3 *Nachspiel auf dem Theater. Für Gustaf Gründgens*. Reden und Texte der Gedenkfeier am 20. Oktober 1963 im Deutschen Schauspielhaus in Hamburg. Hamburg 1963, S. 61.

4 Typoskript der Antrittsrede vom 1. 8. 1955. NL GG.

5 *Schleswiger Nachrichten*, 3. 9. 1955.

6 Willy Haas, *Die Welt*, 3. 9. 1955.

7 Johannes Jacobi, *Die Zeit*, 8. 9. 1955.

8 Friedrich Luft, *Die Welt am Sonntag*, 4. 9. 1955.

9 Zit. nach: Gründgens' Faust. Berlin, Frankfurt/Main. 1982, S. 124.

10 Albert Schulze-Vellinghausen, *Frankfurter Allgemeine Zeitung*, 24. 4. 1957.

11 *Neue Zürcher Zeitung*, 25. 4. 1957.

12 Albert Schulze-Vellinghausen, *Frankfurter Allgemeine Zeitung*, 24. 4. 1957.

13 Johannes Jacobi, *Die Zeit*, 2. 5. 1957.

14 Gespräch mit Uwe Friedrichsen am 27. 6. 2012 in Hamburg.

15 Zit. nach: *Die Zeit*, 18. 12. 1959.

16 Gespräch mit Uwe Friedrichsen am 27. 6. 2012 in Hamburg.

17 Gespräch mit Karl-Heinz Wüpper am 4. 3. 1998 in Aachen.

18 Brief von Gründgens an Francesco von Mendelssohn, 8. 4. 1961. – Zit. nach: Badenhausen, Rolf/Gründgens-Gorski, Peter (Hrsg.): *Gustaf Gründgens. Briefe, Aufsätze, Reden*. Hamburg 1967, S. 429.

19 Brief von Gründgens an Marianne Hoppe, 12. 4. 1961. – Zit. nach: Badenhausen, Rolf/Gründgens-Gorski, Peter (Hrsg.): *Gustaf Gründgens. Briefe, Aufsätze, Reden*. Hamburg 1967, S. 430.

20 Brief von Gründgens an Peter Gründgens-Gorski, 16. 3. 1958. NL GG.

21 Zit. nach: Zur Person. Gustaf Gründgens im Gespräch mit Günter Gaus. ZDF, 10. 7. 1963.

22 Brief von Gründgens an Hans-Harder Biermann-Ratjen, 13. 9. 1958. Nachlass Stadermann, Theatermuseum Düsseldorf.

23 Brief von Heinz Hilpert an Gründgens, 22. 1. 1959. NL GG.

24 Willy Haas, *Die Welt*, 11. 5. 1962.

25 *Neue Rhein-Zeitung*, 25. 10. 1954.

26 Brief von Gründgens an Hans-Hader Biermann-Ratjen, 14. 5. 1962. Nachlass Stadermann, Theatermuseum Düsseldorf.

27 Brief von Gründgens an Hans-Hader Biermann-Ratjen, 20. 10. 1962. NL GG.

28 Brief von Gründgens an Helmut Käutner, 15. 10. 1962. – Zit. nach: Badenhausen, Rolf/Gründgens-Gorski, Peter (Hrsg.): *Gustaf Gründgens. Briefe, Aufsätze, Reden*. Hamburg 1967, S. 431.

29 Walter M. Hermann, *Hamburger Abendblatt*, 6. 10. 1962.

30 Eberhard von Wiese, *Hamburger Abendblatt*, 1. 10. 1962.

31 *Der Spiegel*, 7. 2. 1966.

32 Zit. nach: Stern, Carola: *Auf den Wassern des Lebens. Gustaf Gründgens und Marianne Hoppe*. Köln 2005, S. 330 f.

33 Gespräch mit Uwe Friedrichsen am 27. 6. 2012 in Hamburg.

34 Joachim Kaiser, *Theater heute*, Nr. 1/1963.

35 Walter M. Herrmann, *Hamburger Abendblatt*, 22. 11. 1962.

36 Kaiser, Joachim: *Kleines Theatertagebuch*. Reinbek 1965, S. 56.
37 Mitarbeiter des Nachrichtenmagazins sahen sich auf Grund eines in der *Spiegel*-Ausgabe vom 10. 10. 1962 erschienen Artikels, der das Verteidigungskonzept der Bundeswehr in Frage stellte, der Strafverfolgung wegen angeblichen Landesverrats ausgesetzt. Am 19. November erklärten alle fünf FDP-Minister der CDU/CSU/FDP-Koalitionsregierung ihren Rücktritt aus Protest gegen den Verteidigungsminister Franz Josef Strauß.
38 Joachim Kaiser, *Süddeutsche Zeitung*, 22. 11. 1962.
39 Joachim Kaiser, *Theater heute*, Nr. 1/1963.
40 Brief von Fritz Kortner an Teo Otto, 6. 6. 1964. – Zit. nach Völker, Klaus: *Fritz Kortner. Schauspieler und Regisseur.* Berlin 1987, S. 222.
41 Zit. nach: Kühlken, Edda: *Die Klassiker-Inszenierungen von Gustaf Gründgens.* Meisenheim am Glan 1972, S. 211.
42 Joachim Kaiser, *Theater heute*, Nr. 1/1963.
43 Johannes Jacobi, *Der Tagesspiegel*, 4. 12. 1962.
44 Brief von Gründgens an Hans-Hader Biermann-Ratjen, 28. 1. 1963. NL GG. – DER KAISER VON AMERIKA ist eine politische Komödie in drei Akten von George Bernard Shaw.
45 *Der Spiegel*, 1. 5. 1963.
46 Johannes Jacobi, *Die Zeit*, 19. 4. 1963.
47 Johannes Jacobi, *Die Zeit*, 19. 4. 1963.
48 Joachim Kaiser, *Theater heute* 6/63, S. 27.
49 Johannes Jacobi, *Die Zeit*, 19. 4. 1963.
50 Gespräch mit Charles Brauer am 8. 8. 2012 in Basel.
51 Gespräch mit Sebastian Fischer am 5. 1. 2011 in Wien.
52 Zit. nach: Pargner, Birgit: *Marianne Hoppe. „Erst Schönheit, dann Klugheit und dann das helle saubere Herz".* Hrsg. vom Deutschen Theatermuseum München. Leipzig 2009, S. 161.
53 Klaus Wagner, *Frankfurter Allgemeine Zeitung*, 16. 4. 1963.
54 Gespräch mit Uwe Friedrichsen am 27. 6. 2012 in Hamburg.
55 Gespräch mit Dinah Hinz, 19. 3. 2012.
56 Améry, Jean: *Karrieren und Köpfe. Bildnisse berühmter Zeitgenossen.* Zürich 1955, S. 257.
57 Undatierter Brief von Gründgens an Marianne Hoppe. – Zit. nach: Pargner, Birgit: Marianne Hoppe. *„Erst Schönheit, dann Klugheit und dann das helle saubere Herz".* Hrsg. vom Deutschen Theatermuseum München. Leipzig 2009, S. 213.

★

Literatur

James Knowlson

Samuel Beckett in Hamburg: 1937

Beckett verabschiedete sich von der Mutter am Morgen des 28. September 1936; es war ein spannungsgeladener, aber doch inniger Abschied vor der Haustür von Cooldrinagh: Die Mutter sah ihm lächelnd nach, wie er mit Frank abfuhr. Deutschland war das Endziel. Sie wollte nicht zeigen, wie traurig und besorgt sie war. Beckett selbst hatte das Gefühl, daß er seinen Bruder im Stich ließ, als er in Waterford den Zug nach Cork bestieg.[1] Der Mutter hatte er versprochen, regelmäßig zu schreiben, und über die nächsten Monate hin hielt er sein Wort.

In Cork besuchte er am frühen Abend den Friedhof bei der Kirche St. Anna in Shandon, wo er den Grabstein von Father Prout entdeckte – eines Geistlichen, der eigentlich Francis Mahony hieß und durch sein Gedicht „Die Glocken von Shandon" berühmt wurde.[2] Dann wanderte er deprimiert zum Fitzgerald Park – mit einem Landstreicher zusammen, dem er einen Shilling gab. „Ich werd' für Sie beten", sagte der dankbare Vagabund. „Oho noho", schrieb sich Beckett dazu ins Tagebuch.[3]

Er übernachtete in einem schäbigen kleinen Hotel in Cobh, um in aller Frühe den Tender um 4 Uhr 15 zum US-Liniendampfer *Washington* nicht zu versäumen. Er fand in der Flohkiste seines Betts keinen Schlaf, denn abgesehen von Angst und Aufregung über die bevorstehende Reise, schlugen die Glocken der Kirchen in der Nachbarschaft alle Viertelstunde; auch weckte der Hausdiener mit eigenwilliger Logik alle Reisenden, um ihnen einzuschärfen, daß er sie eine Stunde später als verabredet wecken würde, weil sich die Abreise des Schiffs verspätete.[4]

An Bord des Dampfers hatte Beckett eine Kabine für sich und entdeckte den anderen Morgen, daß das Schiff einen Tag lang in Le Havre liegen würde. Er wanderte den ganzen Tag bis zur Erschöpfung in der Stadt herum („Aber was wird Deutschland anderes sein, 6? Monate lang, als bloß Herumlaufen, hauptsächlich?" fragte er ängstlich in seinem Tagebuch).[5] Mit einem finalen Pernod im Café de la Poste entbot er Frankreich ein Au revoir, bevor er, wieder an Bord, zwischen Le Havre und der deutschen Zollkontrolle in Cuxhaven im Aufenthaltsraum der ersten Klasse zwei Schachpartien gegen einen Tschechen verlor, aber drei von vier Spielen gegen einen Wiener (auf der Heimfahrt von Java) gewann. Allein in seiner Kabine las er Celines *Mort a Credit* [„Tod auf Kredit"] und fand das Buch „sehr Rabelais (in der Methode). Positionen hysterisch aufgepeitscht ... superb überladen".[6] Er zitierte daraus auf französisch ins Tagebuch: „Wichtig ist nicht, daß wir wissen, ob wir Recht oder Unrecht haben – das ist ganz unwesentlich. Wichtig ist nur, daß man die Welt davon abbringt, sich mit uns zu beschäftigen. Alles andere ist lasterhaft."[7] Dieses Bonmot spiegelte seine eigene quietistische Neigung zur Selbstauslöschung.

Nach der Ausschiffung verbrachte Beckett die ersten Nächte in Hamburgs Lloyd's Hotel am Hauptbahnhof und bezog dann ein Zimmer in einer Pension in den Colonnaden Nr. 47, bei einem Herrn Otto Lembke – ohne fließend Wasser und Zentralheizung.[8] Damit unzufrieden, fand er wenige Tage später bei einer Familie Hoppe in der Schlüterstraße Nr. 44 Unterkunft, wo er zumindest auf eine Menge deutsche Konversation hoffen konnte. Diese recht komfortable Pension lag in einer schönen, baumgesäumten Straße an der Ecke zur Binderstraße (jetzt ein Wohnblock gegenüber einem Universitätsneubau; die Hausfassade, die durch Bombeneinwirkung beschädigt war, ist modernisiert, aber die benachbarten fünfstöckigen Häuser mit ihren Löwen- und Pansköpfen, ihren gußeisernen Balkongeländern und Ziergiebeln weisen die Gegend noch immer als „gute" Wohnlage aus). Hoppes Adresse war also keine „schmierige Pension"[9], sondern ein erstklassiges Fremdenheim, wo sich Gastprofessoren und -dozenten der Universität eintrugen, neben den Langzeitgästen, die es da auch gab. Auf der anderen Straßenseite ragte das imposante neugotische Postamt mit seinem domhaften Eingangsportal auf. Die Hochbahnstation Haller-Straße war zu Fuß in wenigen Minuten zu erreichen, und die zwei „herrlichen" Alsterseen in zehn Minuten, wenn man zügig ausschritt: „wollte, wenn ich das sehe, College Park wär' unter Wasser, mitsamt dem Kook of Beils" [das in der Trinity Library verwahrte altirische Mönchsmanuskript „Book of Keils"; in der Konsonantvertauschung klingen versunkene Glocken – bells – an].[10]

Da er während der ersten Hamburgwoche außer den Wirtsleuten und Pensionsgästen noch niemanden kannte, unternahm er täglich lange Spaziergänge durch die Stadt und notierte sich seine Beobachtungen in ein kleines Heft. Abends dann trug er bis ins einzelne alles, was er tagsüber unternommen hatte, ins Tagebuch ein. Stundenlang wanderte er umher, unter zerknautschter Mütze und in langem Ledermantel oder Mackintosh, manchmal in strömendem Regen und anfangs schwer erkältet; zuweilen fühlte er sich elend und ungeheuer einsam. In der zentral beheizten Pension zurück tröstete er sich mit einer Zigarre

– die Mutter schickte ihm Vaters Zigarrenetui, als er sein eigenes verlor –, trank Bier und aß die paar Bananen, die er unterwegs erstanden hatte. Allein in der fremden Stadt sorgte er sich, wie jedermann unter solchen Umständen, um das Wo und Was von Speis und Trank. Er ging dann regelmäßig in das Restaurant seiner Wahl, mit einer Zeitung bewaffnet (der *Frankfurter Zeitung* zumeist) oder einem Buch, um dem Gefühl der Deplaziertheit und Isolation entgegenzuwirken. Er hatte eine schwache Blase – „nach meinem Herzen der zweite Plaggeist, beide geschworene Feinde", klagte er[11] – und mußte sich oft nach einer Toilette umsehen. Auch machte ihm während des ganzen Aufenthalts das Problem, wie er mit dem Geld hinkommen würde, zu schaffen; er aß deshalb oft billig und versagte sich manchen Bücherkauf, um seine Ausgaben einzuschränken. Bald nach seiner Ankunft pilgerte er trübsinnig nach Altona, um Klopstocks Grab aufzusuchen, das er „unter einer laubregnenden Linde, von Efeu überwachsen" auf dem Friedhof der Christianskirche fand; die Grabinschrift aus dem Johannesevangelium schrieb er sich ab: „Wer da lebet und glaubet an mich, der wird nimmermehr sterben."[12] Er sah sich die anderen Grabsteine an und dachte an seinen Vater, der in weiter Ferne auf dem hügligen Totenanger bei Greystones lag – das biblische Versprechen eines ewigen Lebens tröstete ihn nicht im geringsten. Später lauschte er in der Petrikirche dem trauervollen Orgelspiel und sah hinter dem Altar die Glasmalerei der kopierten Dürerapostel in den Fenstern, wobei er wieder an den Vater denken mußte: „ça me tue" [es bringt mich um] schrieb er an jenem Abend ins Tagebuch.[13] Er besuchte auch die Michaeliskirche, berühmt als eine der schönsten norddeutschen Barockkirchen – er fand sie aber innen „unglaublich häßlich und zweckbetont".[14] Er ortete die Jakobi- und Katharinenkirche aus dem vierzehnten und fünfzehnten Jahrhundert und besuchte die Nikolaikirche, die während des zweiten Weltkriegs durch Bomben zerstört wurde – nur der Turm steht noch. Nachdem er dann aber die ihn interessierenden Kunstwerke in den Kirchen gesehen und die architektonischen Besonderheiten gewürdigt hatte, dienten ihm die Kirchturmspitzen nur noch zur Orientierung bei seinen Streifzügen durch die Stadt.[15] Die Kunsthalle hatte ihm weit mehr zu bieten, und er war bald ein regelmäßiger Besucher dort, den Wärtern und Kustoden bekannt. Am anderen Ende des ästhetischen Spektrums fand er die „Reeperbahn erstaunlich, langer Boulevard, der sich nach Westen erstreckt mit Kinos, Bars, Cafés, Tanzlokalen, etc., beidseitig über die ganze Länge. Es müßte allerdings Nacht sein. Montparnasse x-fach gesteigert."[16]

Bei Tisch in der Pension mit den Hoppes und den Gästen fühlte er sich zunächst isoliert, da er sich nur begrenzt auf deutsch verständigen konnte:

> Sogar das Zuhören ist anstrengend, und das Sprechen *ausgeschlossen*. Also das Geschwätz ist solide blockartig, keine Lücke dazwischen, unterbrechungsfest. Gräßlich diese ständige Schlappheit und Melancholie. Wie absurd die Mühe, in einer anderen Sprache stumm sein zu lernen! Ich bin insgesamt absurd und inkonsequent. Die Mühe, ein weiteres Schweigen zu bemeistern! Wie ein Tauber, der sein Vermögen in Schallplatten anlegt, oder ein Blinder mit einer Leica.[17]

Aber er gab sich die größte Mühe, seine Sprachkenntnis zu verbessern; in seinem Zimmer büffelte er systematisch Vokabular und Grammatik; in der Staatsbibliothek las er, nahm privat Sprachunterricht und, so gut er konnte, an Tischgesprächen und den Plaudereien beim Verdauungsschnaps teil. Erstaunlich für den sonst so gründlich menschenscheuen und einsamkeitsbedürftigen Iren war seine forcierte Leutseligkeit in Hamburg (und später auch in Dresden). „Wie INBRÜNSTIG ich doch die Einsamkeit liebe", schrieb er eines Tages in Großbuchstaben ins Tagebuch – nach einem Spaziergang durch den Tiergarten in Berlin, wo er beobachtet hatte, „wie die Enten in der Dämmerung mit Bestürzungslauten aus dem Wasser auffliegen und mit langem gluckerndem Röcheln wieder herunterkommen, paarweis in grimmigem Flug über die Mittellinie der Strömung hin, so anders in der Luft als auf dem Wasser."[18]

Zuerst standen die Hoppes und der kleine Kreis ihrer zahlenden Gäste im Mittelpunkt seiner Anschlußsuche: Luther, ein amüsanter Journalist vom *Hamburger Tageblatt*;[19] Martin, ein „typischer junger deutscher sentimentaler Kaufmann ... der ständig nervös die Hände ringt"[20] und in einer Strumpfwarenhandlung arbeitete; Fräulein Schön, die Beckett stapelweise deutsche Bücher zum Lesen oder Nachschlagen überließ;[21] und andere Übernachtungs- oder Tagesgäste in der Pension. Herr Hoppe fand auch Arbeitsplätze für Leute in Hamburg, besonders für Ausländer, und während der Touristensaison arbeitete er als Reiseführer. Er brachte Beckett mit einigen seiner Geschäftsfreunde in Kontakt. „Er kennt alle und jeden in Hamburg und spricht selbstzufrieden von seinen *Verbindungen*. Er ist ein hochanständiger kleiner Herr. Komischer Gang, zwischen Häckselmaschine und Dampfwalze."[22]

Doch Becketts Bekanntenkreis erweiterte sich rasch. Durch die *Auslandsstelle* ließ er sich eine Konversationspartnerin vermitteln, eine kleinwüchsige, dunkelhaarige junge Frau namens Klaudia Ascher, „eine recht angenehme Lehrerin, die bei ihrer verwitweten Mutter wohnt".[23] Mit ihr besuchte er Museen und verschiedene Vortragsabende; auch ins Kino oder Theater nahm er sie gelegentlich mit. Er half ihr sogar bei der Übersetzung eines staubtrockenen Artikels mit dem Titel „The Car and its Driver" [Das Auto und sein Fahrer] aus dem *British*

Journal of Physical Medicine. Sie wiederum schlug Verbesserungen zu einem seiner Gedichte, „Cascando", vor, das er noch in Dublin ins Deutsche übersetzt hatte.[24] Sie empfahl und lieh ihm auch mehrfach deutsche Bücher, aber ihre Geschmäcker waren radikal verschieden, wie sich rasch herausstellte.[25] Eine engere Freundschaft zwischen ihnen stand nicht in den Sternen. Sie hatte immerhin den Mut, seinen Pessimismus in Frage zu stellen, und drängte ihn, die Kluft zwischen sich und dem Leben zu schließen, sich hineinzustürzen in eine aktivere Teilnahme am Tagesgeschehen.[26] Er dankte ihr diese Ermunterung nicht, und letzten Endes war sie ihm nicht interessant und nicht hübsch genug, um ihn bei der Stange zu halten. Sie litt außerdem an Mundgeruch.

Eine andere junge Frau, Ilse Schneider (deren Mutter Engländerin war), fand Beckett dagegen sehr attraktiv; sie begleitete ihn zu einem Konzert der Berliner Philharmoniker,[27] machte ihm aber bald unmißverständlich klar, daß sie kein weitergehendes Interesse an ihm habe. Da er eine wunde Nase hatte und einen Bläschenausschlag an der Lippe, den er während des ganzen Deutschlandtrips nicht los wurde, war er natürlich auch nicht besonders attraktiv.

Die Hamburger Kunsthalle stand für Beckett bald im Brennpunkt seines Interesses: „Das Gebäude ist grandios und die Bilder sind bewundernswert präsentiert (in einer Linie vor einer mattweißen Wand)."[28] Wie zwei Jahre zuvor die National Gallery in London, so wurde jetzt dieses Museum seine Zuflucht. Anfangs war er noch enttäuscht, bis ihn dann die ausgezeichnete holländische und flämische Abteilung gefangen nahm, besonders die Gemälde van Goyens, Everdingens, Elsheimers, Wouwermans und van der Neers.[29] Die deutschen Romantiker dagegen, wie Graff, von Kobell, Feuerbach und Böcklin, selbst noch Menzel erregten „hauptsächlich Abscheu" in ihm; einen ganzen Saal mit Gemälden von Philipp Otto Runge (den Fräulein Schön verehrte) tat er als „Quatsch" ab.[30] Nur wenn persönliche Erinnerungen in ihm geweckt wurden, goutierte er Bilder deutscher Nachromantiker: ein Porträt von Rudolf Friedrich Wasmann z.B. (Frau Pastorin Hübbe), das ihn an das Bild einer alten Dame erinnerte, das in Cooldrinagh in einer Fensternische hing; und Wilhelm Leibls Porträt eines Dr. Rauert, das ihn an Cecil Salkeld gemahnte.[31] Überraschenderweise äußerte er sich zu dieser Zeit überhaupt nicht zu den zwölf in der Kunsthalle hängenden Bildern von Caspar David Friedrich, den er doch später ungeheuer schätzen lernte.

Die modernen Deutschen, die in der Nordgalerie noch immer zu sehen waren – Heckel, Kirchner, Schmidt-Rottluff, Modersohn-Becker, neben dem Norweger Munch –, waren mehr nach seinem Geschmack, obgleich er auch hier, scharf hinsehend, unterschiedlich urteilte. Sicher verfügte er über ein fast photographisches Gedächtnis, denn er konnte auf Anhieb Vergleiche anstellen zwischen den Bildern, die er vor sich hatte, und Gemälden, die er andernorts gesehen hatte, und er entdeckte auch oft Affinitäten zwischen Kunstwerken aus ganz verschiedenen Stilepochen. Seine umfassende kunstgeschichtliche Belesenheit und seine zahlreichen Museumsbesuche hatten den Grund gelegt zu Becketts Kunstkennerschaft, die besonders in seiner Beurteilung und Kenntnis der holländischen Malerei des siebzehnten Jahrhunderts zutage trat. Doch auch seine Bemerkungen zur modernen Malerei sind feinfühlig und scharfsinnig. Vor einem Nolde-Bild im Magazin der Hamburger Kunsthalle stand er lange voller Bewunderung:

> Noldes *Christus und die Kinder*, Klumpen gelber Knirpse, langer grüner Rücken von Christus (David?) zu Schwarz und Bärten der Apostel überleitend. Wunderbare Augen des Kinds, das Er in seinen Armen hält. Fühle gleich eine Beziehung zu dem Bild, und daß ich lange Zeit davor zubringen will und es noch und noch spielen möchte wie die Schallplatte eines Quartetts.[32]

Vor Verlassen der – öffentlich nicht zugänglichen – Sammlung kam es zu einem kritischen Gedankenaustausch mit dem jungen Kustos:

> Vor den 2 Runge-Morgenbildern, er versucht mich zu bekehren. Aber mir wird dabei schlecht. Er sagt, er sei der beste Porträtmaler um die Wende des 18. zum 19. Jahrhundert. Ich sage, daß ich Ingres vorziehe. Ich treffe es gut mit meinem Vergleich des Christus von Meister Franke und einem Bellini. Der wurde schon mal gemacht, und die Ähnlichkeit sprach bei der Erwerbung mit. Er denkt an einen Bellini in Ravenna. Ich bringe ihn auf die Wouwerman-Magie [den Reiter an der Düne]. Er hat da offenbar kein Gefühl dafür und zieht den Schimmel vor [Bauer und Pferde]. Er findet auch, daß die Brouwer-Zuschreibung eher zweifelhaft ist.[33]

Becketts Leben in Hamburg wurde hektischer, als er bei mehreren bekannten Sammlern moderner Kunst eingeführt wurde. In den letzten gedrängt vollen Wochen seines Aufenthalts konnte er manchmal die vielen neuen Privatkontakte gar nicht mehr bewältigen. Am Museum für Kunst und Gewerbe konnte er, dank seiner neuen Bekanntschaften, bei Vorträgen von Hermann Spehr und Professor Dr. Mercklin dabeisein; er hörte sich auch (großenteils gelangweilt oder angewidert) eine Lesung des dreiundfünfzigjährigen Malers Friedrich Ahlers-Hestermann an, der sich mit unveröffentlichten Memoiren über sein Künstlerleben in Paris verbreitete: „Wie ich die untadelige Ödnis der Pariser Kunstszene 1900–1910 hasse", schrieb er danach ins Tagebuch.[34]

Samuel Beckett

Eine Privatsammlerin, Frau Fera (von Klaudia Ascher Beckett zur Kenntnis gebracht und später gelobt von ihm als „die beste ihres Geschlechts, die ich getroffen habe und treffen werde in diesem, oder fast jedem anderen Land"[35]) führte ihn als eine der ersten in Hamburgs künstlerische und akademische Kreise ein. In ihrem Haus lernte er zum Beispiel den geistesverwandten jüdischen Gelehrten Professor Dr. Diederich kennen, der Thomas Mann und dessen Schwester kannte und der die ersten deutschen Biographien über Zola und Daudet geschrieben hatte.[36] Durch Frau Fera lernte er auch die Witwe des bedeutenden Kritikers, Galeriedirektors und Kunstsammlers Max Sauerlandt kennen. Beckett genoß das Privileg, die großartige Kollektion von Schmidt-Rottluffs, Kirchners, Noldes und Ballmers sehen zu dürfen, fand aber Frau Sauerlandt und ihren Sohn seltsam pedantisch in ihrem Bedürfnis, jede Beobachtung gleich zu einer kleinen Abhandlung auswalzen zu müssen. Indessen freute ihn ungemein, daß ihm Frau Sauerlandt das Buch ihres Mannes verkaufte, das im Handel nicht mehr erhältlich war. Am Ende befriedigte es ihn aber nicht, und er hielt es für „ein dürftiges Buch über Nolde, das er Kunst der letzten 30 Jahre nannte".[37] Er war auch in die Galerie Gurlitt eingeladen, wo er Graphik von Otto Dix sah, wozu er anmerkt: „Ein Albtraumtalent, ein Georg Grosz der Verstümmelung."[38] Unabhängig von der Sammlerszene freundete er sich mit einem Herrn Albrecht an, der dem Buchhändler Saucke zur Hand ging und ihn über Kunstbücher beriet, die nicht immer alle mehr erhältlich waren. Er kaufte mehrere, u. a. eines über Ernst Barlach, und als man ihm sagte, daß Barlach und Nolde verboten würden, ermahnt er sich trocken: „d. h. kauf Nolde rasch".[39]

Zwei noch wichtigere Bekanntschaften für Beckett waren Frau Durrieu, die „wie ein Maschinengewehr schwatzt"[40] und Dr. Rosa Schapire, eine „ältere jüdische Kunsthistorikerin"[41] und Sammlerin moderner Kunst. Frau Durrieu hielt regelmäßig Sitzungen für Zeichner ab, die von Profis wie von Dilettanten frequentiert wurden. Bei einem dieser Treffen saß ein hochverlegener Beckett stundenlang deprimiert Modell und wurde, wie er gereizt ins Tagebuch schreibt, von „einer Menge verfluchter Jungfern-Squaws" abgekupfert,[42] aber auch von dem bekannten fünfzigjährigen Maler Erich Hartmann, von dem ein Gemälde bereits in der Kunsthalle hing. Beckett fand die Zumutung unausstehlich und die Zeichnungen seines Kopfs, selbst die von Hartmann, „unsäglich".[43] Erstaunlich bleibt, daß er sich überhaupt dazu hergab. Dr. Schapire, die die Brücke-Künstler glühend bewunderte und aktiv unterstützt hatte,[44] zeigte Beckett die Sammlung der modernen Gemälde, Graphiken, Holzschnitte und Kunstgegenstände, die sie in ihrer Wohnung vereinigt hatte; sie begleitete ihn auch zu Herrn Hudtwalcker, einem anderen bekannten Kunstsammler. (In Hudtwalckers Wohnung an der Elbchaussee sah Beckett eines der seiner Ansicht nach besten Munch-Gemälde, die er je gesehen hatte – drei Frauen auf einer Brücke über einem dunklen Wasser.)[45] Rosa Schapires Wohnung war bis zum Bersten angefüllt mit Schmidt-Rottluff-Werken und gleichsam ein Schrein für ihren Freund und ihr Idol: Ölgemälde, Aquarelle und auch von ihm entworfene und bemalte Möbel gab es da zu sehen, aber auch „Zigarettenkästen, Aschenbecher, Tischtücher, Kissen, Bettdecken. Alles das geschnitzt oder entworfen von S. R. oder nach seinen Entwürfen hergestellt."[46] „Wäre sie in ihrer Hamburger Wohnung für Spucknäpfe zu haben gewesen", spottete Beckett in einem Brief an MacGreevy, „hätte die auch Schmidt-Rottluff entworfen."[47]

Lange sah sich Beckett einen „Frauenkopf" an, mit zurückgesträhltem rotem Haar, langer Nase und der „in bitter geifernder Kultiviertheit geschürzten Lippe"[48] – gemalt von Schmidt-Rottluff und, wie er erst später erkannte, ein Porträt der Sammlerin selbst, wie noch verschiedene andere Köpfe in der Wohnung. Bei der Erörterung dieses Bildes fand sich Beckett zu einer Wiederholung seiner Aussage über das Kriterium wahrer Kunst gedrängt, die, als authentisches Gedicht oder Gemälde, seiner Ansicht nach ein Gebet sei; doch entwickelte er bei diesem Anlaß diese Idee weit über das hinaus, was er bisher hatte laut werden lassen: „Die Kunst (Bild), die ein Gebet ist, stimmt Gebet an, entbindet Gebet im Beschauer, d.h. *Priester*: Herr erbarme dich unser. *Leute*: Christe erbarme dich unser."[49] Diese Haltung werden wenige Leser mit Beckett in Verbindung bringen, und doch gehörte sie zu jener Zeit zum Wesen seiner Auffassung von Kunst – des Schriftstellers ebenso wie des Malers und Musikers.

II

Durch Schapire, Durrieu oder Sauerlandts Sohn lernte Beckett einige der interessantesten Maler kennen, die damals in Hamburg arbeiteten: Karl Kluth, Willem Grimm, Karl Ballmer, Hans Ruwoldt, Paul Bollmann, Gretchen Wöhlwill und Eduard Bargheer. Er besuchte diese Maler in ihren Ateliers in den letzten beiden

Wochen seines Aufenthalts; stundenlang sprach er mit ihnen über ihr Werk und über die Schwierigkeiten, die sie jetzt mit den Nazimachthabern erlebten.

Man wußte bisher wenig über Becketts Haltung zu den politischen Ereignissen im damaligen Deutschland. Seine Tagebücher enthüllen, daß er viele lebhafte Streitgespräche führte – mit den Hoppe-Pensionsgästen und auch mit anderen späteren Bekanntschaften in Berlin und Dresden – über deutsche Außenpolitik, das Recht auf Kolonien, die „Selbständigkeits"-Kampagne, unter anderem. Angewidert hörte er sich antijüdische Tiraden an. Seine Tagebücher bezeugen auch eine belustigte Verachtung der von ihm als „endlose Keifereien" verspotteten „Schmähreden" von Hitler, Göring und Goebbels, wobei er komisch fand, wie während einer von Hitlers Volksempfänger-Ansprachen die Zuhörer einer nach dem anderen hinausschlichen und zu Bett gingen, während „der Führer" noch in voller Fahrt war. „Entsetzlich Nazi" fand er später ein Paar, das er in Berlin kennengelernt hatte.[50] Regelmäßig stöhnte er im Tagebuch über die Prediger des „NS-Evangeliums", und das beständige „Heil Hitler" überall machte ihn nervös.[51] Axel Kaun, mit dem er sich später in Berlin anfreundete, analysierte das neue Deutschland als eine Hälfte sentimentale Demagogie und die andere Hälfte „brillanter Obskurantismus des Dr. G [Goebbels]" mit seiner gefährlichen, schrillen Propaganda.[52] Beckett war jedoch weniger an politischen Heilslehren interessiert als vielmehr an den die Menschen treffenden Rechtsverstöße des Naziregimes.

Die Behandlung, die Malern zuteil wurde, mit denen er zusammentraf, schockierte ihn. Zu Anfang des Jahres 1936 war Hitler für die Zeitspanne der in Berlin abgehaltenen Olympischen Spiele darauf bedacht gewesen, der Welt das gefälschte Bild einer fairen und toleranten neudeutschen Gesellschaft darzubieten. Monatelang wurden Verschleierung und Schönfärberei betrieben. Während der Spiele gab es zum Beispiel in der Berliner Nationalgalerie eine Ausstellung „Gegenwartskunst von Corinth bis Klee". Jedoch kurz vor Becketts Hamburgbesuch war durch Führerbefehl und Goebbelserlaß eine kulturelle „Befreiungs"aktion angeordnet worden, ein brutales Vorgehen gegen als „entartet" gebrandmarkte Kunst. Am 5. November 1936 – Beckett war noch in Hamburg – wurden alle Museumsdirektoren schriftlich angewiesen, Werke der „entarteten Kunst" zu entfernen. Die Beschlagnahmungskommission traf erst im Juli 1937 ein, aber die verfemten Bilder wurden bereits entfernt, enteignet, zerstört oder verkauft, während Beckett noch in Deutschland herumreiste. Manchmal fand er zu seinem Erstaunen das Werk „entarteter" Künstler noch offen zugänglich, wie zum Beispiel in Halle und Erfurt. In anderen Museen aber, so in Berlin und Dresden, waren die Säle der Modernen geschlossen, oder die Bilder bereits entfernt und in den Kellern gelagert (wo sie nur mit Sondererlaubnis besichtigt werden konnten), oder sie waren gänzlich durch „Sicherstellung“ dem Blick entzogen.[53] Im Dresdner Zwinger war es Beckett nicht mehr möglich, die „Schandbilder“ zu sehen, obwohl er den Hauptmuseumswärter herumzukriegen versuchte.[54]

Bei den Hamburger Malern gewann Beckett den klarsten Einblick in die Zwangsmaßnahmen der Nazi-„Reichskulturkammer“. Freilich konnte auch er, wie so viele andere, nicht vorhersehen, welche Schrecken der Nazismus noch gebären würde, und in einem seiner Briefe an MacGreevy gibt Beckett zu verstehen, daß er es müde sei, sich dauernd Klagen anhören zu müssen von „diesen großen stolzen zornigen armen Angeschlagenen in ihren Schlupfwinkeln, und ich kann nicht länger mehr Jaja und Neinnein sagen“.[55] Doch zu der Zeit war er schon krank und matt von all dem geselligen Aufwand, den er drei Monate lang getrieben hatte. Jedenfalls hatte er immer wieder dieselben Beschwerden hören müssen, und seine Tagebücher zeigen, daß er bei seinen Atelierbesuchen wirklich betroffen war von der Zwangslage der Maler und den Freiheitsbeschränkungen, denen sie unterworfen waren. Beckett erfuhr auch, daß Ende Juli, nur zehn Tage nach Eröffnung, die (den Nazis nicht genehme) Ausstellung „Malerei und Plastik“ in der Hamburger Kunsthalle geschlossen wurde. Die jüdische Malerin Gretchen Wohlwill ließ ihn wissen, daß sie „natürlich ausgeschlossen sei von allen beruflichen Tätigkeiten. Sie kann eine geschlossene Ausstellung haben, zu der nur Juden eingeladen werden dürfen. Sie kann nur an Juden verkaufen, usw. usw.“[56] Karl Kluth konnte, wie er Beckett mitteilte, nur Aquarelle ausstellen und nur in der Galerie Gurlitt. Der geborene Schweizer Karl Ballmer hatte, wie Beckett hörte, Ausstellungsverbot seit 1933, war von Reichskulturkammerfunktionären in seiner Wohnung belästigt worden, und seine Bibliothek war beschlagnahmt. Eduard Bargheer sprach von „Ärger mit den Ämtern, Forderungen von allen Seiten, Werke zu entfernen, ständiger Überwachung am Arbeitsplatz durch Aufpasser, usw.“[57] Die Kunsthistorikerin Rosa Schapire bemerkte ironisch, sie sei ja „glücklicherweise nicht rein arischer Abstammung“ und könne daher „nichts veröffentlichen und keine öffentlichen Vorträge mehr halten“.[58]

Unter den Hamburger Malern, die Beckett kennenlernte, interessierte ihn Karl Kluth („stark von Munch beeinflußt“)[59] noch am wenigsten; dagegen genoß er die Atelierbesuche bei dem fünfunddreißigjährigen Eduard Bargheer, einem „kleinen, strammen, cholerischen, rotbackigen, reizenden“ Mann, „erschreckend lebendig und besessen, furchtbare Energie“.[60] Seine Malerei fand Beckett zwar „enorm gekonnt und ernst zu nehmen, doch sagen er und seine Bilder mir nichts.

Es ist den Stier bei den Hörnern malen."[61] Statt dessen zog er die „Stille und das Ungesagte"[62] im Werk Willem Grimms und Karl Ballmers vor, die er beide in ihren Ateliers an zwei aufeinanderfolgenden Tagen besuchte. Er fand den oft bei Privatsammlern angeschwärzten Grimm „von der Gruppe der Hamburger Maler, die ich bisher gesehen habe, den interessantesten ... Munch-Einfluß scheint überwunden. Toulouse-Lautrec. Kolorit und Komposition exquisit."[63] Auch Karl Ballmers Arbeiten bewunderte er sehr und beschrieb ihn in einem Nachkriegsessay über die van Veldes als jenen „großen unbekannten Maler".[64] Er bewunderte seine Sanftmut, „verloren fast bis zu Apathie und Gleichgültigkeit", und meditiert interessant über seine Malerei, die er mit der Leibnizschen Monadologie und seinem eigenen Gedicht „Der Geier" aus *Echos Gebein* in Verbindung brachte.

> Durchsichtige Gestalten vor Landschaften, Straße, Stadt, wie bei Sauerlandt reproduziert, nicht da. Wundervoller roter Frauenkopf, Schädel, Erde, Meer und Himmel, ich denke an Monadologie und meinen Geier. Würde das Bild nicht abstrakt nennen. Ein metaphysisches Konkret. Noch Naturkonvention, aber seine Quelle, Reservoir der „Erscheinung". Ganz a-posteriori-Malerei. Gegenstand nicht dazu mißbraucht, eine Idee zu illustrieren wie bei, sagen wir, Leger oder Baumeister, sondern primär. Die Mitteilung erschöpft durch das optische Erleben, das ihr Beweggrund und ihr Inhalt ist. Alles Weitergehende ist nebensächlich. So auch Leibniz, Monadologie und Geier, sind nebensächlich. Außerordentliche Stille. Seine Befassung mit der Renaissance-Tradition.[65]

Beckett verstand sich gut mit Grimm und Ballmer und bedauerte, sie so spät erst kennengelernt zu haben. Er nahm sich vor, bei einer späteren Rückkehr nach Hamburg den Kontakt wieder aufzunehmen. Dazu kam es nie, obwohl beide Maler den Krieg überlebten: Grimm verließ Hamburg und lebte und arbeitete auf einem Bauernhof; der Großteil seiner Vorkriegsbilder wurde bei Bombenangriffen auf Hamburg zerstört.[66] Ballmer emigrierte 1938 in sein Geburtsland, die Schweiz.

Von zu Hause trafen regelmäßig Briefe von seiner Mutter ein, die ihn über Dubliner Neuigkeiten auf dem laufenden hielt. Oft schickte sie die *Irish Times* mit und lenkte seine Aufmerksamkeit auf Nachrichten aus Deutschland, wobei sie anmahnte oder doch durchblicken ließ, daß er mit Artikeln über seine Reiseeindrücke Geld verdienen könnte.[67] Tatsächlich dachte er selbst an etwas Derartiges, aber typischerweise nicht an einen Artikel, sondern an ein Gedicht über den berühmten Friedhof und das Krematorium von Ohlsdorf. Zweimal wanderte er stundenlang über den riesigen Friedhof. „Weil ich dachte, da wäre ein Gedicht, spüre ich nichts. Das Geräusch meiner Schritte im Laub erinnert mich an irgend etwas, aber kann nicht herausfinden, an was", schrieb er sich ins Tagebuch.[68] Das Friedhofsgedicht nahm nie Gestalt an. Die Erinnerung an Ohlsdorf jedoch war scharf umrissen und tauchte kurz nach dem Krieg in seiner Erzählung *Erste Liebe* auf.

> Ich zog Ohlsdorf bei weitem vor, besonders das Linnesche Friedhofsgelände auf preußischem Boden, mit seinen vierhundert Hektar dicht übereinander geschichteter Leichen, obgleich ich dort niemand kannte außer dem Tierbändiger Hagenbeck, nur vom Hörensagen. Auf seinem Grabmal sieht man, glaube ich, einen aus Stein gehauenen Löwen. Der Tod mußte wohl das Gesicht eines Löwen haben, für Hagenbeck. Autobusse kommen an und fahren ab; sie sind zum Bersten voll mit Witwern, Witwen und Waisen. Wäldchen, Grotten und Teiche mit Schwänen spenden den Betrübten Trost. Es war im Dezember, ich habe nie so arg gefroren, die Aalsuppe war mir nicht bekommen, ich hatte Angst vor dem Tod, ich blieb stehen, um mich zu übergeben, ich beneidete sie.[69]

Die letzten Hamburger Tage wurden ihm durch einen eitrigen Finger und Daumen, die wie „Blasengeschwüre" aufsprossen[70], gründlich vergällt. Bei Frau Durrieu badete er die schwer entzündeten Finger in heißer Kamille, und sie verband sie dann für ihn. Trotz Schmerzen versteifte er sich aufs Weiterreisen und fuhr zunächst nach Hannover, wo er übernachtete und am 5. Dezember vormittags die Landesgalerie im niedersächsischen Landesmuseum durcheilte[71], wonach er den Nachmittagszug nach Braunschweig nahm, um die berühmte herzogliche Sammlung alter Meister zu besichtigen.

Dort, im Herzog-Anton-Ulrich-Museum, sah er ein Gemälde, das ihm noch lange Jahre nachging: Giorgiones eindringliches, vergrübeltes Selbstbildnis, das „einem gleich beim Eintreten schlagartig in die Augen fällt und gut genug ist, um von seiner Hand zu sein, und das die nur ihm eigene profunde Zurückgenommenheit aufweist".[72] Das Bild wurde ihm zur Zwangsvorstellung, und er kam dreimal zurück, um es sich einzuprägen. Er sah darin einen „Ausdruck, zugleich eindringlich und geduldig, geängstigt und kraftvoll" und beschrieb das Bild als „Antithese zu Geist und Vernunft". [73] Er erstand zwei große Reproduktionen und schickte eine davon an Tom MacGreevy. Die andere behielt er für sich und heftete sie in seinem Berliner Zimmer an die Wand als „ein Licht im Dunkel".[74] Im Nachhinein kann man in dem Antlitz mit den „zusammengezogenen Brauen" und dem „verquälten Blick"[75] vor dunklem Hintergrund eine Ähnlichkeit mit Becketts eigener, spannungsgeladener Physiognomie auf späten Fotographien erkennen.[76]

1 SB an TM, 9. Oktober 1936 (TCD).

2 In *Murphy* gewährt Miss Counihan Neary »Rendezvous, vormittags, am Grabe Pfarrer Prouts (F. S. Mahony) auf dem Kirchhof von Shandon, ihres Wissens der einzige Ort in Cork, wo frischre Luft, Stille und Immunität gegen Belästigungen vereint waren«. (SB, W II, 41) Beckett kannte entweder den Friedhof von einer früheren Einschiffung nach Hamburg oder fügte die Stelle später ins Manuskript ein; das erste ist wahrscheinlicher.

3 SB, unveröffentlichte Deutschland-Tagebücher (künftig als DT zitiert), Heft I, 28. September 1936. Dank an Edward Beckett für den Hinweis auf die sechs umfangreichen Tagebücher, die er in einer alten Kiste in Becketts Keller (Boulevard Saint-Jacques, Nr. 38) entdeckte, und für deren exklusive Überlassung für die Zwecke dieser Biographie.

4 SB, DT, Heft 1, 29. September 1936.

5 SB, DT, Heft 1, 30. September 1936.

6 SB, DT, Heft 1, 1. Oktober 1936.

7 Wie [6].

8 SB, DT, Heft 1, 5. Oktober 1936.

9 Deirdre Bair, *Samuel Beckett*, S. 316.

10 SB, DT, Heft 1, undatierter Eintrag [3. oder 4. Oktober 1936]. Außerdem: SB an TM, 9. Oktober 1936 (TCD).

11 SB, DT, Heft 2, 13. November 1936.

12 SB, DT, Heft 1, 7. Oktober 1936, wo Johannes II, Vers 26 [fälschlich als 36 eingetragen] auf deutsch zitiert wird; auf englisch zitiert Beckett dieselbe Stelle in einem Brief an TM, 9. Oktober 1936 (TCD).

13 SB, DT, Heft 1, 19. Oktober 1936.

14 SB, DT, Heft 1, 9. Oktober 1936.

15 Wie [14]·

16 SB, DT, Heft 1, undatierter Eintrag [3. oder 4. Oktober 1936].

17 SB, DT, Heft 1, 18. Oktober 1936. Hier und im folgenden bedeutet Kursivierung: im Original deutsch.

18 SB, DT, Heft 3, 31. Dezember 1936.

19 SB, DT, Heft 1, 9. Oktober 1936.

20 SB, DT, Heft 1, 11. Oktober 1936.

21 Unter den Büchern, die ihm Fräulein Schön auslieh, waren: Rudolf Binding, *Die Waffenbrüder*, Rütten und Loening, Frankfurt am Main, 1935 und (im selben Verlag, 1934) *Sankt Georgs Stellvertreter*; Hans Leip, *Herz im Wind – Geschichten von der Wasserkante*, E. Diederichs, Jena, 1934; Henry von Heiseler, *Wawas Ende, ein Doku-*

ment, A. Langen und G. Müller, München, 1933; Wilhelm Schäfer, *Die Anekdoten*, A. Langen und G. Müller, München, 1928 [oder 1929]; *Das kleine Gedichtbuch – Lyrik von Heute*; Ernst Wiechert, *Hirtennovelle*, A. Langen und G. Müller, München, 1934; Rainer Maria Rilke, *Die ausgewählten Gedichte*, Insel-Bücherei, Leipzig, 1935.

22 SB, DT, Heft 1, 12. Oktober 1936.

23 SB, DT, Heft 1, 20. Oktober 1936.

24 Eine handschriftliche Fassung dieser Übersetzung ins Deutsche (18. August 1936) ist in einem von Becketts Übungsheften überliefert. Außer einer sind darin alle Änderungsvorschläge von Klaudia Ascher berücksichtigt (erwähnt in: SB, DT, Heft 1, 2. November 1936).

25 Fräulein Ascher lieh Beckett mehrere Romane von Ernst Wiechert (für die er wenig übrig hatte), u. a.: *Die Magd des Jürgen Doskocil* und *Das Spiel vom deutschen Bettelmann*; Beckett selbst kaufte sich *Der Todeskandidat* (alle bei Langen und Müller, München, 1934).

26 SB, DT, Heft 1, 24. Oktober 1936.

27 SB, DT, Heft 2, 20. November 1936.

28 SB an TM, 9. Oktober 1936.

29 Das Museum besaß „eine Menge superber *van Goyens*, eine Landschaft, *Brouwer* zugeschrieben, vielleicht nur eine Lohnarbeit, ein *van Uden Teniers*, nicht so gut wie der in Dublin, zwei *Everdingen*, ein *Elsheimer*, ein *Dirck Hals*". Beckett bewunderte Elsheimers *Predigt Johannes des Täufers*, einen „exquisiten" Philips Wouwerman [*Reiter an der Düne*] und eine *Mondscheinlandschaft* von Aert van der Neer (SB, DT, Heft 1, 8. und 18. Oktober 1936; SB an TM, 9. Oktober 1936 (TCD)). Anläßlich seines Museumsbesuchs vom 18. Oktober erwähnt er den „guten" Roymerswaele [*Berufung des Apostels Mathäus*], einen „ausgezeichneten" Hinrich Funhof [*Maria im Ährenkleid*] und Hans Burgkmairs *Christus am Ölberg*; auch lobt er den *Pavillon beim Huis ten Bosch* von Jan van der Heyden.

30 SB, DT, Heft 1, 21. Oktober 1936.

31 Wie [30].

32 SB, DT, Heft 2, 19. Oktober 1936. Dieses Bild ist jetzt im Museum of Modern Art in New York.

33 SB, DT, Heft 2, 19. November 1936.

34 SB, DT, Heft 2, 22. November 1936.

35 SB, DT, Heft 5, 15. Februar 1937.

36 SB, DT, Heft 1, 25. Oktober 1936. Der Professor war Benno Diederich (geb. 1870); er schrieb Biographien über Emile Zola (Leipzig, 1898) und Alphonse Daudet (Hamburg, 1901).

37 SB an TM, 18. Januar 1937 (TCD).
38 SB, DT, Heft 2,13. November 1936.
39 SB, DT, Heft 2, 10. November 1936.
40 SB, DT, Heft 2, 16. November 1936.
41 SB, an TM, 18. Januar 1937 (TCD).
42 SB, DT, Heft 2, 23. November 1936.
43 Wie [42].
44 Zu Rosa Schapires Veröffentlichungen und Privatsammlung siehe: Gerhard Wieteks Artikel in: *Jahrbuch der Hamburger Kunstsammlungen,* Band 9, 1964, S. 114–62.
45 SB, DT, Heft 2, 22. November 1936.
46 SB, DT, Heft 2, 14. November 1936.
47 SB an TM, 18. Januar 1937 (TCD).
48 SB, DT, Heft 2, 15. November 1936.
49 Wie [48].
50 SB, DT, Heft 3,20. Dezember 1936.
51 „Alle Klowärter sagen Heil Hitler." SB an MM, 14. November 1936 (Texas). Becketts Überdruß oder Verärgerung über das beständige „Heil Hitler"-Geschrei macht sich an einigen Tagebuchstellen Luft.
52 SB, DT, Heft 4, 11. Januar 1937.
53 Beckett ließ MacGreevy z. B. wissen: „Die modernen Säle des Kronprinzenpalais sind geschlossen, d.h. Deutsche Malerei von Nolde an. Ich erhielt in Hamburg ein Permit, verschiedene, deutschen Museumsbesuchern nicht mehr zugängliche Werke zu besichtigen, und werde es hier auch beim Direktor des Kronprinzenpalais vorzeigen, obwohl es nur für Hamburg gilt. Im Parterre sind wundervolle Munchs und van Goghs." SB an TM, 22. Dezember 1936 (TCD).
54 Dr. Helmut Leppien, von der Hamburger Kunsthalle bin ich zu größtem Dank verpflichtet für Informationen über die damaligen Maßnahmen gegen moderne Kunst sowie für seine Gastfreundschaft bei meinem Hamburgbesuch.
55 SB an TM, 18. Januar 1937 (TCD).
56 SB, DT, Heft 2, 24. November 1936.
57 SB, DT, Heft 2, 26. November 1936.
58 SB, DT, Heft 2, 15. November 1936.
59 SB, DT, Heft 2, 25. November 1936.
60 SB, DT, Heft 2, 26. November 1936. Einige der von Beckett im Atelier besichtigten Werke sind wahrscheinlich in Wolfgang Hesses Buch: *Eduard Bargheer, Leben und Werk,* Galleria Hesse, Campione d'Italia 1979, abgebildet.

61 SB, DT, Heft 2, 26. November 1936.
62 Wie [61].
63 SB, DT, Heft 2, 16. November 1936.
64 SB, Die Welt und die Hose, Suhrkamp, Frankfurt am Main, 1990, S. 8.
65 SB, DT, Heft 2, 16. November 1936.
66 Der Maler Willem Grimm 1904-1986, Hans Christians Verlag, Hamburg, 1989.
67 SB, DT, Heft 1, 26. Oktober 1936, wo ein Eintrag auf Fotos von Bremens „krummem Kirchturm" in der *Irish Times* verweist, die ihm die Mutter in der Absicht geschickt hatte (wie Beckett meinte), „mich zu *Feuilletons* anzuregen".
68 SB, DT, Heft 1, 25. Oktober 1936.
69 SB, Erste Liebe, W IV, 27.
70 SB, DT, Heft 2,27. November 1936.
71 In Hannover bewunderte Beckett im Museum den „Meister des goldenen Tischs", Meister Bertrams großen Passionsaltar; von der flämischen und holländischen Abteilung war er weniger beeindruckt.
72 SB, DT, Heft 2, 6. Dezember 1936.
73 SB, DT, Heft 2, 9. Dezember 1936.
74 SB, DT, Heft 3, 18. Dezember 1936.
75 SB, DT, Heft 2, 9. Dezember 1936.
76 Zum Beispiel *Damals, Rockaby* und *Was Wo*. Dank an Dr. Reinhold Wex, den Direktor des Herzog-Anton-Ulrich-Museums in Braunschweig für die Möglichkeit einer längeren privaten Besichtigung der Gemälde von Giorgione u. a.

★

Gordon Burgess

Wolfgang Borchert:

Der „leidenschaftliche Hamburger"

Hamburg!
Das ist mehr als ein Haufen Steine, Dächer, Fenster, Tapeten, Betten, Straßen, Brücken und Laternen. Das ist mehr als Fabrikschornsteine und Autogehupe – mehr als Möwengelächter, Straßenbahnschrei und das Donnern der Eisenbahnen – das ist mehr als Schiffsirenen, kreischende Kräne, Flüche und Tanzmusik – oh, das ist unendlich viel mehr.
Das ist unser Wille, zu sein.[1]

Als Wolfgang Borchert (1921–1947) diese Worte schrieb, war Hamburg wirklich ein Haufen Steine, denn es waren die Trümmerjahre gleich nach dem Zweiten Weltkrieg. Im Laufe des Kriegs hatte Hamburg etwa 50 Prozent seines Wohnraums verloren, etwa 40 Prozent seiner Bevölkerung wurde evakuiert.[2] Oft standen nur die Schornsteine noch. Also sind diese Worte keine bloße Schilderung, sondern vor allem ein Aufruf an den Leser, sich mit einer negativen Realität auseinanderzusetzen und positiv zu reagieren. Das ist *der* Grundtenor in allen Werken Borcherts. Im Folgenden wird versucht, diesen roten Faden in Borcherts Werk von den Anfängen bis hin zur literarischen Verwertung nachzuspüren und deren Bedeutung auszuwerten.

Es war, so erinnerte sich die Mutter später, ein herrlicher Frühlingsmorgen, der 20. Mai 1921. An diesem Tag, um 3 Uhr früh, wurde Wolfgang Borchert geboren. Die Wohnung in Hamburg-Eppendorf, Tarpenbekstraße 82, lag im 3. Stock. Das Jahr, in dem Adolf Hitler 1. Vorsitzender der NSDAP wurde, erwies sich als kein gutes Geburtsjahr. Borchert teilte das Schicksal vieler seiner Zeitgenossen und erlebte drei Phasen Deutschlands im 20. Jahrhundert: das Scheitern der Weimarer Republik, den totalitären Staat und den totalen Krieg der Nationalsozialisten – und die unmittelbare Nachkriegszeit.

Beim Ausbruch des Zweiten Weltkriegs war Borchert 18 Jahre alt. Er hatte die Schule ohne Abschluss nach der Obersekunda verlassen und arbeitete seit April 1939 auf Drängen der Eltern als Lehrling in einer Hamburger Buchhandlung – auch diese Lehre endete – im Dezember 1940 – ohne Abschluss. Kurz nach seinem 20. Geburtstag wurde er zu Hitlers Armee einberufen, und von diesem Tag an konnte er nur wenig über sein eigenes Leben bestimmen. Mit seiner „über alles geliebten Freiheit"[3] war es weitgehend aus. Einsatz an der russischen Front („Unternehmen Barbarossa"), Militärhaft und drei Kriegsgerichtsprozesse prägten die Jahre unter der NS-Diktatur. Die Kriegsjahre verbrachte Borchert im Einsatz, im Gefängnis – oder im Lazarett. Nach dem Krieg war er ab Anfang November 1945 beinahe völlig bettlägerig im zertrümmerten Hamburg. Diese vier Erlebnissphären bilden auch die Grundlage seines literarischen Schaffens, wobei auffällt, dass ausgerechnet die eigene Krankheit keinen Platz in seinen Werken findet.

Eigentlich wollte Borchert nicht Schriftsteller sondern Schauspieler werden. Zur gleichen Zeit, als er in der Buchhandlung arbeitete, nahm er bei Helmut Gmelin, seit 1934 Spielleiter am Hamburger Schauspielhaus, privaten Unterricht. Gmelin war von seinem Schüler beeindruckt. Er rief Borcherts Mutter an und versicherte ihr: „Er ist begabt. [...] Machen Sie sich keine Sorgen, Wolfgang ist für das Theater wie geschaffen."[4]

Nach nur anderthalbjährigem statt dem üblichen zweijährigen Schauspielunterricht meldete sich der angehende Bühnendarsteller am Freitag, dem 21. März 1941, zur Schauspielerprüfung an. Die Prüfung dauerte ganze zwanzig Minuten und endete mit Erfolg. Gleich nach der Prüfung wurde Borchert bei der Landesbühne Ost-Hannover mit Sitz in Lüneburg engagiert. Auch wenn dies ein provinzielles Tourneetheater mit anspruchslosen Unterhaltungstücken war, schrieb Borchert an seinen alten Schulfreund Claus Dammann: „... ich kann Dir nur sagen: ich bin ausgefüllt und glücklich, endlich Theater spielen zu können!"[5] Allerdings dauerte diese „kurze(n), wunderbare(n) Theaterzeit"[6], wie er sie einem anderen Briefkorrespondenten schilderte, nicht lange: Am 4. Juni 1941 ist der Schauspieler Borchert zum ersten Mal in den Militärakten als der Soldat Borchert aufgeführt.

Sein Hang zur theatralischen Darstellung brachte Borchert Ende 1943 wieder in Konflikt mit dem NS-Staat, nachdem er bereits zwei Gerichtsprozesse hinter sich hatte, einmal wegen Verdachts der Selbstverstümmelung (er war beim Fronteinsatz im Osten verwundet worden) und einmal wegen angeblich heimtückischer Angriffe auf Staat und Partei (er hatte unter anderem geäußert: „Meine Kameraden, die vor 14 Tagen herausgekommen sind, sind fast alle gefallen für nichts und wieder nichts"[7]). Im November 1943 wurde Borchert wehrdienstuntauglich geschrieben, und er beantragte die Versetzung zu einer Schauspieltruppe der Wehrmacht, die ein umfangreiches Unterhaltungsprogramm organisierte. Der Antrag wurde gebilligt – und Borchert kam in eine Durchgangskompanie in

Kassel-Wilhelmshöhe. Am Abend vor der Entlassung gab Borchert in der Schlafstube vor nicht mehr als sieben bis acht Männern eine Parodie von Goebbels wieder. Am nächsten Morgen denunzierte ihn einer seiner Stubenkameraden und der Kompaniechef sah sich gezwungen, Borchert festzunehmen. Am 24. Januar 1944 holte die Gestapo ihn nach Berlin, wo er im Wehrmachtsuntersuchungsgefängnis Berlin-Moabit, Lehrterstrasse, bis zu seinem Verhör beinahe 9 Monate später (am 21. August) saß. Wegen „Zersetzung der Wehrkraft" wurde er zu neun Monaten Gefängnis unter Anrechnung von fünf Monaten Untersuchungshaft verurteilt.

Die Zustände im Gefängnis Berlin-Moabit waren grauenhaft. Der Bau selbst, der zum Teil noch aus der Zeit Friedrichs des Großen stammte, war völlig veraltet, die sanitären Verhältnisse waren barbarisch. Die ärztliche Betreuung war schlecht oder existierte überhaupt nicht. Bei den zunehmenden Luftangriffen auf Berlin mussten die Häftlinge in den verschlossenen Zellen bleiben.

Ausgerechnet hier und unter diesen Umständen wurde Borchert sich seiner Liebe zu Hamburg bewusst. An Aline Bußmann, eine langjährige Bekannte schrieb er am 15. September, also gerade nach seiner Entlassung: „Ich habe vor allem entdeckt, daß ich zum leidenschaftlichen Hamburger geworden bin."[8] Er habe u.a. die Hamburger Dichter Hans Leip und (zum ersten Mal) Gorch Fock gelesen. Aber damit nicht genug: Er habe sich entschlossen, falls er nach dem Kriege noch schreibe,

> einen anderen einprägsameren und aussagenden Namen anzunehmen, der irgendwie mit mir + meinem schreiberischen Ziel Verbindung hat – nämlich: *Kai Wasser.* [...] Ich bin an der Tarpenbeck geboren, die Tarpenbeck tropft in die Alster, diese plätschert in die Elbe – die Elbe schweigt ins Watt und das Watt rauscht ins Meer! Ach, und der Regen, der Nebel, die Wolke und die Träne – das Blut + der Saft der Blumen + Bäume: heißt nicht das alles *Wasser*? Und der Vorname *Kai* ist der Steg, der in das Wasser hinausragt + an dem die Gedanken Anker werfen und von dem sie ausfahren wie die Schiffe: *Kai Wasser.* – Ich will so stark sein, daß es ein Name wird – oder pathetisch: ein Begriff.

Diesen Entschluss hat er allerdings später fallen lassen.

Im Juni 1940 hatte Borchert in einem Brief an eine andere Bekannte, der er mehrere Gedichte gewidmet und geschickt hatte, erklärt: „Meine Gedichte sind Weg! – nicht Erfüllung. [...] Übrigens sind Gedichte nicht meine endgültige Form, sondern: Theater, Theater, Theater!"[9] Tatsächlich betrachtete Borchert sich bis hin zu den letzten Monaten seines Lebens als Schauspieler, nicht als Schriftsteller. Noch in seinem „Antrag auf Ausstellung eines Ausweises für politisch, rassisch und religiös durch den Nazismus Verfolgte", der mit dem 15. Mai 1946 datiert ist, gab er seinen Beruf als „Schauspieler" an. An seinen Schulfreund Günther Mackenthun schrieb er im August 1946 – nunmehr seit neun Monaten bettlägerig –, zwar sei er „sehr bei der Arbeit": Er lese für zwei Verlage Manuskripte, schreibe selber für den Rowohlt-Verlag und den Funk. „Trotzdem, das glaube mir, ist meine ganze Sehnsucht das Theater geblieben."[10] In den letzten Monaten seines Lebens hielt er sich immer noch fest daran. Am 8. Mai 1947 schrieb er noch, dank *Draußen vor der Tür* sei er wenigstens nicht ganz umsonst krank geworden. „Auf diese Art hat mein Leben *einen* Inhalt, wenn auch einen völlig anderen, als ich wollte, denn von Haus aus bin ich Schauspieler."

Aber nach dem Krieg kam es nicht mehr dazu. Zwar warf sich Borchert in das neue Theaterleben der Hamburger Nachkriegszeit. Er trat im September 1945 in der Revue „Janmaaten im Hafen" auf, konnte aber nach der ersten Aufführung nicht mehr teilnehmen. Er arbeitete als Regieassistent für eine Inszenierung Gmelins von *Nathan der Weise*, die Premiere fand am 21. November jedoch ohne ihn statt. Er war Anfang des Monats bettlägerig geworden. Gegenüber Claus Dammann formulierte er seine Lage mit einer gewissen Selbstironie mit den folgenden Worten:

> ... lache nicht – aber ich habe elend kapituliert! Ich liege! Zwar hat nicht die Schwachheit über meinen Willen gesiegt, aber eine ganz dumme Streikwelle hat meine Gelenke (besonders die Hände) ergriffen und dieselben verweigern mir den Dienst.[11]

Seine erste Erzählung der Nachkriegszeit, *Die Hundeblume*, schrieb Borchert in der Nacht vom 24. Januar 1946 im Hamburger Elisabeth-Krankenhaus. Sie wurde zum ersten Mal in der *Hamburger Freie Presse* vom 30. April und 4. Mai 1946 veröffentlicht. *Die Hundeblume* handelt von einem Gefangenen, der beim Hofgang im Gefangenenhof eine Hundeblume sieht und pflückt und dafür bestraft wird. Zwei Aspekte dieser Erzählung sind in diesem Kontext von Interesse. Erstens: Wie bei allen Werken Borcherts ist der Kern ein persönliches Erlebnis. Borchert selber wies später auf das autobiografische Element hin: der „echte" „Hundeblumen-Mann" „hat wirklich eine Hundeblume geklaut und durfte zur Strafe eine Woche nicht im Kreise gehen!"[12] Zweitens: In dieser ersten Geschichte schreibt Borchert in der Figur des Icherzählers:

> Ich weiß, es ist schwer, mir zuzuhören und mit mir zu fühlen. Du sollst auch nicht zuhören, als wenn einer dir etwas von Gottfried Keller oder Dickens vorliest. Du sollst mit mir gehen, mitgehen in dem kleinen Kreis zwischen den unerbittlichen Mauern. Nicht in Gedanken neben mir – nein, körperlich hinter mir als mein Hintermann. (GW., S. 31)

Diese Sätze greifen auf Borcherts ganzes literarisches Schaffen vor. Sie lesen sich bereits als ein schriftstellerisches Programm, das darauf bedacht ist, den Leser immer zu Taten zu aktivieren. Somit sind Borcherts Werke keine Unterhaltungs-, sondern Motivierungsliteratur.

Zwischen dem 24. Januar und seinem Tod im November 1947 verfasste Borchert rund 40 Prosatexte sowie das Stück *Draußen vor der Tür.* Allen gemeinsam ist der Drang, den Leser (bzw. Zuschauer, Zuhörer) in das Geschehen mit einzubeziehen und ihn inner- sowie außerhalb des literarischen Leseerlebnisses zum aktiven Teilnehmer zu machen. Am klarsten kommt dies in den beiden propaganda-artigen Texten *Das ist unser Manifest* und – vor allem – *Dann gibt es nur eins!* mit seinem berühmten, 14mal wiederholten „Sag NEIN!" zum Ausdruck.

Diese Einstellung und deren literarischen Verwertung wuchs aus Borcherts Liebe zu Hamburg und seiner Erschrockenheit über die Trümmerlandschaft der Stadt nach Kriegsende, die etwa in dem anfangs zitierten Prosatext *Hamburg* zum Ausdruck kommt. Aber diese trotzige Einstellung sickerte in keinen engen Lokalpatriotismus hinein. Ganz im Gegenteil. Eigentlich bildet *Hamburg* eine Ausnahme in Borcherts literarischem Schaffen. Zwar spielt z. B. Borcherts berühmtestes Stück *Draußen vor der Tür* in Hamburg – die Hauptfigur Beckmann versucht, sich in der Elbe zu ertränken und wird von dem Strom zurückgewiesen, und später weist Frau Kramer auf die „drei Endstationen von Hamburg" hin: „In Fuhlsbüttel das Gefängnis, in Alsterdorf die Irrenanstalt. Und in Ohlsdorf der Friedhof" (GW., S. 140) – aber die zentrale These des Stücks ist ein Aufruf zur Menschlichkeit überhaupt in einer Zeit, die vom Krieg und Unmenschlichkeit geprägt ist. Über die Jahrzehnte hindurch haben Inszenierungen des Stücks immer wieder Bezug auf aktuelle Kriege und Kriegsschauplätze genommen: Golf-Krieg, Afghanistan, usw.

Das Gleiche gilt für Borcherts Prosatexte. Auch diejenigen, die den Krieg als zeitlichen Hintergrund haben, sind weder auf den Zweiten Weltkrieg noch auf Hamburg / Deutschland spezifizierbar. Als Beispiel kann eine der am häufigsten in Anthologien aufgenommenen Erzählungen Borcherts dienen: *Die Küchenuhr* (GW, S. 201–4). Die ersten Sätze lauten:

> Sie sahen ihn schon von weitem auf sich zukommen, denn er fiel auf. Er hatte ein ganz altes Gesicht, aber wie er ging, daran sah man, dass er erst zwanzig war.

„Sie" bezieht sich auf zwei Personen, die auf einer Bank sitzen: ein Mann, und eine Frau mit Kinderwagen. Der junge Mann mit dem ganz alten Gesicht hält in der Hand eine kaputte Küchenuhr, die um halb drei stehengeblieben ist. Es stellt sich heraus, dass er immer um diese Zeit nach Hause gekommen ist und seine Mutter ihm dann mitten in der Nacht zu essen gegeben hat. Scheinbar ist die Uhr als Folge eines Bombenangriffs kaputt geworden: „Wenn die Bombe runtergeht, bleiben die Uhren stehen. Das kommt von dem Druck", sagt der Mann neben ihm auf der Bank. Nicht nur die Uhr ist im Krieg verlorengegangen. Als die Frau den jungen Mann nach seiner Familie fragt, antwortet dieser: „Ach, Sie meinen meine Eltern? Ja, die sind auch mit weg. Alles ist weg."

Bezeichnend ist, dass der junge Mann beteuert: „Sie müssen nicht immer von Bomben reden." Für ihn ist wichtiger, dass er auch durch die kaputte Küchenuhr an eine goldene Zeit erinnert wird, an das Aufgehobensein zu Hause: „Jetzt, jetzt weiß ich, daß es das Paradies war. Das richtige Paradies." Auch wenn dieses Paradies inzwischen ein verlorenes ist, macht diese Schilderung doch einen Eindruck auf seinen Gesprächspartner auf der Bank. Die letzten Sätze lauten: „Und der Mann, der neben ihm saß, sah auf seine Schuhe. Aber er sah seine Schuhe nicht. Er dachte immerzu an das Wort Paradies."

Charakteristisch für diese wie für so viele Erzählungen Borcherts ist, wie wenig wir von den Umständen wissen. Alle drei Personen bleiben anonym. Wie die beiden Personen aussehen, ob sie sich kennen oder verwandt sind, geht nicht aus dem Text hervor. Ob die Bank, auf der sie sitzen, in einer Parkanlage, einer zertrümmerten Stadtlandschaft oder sonst irgendwo, ist unklar, genauso wie der geographische Ort und die historische Zeit. Wir wissen nicht einmal, was der Kinderwagen enthält, ob Baby, Puppe oder sonst etwas. Das alles sind nicht Schwächen, sondern Stärken der Borchertschen Erzählweise. Dadurch wird der Leser geradezu gezwungen, die minimalistisch wiedergegebene Episode durch die eigene Phantasie zu ergänzen und zu interpretieren: also keine passive, sondern eine aktive Leserolle.

Charakteristisch an *Die Küchenuhr* ist auch, wie viel durch Dialog und nicht durch Erzählen oder Beschreibung vermittelt wird. Ein allwissender Ich-Erzähler fehlt ganz. Stattdessen erscheint das Ganze wie ein kleines Drama – man braucht nur „Die Küchenuhr" bei YouTube einzugeben, um zu sehen, wie oft man daraus einen kleinen Film (oft von Schülern oder Laiengruppen) gemacht hat. Borcherts 1940 geäußerte Vorahnung, seine endgültige Form sei „Theater, Theater, Theater" hat er tatsächlich verwirklicht, wenn auch in einer völlig anderen Weise als er hoffte und erwartete. Durch seine Krankheit wurde er gezwungen, sich nicht auf der Bühne, sondern literarisch zu äußern. Wir haben die Texte dem Schriftsteller Borchert zu verdanken, weil es nach November 1945 den Schauspieler Borchert nicht mehr geben konnte. Dies ermöglichte es ihm aber, einen breiteren Menschenkreis zu erreichen und anzusprechen, als er es als Schauspieler je hätte tun können.

Borcherts Werke bleiben Bestseller. Das sogenannte *Gesamtwerk*, das bereits 1949 als Kooperationsausgabe der Verlage Ernst Rowohlt und Hamburgische Bücherei herauskam und bis zum Jahre 2007 noch unverändert nachgedruckt wurde (nur das Nachwort wurde 1957 leicht geändert), war in einer Auflage von mehr als einer halben Million verbreitet. Eine erweitere Neuausgabe kam 2007 heraus. Der Auswahlband *Draußen vor der Tür und ausgewählte Erzählungen* mit einem Nachwort von Heinrich Böll hat eine Auflage von weit über zweieinviertel Millionen Exemplaren. Sogar der von Peter Rühmkorf editierte Ergänzungsband *Die traurigen Geranien und andere Geschichten* aus dem Nachlass hatte 1998 eine Auflage von über 300000 erreicht. (Ab der 29. Auflage vom September 2001 wurde die Auflagenhöhe nicht mehr angegeben.) *Draußen vor der Tür* bleibt eines der am meisten aufgeführten Theaterstücke Deutschlands und war nach einem Zeitungsbericht vom Mai 2001 das bis dahin weltweit meistgespielte deutschsprachige Drama.[13] Laut Angaben der Internationalen Wolfgang-Borchert-Gesellschaft e.V. stand *Draußen vor der Tür* im Jahre 2014 an 10 deutschsprachigen Bühnen auf dem Spielplan, weitere 3 Premieren kamen für 2014 hinzu.[14] Und Borchert ist nicht nur in Deutschland präsent. *Draußen vor der Tür* gibt es in mehr als 15 Sprachen (zweimal im Englischen, 1948 und 1997), die Kurzgeschichten und Prosatexte in mehr als 25 Sprachen. Bestsellersein ist nicht immer ein Maßstab für Qualität, aber Borcherts Werke stehen seit beinahe sieben Jahrzehnten an der Spitze der deutschen Nachkriegsliteratur. Aus dem „leidenschaftlichen Hamburger" wurde ein Dichter von Weltruhm, dessen Werke immer neue Generationen ansprechen.

1 Wolfgang Borchert, *Hamburg*, in WB: *Das Gesamtwerk* (= GW), Reinbek bei Hamburg: Rowohlt, 1957 ff., S. 72–74, hier S. 72. Weitere Seitenangaben im Text.

2 Ludolf Herbst, „Deutschland im Krieg 1939–1945", in Martin Broszat & Norbert Frei (Hg.), *Ploetz: Das Dritte Reich. Ursprünge, Ereignisse, Wirkungen*. Freiburg/ Würzburg: Ploetz, 1983, S. 72.

3 Brief von Borchert an Hugo Sieker, datiert „Im August", in WB: *Allein mit meinem Schatten und dem Mond* (= *Allein mit meinem Schatten*), Reinbek bei Hamburg: Rowohlt, 1996, S. 187.

4 Zitiert aus: Gordon Burgess: *Wolfgang Borchert. Ich glaube an mein Glück*. Berlin: Aufbau, 2007, S. 50.

5 Brief von Borchert an Claus Dammann, Sonntagmorgen [20. April 1941]. *Allein mit meinem Schatten*, S. 73.

6 Brief von Borchert an Hugo Sieker, Sonntag [vermutlich Juni 1941]. *Allein mit meinem Schatten*, S. 80.

7 Zitiert aus Wolfgang Borchert. *Ich glaube an mein Glück*, S. 117.

8 Brief von Borchert an Aline Bußmann, Jena, 15. September 1944. *Allein mit meinem Schatten*, S. 136.

9 Brief von Borchert an Ursula Lietzmann, „Im Juni 40". *Allein mit meinem Schatten*, S. 44.

10 Unveröffentlichter Brief von Borchert an Günter Mackenthun, 26. August 1946, Wolfgang-Borchert-Archiv, Hamburg.

11 Undatierter Brief von Borchert an Claus Dammann. *Allein mit meinem Schatten*, S. 157.

12 Zitiert aus Wolfgang Borchert. *Ich glaube an mein Glück*, S. 181.

13 Vgl. Maike Schiller, „Schauspieler, Soldat, Dichter," *Hamburger Anzeiger*, 22. Mai 2001.

14 Website der Internationalen Wolfgang-Borchert-Gesellschaft e.V., http://www.borchertgesellschaft.de/aktuelles/, abgerufen am 21. Mai 2014.

★

Rüdiger Bernhardt

Hamburg – Handlungsort des ersten proletarischen deutschen Betriebsromans

Der erste Band einer Hamburger Trilogie: Willi Bredels *Maschinenfabrik N. & K.*

Willi Bredel, der 1901 in Hamburg geborene Schriftsteller, ist ein Klassiker der deutschen, speziell der sozialistischen deutschen Literatur geworden, mit allen Vorzügen und Nachteilen einer solchen Stellung. Zu den Vorzügen gehört, dass er Beispiel und Vorbild für spätere Autoren geworden ist, deutlich die Rolle, die sein Schaffen zum Beispiel für Max von der Grün oder im *Werkkreis Literatur der Arbeitswelt* gespielt hat. Besonders in der anekdotischen Zuspitzung des Erzählens, in der von ihm gepflegten episodischen Reihung seiner Texte und dem Einsatz von Gestaltungsmitteln wie Korrespondenzen und Reportagen innerhalb eines Romans, wurde ihm literarisch gefolgt. Die Nachteile eines Klassikers sind, dass er mehr verehrt als gelesen wird. Dabei ist die Lektüre seiner Werke ästhetischer Gewinn und manche seiner Texte sind von brennender Aktualität.

I

Es war auf den ersten Blick ein sonderbarer Roman, der 1930 auf den Markt kam: Sein Titel *Maschinenfabrik N. & K.*[1] versprach nichts von den traditionellen Romaninhalten, vor allem fehlten in ihm Hinweise auf Menschen. Auch die verwendeten Namen, die auf Besitzer der Fabrik hinweisen könnten, waren auf Initialen reduziert und signalisierten, dass individuelle Schicksale oder persönliche Erlebnisse in einem anderen Kontext aufgegangen waren. Wer trotz des sachlichen – einer Anzeige ähnlichen – Titels Hoffnungen auf einen anderen Inhalt hatte, wurde mit der Überschrift des den Roman eröffnenden ersten Abschnitts *Das Werk* endgültig auf Technik und Arbeit verwiesen. Die durchgestaltete Romanfabel des 19. und beginnenden 20. Jahrhunderts suchten die Leser vergeblich. Diejenigen dagegen, die mit den Neuerungen des Films umzugehen verstanden, mit Simultantechnik und schnellen Szenenwechseln vertraut waren, fanden diese Elemente in Bredels erstem Roman wieder. Er erschien 1930 in der Reihe *Eine-Mark-Roman* des *Internationalen Arbeiter-Verlages* als vierter Band; eröffnet wurde die Reihe mit Hans Marchwitzas *Sturm auf Essen*, Band 2 war Klaus Neukrantz' *Barrikaden am Wedding* und andere, heute vergessene Titel dieser Reihe; neun Bücher waren es insgesamt vom August 1930 bis Ende 1932. Als Band 6 erschien 1931 ein weiterer Roman Willi Bredels, der ebenfalls in Hamburg spielte: *Rosenhofstraße. Roman einer Hamburger Arbeiterstraße.* Weitere Veröffentlichungen wurden vorbereitet, darunter erneut ein Roman Bredels: *Der Eigentumsparagraph.* Er konnte allerdings nicht mehr in Deutschland erscheinen; die Nazis vernichteten die Matern. Eine Abschrift, die Bredel in die Sowjetunion geschickt hatte, ermöglichte es, dass dieser dritte Roman 1933 in russischer Sprache in der Sowjetunion erscheinen konnte.[2] Erst 1961 erschien er erstmalig, von Regina Czora adäquat aus dem Russischen[3] rückübersetzt, in deutscher Sprache. Es war die erste Trilogie Willi Bredels, der später berühmte Trilogien wie *Verwandte und Bekannte* (*Die Väter, Die Söhne, Die Enkel;* 1943–1953) und *Ein neues Kapitel* (*Chronik einer Wandlung,* 1964) schreiben sollte. Bredel sah in seinen ersten drei Romanen aus der Zeit seiner Festungshaft „literarische Drillinge", die eine Einheit bildeten und deren „dokumentarischer Wert … zweifellos größer (sei) als ihr literarischer"[4]. Die „Drillinge" sind Bredels erste Hamburger Trilogie; *Verwandte und Bekannte* wurde die weitaus berühmtere zweite, ebenfalls mit Hamburg als Handlungsort; *Ein neues Kapitel* schließlich ist die dritte Trilogie, die einer anderen, neuen gesellschaftlichen Formation verpflichtet war.

Die Titel der ersten drei Romane Bredels machten das Programm der Reihe deutlich: Sie zielte auf einen proletarischen Massenroman, dessen Inhalt der politische Kampf sein sollte. Es waren Romane aus dem Alltag der Arbeit, dem revolutionären Kampf und der rücksichtslosen Unterdrückung durch das Kapital. Das Leben der Familie spielte dagegen keine Rolle. Als diese literarische Reihe eingeführt wurde, sah man sie als repräsentative Literatur für den proletarischen Massenroman und als politisches Werkzeug im Klassenkampf. Die präzise zu beschreibenden Aufgaben wurden nicht unterschwellig vermittelt, sondern waren der Tenor der offiziellen Berichterstattung. Der jugoslawische Kunst- und Literaturkritiker Oto Bihalji-Merin (1904–1993), Vorstandsmitglied des *Bundes Proletarisch-Revolutionärer Schriftsteller,* der unter dem Kurznamen O. Biha vor seinem Gang ins Exil 1933 in der linken Presse publizierte und Redakteur der Zeitschrift *Die Linkskurve* war, stellte die Reihe in der *Roten Fahne* am 2. August

1930 vor und gab ihr ein Motto aus Lenins *Parteiorganisation und Parteiliteratur* mit auf den Weg: „Das Literaturwesen muß zu einem Bestandteil der organisierten, planmäßig vereinheitlichten Parteiarbeit werden."[5] Das bedeutete, dass Literatur weitgehend auf ihren Unterhaltungswert zu verzichten hatte; sie wurde zu einem Bestandteil des politischen Kampfes. Nur wenn dieser Ansatz verstanden, ernst genommen und mit den gesamten ästhetischen Entwicklungen in Beziehung gebracht wird, lassen sich die besondere Rolle der Literatur in allen sozialistischen Entwicklungen und ihre seismographische Bedeutung für Sieg oder Niederlage begreifen – immer begleitet von einer erhöhten Aufmerksamkeit der politischen Funktionsträger und ihrer Sicherheitsapparate für die Literatur, in der sie ein Abbild der und eine Handlungsanleitung für die politische Arbeit sahen. Das wurde auch in Bihas Vorstellungsartikel deutlich: Die Reihe sollte „eine Bresche schlagen in den Gürtel der feindlichen Literatur"[6]. Bekämpft wurden die Massenromane „des klassenlosen Idylls"[7], in dem Harmonie auch im wirtschaftlichen Geschehen dominierte, Vaterlandsliebe und Heroismus bei der Überwindung der Niederlage des Ersten Weltkrieges triumphierte und einen verspäteten Sieg unterstellte, deutsche Wertarbeit und ertragreicher Besitz von keinen sozialen Verteilungsvorstellungen gestört werden sollten. Das literarische Umfeld von 1930 machte die konsequente Bestimmung eines proletarischen Romans notwendig, denn den Markt beherrschten neben herausragenden Einzelwerken wie Alfred Döblins *Berlin Alexanderplatz* (1929) vor allem gut beworbene und in großen Auflagen gedruckte Weltkriegsromane wie Erich Maria Remarques *Im Westen nichts Neues* (1929). Der zeitgeschichtliche Hintergrund für die Bücher über den Ersten Weltkrieg von Erich M. Remarque, Edlef Köppen, Ludwig Renn, Arnold Zweig und anderen war ein doppelter: Einmal behandelten sie den Ersten Weltkrieg und einen Teil des Vor- und Nachkriegs; zum anderen erschienen sie nach 1929, in der Zeit der Weltwirtschaftskrise und dem nahen Ende der Weimarer Republik. Diese Zeit behandelte auch Bredels *Maschinenfabrik N. & K.*: in Hamburg kam es, bedingt durch die Weltwirtschaftskrise, zu einem Hafenarbeiterstreik und ein Streik von Fabrikarbeitern bildet den Höhepunkt von Bredels erstem Roman.

Erich Maria Remarques Buch *Im Westen nichts Neues* wurde in dieser Zeit zum Bestseller und gehört zu den literarischen Ausnahmeerfolgen im 20. Jahrhundert. Alle anderen Werke Remarques konnten sich nie aus dem Schatten dieses Buches lösen. Es gehört in eine Reihe von Werken, die nicht Wissen um den Krieg vermitteln wollen, denn das war inzwischen sowohl bekannt als auch bereits wieder verdrängt. Andere Werke aus dieser Reihe sind Ludwig Renns *Krieg* (1928),

Arnold Zweigs *Der Streit um den Sergeanten Grischa* (1928) und Adam Scharrers *Vaterlandslose Gesellen* (1930); sie wollten vor der Wiederholung des Krieges und vor erneutem Militarismus warnen.

Die Grenzen bei der Bewertung des Krieges in *Im Westen nichts Neues* und anderer Titel sind deutlich: Der Krieg wird aus der Perspektive der leidenden Soldaten betrachtet. Er wird für sie zu einem unmenschlichen, sinnlosen und pervertierenden Vorgang. Die Texte stellen die Frage nach dem Sinn des Krieges und lassen Soldaten darüber nachdenken, ohne eine befriedigende Antwort zu finden. Die Grenzen lassen sich mit einer pazifistischen Grundhaltung erklären, der Krieg wird als Verbrechen verstanden, nicht aber als Ausdruck von Herrschaftspolitik. Fragen wurden zahlreich gestellt, Antworten keine gegeben. Fragen stellen – Antworten geben: Darin lag eine wesentliche Aufgabe des neuen proletarischen Romans. Deshalb hat Bredels erster Roman auch einen deutlich belehrenden Gestus: Alfred Melmster gibt Antworten auf Fragen des Klassenkampfes. Dagegen kamen die Soldaten in den Romanen zum Ersten Weltkrieg nicht auf die historisch korrekten imperialen Hintergründe und die daraus sich ergebenden Antworten; die Ziele der nationalen Machthaber blieben ihnen verborgen und das politisch-ökonomische Interesse der Industrie und der Politiker wurde den Betroffenen an der Front nicht bewusst.

Diesen Grenzen stellten sich die neuen proletarischen Romane entgegen, die vorhandenen Lücken wollten sie schließen, indem sie die ökonomisch-politischen Ursachen für Kriege, Kämpfe und politische Auseinandersetzungen aufzudecken versuchten. In Bredels *Der Eigentumsparagraph* wird die Beziehung zwischen dem Hurrapatriotismus von 1914 und dem Kriegsgewinnler am Beispiel erläutert, es wird auch der unmenschliche Preis genannt, der für diese Gewinne gezahlt werden musste, wenn eigene „Kinder für Heeresaufträge verkauft“[8] wurden. In *Maschinenfabrik N. & K.* wird nicht nur die Schwere und Gefährlichkeit der körperlichen Arbeit ausführlich und detailliert beschrieben, sondern dem Arbeiter wird die Aufgabe übertragen, sich genaue Kenntnisse über die Planung von Arbeit, den Gewinn und die Verteilung zu erwerben. Alfred Melmster, in gewisser Weise eine Art Hauptfigur und Alter Ego von Willi Bredel, belehrt die Genossen, die er in der Maschinenfabrik antrifft:

> Wir müssen auch in den Betrieben gute, wißbegierige Arbeiter sein, die nicht nur ihr Handwerk, sondern auch noch die Kalkulation beherrschen und möglichst noch von Vertrieb und Umsatz eine Ahnung haben, denn wir wollen doch später mal die Betriebe sozialisieren; und wer sollte sie dann leiten, wenn nicht wir? (29)

Melmster ist die Alternativgestalt zu den literarischen Helden der bürgerlichen Romane, denn er weiß und gibt Antworten.

II

Den Inhalten des proletarischen Massenromans werden auch dafür notwendige Formen beigefügt wie die „Arbeiterkorrespondenz" (26), die auch die Grundlage für die einzelnen Abschnitte des Romans ist und zum Titel eines Abschnitts avancierte („Arbeiterkorrespondenz 2516", 51). Die Arbeiterkorrespondenz spielt in den ersten drei Romanen Bredels eine strukturelle Rolle, indem sie einzelne Handlungsvorgänge auslöst, Hintergrundinformationen öffentlich macht und Handlungsanweisungen übermittelt. „Arbeiterkorrespondenz" und „Betriebszeitung" waren entscheidende literarische Mittel für die soziale Auseinandersetzung; beide gehören zu den publizistischen Formen. In Bredels *Maschinenfabrik N. & K.* bilden sie das Gerüst des Geschehens und werden in unveränderter Form aus der Betriebszeitung in den Roman übernommen (68 f.). Damit wird der Roman selbst zu einer der Reportage nahestehenden Form. Das war ein Ansatz für die Diskussion und Auseinandersetzung, die Georg Lukács mit dem konstituierten Gegensatz von *Reportage oder Gestaltung?* (1931/32) an den Beispielen von Ernst Ottwald und Willi Bredel auslösen sollte. Bredel setzte die Arbeiterkorrespondenz als spezifisches journalistisches Mittel auch in den anderen Romanen ein; in *Der Eigentumsparagraph* gibt der Verlagsleiter der *Hamburger Volkszeitung* dem Inhaber der Wäscherei eine Lehrstunde über die Bedeutung der Arbeiterkorrespondenz für die Existenz der Zeitung, die nicht nur von Arbeitern gelesen, sondern „zum großen Teil"[9] auch von ihnen gemacht werde.

Neben den Inhalten, denen sich der proletarische Roman widmen sollte, wurden von O. Biha in einem groben Raster ästhetische Besonderheiten und formale Mittel genannt, die damit nicht dem Zufall überlassen blieben. Die zentrale literarische Kategorie des Helden wurde zugunsten der Masse aufgegeben; lediglich eine Art Räsoneur – in diesem Fall Alfred Melmster – trat an diese Stelle und kommentierte bzw. belehrte die handelnden Personen. Es war kein Zufall, dass in diesem Zusammenhang Georg Büchners *Dantons Tod* und Gerhart Hauptmanns soziales Schauspiel *Die Weber* von 1892 mehrfach eine Rolle spielen. Der überaus belesene Bredel war bereits als Jugendlicher vom Theater begeistert, sang neunjährig als Chorknabe am Hamburger Stadttheater, lernte Opern und Schauspiele kennen und bezog berühmte literarische Beispiele immer wieder in seine Romane ein. Er las zudem sehr viel und entwickelte eine besondere Vorliebe für Themen aus dem deutschen Bauernkrieg, der Reformation und der Französischen Revolution von 1789[10], Themen, die in Gerhart Hauptmann und Georg Büchner ihre Dichter fanden. Er selbst hatte seine ersten literarischen Versuche der Französischen Revolution von 1789 gewidmet – drei verloren gegangene Schauspiele – und sich dabei auf Georg Büchner berufen. Sein erstes veröffentlichtes Buch war 1924 die historische Studie *Marat der Volksfreund*. In Literaturzirkeln der Arbeiterjugend und einem von dem Schriftsteller Wilhelm Lamszus geleiteten Zirkel gab es, „wie sich Bredel später noch erinnerte, lebhafte wochenlange Diskussionen anläßlich der Aufführung von Dramen Gerhart Hauptmanns, Henrik Ibsens und Georg Kaisers"[11] 1927 erschien der Film *Die Weber* (Regie: Friedrich Zelnik, Drehbuch: Fanny Carlsen, Willy Haas; Maskenbildner und Zwischentitel: George Grosz)[12]. Er galt zeitweise als deutsche Entsprechung zu dem berühmten Film Sergej Eisensteins *Panzerkreuzer Potemkin* – und begeisterte Bredel.

Individuelle Konflikte und Leidenschaften sollten in dem proletarischen Massenroman nur Bedeutung erlangen, wenn im Individuellen „die Konflikte der Zeit und die Kämpfe der Massen"[13] gestaltet worden seien. Formal bediente Bredel sich der Mittel, die er als Arbeiterkorrespondent und Redakteur erfolgreich eingesetzt hatte: Es gab keine aufwändige Handlung, die in mehrere Kapitel geteilt wurde, sondern fast blitzlichtartig wurden kurze Beschreibungen von Ausschnitten gereiht. Eine zeitliche Struktur wurde durch Wiederholungen geschaffen. Der Roman beginnt mit einer genauen Zeitangabe („Jetzt war es 15 Minuten vor 7.", 5), dem Arbeitsbeginn; auf seinem Höhepunkt, während des Streiks, wird mit dieser gleichen Zeitangabe auf den Streik verwiesen („Kein Rad drehte sich ... Jeden Morgen 15 Minuten vor 7 ...", 135). Diese Wiederholungen – es finden sich mehrere wie das Treffen auf der Latrine, Versammlungen usw. – veranschaulichen im Roman den Wechsel von Arbeit und Streik. Das unterstützte die Bemühungen, individuelle Schicksale und private Konflikte fast gänzlich zu verdrängen und durch politische Vorgänge zu ersetzen. Eines der erschütternden Beispiele in Bredels Roman – der alte Dreher Johann Holt, „ein Greis von 76 Jahren" (54), nimmt sich mit seiner Frau das Leben, als er zum 50jährigen Dienstjubiläum statt der erwarteten Betriebsrente Brosamen erhält – erinnert an Gerhart Hauptmanns alten Hilse aus den *Webern*, der wie Bredels Johann Holt mit 76 noch arbeiten muss, der herrschenden Macht lebenslang diente und dann ihr Opfer wird.

An die Stelle poetischer Metaphorik trat, mit einer Ausnahme am Ende, die reale Beschreibung, die den proletarischen Roman der naturalistischen Epik vergleichbar werden ließ. Die Geräusche der Arbeit waren nicht mehr „die so oft angedichtete Sinfonie der Arbeit", sondern eine Qual, „in der die Arbeiter von morgens bis abends ihr ganzes Leben lang schufteten und lebten."[14] Die traditionellen erzählerischen Mittel wurden ergänzt durch journalistische und agitatorische Elemente. An die Stelle der Beschreibung trat das politische Referat („Genossen, ich eröffne unsere außer der Reihe eingerufene Zellensitzung." 21), statt der Intensität der Milieubeschreibung wurden Analysen geboten („Es gab tatsächlich nur wenige Jungarbeiter, die aktive Parteigänger der SPD waren." 33) Es gab eine genaue Publikumsvorstellung im Umkreis des proletarischen Romans: Neben den Arbeitern, denen diese Literatur Lehrbuch sein sollte, galt die Aufmerksamkeit der Jugend, den Bauern und den Frauen, also jenen sozialen Gruppen, die vom politischen Kampf bisher nicht unmittelbar in Anspruch genommen worden waren.[15] Dem Publikumsbild entsprechend galt es, Handlung und Entwicklungen in den Romanen möglichst leicht überschaubar und die darin angelegten politischen Informationen ohne einen größeren theoretischen Überbau zu vermitteln. Willi Bredel gelang das in überzeugender Weise: Als er die Genossen zu einem ersten Gespräch mit dem „Neuen" zusammenführt, geschieht das auf der „Latrine", „atemerstickend war der Gestank, der einem entgegenschlug" (16). Da blieb nur die Möglichkeit schneller Verständigung, nicht die ausführlicher Erörterung.

III

Über die Entstehung des Romans hat der Schriftsteller mehrfach ausführlich Auskunft gegeben. In einem *Nachwort* zur Neuausgabe 1960 beschrieb er das Buch als Ergebnis seiner zwei Haftjahre, die er für seine publizistische Tätigkeit bei der *Hamburger Volkszeitung* und der *Norddeutschen Zeitung* bekam; die Haftjahre wurden für ihn „schriftstellerische Lehrjahre"[16]. Er arbeitete 1927–1928 in der Hamburger Maschinenfabrik Nagel & Kaemp als Dreher. Nachdem er dort entschieden für die Interessen der Arbeiter eingetreten war, wie sein Alfred Melmster in *Maschinenfabrik N. & K.*, wählten ihn die Arbeiter in den Betriebsrat. Die Besetzung des Betriebsrates ist eine wesentliche Handlung im Roman, gilt es doch, den Betriebsrat aus den Händen gefügiger Sozialdemokraten, die den Willen der Direktion erfüllen, in die Hände kämpferischer Arbeiter zu geben und dabei die Mehrheit der Arbeiter hinter sich zu wissen. Nachdem Bredel Mitglied des Betriebsrates geworden war, entließ man ihn, angeblich wegen Arbeitsmangels. Das im Roman Beschriebene war Selbsterlebtes: Die Fabrik erschien als Negel & Kopp im Roman und als Maschinenfabrik N. & K. schließlich im Titel.

Seit Juli 1928 arbeitete Bredel in der Redaktion der *Hamburger Volkszeitung*; die Bezirksleitung der KPD hatte ihn „auf Anregung Ernst Thälmanns"[17] berufen. Er begann Theaterkritiken und Buchbesprechungen zu schreiben. Als er wegen seiner Tätigkeit als „verantwortlicher Schriftleiter der *Hamburger Volkszeitung* und der *Norddeutschen Zeitung*"[18] der Vorbereitung zum literarischen Hoch- und Landesverrat angeklagt und verurteilt wurde, schrieb er während der Haft die Erlebnisse seiner Betriebszugehörigkeit nieder. Das Manuskript schickte er an den Schriftsteller Ludwig Renn, einen entschiedenen Kriegsgegner, der seit dem Erscheinen seines Romans *Krieg* (1928) ein berühmter Autor geworden war und dessen Buch Bredel fasziniert hatte. *Krieg* wurde neben Remarques *Im Westen nichts Neues* am erfolgreichsten und erlebte 23 Übersetzungen. Auch literarisch stand Renns Buch dem Remarques nicht nach, jedoch hatte der Verlag viel weniger Werbemittel zur Verfügung und zudem ging Renn der Ruf voraus, ein entschiedener Linker zu sein. Gerade das aber machte ihn für die entstehende proletarische Literatur vertrauenswürdig. So wurde Bredels Manuskript in einem von der *Linkskurve* verbreiteten Preisausschreiben, das auf die Entwicklung einer proletarischen Literatur zielte, gewürdigt und schließlich in einer stattlichen Auflage von 30000 Exemplaren veröffentlicht.

Die Entstehung verlief von vornherein mit den Forderungen an die proletarischen Korrespondenzen kongruent, die im Umfeld des *Bundes Proletarisch-Revolutionärer Schriftsteller* bewusst und zielstrebig gefördert wurden. Diese Arbeiterkorrespondenzen wollte Bredel ursprünglich lediglich erweitern; dabei entstand jedoch eine Form des proletarischen Massenromans: Es ging um politische und soziale Konflikte in einem Betrieb, also unter einer Masse von Arbeitern; Privates trat fast völlig zurück. Seinen Wert bekam dieser Roman nicht durch die schöpferische Phantasie des Autors, sondern durch die wahrhaftige Abbildung des zeitgenössischen politischen Geschehens in Hamburg.

Die Handlung des Romans bestand im Wesentlichen aus Szenen über Auseinandersetzungen der bei N. & K. arbeitenden Kommunisten und mit ihnen kämpfenden Sozialdemokraten mit der reformistischen Führung der Gewerkschaft. Verschärft wurde die Auseinandersetzung dadurch, dass am 1. Mai 1929 der sozialdemokratische Polizeipräsident von Berlin, Karl Zörgiebel, auf die demonstrierenden Arbeiter hatte schießen lassen und ein Blutbad angerichtet hatte, das sich in ganz Deutschland auswirkte. Dadurch verschärften sich die Arbeitskämpfe auch in anderen Städten, so auch bei Kampnagel in Hamburg. Bredel hatte dazu in der *Hamburger Volkszeitung* (Extrablatt) ausführlich am 2. Mai 1929 Stellung genommen.[19] Die Hamburger Sicherheitsbehörden wurden unsicher und vermuteten, es könnte wie 1923 ein Aufstand ausbrechen. Diese Ahnungen setzte Bredel in seinem Roman *Maschinenfabrik N. & K.* um: Als die Arbeiter streiken, ermordet die Polizei einen jungen Tischler, es kommt zu Gewaltakten und bewaffneten Auseinandersetzungen. Im Zusammenhang mit Bredels *Extrablatt* erwartete die Polizei, dass es zu „gesteigerte(r) Erregung der Versammlungsbesucher“ und „gesteigerte(r) Alarmbereitschaft der Polizei“[20] käme, wie ein Polizist 1929 vor Gericht gegen Bredel aussagte. Im Roman ist das Wirklichkeit geworden: Alles drängt zum Höhepunkt des Romans, dem Streik der Arbeiter gegen die Sparmaßnahmen der Betriebsleitung, die Lohnabbau und verstärkte Ausbeutung zur Folge hätten. Die Streikfront setzt sich aus unterschiedlichen Kräften zusammen, die unter der Führung der kommunistischen Streikleitung, nach deren Verhaftung unter der Führung Melmsters, eine gemeinsame Strategie erarbeiten und durchsetzen. Dabei werden Spitzel enttarnt, reformistische Verräter verdrängt, vor allem aber wird das Wirken der korrupten sozialdemokratischen Betriebsräte zeitweise erschwert. Der Streik führt jedoch zu keinem Sieg: Einerseits setzen sich die alten sozialdemokratischen Arbeiterräte wieder durch, nachdem die Kommunisten durch die Betriebsleitung aus dem Betrieb vertrieben worden sind, andererseits wissen aber nunmehr viele Arbeiter, wie Betriebsratswahlen manipuliert werden, wie „alle oppositionellen und der Opposition verdächtigen Arbeiter entlassen“ (179 f.) werden können. Das stärkt die Gemeinsamkeit der Arbeiter und kann so mindestens zum Teil auch als ein Sieg und als Option auf die Zukunft verstanden werden. Bredel beschrieb es so: Auf dem gemeinsamen Weg zum Arbeitsamt, wo sich die aus der Haft entlassene Streikleitung melden muss, entsteht bereits wieder ein eindrucksvoller Demonstrationszug: „Schweigend schritten die achtzig Arbeiter mit schweren, dröhnenden Schritten durch die Straßen.“ (183) Dabei entsteht neben dem Gemeinschaftsgefühl auch das Gefühl kommender Siege und die demonstrierenden Arbeiter beginnen gemeinsam die Internationale zu singen.

Die *Hamburger Volkszeitung* hatte am 2. Mai 1929 ein Extrablatt herausgebracht, das die arbeiterfeindliche Politik der SPD-Führung beschrieb. Es wurde beschlagnahmt und gegen Bredel als dem verantwortlichen Redakteur ein Strafverfahren eingeleitet. Hinzu kam, dass sich die Nationalsozialisten bereits in diese Kämpfe einmischten; Bredel fügte zu Beginn des letzten Viertels seines Romans *Ein Kapitel über Faschismus* (149 ff.) ein und ließ darin Alfred Melmster den streikenden Arbeitern eine Lehrstunde über faschistische Methoden erteilen, obwohl diese noch gar nicht den Grund für die Lektion erkennen oder erkennen können. Bredel und sein Alter Ego wussten Anfang 1930, was im Januar 1933 mit Hitlers Machtergreifung politische Wirklichkeit werden sollte. Diesen historischen Hintergrund, der dem zeitgenössischen Leser bekannt war und der deshalb nicht explizit ausgebreitet werden musste – Bredel begnügte sich, den Faschismus als eine neue Gefahr dabei ausnehmend, mit sparsamen Hinweisen – machte der Schriftsteller zum Gegenstand seiner Hamburger Trilogie: Handelte *Maschinenfabrik N. & K.* vom Kampf um Arbeitsbedingungen und Lohn in den Betrieben zur Zeit der Weltwirtschaftskrise und des heraufziehenden Faschismus, so dominierte in der *Rosenhofstraße* die politische Arbeit im Wohngebiet unter den gleichen Vorzeichen und im abschließenden dritten Roman *Der Eigentumsparagraph* ging es konzentriert um die Abwehr des Faschismus. Gemeinsam bildeten diese drei in Hamburg spielenden Romane „eine kleine Trilogie aus den Geburtsjahren der proletarisch-revolutionären Literatur"[21]. Auch später (1960) bezeichnete Bredel die Trilogie als „ein wahrheitsgetreues Dokument aus den damaligen politischen Kampfjahren"[22].

Die politische Thematik wirkte sich auf die Gestaltung aus: Literarisches verband sich mit Agitatorischem, Erzählerisches nahm Propagandistisches auf, neben die Beschreibung von Produktions- und Arbeitsvorgängen wurden Flugblätter mit Lohnforderungen, Presseartikel, Korrespondenzen usw. gestellt. In den Dialogen wurde auf eine individuelle sprachliche Ausgestaltung verzichtet und dafür das politische Vokabular des Parteifunktionärs verwendet (Melmster: „Die Frage des Klassenkampfes und der revolutionäre Kampf der Arbeiter ist keine besondere Frage der Generationen." 81). Literatur wurde zum Parteitext; Ästhetisches und Politisches überlagerten sich gewollt. Daraus entstand einerseits die aktuelle Wirksamkeit dieser Literatur, andererseits lösten diese veränderten Gestaltungsmittel eine heftige Diskussion aus, die insbesondere von Georg Lukács bestimmt wurde, sich an Bredels ersten Romanen entzündete und dann noch detaillierter in Aufsätzen über Ernst Ottwalt ausgeführt wurde.[23] Lukács forderte, einer realistischen Literatur ihre spezifischen ästhetischen Merkmale zu belassen und nicht den politischen Einzelfall, sondern die historische Gesamtsituation zu erfassen, bei der dann auf die politisch motivierten nichtliterarischen Elemente wie Montagen, Reportagen und Korrespondenzen verzichtet werden könne. Das allerdings machte eine wesentliche Besonderheit der ersten Romane Bredels aus, der die Kritik zum Teil akzeptierte, wohl auch aus dem Bewusstsein des Anfängers heraus. Tatsächlich jedoch nahm diese Gestaltung Elemente der naturalistischen Literatur und der Neuen Sachlichkeit auf und bereitete die Moderne vor. Die Leser stellten sich auf die Seite Bredels und lasen seine Romane als Kampfschriften. Ihnen kam es nicht auf „künstlerische Literatur an, sondern auf den Wert des Buches im Klassenkampf"[24]. Nur eine einzige Passage in *Maschinenfabrik N. & K.* fällt aus dem gestalterischen Rahmen heraus und zeigt, dass Willi Bredel durchaus mit den traditionellen Elementen der Literatur umzugehen verstand: Es ist das Ende. Zwar ist der Streik sieglos geblieben, aber der Mut ist nicht verloren gegangen. Zwar hat es Opfer gegeben, aber die Hoffnung ist nicht gestorben. Im Angesicht der verbleibenden Zuversicht stimmen die Arbeiter die Internationale an. In diesem Augenblick verändert Bredel den stilistischen Ablauf. Der Gesang der Arbeiter wird personifiziert, fast mythisch überhöht: „Der Gesang stürmte die Straßen entlang, kletterte an den Häusern hoch und drang in die Türen und Fenster." (184) Dieses metaphorisch überhöhte Ende erinnert an den Beginn von Anna Seghers Erzählung *Aufstand der Fischer von St. Barbara* (1928), in der es auch um einen Aufstand ging, sein Ende, die Trauer und die Hoffnung. Zu Beginn sitzt der Aufstand auf „dem leeren, weißen, sommerlich kahlen Marktplatz und dachte an die Seinigen, die er geboren, aufgezogen, gepflegt und behütet hatte für das, was für sie am besten war"[25]. In beiden Fällen werden der Aufstand bzw. der aufständische Gesang personifiziert und in ihnen wird, bei allem Wissen um die Niederlagen, die Hoffnung weitergetragen in die Zukunft. Die metaphorische Überhöhung bleibt die absolute Ausnahme im sachlichen, fast spröden literarischen Text Bredels.

Bredel gelang mit seinem ersten Roman ein großer Wurf. Er wurde zum führenden proletarischen Schriftsteller, der den „ersten und besten proletarischen Betriebsroman geschrieben"[26] habe. Der Mitherausgeber der *Linkskurve* Kurt Kläber (1897–1959) lobte Bredel in höchsten Tönen und stellte ihn „mitten" in die proletarische Armee. Er sah in *Maschinenfabrik N. & K.* alle Voraussetzungen für den proletarischen Roman erfüllt, zum Beispiel den Verzicht auf Individuelles und Privates. Dafür gehe der Roman mitten in den „Kampf der proletarischen Avantgarden um Betrieb und Betriebsarbeiter", statt der üblichen Konfliktkonstellationen zwischen Personen sei es hier „der Kampf der revolutionären Elemente gegen die Nationalsozialisten und gegen die Sozialfaschisten", schließlich sei das Buch nicht nur ein Roman, sondern ganz im Sinne des vorangestellten Lenin-Zitates sah Kläber darin „ein Lehrbuch. Das Abc unserer täglichen Kämpfe."[27] Ähnlich reagierte O. Biha in der umfangreichen Abhandlung *Die proletarische Literatur in Deutschland*[28]: „Es ist der erste Roman, der tatsächlich eine Fabrik vom Standpunkt des Arbeiters aus schildert, der derartig realistisch und wahrhaftig Leben, Kampf und Arbeitsprozeß schildert."[29] Andere verwiesen darauf, dass zum ersten Mal „die politische Rolle einer kommunistischen Parteizelle literarisch"[30] gestaltet worden sei. Die Aufzählung ähnlicher Urteile ließe sich mühelos fortführen; darin würde auch deutlich, was der Roman nicht leistete: Es gab in ihm keine Beschreibungen von Natur und territorialer Besonderheiten

– auch der Handlungsort Hamburg bekam kaum Konturen –, es wurden keine emotionalen Beziehungen und Konflikte gestaltet und es gab für den Leser keine kathartischen Lösungen, die im klassischen Erziehungssinn zu seiner Reinigung geführt hätten. Dafür gab es grundlegende und ausführliche Belehrungen und Handlungsanweisungen für die politischen Kämpfe.

Als Willi Bredel 1932 nach seiner zweijährigen Haft wegen Hochverrats entlassen wurde, waren seine ersten drei Romane, darunter *Maschinenfabrik N. & K.* in einer Auflage von 100000 Exemplaren in russischer Sprache erschienen.[31] Es folgten Übersetzungen ins Ukrainische, Dänische, Jiddische, Holländische und Japanische sowie in Esperanto. Das Buch wurde ein großer Erfolg. Bredel bereiste 1932 die Sowjetunion und wurde als Schriftsteller gefeiert. Gleichzeitig musste er sich jedoch von erfahrenen Kollegen wie Konstantin Fedin sagen lassen, dass diese Bücher keine oder noch keine Literatur seien. Fedin listete Bredel als Mängel auch Elemente auf, die das Programm des proletarischen Massenromans ausgemacht hatten: „die Konzeption ist zu unklar, der Dialog ist nicht so aufgebaut, wie es sein müßte, die Sprache ist nicht die beste, die Gestalten sind nicht richtig herausgearbeitet und so weiter“[32]. Ähnliche Kritik hatte es auch bereits wenige Monate nach der Veröffentlichung der ersten Romane der Reihe in Deutschland gegeben: O. Biha, der die programmatischen Forderungen 1930 wesentlich entwickelt und propagiert hatte, sah deren Umsetzung bereits im Januar 1931 in Bredels *Maschinenfabrik N. & K.* kritisch. Zu nahe war seiner Meinung nach die Konzentration auf den proletarischen Kampf der naturalistischen Beschreibung gekommen. Bredel – neben ihm auch Marchwitza – sei einem „photographischen Naturalismus“ gefolgt und habe dabei die Verwendung von „mehr beschreibenden als gestaltenden Mitteln“[33] gepflegt. Ausgebaut und weitergeführt wurde diese Kritik im November 1931 von Georg Lukács mit dem Aufsatz *Willi Bredels Romane* in der *Linkskurve*. Er ging den programmatischen Forderungen nach und prüfte sie an den inzwischen vorhandenen Gegenständen. Ohne hier diesen Ausführungen zu folgen, sei festgestellt, dass Lukács die Grenze zwischen künstlerischer Literatur und Reportage bestimmte. Den entscheidenden Unterschied sah er in der Gestaltung emotionaler Haltungen durch den politischen Kampf und in der Individualisierung der politischen Handlungen. Daraus entwickelte Lukács eine grundsätzliche Unterscheidung zwischen zwei Möglichkeiten der Literatur: Einmal der schöpferischen Gestaltung und zum anderen die Vermeidung der gestalterischen Elemente; Lukács prägte die Gegenüberstellung von *Gestaltung und Reportage*[34], so überschrieb er einen seiner Artikel. Die Debatte ging über Bredels Romane hinaus und betraf Grundsätzliches einer sozialistisch realistischen Literatur.

1960 erschien Willi Bredels *Maschinenfabrik N. & K.* erneut. In einem Nachwort des Neudrucks beschrieb Bredel ihn als Leistung eines schreibenden Arbeiters von 1929. Als der Neudruck erschien machte die Kritik auf zwei Bedeutungen aufmerksam: Einmal könne nun das spätere Schaffen Bredels im Vergleich mit den Anfängen erst „gebührend" eingeschätzt werden. War diese Bewertung noch mehr eine Höflichkeitsbezeugung, so traf die zweite Feststellung den Kern: Mit diesen frühen Romanen, insbesondere mit *Maschinenfabrik N. & K.* und der *Rosenhofstraße,* hat Willi Bredel bedeutsame Literatur geschaffen. „Gewiß haben diese Romane Schwächen – der Komposition, der Sprache usw. –, das soll keineswegs verhehlt werden; aber sie besitzen trotz aller Schwächen eine Kraft der Überzeugung, die auch den heutigen Leser zu packen und zum Nachdenken zu bringen vermag."[35]

IV

Und Hamburg? In den ersten drei Romanen Bredels spielt Hamburg eine Rolle als Stadt einer engagierten Arbeiterbewegung, die sich gegen reformistische Entwicklungen in der Gewerkschaftsbewegung zur Wehr setzt. Dabei war in Willi Bredels Denken Ernst Thälmann, über den er gemeinsam mit Michael Tschesno-Hell ein Filmszenarium *Ernst Thälmann – Sohn seiner Klasse* (uraufgeführt 1954) geschrieben hatte, immer gegenwärtig. Im Titel des ersten Romans *Maschinenfabrik N. & K.* spielt eine Hamburger Fabrik eine entscheidende Rolle: Das Eisenwerk Nagel & Kaemp wurde 1865 in Hamburg-Winterhude gegründet, stellte Turbinen, Pumpen, Mühlen usw. her und war allen Hamburgern bekannt. Seit den achtziger Jahren des 19. Jahrhunderts kamen Krananlagen dazu, die unter dem Namen Kampnagel in aller Welt bekannt wurden; 1889 wurde das Werk zu einer Aktiengesellschaft, die im Namen weiterhin „vorm Nagel & Kaemp" trug. Bredel konnte von dem Initialtitel ausgehend erwarten, dass seine Hamburger Leser den Handlungsort sofort erkannten. Für diese Leser war der Roman durch die Anbindung an die Presse zuerst gedacht, entsprach er doch den Arbeiterkorrespondenzen der Tagespresse. Der zweite Roman *Rosenhofstraße* trägt im Untertitel den Hinweis auf Hamburg: *Roman einer Hamburger Arbeiterstraße.* Auch hier war der Straßenname bekannt als Arme-Leute-Viertel hinterm Schlachthof, bebaut in der Gründerzeit. Bredel nutzte das äußere Erscheinungsbild der Straße, um auf die sozialen Konflikte bildhaft hinzuweisen: „Der letzte Hauseingang links sah fast noch abscheulicher aus als die ersten, noch verfallener. Knapp über der Parterrewohnung klaffte ein breiter Riß in der Hauswand, der den baufälligen Charakter des Hauses noch erhöhte. Alles war schmutzgrau."[36] Im dritten Roman *Der Eigen-*

tumsparagraph wird der wichtigste Handlungsort mit seiner Adresse angegeben: Dampfwäscherei *Frauenlob*, Hamburg Lenndorf, Besitzer B. Volkmar, Tel. 44–73[37]. Hamburg ist in den Romanen präsent, aber es ist nicht die weltoffene Stadt mit dem Hafen, den Sehenswürdigkeiten und der hanseatischen Seriosität, sondern es ist das Hamburg der sozialen und politischen Widersprüche, das Hamburg Ernst Thälmanns. *Maschinenfabrik N. & K.* ist ein Roman aus dem proletarischen Alltag Hamburger Klassenkämpfe. Willi Bredels frühe Romane insgesamt bilden eine erste proletarische Trilogie, deren Gegenstand das sozial konfliktreiche Geschehen in Hamburg um 1930 ist.

1 Willi Bredel: *Maschinenfabrik N. & K. Ein Roman aus dem proletarischen Alltag.* Berlin: Dietz Verlag, 1960. Im weiteren Verlauf werden die Zitate durch nachgestellte Seitenangaben ausgewiesen.
2 Vgl. zur Geschichte des Manuskripts: Willi Bredel: *Der Eigentumsparagraph. Roman.* Mit einem Nachwort des Verfassers. Berlin: Dietz Verlag, 1961, S. 227 f.
3 Vgl. Bredel: *Der Eigentumsparagraph,* a.a.O., S. 227.
4 Bredel: *Der Eigentumsparagraph,* a.a.O., S. 228.
5 O. Biha: „Der proletarische Massenroman." In: *Die Rote Fahne* vom 2. August 1930, Nr. 178, abgedruckt in: *Zur Tradition der deutschen sozialistischen Literatur. Eine Auswahl von Dokumenten,* 4 Bände. Berlin und Weimar 1979, Bd. 1, S. 219.
6 a.a.O., S. 220.
7 a.a.O.
8 Bredel: *Der Eigentumsparagraph,* a.a.O., S. 29 f.
9 Bredel: *Der Eigentumsparagraph,* a.a.O., S. 212.
10 Karl-Heinz Höfer: *Willi Bredel.* Leipzig: Bibliographisches Institut, 1976, S. 16 f.
11 Höfer, a.a.O., S. 18.
12 Rezensionen zu diesem Film, u.a. von Siegfried Kracauer, Rudolf Arnheim und Kurt Pinthus, finden sich in Walach, S. 187 ff.
13 O. Biha, a.a.O., S. 220.
14 Willi Bredel: *Maschinenfabrik N. & K.* (1960), S. 7.
15 Vgl. dazu Manfred Nössig, Johannes Rosenberg, Bärbel Schrader: *Literaturdebatten in der Weimarer Republik.* Berlin und Weimar: Aufbau-Verlag, 1980, S. 605
16 Bredel: *Maschinenfabrik N. & K.,* a.a.O., S. 185
17 Höfer, a.a.O., S. 28.
18 Vgl. die Anklageschrift. In: Walther Victor (Hrsg.): *Willi Bredel. Ein Lesebuch für unsere Zeit.* Berlin und Weimar, Aufbau-Verlag, 1966, S. 385 ff.

19 Vg. a.a.O., S. 388 ff.
20 Anklageschrift. In: Walther Victor (Hrsg.): *Willi Bredel. Ein Lesebuch für unsere Zeit.* Berlin und Weimar, Aufbau-Verlag, 1966, S. 392 f.
21 Bredel: *Der Eigentumsparagraph*, a.a.O., S. 228.
22 Bredel: *Maschinenfabrik N. & K.*, a.a.O., S. 186
23 Vgl. dazu: Walter Fähnders, Martin Rector: *Linksradikalismus und Literatur.* Band 2. Reinbek bei Hamburg: Rowohlt Taschenbuch Verlag, 1974, dnb 58, S. 219 ff.
24 a.a.O., S. 221.
25 Anna Seghers: *Aufstand der Fischer von St. Barbara.* Berlin: Aufbau-Verlag, 1958, S. 5.
26 Kurt Kläber: „Marsch auf die Fabriken." In: *Die Linkskurve* 1930, Nr. 11, abgedruckt in: *Zur Tradition der deutschen sozialistischen Literatur. Eine Auswahl von Dokumenten*, 4 Bände. Berlin und Weimar 1979, Bd. 1, S. 225.
27 Kurt Kläber, a.a.O., S. 225.
28 O. Biha: „Die proletarische Literatur in Deutschland." In: *Literatur der Weltrevolution*, 1931, Nr. 3, abgedruckt in: *Zur Tradition der deutschen sozialistischen Literatur. Eine Auswahl von Dokumenten*, 4 Bände. Berlin und Weimar 1979, Bd. 1, S. 239–271.
29 O. Biha, a.a.O., S. 262.
30 P. Vondel: „Wegweiser durch die proletarische Literatur." In: *Der Rote Aufbau* 1932, Nr. 24, abgedruckt in: *Zur Tradition der deutschen sozialistischen Literatur. Eine Auswahl von Dokumenten*, 4 Bände. Berlin und Weimar 1979, Bd. 1, S. 556.
31 Vgl. Stanislaw Roshnowski: „Zum letzten Mal in Moskau." In: Walther Victor (Hrsg.): *Willi Bredel. Ein Lesebuch für unsere Zeit.* Berlin und Weimar, Aufbau-Verlag, 1966, S. 462.
32 Roshnowski, a.a.O., S. 463.
33 O.Biha: „Proletarische Massenliteratur in der Offensive." In: *Die Rote Fahne* vom 31. Januar 1931, vgl. Manfred Nössig, Johannes Rosenberg, Bärbel Schrader: *Literaturdebatten in der Weimarer Republik.* Berlin und Weimar: Aufbau-Verlag, 1980, S. 606.
34 Georg Lukács: „Reportage oder Gestaltung?." In: *Die Linkskurve* 1932, Jg. 4, Nr. 7, S. 23–30, in Auszügen in: Eberhard Lämmert u. a.: *Romantheorie. Dokumentation ihrer Geschichte in Deutschland seit 1880.* Königstein/Ts.: Athenäum, 1984, S. 189 ff.
35 Franz Hammer: „Wie der Anfang war." *Neues Deutschland* vom 1. 10. 1960, Nr. 40, Beilage.
36 Willi Bredel: *Rosenhofstraße.* Berlin: Dietz Verlag, 1960, S. 10.
37 Bredel: *Der Eigentumsparagraph*, a.a.O., S. 166.

★

Es ist besser daß ein Narr beherrscht werde,
Denn daß er herrsche.

Weiß keine Glosse.

Quelle: Matthias Claudius, *Denksprüche alter Weisen, mit meinen Randglossen*, in: Matthias Claudius, Sämtliche Werke, hrsg. Von Hannsludwig Geiger . Wiesbaden o.J.: Emil Vollmer, S. 79–80.

Lutz Flörke

„... ich habe immer gewußt, daß es sich bei dem Schicksal der Stadt um mein Schicksal handeln würde."

Hans Erich Nossack und *Der Untergang*

1

Der Dichter Hans Erich Nossack wurde am 30. 01. 1901 in Hamburg geboren und starb hier am 02. 11. 1977. Stets haderte er mit der Stadt, mit ihren kulturtragenden Schichten.

„Eines Tages (...) merkt man, daß man schon nicht mehr dazu gehört und bereits außerhalb der angestammten Umgebung steht."[1]

Nossack weiß, dass er Dichter nur werden kann außerhalb der Hamburger Gesellschaft, der er durch Geburt und Umgang angehört. Der einzige angemessene Ort für künstlerische Tätigkeit in dieser Umgebung scheint ihm ein inneres Exil zu sein.

„Unter Exil soll hier das Heraustreten des Intellektuellen aus seiner ihm angeborenen, kleinen geschichtlichen in eine geistige Zeit verstanden werden."[2]

Neben seiner dichterischen Tätigkeit arbeitete er von 1923 bis 1933 als Angestellter, dann bis 1956 in der Kaffee-Importfirma seines Vaters.

„Es ist nicht so, wie es den Anschein hat und wie ich es mir oft genug selbst einbilde, daß ich in der Firma aus Pflicht arbeite. Ich tue es mehr, um mir dadurch die Berechtigung zu erschaffen, für den Rest meiner Tage und Nächte Künstler zu sein, ohne von den anderen dafür angeklagt zu werden."[3]

Unter dem Eindruck des Expressionismus entstehen Dramen (*Ilnin, Die Rotte Kain, Die Hauptprobe* u. a.). Nossack versteht sich zu dieser Zeit vor allem als Dramatiker. Niemand interessiert sich für seine Texte und er zweifelt an sich selbst. Daneben versucht er sich als Lyriker:

„Ich schrieb Gedichte aus Angst, glaube ich. Aus Angst vor meiner Wertlosigkeit oder wie man es nennen mag. Dies ist ein bitteres Geständnis."[4]

Gegen Ende des 2. Weltkriegs ist sein erster Gedichtband fertig und soll veröffentlicht werden; allerdings bekommt er keine Papierzuteilung.

Hans Erich Nossack

In der Nachkriegszeit schreibt er Erzählungen und Romane (u.a. *Der jüngere Bruder, Spätestens im September, Spirale*). Er wird als Autor bekannt. Viele Male zieht er um, nach Aystetten bei Augsburg, Darmstadt und Frankfurt am Main, kehrt jedoch immer wieder nach Hamburg zurück. Sein Verhältnis zu den Hamburgern – und umgekehrt – bessert sich jedoch nicht.

„Es ist unmöglich, zugleich Hamburger und geistiger Mensch zu sein. Das sind unvereinbare Dinge."[5]

1949 wird Nossack in die *Akademie der Wissenschaften und der Literatur* in Mainz gewählt, 1950 gründet er die *Freie Akademie der Künste in Hamburg* mit, 1964–68 ist er Vizepräsident der *Mainzer Akademie der Wissenschaften und der Literatur,* 1974 erhält er das *Große Bundesverdienstkreuz*. Dennoch hat er nicht den Eindruck, in seiner Geburtsstadt anerkannt zu sein:

> Um (...) auf das Matriarchat zurückzukommen. Mag man dazu stehen wie man will, eines darf mit Bestimmtheit über diese geheime Herrschaftsform ausgesagt werden: sie ist immer geistfeindlich. Was in ihr als Geist geduldet wird, ist nichts als Schmuckgegenstand, luxuriöse Prahlerei und Freizeitunterhaltung.[6]

Der ironisch verwendete Begriff *Matriarchat* bezeichnet hier einen traditionell weiblich konnotierten und Frauen zugeschriebenen sozio-kulturellen Bereich. Er dient zuallererst der sozialen Distinktion. Bürgerliche Kreise leisten sich Kunst, Literatur, Geist, solange die zur mentalen Innenausstattung passen.

> Eine alte Dame, eine „Geborene", sprach über den Erfolg Ambessers mit seinem Stück. (...) Also diese alte, achtungsgebietende Dame äußerte: *(...) in Hamburg ist es doch so: Man muß entweder ganz großen Erfolg haben oder gar nicht erst anfangen*. Das ist so typisch für Hamburg.[7]

Die erfolgfixierte Oberschicht wird ergänzt um die

> negativen Kräfte des Kleinbürgertums, das jederzeit in eine ameisenhafte Wildheit ausbricht – zur Verteidigung der heiligsten Güter der Nation, wie es dann heißt –, wenn es in seiner stagnierenden Ruhe gestört wird.[8]
> Der kleinbürgerliche Pestbazillus ist nun einmal in der Welt (...). Nicht die atomare Vernichtung ist die Gefahr, sondern der abgründige Haß der Halbgebildeten gegen Geist und Vernunft.[9]

Jede Regung von Kritik, Abweichung, Individualismus, die ja nun mal Voraussetzung sind für dichterische Arbeit, wird misstrauisch beäugt. Wer künstlerisch arbeitet, ist verdächtig, seine Zeit zu vergeuden. Nossack verschweigt Freunden und Kollegen lange Zeit, dass er schreibt; manchmal zweifelt er selbst, ob er nicht nur ein Betrüger ist.

Dichtung erfabelt *Wirklichkeit*. Fiktion ist nicht Wirklichkeit minus Realitätsgehalt. Ist auch nicht Als-ob-Wirklichkeit. Sondern sie bietet an, über das Künstliche, Gemachte, Ausgedachte von Wirklichkeit nachzudenken. Eine Erzählung ist Ausdruck einer Haltung, einer Perspektive, die sich nicht von selbst versteht. Nossacks Distanz zur Gesellschaft ermöglichte ihm einen eigenen, klaren Zugang zu seiner Zeit. Marcel Reich-Ranicki konstatiert:

> Wie der von ihm bewunderte Hans Henny Jahnn, wie sein geistiger Bruder Wolfgang Koeppen gehörte auch Nossack zu jenen eigenwilligen und oft unbequemen Schriftstellern, an deren Werk sich die Geister immer schieden. Er war in jeder Hinsicht ein programmatischer Einzelgänger. (...) Nicht das Thema unterscheidet ihn von jenen, mit denen er gleichzeitig zu publizieren begann (...), sondern die Perspektive und die Sprache. (...) Während die Helden Bölls und Borcherts, Arno Schmidts und Wolfdietrich Schnurres klagten und jammerten, schrien und fluchten, beteten und weinten, sprachen die zentralen Figuren Nossacks mit fast brüskierendem Gleichmut: Er ließ sie vor allem berichten. Er verbarg seine heftige und schmerzhafte Teilnahme hinter scheinbarer Neutralität.[10]

2

Nossacks wohl berühmteste Erzählung, *Der Untergang*, wurde 1948 veröffentlicht. Es geht um die Bombardierung Hamburgs im Juli 1943. Obwohl die Erzählung mit historischen Ereignissen korrespondiert, handelt es sich um einen *literarischen* Bericht, der von der Schwierigkeit erzählt, eine Perspektive zu entwickeln, die den beschriebenen Ereignissen angemessen wäre. Ein dichterisches Thema. Leider jedoch wird Nossacks Erzählung gern als Augenzeugenbericht gelesen, manchmal garniert mit Fotos der kriegszerstörten Stadt.

Als ich das erste Mal *Der Untergang* las, war ich begeistert von der kunstvoll reduzierten Sprache, ebenso von dem tastenden, Argumente und Motive vorsichtig abwägenden Erzählen. Ich kannte den 2. Weltkrieg bisher aus Erzählungen von Eltern und Verwandten, aus Büchern und Filmen, manchmal um historische Analyse bemüht, oft sentimental, im schlimmsten Fall ideologisch und rechtfertigend. Jeder schien sich ganz sicher, wie die Ereignisse und Erlebnisse zu beurteilen wären. Und weil das alles so klar war, brauchte man sich im Grunde nicht weiter damit zu beschäftigen.

Nossacks Erzähler schildert, wie er am 21. Juli 1943 Hamburg verlässt, um gemeinsam mit seiner Frau Misi etwa 15 km entfernt ein paar ruhige Tage zu verbringen. Sie haben ein Wochenendhäuschen in der Heide gemietet. Der Text beginnt: „Ich habe den Untergang Hamburg als Zuschauer erlebt."[11]

Eine theatralische Situation. Die Ereignisse erscheinen künstlich, verfremdet, hergestellt für ein Publikum. Damit schafft der Beobachter auf doppelte Weise Distanz. Zum einen gegenüber der Situation, die sonst möglicherweise unerträglich würde, zum anderen gegenüber seinem Sprechen. Dieses ist weder spontane Reaktion noch Mittel zur Analyse, sondern Medium der Inszenierung von Wirklichkeit. Das Erzählen selbst wird reflektiert, etwa wenn es heißt:

„Für mich ging die Stadt als ein Ganzes unter, und meine Gefahr bestand darin, schauend und wissend durch Erleiden des Gesamtschicksals überwältigt zu werden."[12]

Das Thema ist also: Wie reagiert jemand sprachlich auf die Überforderung seiner Wahrnehmung, auf die drohende Überwältigung? Welcher Sprache, welcher Metaphorik kann oder soll er sich bedienen, um nicht angesichts des *Untergangs* in Schweigen zu verfallen? Wie beschreibt man die Bomberstaffeln, die über das Wochenendhäuschen hinweg auf Hamburg zu fliegen?

> Es war fast lieblich anzusehen. Man blickte in ein klares, blaues Meer, und als habe jemand etwas hineingeworfen, stiegen kleine Wölkchen aus seinem Grunde auf und zeichneten eine Spur, die sich langsam von Nordwesten, schräg an Hamburg vorbei weiterschob. (...) Und dann sah man sie am Kopf der Spur, winzige Wassertierchen, die in der Sonne silbern aufblinkten. Unbeirrt schwammen sie durch das Blau, irgendeinem Trieb folgend. (...) Es waren acht oder zehn solcher Staffeln, und ich glaubte in jeder von ihnen dreißig Einzelwesen zählen zu können. Und diese Figuren waren wiederum umgeben von hurtigen weißen Würmern, wie von Delphinen, die sich lustig um ein Schiff tummeln.[13]

Der Bombenangriff wird mit einer mediterranen Szenerie überblendet, die an *Ilias* und *Odyssee* denken lässt. Letztere wird an anderer Stelle im Text zitiert. Das verhindert, die Kriegsereignisse in ruhige und beruhigend sinnvolle Bilder zu fassen.

Nossacks Erzähler ist kein Nazi, sondern bürgerlicher Intellektueller. Die zitierte *Odyssee*, die zerstörten Schallplatten und Bücher nach dem Bombenangriff in seiner Wohnung, eine kleine Madonna, eine Weihnachtskrippe, Zinngerät u.a. lassen an einen kultivierten, möglicherweise humanistisch vorgebildeten Angehörigen der Mittelschicht denken.

Sprache und analytischer Gestus zeigen, dass er es gewohnt ist zu denken, zu formulieren, zu ordnen. Wir können vermuten, dass es sich beim erzählerischen Ich hier um jemanden handelt, der bisher davon ausging, dass die Welt mittels Bildung zu verstehen wäre. Nun kann er nicht fassen, was geschieht. Seine Selbstsicherheit ist zerstört. Das macht es schwer, vielleicht aussichtslos, eine Geschichte zu erzählen. Aber er will es versuchen bevor Sprachlosigkeit einsetzt:

„(...) es sind zwar erst drei Monate seitdem verflossen, aber da es mit der Vernunft niemals möglich sein wird, das, was damals geschah, als Wirklichkeit zu begreifen und dem Gedächtnis einzuordnen, fürchte ich, daß es sich wie ein böser Traum allmählich verwischen wird."[14]

Die Bombardierung geht weiter; der Erzähler fährt fort in seinem Suchen nach angemessenen Sätzen:

> Und plötzlich war alles in das milchige Licht der Unterwelt getaucht. Ein Scheinwerfer hinter mir suchte flach über dem Erdboden. Ich wandte mich erschrocken um, und da sah ich, daß selbst die Natur im Haß gegen sich selbst aufgestanden war. Zwei stammlose Kiefern hatten den friedlichen Bann ihres Daseins durchbrochen und sich in schwarze Wölfe verwandelt, die gierig nach der blutigen Mondsichel sprangen, die vor ihnen aufging. Die Augen leuchteten weiß und Geifer troff ihnen aus den gefletschten Mäulern.[15]

Der expressionistisch inspirierte Versuch, den Schrecken des Bombenkrieges mythologisch zu bannen und auf diese Weise dem Erleben einen Sinn zuzuschreiben, führt den Erzähler zur Frage nach dem möglicherweise in ihm selbst verborgenen Hass gegen die Stadt.

> Ja, ich habe, wie ich es jetzt weiß, immer gewußt, daß es sich bei dem Schicksal der Stadt um mein Schicksal handeln würde. Und wenn es so ist, daß ich das Schicksal der Stadt herbeigerufen habe, um mein eigenes Schicksal zur Entscheidung zu zwingen, so habe ich auch aufzustehen und mich am Untergang der Stadt schuldig zu bekennen. (...) Ich habe bei allen früheren Angriffen den eindeutigen Wunsch gehabt: Möge es recht schlimm werden! (...) Ich glaube, etwas aussprechen zu müssen, von dem ich vermute, daß es unzählige Männer ähnlich empfunden haben, nur daß sie sich dessen nicht bewußt waren, noch sich dazu bekennen würden. Man wird kommen und sagen: Dies ist immer so, und dies ist männlich: wir müssen zerstören, um zu zeugen. Wie aber, wenn die Erde spräche: Ich habe euch geboren, weil ich mich sehnte, mehr zu sein als Erde. Wo ist nun eure Tat?[16]

Der Erzähler entdeckt bei sich und anderen die Sehnsucht nach Apokalypse. Hier zeigt sich eine erschreckend männlich-destruktive Ideologie, in der Verlieren oder Scheitern nicht vorgesehen ist. Die Angst vor der eigenen Ohnmacht schlägt um in den heimlichen Wunsch, das Ganze möge untergehen, ohne dass man weiter darüber nachdenken müsste. Der in autoritären Verhältnissen unterdrückte Hass äußert sich als Lust am Untergang.

Der Erzähler schildert diese Gedanken, zeigt aber wenige Zeilen danach ihre Unzulänglichkeit. Weder fühlt er sich psychisch erlöst, noch stabilisieren ihn die gewonnenen Erkenntnisse. Etwas anderes geschieht: Er und Misi lehnen sich aneinander, „nur lose, und voller Scheu, unsere Ohnmacht offenbarer werden zu lassen."[17]

Der Erzähler nähert sich der eignen Ohnmacht. Und als LeserIn ahnt man nicht nur an dieser Stelle die Verstörung hinter seinem ihm selbst unzulänglichen Sprechen.

Sie brechen auf nach Hamburg:

„In rascher Fahrt ging es durch dies Land des Friedens auf die tote Stadt zu. Da überkam mich, ich weiß nicht woher, ein so echtes und zwingendes Glücksgefühl, daß es mich Mühe kostete, nicht jubelnd auszurufen: nun beginnt endlich das wirkliche Leben."[18]

Er sieht seine Chance auf ein neues, ein anderes Leben. Jedenfalls solange er von den realen Ereignissen absieht. Sobald die Trümmer sichtbar werden, schlägt die Stimmung um:

> Kurz nach Wilhelmsburg begannen die Zerstörungen, auf der Veddel hatte man bereits das Bild der völligen Vernichtung vor sich. Ach, während ich in der Erinnerung diese Straße nach Hamburg hinein wieder fahre, treibt es mich anzuhalten und abzubrechen. Wozu? Ich meine: Wozu dies alles niederschreiben? Wäre es nicht besser, es für alle Zeiten der Vergessenheit preiszugeben? Denn die dabeigewesen sind, brauchen es nicht zu lesen. Und die anderen und spätere? Wie, wenn sie es nur läsen, um sich am Unheimlichen zu ergötzen und ihr Lebensgefühl dadurch zu erhöhen?[19]

Weder geht es ihm um Verdoppelung des Ereignisses, noch um Unterhaltung. Die Notwendigkeit des Erzählens ergibt sich aus dem Ungenügen, dem Ganzen einen Sinn zuzuschreiben:

> Jedesmal, wenn man sich aus dem Dunstkreis der Stadt wieder gelöst hatte, war wie das Erwachen aus einer Ohnmacht. Oder man war verwüstet und vor Erschöpfung teilnahmslos wie ein Dichter, der mit Dämonen Zwiesprache hielt. Nicht etwa

> vor Kummer und Schrecken, wie es früher war, wenn wir unter zehn Häusern eines zerstört sahen. Dies eine, aus der Mitte der Lebenden gerissen, konnten wir betrauern und zugleich um das Leben der anderen zittern. Aber nun, wo nichts mehr da war? (...) Was uns umgab, erinnerte in keiner Weise an das Verlorene. Es hat nichts damit zu tun. Es war etwas anderes, es war das Fremde, es war das eigentlich Nicht-Mögliche.[20]

Das heißt, bisher lag es außerhalb der Vorstellung des bildungsbürgerlichen Erzählers, etwas nicht mittels Sprache begreifen und ordnen zu können.

Die traditionell zur Verfügung stehenden Wahrnehmungs- bzw. Erzählmuster genügen nicht. Das erzeugt ein Gefühl tiefer Ohnmacht und verwirrender Zweifel. Was verhindert, das Erlebnis des Krieges wirklich zu verarbeiten.

„An eine Erkenntnis des Gewesenen ließ sich nach der Kapitulation kaum denken. Man schaute allein auf die Wirkung, nannte sie *Katastrophe* und wollte von ihren Ursachen nichts wissen. (...) Verdrängung und Entwirklichung kennzeichneten nach 1945 das Verhältnis der Westdeutschen zum Nationalsozialismus."[21]

Der Untergang arbeitet dem entgegen. Er endet mit der kurzen Erzählung eines Mannes, der nicht wusste,

> daß er in seiner bilderlosen Sprache ein Bild schuf, wie es kein Dichter schaffen kann. Er sagte:Dann kam einer zu uns in den Keller und sprach: Ihr müßt jetzt herauskommen, das ganze Haus brennt und wird gleich einstürzen. Die meisten wollten nicht, sie meinten, sie wären dort sicher. Aber sie sind alle umgekommen. (...) Wir mußten durch ein Loch hinaus, und vor dem Loch schlugen immer die Flammen hin und her. Es ist gar nicht so schlimm, sagte er, ich bin doch auch zu euch hereingekommen. Da wickelte ich mir eine nasse Decke um den Kopf und kroch hinaus. Dann waren wir hindurch. Einige sind dann auf der Straße noch umgefallen. Wir konnten uns nicht um sie kümmern.[22]

Sachlich und präzise berichtet der Erzähler, was sich in der gegebenen Sprache sagen lässt – ohne metaphysisches oder ideologisches Geschwafel. „Auch große, herzzerreißende Erfahrungen bewirken nicht, daß man die Sprache von morgen entdeckt."[23] Bemerkenswert ist nicht der Augenzeuge, sondern der Dichter Nossack.

3

Nach der Feier zum fünzigjährigen Abitur im *Johanneum* gesteht Nossack, wie sehr ihn die Anwesenden deprimiert haben:

> Nicht weil wir alle grau und mehr oder weniger deformiert waren, sondern weil sie eigentlich schon tot waren, ohne es zu wissen. Und, Gott verzeih mir's, sie kamen mir unendlich dumm vor, diese wohlerzogenen Hamburger Gesichter. Es wird einem bei so einer Gelegenheit klar, was an Hamburg falsch ist.[24]

Hans Erich Nossack hat sich gewünscht, ohne Publikum beerdigt zu werden.

---

1 Nossack, „Jahrgang 1901", in: Sethe, Paul/Nossack, Hans Erich/Pfeiffer-Belli, Erich, *1901 Jahr und Jahrgang*, Hamburg 1966, S. 55.

2 Ebd.

3 Nossack, zit. n. Bienwald, Susanne, *Hans Erich Nossack*, Hamburg 2007, S. 11.

4 Ebd., S. 65.

5 Ebd., S. 23 f.

6 Nossack, „Jahrgang 1901", a.a.O., S. 75.

7 Nossack, zit. n. Söhling, Gabriele, *Hans Erich Nossack*, Hamburg 2003, S. 136.

8 Nossack, „Jahrgang 1901", a.a.O., S. 78.

9 Ebd., S. 79.

10 Reich-Ranicki, Marcel, „Nossack – der nüchterne Visionär", in FAZ 10. 11. 1977.

11 Nossack: *Der Untergang*, in: ders., *Dieser Andere*, Ffm. 1976, S. 113.

12 Ebd

13 Ebd., S. 125 f.

14 Ebd., S. 114.

15 Ebd., S. 121.

16 Ebd., S. 121 f.

17 Ebd., S. 123.

18 Ebd., S. 140.

19 Ebd., S. 141.

20 Ebd.

21 Klein, Jürgen, „Schreiben nach 1945", in: *Flandziu*, N.F. Jg. 4 Heft 1, Hamburg 2012, S. 40.

22 Nossack, *Der Untergang*, a.a.O., S. 162.

23 Kaschnitz, Marie Luise, „Am Circeo", in: dies., *Lange Schatten*, München 1996 (24., revidierte Auflage / 1964 (1)), S. 128

24 Bienwald, Susanne, a.a.O., S. 29 f.

★

P. O. Runge an Johann Wolfgang Goethe in Weimar

[Poststempel : Hamburg, 19. Dezember 1807]

Mit Verlangen sehe ich einer Nachricht und Antwort von Ihnen entgegen und wünschte noch mehr, einmal das Glück zu haben, mich mündlich mit Ihnen unterhalten zu können. Die vorige Woche war ich nach Lübeck, um meine dortigen Freunde einmal zu sprechen, wo Steffens, Rumohr, Villers und einige andern mich meine beengte Lage in diesen Ort und das Mißverhältnis, worin hier notwendig jeder mit den scharfen Reflexionen stehen muß, dessen Bestreben in irgendeiner Kunst produktiv ist, auf einige Zeit haben vergessen machen; und so hoffe ich diesen Winter noch manches anzuordnen und mit den Frühling bei einer guten Beschäftigung zu sein. [...] Zum Weihnachten habe ich einige Portraits fertiggemacht und arbeite des Abends an der Vollendung der Komposition meiner vier Blätter. Ich wollte, ich hätte grade ein hübsches Mädchen zu portraitieren: man kann bisweilen recht lecker nach so etwas sein, wenn ein bestimmter Effekt, der nur zu einer Sache paßt, einen so nahe liegt.
Von meinen Experimenten schreibe ich Ihnen, sobald ich kann. Ich empfehle mich Ihrer günstigen Gesinnung von Herzen. Ihr

Phil. Otto Runge

Quelle: Philipp Otto Runge, *Die Begier nach der Möglichkeit neuer Bilder. Briefwechsel und Schriften zur bildenden Kunst*, hrsg. von Hannelore Gärtner Leipzig 1982: Philipp Reclam jun. Leipzig, S. 243–244.

den 1.9.60

Arno Schmidt
(20a)Bargfeld,Krs.Celle/Nr.37

Lieber Herr Rühmkorf !

Dank für Brief & Vermittlung der 'WINDMÜHLEN'. -

Falls 'konkret' tatsächlich zahlen will & kann,bin ich einverstanden mit dem Honorar. Allerings müßte ich mindestens 5 Freistücke diesmal haben - mit einem Scherz solchen Umfangs kann man ja vielerlei machen; ihn auch 'vorzeigen' - und der Druck sollte, wenn möglich, nicht zu lange auf sich warten lassen. / Falls 'konkret' doch nicht kann, bitte ich um umgehende Rücksendung; S.Fischer plagt mich nämlich um 1 Beitrag für einen Sammelband, und da würde ich diese WINDMÜHLEN sonst dahin geben. - 'konkret' soll also kurz antworten; und zwar bindend. -

Nehmen Sie sich ja nicht die Scheiß-Kritiken so zu Herzen ! :

> Ihr Buch ist ausgezeichnet ! Ich hatte bei der Lektüre das erste Mal seit Bestehen der Bundesrepublik das ganz-prachtvolle Gefühl des einzelnen Mannes, der, den Rücken nur vom Baum der deutschen Literatur gedeckt, pausenlos ganzen Scharen von bekutteten oder uniformierten Lemuren die Nasen einzuschlagen hat - und auf einmal kommt Einer von hinten geschritten, stellt sich daneben, den 'Morgenstern' in der Hand, drischt aufs herrlichst-entlastendste mit zu, und pfeift noch dabei ! Wunderbar !

Mischen Sie sich ja nur wieder in die Rudel der Besten der Nation, so 'unterm Strich' erscheinen : Sie ärgern die Kerls allealle, ob Regierung ob Journaille, viel mehr, wenn Sie schreiben, als wenn Sie schweigen. / (((Ganz hinter der Hohlhand - weiter ist 'die Klammer' ja nichts, als eine stilisierte solche - : Stahlberg bemüht sich, von Rowohlt die Rechte meiner 3 'Erstlinge' zu erwerben : wissen Sie etwa zufällig wie diese Dinge stehen ? In früheren Jahren hatte ich wohl gehofft, R.würde sich mal zu 1 Taschenbuch aufschwingen; aber da er keinerlei Anstalten dazu traf, wär's doch das Beste, er'stieße die Rechte ab'.)/ Nochmals Dank & Gruß:

Jill Thielsen

Dem Diesseits verpflichtet:

Subjekt und Welt in ausgewählten Gedichten Peter Rühmkorfs

I. Einleitendes

Anfang der 1950er Jahre kam Peter Rühmkorf nach Hamburg, nahm 1951 sein Studium auf und lebte zunächst in einer „Hochleistungs-Kommune Hamburg-Lokstedt",[1] bevor er sich im Elbvorort Ottensen niederließ. Bis kurz vor seinem Tod 2008 wohnte er in einer ehemaligen Kapitäns- und Lotsensiedlung in Othmarschen bzw. im „niedlich verhutzelten Övelgönne"[2] in unmittelbarer Nähe des Elbufers. Von seinem Schreibtisch aus eröffnete sich Rühmkorf der Blick auf die Hafenanlagen und die Elbe, die zusammen mit anderen Orten Hamburgs in einigen seiner Gedichte als Schauplätze auftauchen.

Bereits während seines Studiums engagierte er sich im politisch-publizistischen Widerstand gegen die restaurativen und konservativen Tendenzen der BRD unter Konrad Adenauer. Er schuf und prägte in der Zeitschrift *Das Plädoyer* (gegründet 1955 von Klaus Rainer Röhl und Eckart Heimendahl), die nach einer Versuchsausgabe in *Studentenkurier* umbenannt und ab 1957 unter dem Titel *konkret* veröffentlicht wurde, Foren für die kritische Auseinandersetzung mit der politisch-gesellschaftlichen Realität der 1950er Jahre. Parallel dazu unterstützte Rühmkorf Hans Werner Riegel bei der Redaktion der Zeitschrift *Zwischen den Kriegen. Blätter gegen die Zeit* (1952–1956), in der er seine poetologischen Konzepte entwickelte, die in seinen Essays, Gedichten und Kritiken ihren Niederschlag fanden. Neben der publizistischen Arbeit etablierte er 1966 mit dem Pianisten Michael Naura und dem Vibraphonisten Wolfgang Schlüter bei der Open-Air-Veranstaltung *Dichter auf dem Markt* auf dem Hamburger Adolphsplatz das Format *Jazz und Lyrik*, das er in den folgenden Jahrzehnten weiterführte. Des Weiteren betätigte sich Rühmkorf als Übersetzer und Editionsphilologe und gab unter anderem Gedichtsammlungen (*Über das Volksvermögen*, 1967) heraus und übersetzte mittelhochdeutsche Originaltexte Walthers von der Vogelweide neu.

In *konkret* reagierte er unter Pseudonym in der Kolumne *Leslie Meiers Lyrik-Schlachthof* durch Rezensionen direkt auf die Lyrik seiner Zeitgenossen. Die

Peter Rühmkorfs Schreibtisch in Övelgönne

Hinwendung einiger Dichter in den 1950er Jahren zu einer Naturlyrik war ihm ebenso verdächtig wie das Aufbrechen der Sprache in ihre bloßen Bestandteile. Sein lyrisches Schaffen und seine poetologischen Überlegungen grenzen sich vom rückwärtsgewandten Traditionalismus ab, ohne in einen avantgardistischen Formalismus zu münden. Rühmkorfs Lyrik verbindet Erlebnisdichtung mit dem Konzept der littérature engagée,[3] wendet sich traditionellen Literaturformen zu, ohne diese schlicht zu kopieren oder persiflierend zu parodieren, sodass der Begriff der Variation in einigen Titeln seiner Gedichte als selbstgewählte Klassifizierung der Textsorte durchaus legitim ist.

Der folgende Beitrag stellt in Anlehnung an den Titel dieses Sammelbandes ausgewählte Gedichte Peter Rühmkorfs in den Fokus, die Hamburg und die Elbe als Motivfolie verwenden, nicht um Rühmkorfs Blick auf Hamburg zu rekonstruieren, sondern die Erfahrungswelten des jeweiligen lyrischen Ichs zu untersuchen und einen Bezug zur Poetik Rühmkorfs herzustellen. Vor einer ausführlichen Analyse der *Variationen auf ein Thema von Friedrich Gottlieb Klopstock*[4] aus dem Jahr 1959 werden mit Bezug auf weitere Gedichte Rühmkorfs, die alle im Jahr 1975 entstanden sind und zum Teil in seinem Band *Walther von der Vogelweide, Klopstock und ich*[5] abgedruckt wurden, wiederkehrende Motive herausgearbeitet und mit seinen poetologischen Konzepten verbunden.

II. Grundriss der Poetik Peter Rühmkorfs

Während die Gedichte, die er in seinen letzten Schul- und ersten Studienjahren verfasste, durch ihre konkreten zeitkritischen und aufklärerischen Elemente in den Bereich der Tendenzlyrik einzuordnen sind, wendet sich Rühmkorf Anfang der 1950er Jahre von einer dezidiert zeitbezogenen Lyrik als Mittel der politischen Aufklärung ab, da es für sie keine Öffentlichkeit gibt. In seinem zusammen mit Klaus Rainer Röhl verfassten Stück *Die im Dunkeln sieht man nicht*, das Rühmkorf mit seiner Kabarett-Gruppe *DIE PESTBEULE – KZ-Anwärter des 3. Weltkriegs e. V.* zu wenigen Aufführungen brachte, trägt der Chor der Zuhörer die Erwartungen des (Literatur-) Publikums vor:

> Wir wollen was sehen, wo wir über lachen können,
> und nicht was, wo wir über weinen müssen,
> wir wollen fressen, trinken, lachen, küssen
> [...].

> Wir wollen nichts von Trümmerfilmen wissen
> und Bildern, wo wir uns nicht drauf erkennen.
> [...].[6]

Mit der Gründung der Monatsschrift *Zwischen den Kriegen* 1952 trennt er fortan „einerseits private Eliteliteratur, andererseits politische Aufklärungsartikel",[7] sodass durch den Wegfall der ausdrücklichen zeit- und sozialkritischen Aspekte und einer zunehmenden „Entfremdung politischer und poetischer Aktivitäten"[8] eine „Reprivatisierung"[9] der Lyrik erfolgt und die Gedichte „zu einem Ort subjektiven Selbstausdrucks"[10] werden. Das Subjekt wird durch ein stärkeres Hervortreten des lyrischen Ichs bzw. der lyrischen Stimme an sich thematisiert, indem es nicht dezidiert auf eine außerliterarische Wirklichkeit verweist, sondern auf subjektive Bilder und Interpretationen von Wirklichkeit Bezug nimmt.[11] In seinen poetologischen Überlegungen grenzt Rühmkorf sich nachdrücklich von den avantgardistisch-formalistischen Strömungen der 1950er und 1960er Jahre ab, die durch die Konzentration auf Sprache als Material eine Desemantisierung der Lexeme verfolgen. In seinem Essay *Das lyrische Weltbild der Nachkriegsdeutschen* setzt er diese Desemantisierung mit einem Sinnverlust gleich und polemisiert gegen die „inhaltsarmen, ausdruckslosen Ziegelwandmuster der Avantgarde."[12] Zwar erkennt er die Abkehr der „Struktur-Methodologen" von konventionalisierten Lyrikformen an, wendet sich aber gegen eine vollkommene Auflösung syntaktischer Zusammenhänge, da das Gedicht so keine Vermittlungsfunktion mehr erfüllen kann.[13] Rühmkorf versteht Lyrik als einen Kommunikationsakt zwischen Text und Rezipient, dem durch Inhalt und Form etwas vermittelt werden soll. Ohne alltagssprachliche Semantik der Lexeme, deren Konnotationen und ohne syntaktische Bezüge kann dieser Vermittlungsakt nicht gelingen und durch die Radikalisierung des Prinzips der Reduktion und der Hinwendung zur Künstlichkeit des Gedichts, die bei den Avantgardisten ausgestellt wird, verkommt die Ordnung zu einer unbefriedigenden „Stabilbaukasten-, Domino- und Kreuzworträtselordnung".[14] Das Konzept der L'art pour l'art, das er auch in seinem Beitrag *Einige Aussichten für Lyrik* für die Adorno-Festschrift aus dem Jahr 1963 kritisiert, verabsolutiere das Machen, anstatt etwas Absolutes zu schaffen.[15] Das Gedicht ist für Rühmkorf der Ausdrucksort einer Wahrheit, die sonst nicht geäußert werden kann, und die Lektüre kann als Initiationsmoment für eine kritische Reflexion von sozialen und politischen Umständen der außerliterarischen Wirklichkeit dienen. Dies sei die Leistung und das Vermögen der Lyrik, die eingefahrene und einvernehmlich geschaffene Gesellschaftsstrukturen enthüllen und kritisieren kann und somit als Stör- und potentielles Erweckungsmoment bzw. als Katalysator für eine beim Rezipienten einsetzende Reflexion seiner Lebenswelt fungiert:

> Vielmehr, daß es dem Vers gut anstehen würde, wenn er dort Laut gibt, wo stummes Einvernehmen waltet [...]; wenn er dort Zweifel säte und Skrupel entfachte, wo das Verhängnis sich als demokratisch gewählt täglich rechtfertigen kann; wenn er dort unangemeldet mit der Wahrheit hervorkäme, wo das Geschäft der Wahrheit schon von niemandem sonst mehr besorgt wird; wenn er dort Widerspruch anzeigte, wo all die unabhängigen Zungen unabhängiger Zeitungen bereits zum Unisono übergehen [...]. Das wären doch [...] Aufgaben![16]

In seinem Beitrag *Meine Damen und Herren Studierende der Literaturwissenschaft* aus dem Jahr 1978 präzisiert Rühmkorf diese Erwartungen an ein Gedicht. Es gehe nicht darum, dass Kunst eine „direkte Hebelkraft“ bzw. unmittelbaren Einfluss auf Gesellschaft und Politik nehmen könne.[17] Poesie schlägt Rühmkorf zufolge keine Lösungen vor, sondern präsentiert in erster Linie die Wahrnehmung einer Lebenswirklichkeit, kann damit durch ein Zusammenspiel von Form und Inhalt auf mögliche Defizite nur hinweisen. Die Korrespondenz zwischen Form und Inhalt bzw. das Übergehen des Inhalts in der Form zeige sich exemplarisch an Günter Eichs *Inventur*, indem „der kollektive – Mangelstatus konsequent in Schreibweise überführt“[18] werde.

Die im Konzept der L'art pour l'art proklamierte Autonomie des Dichters, des Gedichtes und seiner Elemente, die unabhängig von Realitätsbezug und alltagssprachlicher Semantik sind, weil sie keine Verbindung einzugehen und keine Verweisfunktion zu erfüllen brauchen, ist für Rühmkorf nur eine scheinbare Freiheit, da sie ins Leere laufe und ein „Gefuchtel“ verschleiere.[19] Er plädiert für eine Form von Lyrik, die durch ein merkliches lyrisches Ich das Subjekt in den Fokus rückt und sich auf außerliterarische Bezugsgrößen – Rühmkorf nennt es Gegenwart und Gegenstand – bezieht. Dabei sollen die tradierten Metaphern durch solche ersetzt werden, die der neuen bzw. gegenwärtigen Erfahrungs- und Lebenswirklichkeit des Dichters entsprechen. Die Übernahme konventionalisierter und literaturhistorisch tradierter Vergleichsmuster ist zu vermeiden, um sich so als Experimentalrealist auch von den Traditionswahrern der sich in den 1950er Jahren erneut etablierenden Naturlyrik abgrenzen zu können.[20]

Die eskapistischen Tendenzen der Naturlyrik, die sich gegen einen konkreten Zeit-, Gesellschafts- und Politikbezug verwahrt, beschreibt Rühmkorf als eine Verirrung. Auch für die Naturlyrik gelte, „daß sie so lange kraftvoll, so lange ergiebig war, als sie sich bestimmter zeittypischer Zu- und Gegenstände annahm“.[21]

Es sind also nicht die Form und die Ausdrucksmittel, die Rühmkorf grundsätzlich infrage stellt, sondern die inhaltliche Botschaft, die mit ihnen ausgedrückt werden soll. Die fehlende Zeitebene bzw. die Zeitlosigkeit der Gedichte und die fehlende Originalität durch das Heraufbeschwören der ‚guten alten Zeit' sowie die Verwendung überkommener Bilder und Metaphern, die in Allgemeinplätzen münden, verbanne die poetische Moderne ins Treibhaus.[22] Mit dem Bild des Treibhauses fasst Rühmkorf seine Kritik zusammen und erweitert sie durch den Aspekt des künstlich gezüchteten und kultivierten, von der Umwelt und Natur isolierten Gedichts, das als austauschbares, weil nicht individuelles respektive nicht originelles Produkt erscheint. Lyrik habe auf das Gefühl des Subjekts zu reagieren, das sich mit seiner Gesellschaft unverbunden fühlt und sich als gespaltenes Individuum erlebt, sodass sich ein lyrisches Ich nur noch dialektisch seiner selbst vergewissern könne.[23] Das dominierende Gattungsmerkmal der Poesie ist für Rühmkorf deshalb die Möglichkeit, „dem Ich, dem Individuum, dem Subjekt zu Ausdruck und Stimme"[24] zu verhelfen, auch wenn dabei durchaus widersprüchliche Wertvorstellungen, Interessen, Erfahrungen und Gemütsbewegungen durch die „unterteilte" Zunge des Ichs zum Ausdruck kommen können.

Rühmkorf greift mit seinem poetologischen Konzept verschiedene Traditionen der Dichtungstheorie auf und verbindet eine dem Subjekt zum Ausdruck verhelfende Erlebnisdichtung klassisch-romantischer Prägung mit einer gesellschaftskritischen Form von Lyrik, die allerdings das Subjekt in den Vordergrund rückt und deren kritische Momente an die Wahrnehmung des lyrischen Ichs gekoppelt sind.

Im Folgenden sollen nun wiederkehrende Motivkomplexe benannt werden, die in den ausgewählten Gedichten die subjektive Wirklichkeitswahrnehmung des lyrischen Ichs bestimmen, und daher ein Bezug zur vorgestellten Poetik Rühmkorfs hergestellt werden.

III. Wiederkehrende Motive in der subjektiven Weltwahrnehmung der lyrischen Stimme

Der folgende Abschnitt arbeitet wiederkehrende Motive und Themen der ausgewählten Gedichte heraus, die die subjektive Wirklichkeitswahrnehmung und -erfahrung der lyrischen Stimme prägen. Die Ausführungen beziehen sich auf Texte, die einen Bezug zu Hamburg herstellen (wie *Kiez, Elbterrassen, Meine Stelle am Himmel*), wobei der Verweis auf reale Orte nur als Hintergrund dient, vor dem ein allgemeingültiges Thema verhandelt wird, das zwar durch diese Bezüge mit einer außerliterarischen Realität verbunden ist, aber auf einem abstrakten Reflexionsniveau (orts-) unabhängig wird.

Ein vorherrschendes Thema in den ausgewählten Texten ist der Alkoholkonsum bzw. das Besäufnis als Flucht aus dem Alltag und die vom lyrischen Ich unternommenen Gedankengänge im alkoholisierten Zustand. Hinzu kommt die Verknüpfung von Alkohol mit Sexualität und Tod, die sich exemplarisch im Gedicht *Kiez*[25] (1975) zeigt, in dem die lyrische Stimme den Kiezgang eines Freiers kommentierend begleitet.[26] Das Gedicht schildert zwar den Kiezgang eines Mannes, doch dieses Exempel wird durch den Titel ‚Kiez' in ein metonymisches Verhältnis zu dem paratextuellen Element gesetzt, sodass das Geschehen *pars pro toto* für das gesamte Kiezgeschehen gelten kann. Bereits im ersten Vers wird die Figur des alten Mannes als „auf frischer Flucht befindlich" (K, V. 1) und im zweiten Vers durch ein im Druckbild gesperrtes „s p r i t g e t r ä n k t" beschrieben, sodass eine Verbindung zwischen Eskapismus, Alkoholkonsum und – zunächst durch das Setting – Sexualität geknüpft wird. Die angestrebte Flucht aus dem Alltag spiegelt sich wider in dem die Sinne vernebelnden Alkohol, der zeitlichen Verortung („Freitagsnacht" als Abschluss der Arbeits- und Alltagswoche, *K*, V. 10) und durch die Illusion von (sexueller) Attraktivität bzw. Begehren und Liebe, die durch die Prostitution, also durch ‚käufliche Liebe' erzeugt wird („so als riebe sie sich auf/ganz allein für dich.", *K*, V. 16 f.). Die Illusion und die zeitlich begrenzte Ausflucht markiert der Text gegen Ende, indem exponiert durch Sperrschrift der Tag als „auch nur w i e d e r e i n e r w i e –" (*K*, V. 32) kommentiert wird, sodass auch das vorher unternommene Entrinnen aus dem Alltag zu einer sich stets wiederholenden, in diesem Sinne alltäglichen Handlung wird. Die Todesnähe der Figur des alten Mannes vermittelt der Text zunächst mit der abnehmenden sexuellen Kraft, die in dem schrumpfenden, leichenfarbenen Geschwulst repräsentiert wird. Die letzten beiden Strophen semantisieren den Schauplatz Kiez zusätzlich als Todesraum. Das Besteigen eines Grabes müsse erkauft werden und der Text baut eine Analogie zwischen Grab und (vorher erkauftem) Bett auf, sodass die Konnotation des Bettes als Grab eine Verbindung zwischen Sexualität und Tod herstellt („Wer ein Grab besteigen will,/zähl seine Groschen ... ", *K*, V. 29 f.). In der letzten Strophe kommentiert die lyrische Stimme zunächst den Zustand der Figur, deren „Uhren abgelaufen" (*K*, V. 33) sind, um sie dann mit einem Imperativ anzusprechen: „M a r s c h h i n a u f / auf deinen Zimmer-Scheiterhaufen/und verbrenn für dich." (*K*, V. 35 ff.). Zum einen stellt der letzte Vers erneut heraus, dass die gekaufte Zweisamkeit nur eine Illusion und hier die Figur im Tode allein ist. Zum anderen bestraft der Sender des Imperativs die Figur: „M a r s c h   h i n a u f" und der Befehl, auf sein Zimmer zu gehen, erinnern an die Bestrafung eines Kindes durch die Eltern für ein Fehlverhalten. Der Scheiterhaufen erweitert zunächst dieses Motiv, indem das vorangegangene Figurenhandeln als Sünde bewertet wird, die mit der Hinrichtung auf dem Scheiterhaufen zu büßen ist. Gleichzeitig bricht ironisch das Bild der Buße vor Gott durch die Verknüpfung mit dem vorangestellten Imperativ. Das übergeordnete Konzept (Buße vor Gott) fällt dadurch weg und bietet der Figur somit kein Orientierungsmuster.

In *Meine Stelle am Himmel*[27] (1975) deutet das lyrische Ich den Kiez als Symbol für das kapitalistische System und das Viertel wird zum „kapitalistischen Tollwutbezirk" (*H*, V. 4), in dem die Besiegten des Alltags abends zusammentreffen und wie in *Kiez* die Flucht versuchen. Hier beklagt das lyrische Ich den Verlust der sozialen Stellung, die außerdem mit dem Verstreichen unwiederbringlicher Lebenszeit verknüpft ist („Ich will meine Stelle am Himmel, / w i e d e r h a b e n , i c h   w i l l / noch einmal von vorne leuchten.", *H*, V. 13ff.). Das kapitalistische System, das die Lebenswirklichkeit des lyrischen Ichs bestimmt, zeichnet sich durch Exklusivität aufgrund von Konkurrenzdenken, Unterwerfung anderer und inneren Widersprüchen sowie Klassenjustiz aus (*H*, V. 29ff.). Das lyrische Ich wünscht sich aufgrund seiner defizitären Situation den Tod durch das standesunabhängige Hinrichtungsinstrument Guillotine („robespierresche / G l e i c h m a c h e m a s c h i n e", *H*, V. 24f.) und fordert den „Gnadenschluck" (*H*, V. 33), der analog zum Gnadenschuss vom Leid befreien soll und eine Verbindung zwischen Alkohol und Todesnähe bzw. -wunsch im Text herstellt. Zwar wird der Gnadenschluck als Endpunkt durch den Zusatz „ein letztes Bier" relativiert, ruft aber trotzdem das Motiv der Erlösung auf. Auch im Gedicht *Jetzt mitten im Klaren*[28] (1975) verknüpft der Text Alkohol mit einer Todessemantik. Darüber hinaus konnotiert der Verweis auf Elemente der griechischen Mythologie den Akt des Trinkens mit Erinnern und Vergessen. Das Lexem ‚Fluß' (*J*, V. 27) verbindet der direkt folgende Vers mit den mythologischen Unterweltsflüssen, die in das Reich Hades' führen. Dabei wird der Fährmann Charon zum Wirt, der, um das Übersetzen zu erleichtern, „Lethe mit Schuß" (*J*, V. 31) servieren soll. Der griechischen Mythologie zufolge verloren diejenigen, die das Wasser des Flusses tranken, vor Eintritt ins Totenreich ihre Erinnerungen, sodass sozusagen eine Reinigung vorgenommen wurde. Die aus der Mythologie entlehnten Begriffe verweisen auf ein kulturelles Wissen, das im Kontext des Gedichtes neu kombiniert und ironisiert wird. Erneut spielt der Text auf eine Todesnähe des lyrischen Ichs an, die sich in den Bezügen auf die griechische Mythologie und in weiteren doppeldeutigen Elementen manifestiert. So können das endgültige Veraschen und der Verlust der Saugkraft (*J*, V. 1 f.) einerseits als das Rauchen einer Zigarette und andererseits als der Verfall des Organismus verstanden werden. Auch das Motiv der Uhr als „Stundenglas" und „Einweguhr" in Verbindung mit der „Smith & Wesson" (*J*, V. 34 ff.) taucht wie in *Kiez* als Todes- bzw. Vergänglichkeitsmetapher auf und die autonome Entscheidung des Subjekts für den erlösenden Tod („meine Smith & Wesson entsichre ich selbst.", *J*, V. 36) verknüpft sich mit dem Motivkomplex des Alkoholkonsums, da der Entschluss „lieber jetzt mitten im Klaren" (*J*, V. 38) getroffen wird. Die Wendung „im Klaren" verweist dabei einerseits auf einen klaren Bewusstseinszustand und andererseits auf die Bezeichnung für hochprozentige Schnäpse, sodass die Doppeldeutigkeit des Lexems ‚Klaren' im Titel vor dem Hintergrund des Gesamttextes die Verbindung zwischen einem klaren Geist im bzw. durch den Alkoholrausch herstellt.

Das bereits in den bisher erwähnten Gedichten angeklungene barocke Motiv der Vergänglichkeit bzw. das Bewusstsein des eigenen Todes verhandelt auch das Gedicht *Elbterrassen*[29] (1975), in dem als Schauplatz erneut ein prominenter Ort Hamburgs gewählt wird. Analog zu den bisher erwähnten Gedichten nimmt der Text das Thema der Reflexionen unter Alkoholeinfluss auf und beginnt im ersten Vers mit der Bestellung „2 Bier, 1 Sprudel und 8 Körner" (*E*, V. 1). Das lyrische Ich spricht anschließend ein sexuell attraktives Gegenüber an, bezieht sich auf dessen körperliche Merkmale und deren Wirkung (Haar, Augen, Mund) und im Zuge dieser Werbung etabliert es den Gegensatz zwischen Körper und Geist, wobei der Körper durch die sexuelle Anziehung und die Triebhaftigkeit Seele und Wesen des lyrischen Ichs bestimmt („Wie sag ich's dir? rein technisch bin ich Dante, / s e e l i s c h, / weil mir dein Arsch den Kopf verdreht, / nur noch ein Mops im Mai.", *E*, V. 18 ff.). Der Anblick des Gegenübers lässt das lyrische Ich seine rationalen Fähigkeiten verlieren, sodass sein Geist den sexuellen Trieb nicht zu unterdrücken vermag und das lyrische Ich „nur noch" als animalisch-instinkthaft auftritt. Die insbesondere in der Barocklyrik vorherrschende Thematik des *memento mori* greift die letzte Strophe des Gedichts auf. Das lyrische Ich bezieht die körperliche Vergänglichkeit des Menschen zwar nicht auf die vorher besungene Schönheit des Gegenübers, was eine weitere Parallele zur barocken Tradition herstellen würde, verweist aber insgesamt auf das Bewusstsein um den eigenen Tod („Der Mensch ist schneller beigesetzt als ausgetragen", E, V. 56). Der folgende, durch Sperrschrift hervorgehobene Vers unterstützt die Erinnerung an die Sterblichkeit, verweist auf die Gegenwart und die begrenzte (Lebens-)Zeit und kann als Aufforderung verstanden werden („H a u p t s a c h e h e u t e ! ", *E*, V. 57). Die Gegenwart und der Moment werden zur „Hauptsache" erhoben.

Neben zeit- und gesellschaftskritischen Aspekten greifen die bisher betrachteten Gedichte die Motive Todesnähe, Vergänglichkeit, Erlösung und Körperlichkeit auf. Die Themenkomplexe werden dabei nicht distanziert oder kommentierend dargestellt, sondern durch den direkten Bezug auf ein Subjekt oder ein lyrisches Ich als subjektive Weltwahrnehmung markiert, die durch eben diese Aspekte bestimmt ist. Aufgrund einer als defizitär wahrgenommenen Lebenswirklichkeit, geprägt durch soziale Ungleichheit, fehlende Sexualität, Triebhaftigkeit, belastende Erinnerung oder verstreichende Lebenszeit, reagiert das Subjekt mit eskapistischen Handlungen wie dem Alkoholkonsum, der eine zumindest temporäre Flucht ermöglicht. Trotz Erlösungswunsch und Flucht ist das Subjekt an seine Körperlichkeit und Vergänglichkeit gebunden und damit im Diesseits verankert. Die Verweise auf Elemente der griechischen Mythologie, der Buße vor Gott und Erlösungswünsche dienen in diesem Zusammenhang nicht zur Transzendierung, sondern werden durch ironische Brechungen, den Verweis auf Gegenwart und Diesseits und dem Bewusstsein des Subjekts um seine Vergänglichkeit unterlaufen und als überholt markiert. Diese Motive und die Abkehr von einer dem Subjekt übergeordneten Weltordnung tauchen, wie die folgende Analyse zeigen wird, auch in den *Variationen* auf und werden durch die Abgrenzung vom Hypotext der Ode Klopstocks hervorgehoben.

IV. Der Schwerkraft unterworfen - *Variationen auf ein Thema von Friedrich Gottlieb Klopstock*

Der Erstdruck der *Variationen* erfolgte 1959 in dem Gedichtband *Irdisches Vergnügen in g*, dessen Titel auf Barthold Heinrich Brockes' neunbändige Sammlung *Irdisches Vergnügen in Gott, bestehend in Physicalisch- und Moralischen Gedichten* (entstanden 1721–1748) anspielt. Während in Brockes Texten teleologische Naturbetrachtungen die Größe Gottes erkennen lassen wollen und in ihnen die Natur als Gleichnis der Allgüte Gottes und göttlich waltender Vernunft gilt, bricht der Gedichtband Rühmkorfs mit dieser Absicht bereits in seinem Titel. Das Zeichen ‚g' steht in der Physik für die Fallbeschleunigung, die die Feldstärke des Schwerefeldes eines Himmelskörpers benennt, also die Anziehungskraft meint, die z.B. die Erde auf andere Körper ausübt. In den Gedichten des Bandes, so verrät es das paratextuelle Element, geht es also nicht um eine Transzendierung der Natur und die daraus geschöpfte Freude an der Herrlichkeit Gottes, sondern um ein sozusagen geerdetes, diesseitiges Vergnügen an der Immanenz. Die *Variationen* lösen das durch den Titel vorgegebene Programm des Bandes ein, indem sie eine genau gegenläufige Entwicklung im Vergleich zum Hypotext *Der Zürchersee*[30] von Friedrich Gottlieb Klopstock nachzeichnen.

1750 schrieb Friedrich Gottlieb Klopstock (1724–1803) seine Ode *Der Zürchersee*, in der das lyrische Ich eine Bootsfahrt mit Freunden auf dem Zürichsee beschreibt und, durch die Wahrnehmung der Landschaft, das Gefühl der Freundschaft und Harmonie inspiriert, die göttliche Freude besingt. Klopstock, wichtigster Vertreter der Empfindsamkeit und der Erlebnisdichtung in der deutschen Literaturgeschichte, verwendet in diesem Text die Form der 3. asklepiadeischen Ode. Er orientiert sich am antiken Versmaß, übernimmt eine tradierte Form und füllt sie mit dem zeitgenössischen empfindsamen Inhalt. Ähnlich verfährt auch Rühmkorf in seinen Texten, wenn er traditionelle Lyrikformen aufgreift, den Inhalt variiert oder Form und Inhalte der Vorlagen parodiert. In seinen *Variationen* bricht er zwar mit dem odischen Versmaß des Hypotextes, sein Gedicht weist aber die gleiche Strophen- und Verszahl wie die Ode Klopstocks auf und an einigen Stellen übernimmt das lyrische Ich Rühmkorfs Wendungen der lyrischen Stimme bei Klopstock, um diese in einen neuen Kontext und Kotext zu überführen. Die *Variationen* versetzen den Schauplatz an bzw. auf die Elbe, schildern ebenfalls eine Fahrt in Gesellschaft und nennen bestimmte Orte am Elbufer wie den Süllberg, Sagebiels Gasthof, die Elbinsel Schweinesand und die Schiff-Begrüßungsanlage Schulau.

Die Strophen der Klopstock-Ode lassen sich in thematische Gruppen einteilen, in denen nach einer dreistrophigen Exposition, in der „Mutter Natur“ und die „süße Freude“ angerufen werden, die Leitmotive (göttliche) Freude, Freundschaft/harmonische Geselligkeit und Liebe verhandelt werden, um im Schlussthema der Unsterblichkeit zu gipfeln. Uerlings sieht als wichtigsten Bezugspunkt für Rühmkorfs *Variationen* das „in der Ode [Klopstocks, J. T.] zum Ausdruck kommende Wirklichkeitsverständnis“,[31] bei dem die Landschaft nicht als Gegenstand der Anschauung, sondern die Anschauung der Natur als Anlass einer religiösen Erhebung fungiere.[32] Rühmkorfs *Variationen* übernehmen das formale Schema der Strophen, verweisen aber auf andere Gegenstandsbereiche und Kontexte und zeichnen im Gegensatz zur Aufwärtsbewegung des Geistes bei Klopstock eine Abwärtsbewegung des Subjekts nach. Das lyrische Ich in den *Variationen* konterkariert bereits in der ersten Strophe das Lob der göttlichen Schöpfung. Zwar wird die erste Zeile der Klopstock-Ode unverändert übernommen, aber die folgenden Verse setzen dem Geiste, der „den großen Gedanken / Deiner Schöpfung noch Einmal denkt" (Z, V. 3 f.), das künstliche Gebiss entgegen, das wiederkäut und als Naturersatz auf Materialität und Vergänglichkeit bzw. Verfall der Natur und des Subjekts verweist. Die zweite und dritte Strophe werden durch den Adressaten der Rede des lyrischen Ichs miteinander verbunden, indem sich das Personalpronomen „du" und der Imperativ „komm" syntaktisch auf den Vokativ „dreigestrichenes BEWUSSTSEIN" beziehen.[33] Die himmlische und göttliche Freude, die an dieser Stelle der Ode Klopstocks besungen wird, weicht der menschlichen, an die Erde gebundenen Rationalität, die der Text durch ihre visuell-exponierte Stellung aufgrund der Majuskelschrift mit dem Lexem „SCHWERKRAFT" verbindet, das in der siebten Strophe ebenfalls durch Versalien hervorgehoben ist und eine Abwärtsbewegung andeutet. Der Text baut bereits zu Beginn die räumliche Differenz unten vs. oben auf und semantisiert beide Räume in Opposition zueinander und zur Klopstock-Ode. Während der Extremraum ‚oben' im *Zürchersee* als ‚himmlisch', ‚Quell der Freude', als Raum der ‚Seligkeit' und ‚Unsterblichkeit' konnotiert ist, erkennt Uerlings in dem Text Rühmkorfs eine Isotopieebene, die sich durch die Wendung „Hauch und Traum" und die Lexeme ‚Flügel', ‚Phönix', ‚abgehoben' und ‚Äther' – hier nicht religiös konnotiert, sondern als Narkosemittel verstanden – begründet und „indiziert, daß das ‚Hohe' zugleich das Wirklichkeitsferne, Unwirkliche ist."[34]

In den Strophen 4–7 beschreibt der Text analog zu den Landschaftsbeschreibungen im *Zürchersee* Stationen der Elbfahrt und auch in diesem Teil wird die bereits erwähnte Abwärtsbewegung verdeutlicht. Während die betrachteten Bäume den Hang empor klettern (*V*, V. 14), zieht die Schwerkraft die Segelgemeinschaft „am Hintern" (*V*, V. 16), wobei die Streckung des Lexems ‚schon' das Saugen der auf die Menschen einwirkenden Kraft lautmalerisch und druckgraphisch unterstreicht. Im Gegensatz zum ruhigen Tal, in dem Zürich liegt und das „freye Bewohner nährt" (Z, V. 14), verweist das lyrische Ich in den *Variationen* auf „Sagebiels Gasthof, gepflegte Biere" (*V*, V. 14) und etabliert den Motivkomplex des Alkoholkonsums. Aus der Betrachtung und Schilderung der Natur vermag die lyrische Stimme der *Variationen* nur wenig Erkenntnis zu gewinnen, die eine Veränderung hervorrufen könnte (*V*, V. 18), denn das Herz ist verdorben, schlägt arhythmisch und nicht empfindender als das der Jünglinge in Klopstocks Ode, sodass sich ein durch die Wirklichkeitserfahrung geprägtes „instabiles, / grobes Gefühl in der Brust" (*V*, V. 21 f.) ausbreitet. Der Verweis auf ein Empfinden wie bei Arno Schmidt, der in Rühmkorfs Text Klopstocks Bezug auf Friedrich von Hagedorn ersetzt, unterstützt das vorher entworfene Gefühl der Labilität und Unsicherheit, da ein Bezug zu den Realitätsentwürfen in Schmidts Werken hergestellt werden kann, die geprägt sind von Fragmentarisierung, Entfremdung und subjektiver Weltwahrnehmung.[35]

Die in der Klopstock-Ode von oben auf das Subjekt herabkommende Freude substituieren die *Variationen* durch die Schwerkraft, die sich in Strophe 7 „volles Maß" (*V*, V. 28) einhängt. Damit empfängt das Subjekt nicht die Freude aus höheren Sphären, sondern ist endgültig durch die physikalische Kraft an die Erde und damit ans Diesseits gebunden. Anstatt göttlicher Freude empfindet das lyrische Ich in den *Variationen* ein Gefühl der „Hinfälligkeit", die aus dem „Geworfensein" – wohlgemerkt als uneheliche Tochter der ersteren – entspringt. Erneut unterstreichen diese Begriffsfelder die Bewegung nach unten und rufen gleichzeitig den philosophischen Kontext der Phänomenologie Heideggers und des Existenzialismus auf. Das Subjekt, seine Wahrnehmung und die daraus entspringende Erkenntnis sind an die eigene Existenz und das Diesseits gebunden. Die Anthropomorphisierung der Abstrakta und deren sexuelle Konnotation (das Geworfensein, „das [...] die Rute durchsüßt", *V*, V. 31) geht einher mit dem vorläufigen Zielpunkt der Abwärtsbewegung („uns an den Boden pflöckt.", *V*, V. 32), die in „geerdeter Seligkeit" (*V*, V. 34) endet. Den Verlust der göttlichen Instanz deutet der Ausruf „Eli – Eli!" (*V*, V. 34) an, der den ersten Teil eines der sieben letzten Worte Jesu Christi bzw. den Klageruf des von Gott verlassenen Dieners zitiert („Mein Gott! Mein Gott! Warum hast Du mich verlassen?").[36] Dieser Verlust wirft den Menschen auf sich und seine Sexualität zurück, die sein Wesen ausmacht („[...] sind wir beschlossen in das, / was uns unter der Jacke schwelt.", *V*, V. 35 f.). Der Text bezieht Sexualität durch die Ansprache der „Kameraden" (*V*, V. 37), die einen militärischen Kontext aufruft, explizit auf die männliche Sphäre, sodass ein Verlust der sexuellen Potenz mit dem Verlust von Männlichkeit und männlicher Existenz gleichzusetzen ist. Die Verknüpfung von Sexualität, Existenzversicherung und Wesenheit des Menschen mit gleichzeitigem Bezug auf die Vergänglichkeit („lauter stammelt das Sterbliche", *V*, V. 39) nimmt der letzte Vers der zehnten Strophe wieder auf, indem hier ‚koitieren' das Denken des Diktums René Descartes' ersetzt („Coeo ergo sum!", *V*, V. 40) und gleichzeitig eine Verbindung zur ersten Strophe herstellt, in der ebenfalls ein geistiger Reflexionsvorgang durch eine Körperfunktion substituiert wird. Der durch physikalische Gesetze an die Erde und das Diesseits gebundene Körper des Subjekts mit all seinen Aspekten (Sexualität, Vergänglichkeit etc.) ersetzt den bei Klopstock sich über alles erhebenden Geist, dessen Aufwärtsbewegung in den *Variationen* Rühmkorfs mit Realitätsferne verknüpft und deshalb korrespondierend mit seiner Poetologie nicht erstrebenswert ist.

Die zwölfte Strophe nimmt das Motiv des Alkoholkonsums wieder auf und kombiniert es wie in *Meine Stelle am Himmel* mit gedanklichen Reflexionen, die durch den Alkohol (analog zu *Jetzt mitten im Klaren*) widerspruchsfrei werden. Die folgenden Überlegungen in den Strophen 13–17 beziehen sich einerseits auf die Ruhm-, Unsterblichkeits- und Heilsversprechen, die vor dem Hintergrund der jüngsten (Kriegs-)Vergangenheit, die als Schatten die Erinnerung schwärzt, nur noch als „ausgelutschte Fanfare" (*V*, V. 51) vom lyrischen Ich wahrgenommen werden. Andererseits verfällt das lyrische Ich aufgrund der Vergangenheits- und Gegenwartserfahrung in eine die Fortpflanzung verweigernde Haltung. Der in den *Variationen* zu beschickende Schoß kann vor diesem Hintergrund auf den in der Klopstock-Ode erwähnten „Vaterlands Schooß" (*Z*, V. 70) bezogen werden. Mit dieser Verbindung zum Hypotext entsagt das lyrische Ich der *Variationen* nicht nur einer individuellen Fortpflanzung, sondern auch einer solchen zum Erhalt des Vaterlandes bzw. der Gesellschaft, was auch den Bruch des Individuums mit den sozialen Konstruktionen ‚Gesellschaft' und ‚Vaterland' verdeutlicht. Der Geschlechtsakt, der zwar für die eigene Existenz- und Identitätsversicherung unverzichtbar ist, stiftet keinen übergeordneten Sinn, der über den bloßen temporären sinnlichen Genuss hinausweisen könnte.[37]

Der Text verwendet außerdem Todesmotive und Anspielungen auf die griechische Mythologie, die die Abwärtsbewegung des Subjekts weiterführen. Der Ausspruch „Ab durch die Mitte nun!" (*V*, V. 47), der aus dem Theaterjargon entlehnt ist und das Abtreten von der Bühne bezeichnet, kann hier auf ein Verlassen der Lebensbühne bezogen werden. Der folgende Vers („Ab in den Acheron!", *V*, V. 48) unterstützt diese Lesart, indem auf den Unterweltsfluss verwiesen wird und die Elbe, auf der die Fahrt stattfindet, mit dem Acheron gleichgesetzt wird. Den Verweis auf die griechische Mythologie führt der Text zwar nicht weiter aus, er korrespondiert allerdings durch die Anspielung auf Tod und Unterwelt mit der dominierenden Bewegung nach unten.

Verfolgt man die Stationen der Elbfahrt, ergibt sich keine zielgerichtete, sondern eine Kreisbewegung, die im „fliederverhangene[n] Maul" (*V*, V. 72) einer Bucht endet. Neben der Grenzüberschreitung vom offenen Fluss in die verhangene, also abgeschirmte Bucht verbindet Flieder die Sphären Sexualität und Tod[38] und semantisiert den Endpunkt der Fahrt als Todesort. Während sich in der Klopstock-Ode die Natur am Ende ins Elysium, der Insel der Seligen und Götterlieblinge transzendiert, bleibt der Segelgesellschaft in den *Variationen* nach einem letzten Glücksmoment in der Bucht der Zutritt in die Himmelssphäre verwehrt. Der Himmel nimmt sie nicht an Kindes Statt an, sondern tut sie ab (*V*, V. 76), sodass das Subjekt auf die Immanenz zurückgeworfen ist und keine Seligkeit und Unsterblichkeit im christlichen Sinne erlangen kann. Dieser Endpunkt korrespondiert mit der erhofften, aber unerfüllten Erlösung in den unter Punkt III. erwähnten Gedichten, in denen die Flucht und das Ende der Leiden nur temporär begrenzt ist und keine Befreiung durch höhere Mächte oder in höheren Sphären erlangt werden kann, sondern das Subjekt an Gegenwart und Diesseits gebunden ist. Obwohl die *Variationen* in Opposition zu ihrem Hypotext stehen, ist der Text Rühmkorfs keine bloße ironische Parodie der Klopstock-Ode. Klopstocks Thema, die Erfahrung göttlicher Freude in der Natur und die daraus entspringende Seligkeit des Subjekts, das seinen Geist in transzendente Sphären erheben kann, aktualisiert das Gedicht Rühmkorfs durch diese Abgrenzung. Die Transformation verweist darauf, dass das Verhältnis von Subjekt, Natur und Transzendenz und das Konzept der Empfindsamkeit vor dem Hintergrund des 20. Jahrhunderts überholt ist, und verbindet sich in diesem Punkt mit dem Titel des Gedichtbandes *Irdisches Vergnügen in g*, der eine Absage an die Erfahrung Gottes in der Natur nach Brockes' umfasst.

V. Zusammenfassende Bemerkungen

Die in diesem Beitrag vorgestellten Gedichte Peter Rühmkorfs weisen motivische Parallelen auf, die sich auf die subjektiven Wirklichkeitserfahrungen des jeweiligen lyrischen Ichs beziehen. Die expliziten Ortsverweise in einigen Gedichten koppeln die Texte zwar an eine außerliterarische Realität, dienen aber nur als Folie, vor der die Reflexionen zur Welterfahrung des Subjekts und nicht die spezifischen Impressionen des Raumes ‚Hamburg' verhandelt werden. Die Wahrnehmung der eigenen Existenz, die in den Texten thematisiert wird, ist vor allem geprägt durch das Bewusstsein um die Vergänglichkeit des Lebens und eine Verankerung des Subjekts im Diesseits. Die Werke verleihen dem Subjekt eine Stimme, mit der es seine als defizitär empfundene Situation zum Ausdruck bringen kann, und folgen so den poetologischen Konzepten Peter Rühmkorfs. Explizite zeit- und gesellschaftskritische Aspekte werden dabei nicht durch eine distanzierte lyrische Stimme benannt und reflektiert, sondern durch eine Subjektivierung am Beispiel des lyrischen Ichs implizit präsentiert. So fordert nicht nur das Geflecht aus Anspielungen, sondern auch die implizite Kritik an Zeit,

Gesellschaft und Politik einen aktiven Rezipienten, der diese Aspekte aus den Gedichten und der Weltwahrnehmung des lyrischen Ichs lesen kann. Damit stellt Rühmkorf sich einerseits gegen die entsubjektivierte Lyrik der Avantgarde und andererseits gegen ein vom empirischen Subjekt losgelöstes lyrisches Ich, wie es in der Naturlyrik auftaucht. Gleichzeitig grenzt sich dieses Konzept von seiner früheren Tendenzlyrik ab, indem es die Wahrnehmung und Darstellung von Welt an ein Subjekt und dessen Interpretationen koppelt.

Obwohl die Texte in Bezug auf die Motive Tod, Erinnern und Existenz auf mythologische, philosophische und christliche Kontexte anspielen, verweigern sie jegliche Form der Transzendierung[39] und unterlaufen die Konzepte durch ironische Brechungen. Auch Rühmkorfs Verfahren, auf literarische Vorlagen zurückzugreifen, bedeutet mehr als eine bloße Parodie, die übersteigernd persifliert, denn es verweist vielmehr darauf, dass die angesprochenen Erklärungsmodelle von Welt und Lebenswirklichkeit nicht mehr anwendbar sind. So sind auch Rühmkorfs *Variationen* mehr als nur eine ironische, satirische oder polemische Parodie auf Klopstocks Ode *Der Zürchersee*. Rühmkorfs Text transformiert das Thema Klopstocks, aktualisiert es und zeigt, dass das Konzept der Transzendierung von Natur und die daraus geschöpfte Freude des Subjekts zwar in Zeiten der Empfindsamkeit seine Berechtigung hat, vor dem Hintergrund des 20. Jahrhunderts allerdings nicht mehr greift. Damit verdeutlichen Rühmkorfs Parodien, wie er es selbst benennt, „ein Zeitproblem, ein[en] Gegenwartsbefund, [einen] Gesellschaftszustand. Wobei der Parodand […] als Vorwand zu betrachten wäre […] und [als] Transparentfolie, durch die der Autor mit seiner Welt in Vergleich tritt."[40]

---

1 Peter Rühmkorf: *Die Jahre die Ihr kennt. Anfälle und Erinnerungen*. Hamburg 1972, S. 40.

2 ebd., S. 192. So bezeichnet Rühmkorf Övelgönne in seiner Rede im Rahmen der Open-Air-Veranstaltung *Dichter auf dem Markt* auf dem Hamburger Adolphsplatz im August 1966.

3 vgl. Alexander von Bormann: „Peter Rühmkorfs Kritik des Traditionalismus." In: *Zwischen Freund Hein und Freund Heine: Peter Rühmkorf. Studien zu seinem Werk*. Hrsg. v. Manfred Durzak/Hartmut Steinecke. Hamburg 1989, S. 88–108, S. 89. Von Bormann verwendet in diesem Zusammenhang die Begriffe ‚Tendenzlyrik' und ‚politische Literatur'. Der erste Terminus soll hier vermieden werden, da er eine

ideologisch-propagandistische Konnotation impliziert, die auf den Großteil von Rühmkorfs Werk nicht zutrifft.

4 Peter Rühmkorf: „Variationen auf ein Thema von Friedrich Gottlieb Klopstock." In: ders.: *Gedichte. Werke* 1. Hrsg. v. Bernd Rauschenbach. Hamburg 2000, S. 121–124 [im Folgenden im Fließtext als *Variationen* und bei den Versangaben als *V*].

5 Der Erstdruck des Gedichtes *Jetzt mitten im Klaren* erfolgte am 15. November 1975 in der *Frankfurter Rundschau* und der Text ist nicht Teil des o. g. Bandes.

6 zitiert nach Rühmkorf 1972, S. 43.

7 Rühmkorf 1972, S. 43.

8 ebd., S. 49.

9 ebd., S. 49.

10 Herbert Uerlings: *Die Gedichte Peter Rühmkorfs. Subjektivität und Wirklichkeitserfahrung in der Lyrik*. Bonn 1984 [zugl. Diss. Universität Köln 1982] (Literatur und Wirklichkeit, Bd. 24), S. 41.

11 vgl. Uerlings 1984, S. 42.

12 Peter Rühmkorf: „Das lyrische Weltbild der Nachkriegsdeutschen." In: ders.: *Schachtelhalme. Schriften zur Poetik und Literatur. Werke 3*. Hrsg. von Hartmut Steinecke. Hamburg 2001, S. 7–42, S. 31 [im Folgenden Rühmkorf 2001a].

13 ebd., S. 31.

14 ebd., S. 33.

15 ebd., S. 33.

16 Rühmkorf 1972, S. 150. Rühmkorf spielt im letzten Satz des Essays *Einige Aussichten der Lyrik* auf Klopstocks Ode *Der Zürchersee* an, wenn er konstatiert, dass der „Widerstreit mit Hoffnungen und Absichten, die [...] den Zuständen in einem Lande [gelten], das wahrlich des Angstschweißes der Edlen wert ist." (Rühmkorf 1972, S. 152). Während in Klopstocks Ode große Gedanken in Gedichten, wie der der Unsterblichkeit und der Liebe und frommen Tugend, den Schweiß der Edlen bzw. der Dichter wert sind, verlagert Rühmkorf den Fokus der Dichtung auf die gesellschaftliche und politische Situation, die den Dichter umgibt und mit der er sich trotz Angstgefühlen auseinandersetzen muss.

17 Peter Rühmkorf: „Meine Damen und Herren Studierende der Literaturwissenschaft." In: ders.: *Schachtelhalme. Schriften zur Poetik und Literatur. Werke 3*. Hrsg. v. Hartmut Steinecke. Hamburg 2001, S. 129–149, S. 138.

18 Rühmkorf 2001a, S. 11.

19 ebd., S. 36.

20 vgl. ebd., S. 37 f.

21 Rühmkorf 2001a, S. 13.

22 ebd., S. 14.

23 vgl. Rühmkorf 1972, S. 151. Verwiesen sei in diesem Zusammenhang auf Herbert Uerlings Monographie, in der er die Entwicklung des lyrischen und poetologischen Schaffens Rühmkorfs von einer Tendenzlyrik bis zum Konzept des Finismus mit Bezug auf Rühmkorfs politisch-publizistische Aktivitäten nachzeichnet und auf das Spannungsverhältnis von Dichtkunst und Aufklärungsdrang eingeht (Uerlings 1984, S. 99 ff.).

24 Peter Rühmkorf: „In meinen Kopf passen viele Widersprüche." In: ders.: *Schachtelhalme. Schriften zur Poetik und Literatur. Werke 3.* Hrsg. v. Hartmut Steinecke. Hamburg 2001, S. 121–127, S. 123.

25 Peter Rühmkorf: „Kiez." In: ders.: *Gedichte. Werke 1.* Hrsg. v. Bernd Rauschenbach. Hamburg 2000, S. 267–268 [im Folgenden *K*].

26 Das Lexem ‚Kiez' ist hier nicht als Nachbarschaft oder Wohnsiedlung zu verstehen, sondern deutet durch weitere Lexeme wie ‚Trebegängerinnen' und die Schilderung der Prostitution auf das Hamburger Rotlichtviertel im Umkreis der Reeperbahn hin.

27 Peter Rühmkorf: „Meine Stelle am Himmel." In: ders.: *Gedichte. Werke 1.* Hrsg. v. Bernd Rauschenbach. Hamburg 2000, S. 277–278 [im Folgenden *H*].

28 Peter Rühmkorf: „Jetzt mitten im Klaren." In: ders.: *Gedichte. Werke 1.* Hrsg. v. Bernd Rauschenbach. Hamburg 2000, S. 275–276 [im Folgenden *J*].

29 Peter Rühmkorf: „Elbterrassen." In: ders.: *Gedichte. Werke 1.* Hrsg. v. Bernd Rauschenbach. Hamburg 2000, S. 273–274 [im Folgenden *E*].

30 Friedrich Gottlieb Klopstock: „Der Zürchersee." In: ders.: *Werke und Briefe. Historisch-Kritische Ausgabe. Bd. 1: Text.* Hrsg. v. Horst Gronemeyer/Klaus Hurlebusch. Berlin/New York 2010, S. 95–97 [im Folgenden *Z*].

31 Uerlings 1984, S. 162.

32 ebd., S. 166.

33 Es kann außerdem ein Bezug zwischen dem „dreigestrichene[n] BEWUSSTSEIN" und der in Strophe zwei gehissten „bleu-weiß-rot[en]" Fahne hergestellt werden, die auf die Trikolore verweist und die, vor dem Hintergrund der Entwicklung der Französischen Revolution in eine Schreckensherrschaft und Klopstocks Enttäuschung darüber, als „Hauch und Traum" markiert wird.

34 Uerlings 1984, S. 170.

35 vgl. Uerlings 1984, S. 173. Uerlings stellt außerdem eine Verbindung zu Arno Schmidts Klopstock-Rezeption her, die Schmidt 1958 unter dem Titel „Klopstock, oder verkenne Dich selbst" als Dialog-Essay publiziert hat. Gesprächspartner A bezeichnet in dem Dialog die Oden Klopstocks als Versatzstücke und der „Zür-

cher See" sei „völlig unnütz-berühmt" (Arno Schmidt: „Klopstock, oder verkenne Dich selbst!" In: ders.: *Nachrichten von Büchern und Menschen. Bd. 1: Zur Literatur des 18. Jahrhunderts.* Frankfurt/Main 1971, S. 58–85, S. 65 und 67.).

36 Mt 27,46, Mk 15,34 sowie Ps 22,2.

37 vgl. Uerlings 1984, S. 180.

38 Flieder und Holunder gelten in der Volkserotik als Fruchtbarkeits- und Todessymbole (vgl. Daniel Randau: „Holunder" [Art.] In: *Metzler Lexikon literarischer Symbole.* Hrsg. v. Günter Butzer/Joachim Jacob. Stuttgart 2008, S. 162–163 und Volker Mergenthaler: „Flieder" [Art.] In: ebd., S. 106–107.).

39 vgl. Uerlings 1984, S. 81.

40 Peter Rühmkorf: „Eine Anleitung zum Widerspruch." In: ders.: *Strömungslehre I. Poesie.* Hamburg 1978, S. 215–251, S. 238.

★

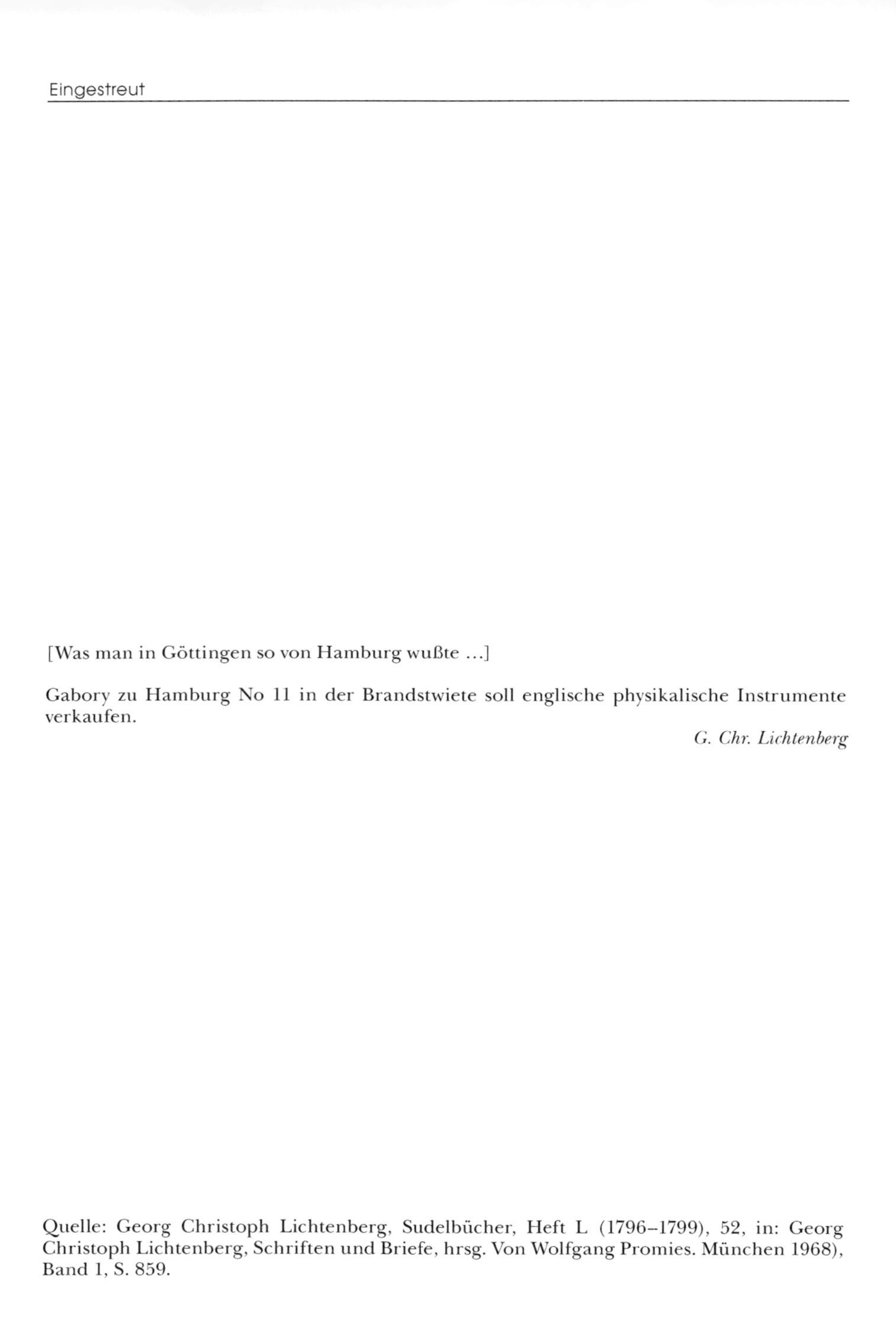

[Was man in Göttingen so von Hamburg wußte ...]

Gabory zu Hamburg No 11 in der Brandstwiete soll englische physikalische Instrumente verkaufen.

G. Chr. Lichtenberg

Quelle: Georg Christoph Lichtenberg, Sudelbücher, Heft L (1796–1799), 52, in: Georg Christoph Lichtenberg, Schriften und Briefe, hrsg. Von Wolfgang Promies. München 1968), Band 1, S. 859.

Susanne Fischer

Arno Schmidt

ein „Ham=bürger"[1]

„Denn es genügt nicht ganz, wenn ein Land von sich rühmen kann, daß es die *Wiege* großer Männer war; es muß auch noch den Nachweis erbringen, daß es ihr *Grab* zeigen kann – und selbst das ist wertlos, wenn die verehrend dorthin Pilgernden immer wieder nach irgendeinem Buchenwald gewiesen werden!"[2] So schrieb Arno Schmidt über Deutschland, „Das=Land=aus=dem=man=flüchtet, das Land, in dem er – trotz drohender Strafverfolgung[3] wegen seiner Schriften und verschiedener Auswanderungspläne – zeitlebens ausharrte. In Hamburg allerdings blieb der Schriftsteller nicht.

Geboren am 18. 1. 1914 in Hamburg-Hamm als Kind eines Polizeibeamten, verließ Arno Schmidt die Stadt bereits mit 14 Jahren, als sein Vater starb und die Mutter mit den beiden Kindern Arno und Luzie (geb. 1911) zurück zu ihren Verwandten nach Lauban in Schlesien zog.[4] Auch in späteren Jahren wurde Hamburg dem Autor nicht wieder zur Heimat. Als schlesischer Kriegsflüchtling mit Hamburger Wurzeln lebte er mit seiner Frau Alice von 1946 bis 1950 in Cordingen bei Walsrode in Niedersachsen. Von dort ließen sich die beiden nach Süddeutschland umsiedeln, in der – sich nicht erfüllenden – Hoffnung, dass die Wohnverhältnisse für Flüchtlinge dort angenehmer wären.[5] Ihren katholischen Wohnort Kastel verließen Schmidts nach einer Anzeige wegen Gotteslästerung und Pornographie 1955 beinahe fluchtartig.[6] Die liberale und künstlerfreundliche Stadt Darmstadt stellte ihnen, nach Intervention der Künstlervereinigung „Neue Darmstädter Sezession", rasch eine Wohnung zur Verfügung. Von dort aus suchten Schmidts bald wieder nach einer ländlichen Wohngelegenheit in Norddeutschland, die sie 1958 in Bargfeld bei Celle fanden. Die Landschaft war ein entscheidender Faktor für den Umzug, sicher auch die norddeutsche Mentalität, die Arno Schmidt näher lag als die vom Katholizismus geprägte Atmosphäre in Süddeutschland. Doch in die Großstadt seiner Kindheit zurück wollte der Autor auf keinen Fall – die ländliche Abgeschiedenheit Bargfelds war ihm entscheidende Voraussetzung für die nötige Ruhe zum Arbeiten.

Hamburg in Arno Schmidts Literatur

In den frühen Romanen *Schwarze Spiegel* (geschrieben 1951) und *Aus dem Leben eines Fauns* (geschrieben 1952/53) spielt Hamburg als Schauplatz eine Rolle – es ist aber nicht das Hamburg aus Schmidts Jugend, sondern die Stadt, wie der Autor sie um 1950 bei seinen Besuchen im Rowohlt-Verlag erlebte, der sich damals in der Nähe des Hamburger Rathauses befand. 1948 fuhr Schmidt erstmals von Cordingen nach Hamburg, zur Unterzeichnung des Verlagsvertrags über seinen Erstling *Leviathan* – zu diesem Aufenthalt gibt es keine überlieferten Aufzeichnungen Schmidts. Bei den folgenden Besuchen 1949 und 1950 war auch Alice Schmidt dabei; ihre Reisenotizen finden sich in ihren noch unveröffentlichten Tagebüchern. Insbesondere die Hamburger Kunsthalle hatte es Schmidts angetan. Der Autor ließ seine Begeisterung für die dort entdeckten Bilder in beide Romane einfließen.

Schwarze Spiegel

Der Kurzroman *Schwarze Spiegel* spielt in einer zukünftigen atomar verwüsteten Welt, in der der Erzähler sich zunächst für den letzten überlebenden Menschen hält. Er baut sich eine Hütte in den Schmidt vertrauten Wäldern bei Cordingen, aber da ihm noch „Glanzlichter“ zur Einrichtung, Bücher und einige praktische Gerätschaften fehlen, fährt er mit dem Rad nach Hamburg und setzt bei Blankenese mit einem Segelboot über die Elbe. Er übernachtet und gelangt am nächsten Tag auf nicht näher beschriebene Weise in die Innenstadt. Dort sieht er das vom Krieg beschädigte, von Menschen entleerte Hamburg – gesunkene Alsterdampfer und ein kaputtes Theater werden beschrieben; die Kunsthalle und viele Geschäfte stehen noch unversehrt.[7]

Diese Schilderung geht hauptsächlich auf zwei Besuche in Hamburg im April und Juli 1950 zurück, die Schmidts mit dem Tandem unternahmen.[8] Am 10. April radelte das Ehepaar von Cordingen über die Elbbrücken und von dort hinaus nach Flottbek. Auf dem Weg kamen sie am Dammtorbahnhof vorbei.[9] In Flottbek wohnte die ehemalige Lektorin Schmidts, Dr. Gerda Berger, die nach der Geburt ihres ersten Sohnes aus dem Rowohlt Verlag ausgeschieden war, mit ihrer Familie in der Villa ihres Stiefvaters und ihrer Mutter. Schmidts übernachteten dort, allerdings im Gästezimmer und nicht auf der Veranda wie im Roman: „Dann stieg ich in die nächste rassige Villa: nee: war zu muffig drinnen; also entrollte ich meine Decken auf der Veranda.“[10]

Arno Schmidt; Sein Haus in Bargfeld

Schmidts besuchten die Universitätsbibliothek – der Erzähler aus *Schwarze Spiegel* ebenfalls: „Schon war ich im Lesesaal und begann mit possessiven Gebärden die Präsenzbibliothek zu handhaben: da hätte ich einen LKW gebraucht!“ [11]

Schmidts forschten im Staatsarchiv (diese Institution taucht später als Motiv in *Aus dem Leben eines Fauns* auf) und gingen in die Kunsthalle. Sie trafen sich mit den Nachfahren des Dichters Friedrich de la Motte Fouqué, über den Arno Schmidt eine Biographie[12] schrieb, und erschienen unangemeldet im Rowohlt Verlag, wo ihr kecker Versuch, ohne irgendeine Grundlage etwas Bargeld ausgezahlt zu bekommen, sogar von Erfolg gekrönt war – die erhaltenen 80 D-Mark reichten Schmidts damals länger als einen Monat zum Leben. Am 13. 4. radelten Schmidts zurück.

Um die Übernachtung in Hamburg zu sparen, campierten Schmidts bei der nächsten Hamburg-Reise mit dem Tandem schon auf der Hinfahrt, in der Nacht vom 9. auf den 10. Juli 1950, bei Schneverdingen im Wald. Am nächsten Morgen überquerten sie dann mit der Fähre von Neuenfelde nach Blankenese die Elbe.[13] Sie besuchten die Familie Fouqué und den Rowohlt Verlag, erledigten Besorgungen, gaben beim Antiquariat Hauswedell einige Bücher und Fouqué-Handschriften für die nächste Auktion ab und traten noch abends die Rückreise an.

Die Entdeckung von A. Paul Webers Werk in der Kunsthalle im Roman *Schwarze Spiegel* fußt auf einem dritten Besuch in Hamburg im Jahr 1950. Wegen Schmidts bevorstehender Umsiedlung nach Süddeutschland lud der Rowohlt Verlag das Ehepaar zum Abschied nach Hamburg ein und kam auch für das Fahrgeld auf, sodass das Tandem nicht benutzt werden musste. Schmidts wurden mehrmals zum Essen eingeladen und wunderten sich, wie zuvorkommend man ihnen im Verlag begegnete, obwohl sich Schmidts Bücher so schlecht verkauften – im Rowohlt Verlag wusste man bereits, dass Arno Schmidt einer der Preisträger der Mainzer Akademie 1951 sein würde, was dem Autor zu diesem Zeitpunkt noch unbekannt war.

Am 25. 10. besuchten Schmidts wiederum die Kunsthalle, und entdeckten dort das Werk A. Paul Webers:

> Donnerwetter, ein Bild: mehrfarbiger Steindruck: blauer, blauer Himmel: 2 Jungens laufen u. wollen eben einen Drachen steigen lassen. Ein riesiges, ein dämonisches Drachengesicht. Ein lachender Dämon, u. vorn der Junge, jetzt sieht man's erst, der hat dasselbe Gesicht. U. so blauer blauer Himmel. Ein Meisterwerk! A. war rein außer sich vor Begeisterung. Sonderblatt, 10 DM für Mitglieder stand drunter. U. wir berieten: uns das doch zu kaufen. Gingen fragen: nur für Mitglieder zu dem Preis verkäuflich & jetzt gleich gäb's das dann auch nicht. Bekamen die Anschrift vom Künstler: Gr. Schretstaken über Schwarzenbeck. 57 Jahre.[14]

Dieser Text erfährt im Roman eine Verwandlung:

> *„Kinder mit Papierdrachen"*: der Eine hob die Hand. Der Andere, Ärmerchen, lief barfuß nebenher, die Bindfadenrolle unter grünem Arm, und die blaue Himmelswand, weißgefasert, hob sich übers Gras! Ich schlug mit dem Kopf in die stille Goldluft; ich fauchte durch die Nase; ich hob die gefühllosen Hände: da!: Da flog er!
>
> *Der Dämon*: huldreich und golden gebogen; Gottheit und listige Gefolgschaft, erschaffen und losgelöst, hinter einem selig Tobenden: so will ich ein selig Tobender sein. – Ich ging heran, und strich mit dem Finger über den gelben Rahmen; und lachte, als die Leine unter meinem Messer barst: ei, der muß mit!
>
> *Und gelobt sei die Griffelkunst-Vereinigung*, Hamburg-Langenhorn 2, Timmerloh 25: denn ich habe den größten unsrer neuen Graphiker gesehen: A. Paul Weber![15]
>
> Dann allerdings auf einem Sockel etwas aus gelbem geglätteten Holz, das ungefähr wie ein weiblicher Oberschenkel aussah (Bembergseide). „ZEN (verhüllt)" schriebs darunter, und ich stand davor, linke Hand am linken Back: „verhüllt": das Eigentliche mußte man sich also bei den beiden Schwellungen selbst denken. (Schien nicht bloß guter, sondern sogar „bester" Hoffnung zu sein; und Risse waren auch noch drin!): Kopfschütteln. Kopfschütteln.[16]

Der Roman erscheint hier wie eine Parodie auf die Betrachtung moderner Kunst, aber das Tagebuch Alice Schmidts klingt kaum anders: „Eine Holzplastik: „Zen (verhüllt)" völlig unklar ob Bein (von was?) oder Stamm? Konnten nur den Kopf schütteln."

Webers „Kinder mit Papierdrachen" nimmt der Erzähler im Roman aus der Kunsthalle mit. Das Bild hing aber auch bei Arno Schmidt, der wegen Webers Arbeiten in die Griffelkunst-Vereinigung eintrat.

Alice Schmidt weist in ihrem Tagebuch 1950 explizit darauf hin, dass die Innenstadt Hamburgs kaum noch Kriegsschäden zeige, ganz anders als der Stadtteil Hamm, in dem Schmidt aufgewachsen war, und den er 1948 allein und 1949 mit Alice Schmidt besucht hatte. Das Hamburg, das Schmidt in *Schwarze Spiegel* in eine menschenleere Gruselkulisse verwandelt, war 1950 bereits wieder vergleichsweise reich und prächtig: Der Jungfernstieg und die Alster, das wiederhergestellte repräsentative Ambiente mit geschäftigem Leben forderte den Autor zur literarischen Auslöschung heraus.[17] Sichtbar wird Schmidts Impuls gegen die Restauration, gegen die allgemeine Verleugnung des Krieges und des Grauens, gegen die neue Geschäftigkeit und die alte neue Macht der Kirche:

Ein Alsterdampfer kam unter der Lombardsbrücke hervor, Schiff ahoi, schwenkte ein, geriet gefährlich ins Wanken (denn der frische Wind rannte mit Geschrei durch die Trümmergassen), und wuppte eine Zeitlang unschlüssig auf und nieder (schien der Letzte zu sein, der noch trieb; bei den andern waren längst die Haltetaue durchgefault, die Seiten eingestoßen, gesunken: von dem links drüben sah man noch einen Meter Dach aus dem Wasser schrägen). Auch der hier hatte schon furchtbare Beulen im weißgrauen Bug, und stieß eben wieder dröhnend an den Steinrand, daß mir der Anblick wehtat.

Vor Geschäften: brauchte ich noch einen spitzen Hut? Oder Lackschuhe (auch spitz)? Mein Haar stob im Wind (was ich gar nicht schätze!), und ich trat einen Augenblick unters Portal der Petrikirche, mich zu adjustieren (ein kurzer Blick hinein: nee, werter Nazarener: Du bist kein Problem! Gott hab Dich selig; da das nach eurer Ansicht ja einmal Gottes Aufgabe ist).[18]

Es gibt eine zweite Hamburger Episode in *Schwarze Spiegel*, diesmal ist es eine Kindheitserinnerung des Autors respektive Erzählers, die man in diesem Fall wohl miteinander identifizieren darf. Der Erzähler schreibt sie nieder, so die Fiktion, weil die letzte überlebende Frau, die er in den Wäldern traf, sie ihm als Geburtstagsgeschenk für sich abverlangt. Sie liest des Autors sensible Einfühlung in das Hamburger Kind, das der Erzähler war.[19] Nach der Lektüre beschließt sie, ihn zu verlassen und weiter nach anderen überlebenden Menschen zu suchen.

Das in den Kindheitserinnerungen geschilderte Hamburg-Hamm ist ein poetisierter, unwirklicher Ort. Die Straße wird zur „Gassenschlucht", im Blumenkasten wartet die „Wildnis", die Bäume haben „graulockige Wipfelballen", der Windstoß ist „ein Wesen für sich": Die Perspektive des Kindes auf die städtische Umgebung belebt die Natur und die Kulisse, schließlich werden ihm sogar die Eisblumen zur begehbaren Gartenlandschaft. Exakte Benennungen von Straßen oder Gebäuden fehlen fast völlig, im Gegensatz zur Jungfernstieg-Episode des Romans. Die Fantasie des Kindes macht aus der Stadt ein Märchenland, die des Erwachsenen ein entsetzliches Nachkriegsszenario. In der Wirklichkeit lag der Schrecken inzwischen allerdings dort, wo Arno Schmidt seine Kindheit verlebt hatte. Die „Operation Gomorrha" 1943, durch die mehrere Stadtteile im Osten Hamburgs, darunter auch Hamm, im Feuersturm vernichtet wurden, mag in den Bunkern und Kellern in Hamm Leichen zurückgelassen haben wie die in *Schwarze Spiegel* beschriebenen – viele der Menschen, die dort Schutz gesucht hatten, kamen durch den Sauerstoffmangel um:

> In den Unterführungen des Dammtorbahnhofes saßen sie noch aufrecht, hart oder betend, auf Koffern und Hutschachteln, in dumpfen und karierten Kleidern; ein Mumienkind drückte's Gesicht in den dürren Schoß der grauseidenen Mutter: und ich schlenderte hallend, den Karabiner auf der Patronentasche, den Finger am Hahn, durch die Reihen der lederbezogenen Totenhäupter: und siehe, hatte der gesagt (und sich den behaarten Bauch gestreichelt), siehe: es war Alles gut! Vor der Sperre – wo ein Leichenberg haufte, drehte ich um, und ging den Korso wieder zurück: dazu also hatte der Mensch die Vernunft erhalten.[20]

Schmidt hatte sich das zerstörte Hamm bereits 1948 angesehen, wie er 20 Jahre später in einem Brief an seine Mutter schreibt:

> Über Deinen letzten Brief hab' Ich (freilich ziemlich wehmütig) grienen müssn –: Du möchtest das liebe=alte HAMBURG noch einmal wiedersehen?! Ei ja doch!/Da will ich Dir mal kurz skizzieren, wie meine 2 Reisen in die Vergangenheit ausgefallen sind. – Das erstemal war ich 1948 wieder in Hamburg, nach dem Kriege (42, im März, war ich, als Soldat, noch mal in unserm alten Hause gewesen; da hatte sich auf dem Rumpffsweg nicht viel verändert). Zunächst passierte es mir, daß ich den Rumpffsweg nicht fand – und ich hab ja immerhin meine ersten 15 Jahre dort zugebracht gehabt! Als mir endlich ein Mann, der dort in einem Keller wohnte, die Stelle ungefähr zeigte, bin ich (mit einiger Gefahr) auf den circa 3 m hohen Schutthaufen raufgeklettert: um mich herum, nach jeder Seite auf 3 bis 5 Kilometer war alles flach! 3 GebäudeKulissen erkannte ich in der Nähe und Ferne: 1.) die rote Ziegelfassade des Kinos in der Eiffestraße. 2.) Giebelwand & ein Stück

> Turm der Hammer Kirche (...) 3.) Von der Volksschule Hammerweg die Treppe und eine paar Meter Vorderwand –: SONST NICHTS !!!! , (und wenn Du meinst, daß, sagen wir um die Alster rum, noch mehr gestanden hätte, dann irrst Du Dich). Ich habe jedenfalls da oben gestanden und den Kopf geschüttelt; zumeist über mich selbst: daß ich Idiots genug gewesen war, mir das alte Bild derart zu verruinieren!/(...) Das war eines der niederschlagendsten Erlebnisse für mich, und ist es heute noch: du glaubst nicht, wie, wenn ich mich anschicke an H. zu denken, als erstes=hartnäckigstes der Trümmerhaufen mir erscheint! Und mir die Erinnerung halb verdirbt.[21]

Beide Hamburg-Episoden in *Schwarze Spiegel* gehören zusammen. Die Kindheitserinnerungen schrieb Schmidt schon 1941 nieder, als Hamburg-Hamm noch unversehrt stand. Er verändert 1951 den idyllisierenden Text nicht, sondern ‚transportiert' seine Verstörung über die Kriegsschäden stattdessen in die Innenstadt. Das Hamburg der Kindheit bleibt so literarisch bewahrt, auch wenn er selbst nicht mehr an die Stadt denken kann, ohne an die Verwüstung des Stadtteils zu denken.

Aus dem Leben eines Fauns

In *Aus dem Leben eines Fauns*, das zwischen 1939 und 1944 spielt, gibt es ebenfalls eine Episode in der Hamburger Kunsthalle. Der Zusammenhang der beiden Romane – sie sind in derselben Gegend angesiedelt, wenn auch zu unterschiedlichen Aktzeiten und weisen Ähnlichkeiten auf – brachte Schmidt während der Arbeit an *Aus dem Leben eines Fauns* auf die Idee, die beiden Romane zusammen mit dem früheren Werk *Brands Haide* (geschrieben 1950) zur Trilogie zu machen.[22] Auch die kurze Hamburg-Schilderung in *Aus dem Leben eines Fauns* geht auf die Nachkriegs-Besuche Schmidts zurück, sodass ihm der – vermeintliche – Fehler unterläuft, Otto Muellers Werk in der Kunsthalle enthusiastisch zu beschreiben, das im Nationalsozialismus dort gar nicht ausgestellt wurde:

> *Aber hier: sieh da!* (und ich machte der klugen Direktion unten doch mein kleines Kompliment!): ganz hinten und sehr beiläufig wurde es eckiger und weniger betäubend arisch, Menschen sahen unter ihren tierisch niedrigen Stirnen hervor in von ihnen emanierte unheimliche Dinge; eine Hand war wieder etwas weißes Spinniges, und vor einem Hinterhof konnte Einem grauen, und Otto Müller brachte Alles wieder ins Rechte:
>
> *„Otto Müller: Mädchen im Grünen"*: und die zwei nackten Halbwüchsigen lugten finster unter ihren Haaren in den Beschauer, steckten die noch mageren Beine zwischen

> Gras und wilde flache Pflanzen, wandten sich unjungfräulich und lauerten weiter aufs sorglichdunkelgrüne Leben: und ich lächelte wild und triumphierend: und so wohnt häi noch jümmer in de Lammer-Lammerstroot: kann mooken, watt häi will: es lebe unser großer heiliger Expressionismus!![23]

Dies ist nur einer von vielen Anachronismen im Roman, die Schmidt dem Text jedoch absichtlich einschrieb. So berichtet Alice Schmidt in ihrem Tagebuch von 1956 nach Erhalt eines Leserbriefs, der diesen Umstand kritisch vermerkt: „Ja, was die Einwände der Nylonstrümpfe zur Nazizeit betrifft, so bin auch ich C's [des Leserbriefschreibers, S.F.] Meinung und habe das damals [vor der Veröffentlichung, S.F.] schon A[rno] gesagt. Er aber sagte, das bliebe so. Und jetzt noch mal freundlich fragend (Zeit abgepaßt) sagt er: Diese wiederkehrenden Beziehungen zur Gegenwart müßten sein. Sei so beabsichtigt."[24] Schmidt ging es um Kontinuitäten vom Nationalsozialismus zur Bundesrepublik, die er über diese kleinen Signale anspielte.

Späte Suche nach der Kindheit

In den folgenden Werken der Fünfziger Jahre wird Hamburg für Arno Schmidt literarisch uninteressant. Nach seinem Umzug nach Süddeutschland 1950 besuchte er die Stadt nicht mehr, von einem Kurzaufenthalt auf der Durchreise 1963 abgesehen. Als Schmidt die Beziehung mit dem Rowohlt Verlag 1955 beendet hatte, gab es für ihn keinen Anlass mehr, nach Hamburg zu reisen. Seine Romane und Erzählungen situierte Schmidt nun an seinen aktuellen Lebensorten (Darmstadt, später Bargfeld) oder an den Zielen der wenigen Reisen (Dümmer, Ahlden, Ost-Berlin, Dithmarschen). Einige seiner literarischen Schauplätze waren ohnehin nur utopisch verortet.

Bedeutung gewann Hamburg für ihn erst wieder, als ihm sein eigener Werdegang zum Thema wurde. Schmidt hat sich immer für das Leben von Dichtern und Schriftstellern interessiert. Dass es eines Tages auch zu seinem eigenen Werk biographische Untersuchungen geben würde, hielt er für selbstverständlich, und kümmerte sich um das nötige Material. Die acht Blätter des Fragments *Materialien für eine Biographie* entstanden im Juli 1961; im September desselben Jahres schickte er seiner in Quedlinburg lebenden Mutter einen umfangreichen Fragenkatalog zur Familiengeschichte und zu den Bewohnern des Hamburger Mietshauses im Rumpffsweg 27, in dem er aufwuchs.[25]

In den *Materialien* beginnt er den Abschnitt „Bezugslandschaft" mit dem Satz:

> 25 Jahre lang hatte ich Grund zu einem absonderlichen Ärger: ich war zwar in Hamburg geboren; aber von stockschlesischen Eltern, denen das norddeutsche Wesen ein Greuel und Platt eine Barbarensprache däuchte, und die dafür gern von ‚schlesischen Bergen' faselten.[26]

Über das Hamburger Platt im Gegensatz zum Schlesischen schreibt er dort:

> (...) von meinem in Schule und Spiel geübtem Plattdeutsch wußte ich, daß es ‚stimmte', verglichen mit dem, mir widerlichen, schlesischen Gemauschele, mit seinen Spielzeugdiminutiven, dem schaumig=weichlichen Gezischle kombiniert mit kindlich=werwölfigem Abergegläuble; in diesem Fall hatten meine Eltern, in ihrer sinnlosen Versteifung gegen den prachtvollen Stadtstaat, so offenkundig Unrecht, daß jedes Wort der ‚Widerlegung' verschwendete Atemluft bedeutet hätte.[27]

Hier bekennt sich Schmidt absichtsvoll zu seiner Heimatstadt, er nutzt dieses Bekenntnis zur Abgrenzung gegenüber seiner Familie. Diese Seiten enthalten sonst nur noch, konventionell abgehandelt, das Leben einiger Vorfahren, dann bricht das Manuskript ab.

Zu dieser Zeit schrieb Schmidt Texte, die auf eine Beschäftigung mit Sigmund Freuds Werk hindeuten, mit dem er sich ab dem Jahreswechsel 1961/62 eingehender beschäftigte. Danach müssen ihm konventionell erzählte Memoiren fragwürdig geworden sein.[28] Das Interesse an der eigenen Hamburger Kindheit ließ jedoch nicht nach, sondern verstärkte sich eher noch. Im letzten vollendeten Roman *Abend mit Goldrand* (erschienen 1975) erinnert sich eine der Hauptfiguren, der alte Schriftsteller A&O, detailliert an die Eltern, die Hamburger Wohnung und die Umgebung in Hamburg-Hamm. Die literarische Form ermöglichte Schmidt nun, ganz anders zu erzählen – der ganze Roman in Form einer „Novellencomödie" besteht mehr aus Gesprächen als aus Beschreibungen. A&O berichtet aus dem Hamm seiner Jugend, nicht ohne vorzuschalten:

> Außerdem konstruieren die dumm'm Menschen immer noch einen Unterschied: ob Einer seinen Cadaver zum Sezieren vermacht, um die Anatomie zu fördern; oder ob er eine SelbstBiographie hinterläßt. Das erstere gilt als exquisit wissenschaftlich, ja fast heroisch; das zweitere wird, vornehm=angewidert, als ‚Exhibitionismus' belächelt, oder gar verhöhnt.[29]

Schmidt begann auch hier mit den Vorfahren, jedoch konzentrierte er sich auf atmosphärische Schilderungen der Milieus. Und als sich die Erzählung Hamburg zuwendet, sieht der Leser einerseits exakteste Stadtpläne vor sich, die im Roman abgebildet sind, andererseits aber wird die Passage so eingeleitet, dass das Bild des Hamburger Stadtteils regelrecht in die Gegenwart heraufbeschworen wird, in der Erzähler und Zuhörer auf der ländlichen Terrasse sitzen:

> Wie zuvor, auf der Terrasse./Doch hat es sich wie ein leichter Dunst über das Ganze zu legen begonnen – genauer: wie das unfertige NebelBild eines zukünftigen Stadtteils – (der natürlich gleichzeitig unbeschreiblich=vergangen ist. Auch im Kriege vollkommen zerstört. Und längst wieder, bis zur Unkenntlichkeit, neu=aufgebaut) – die Bilder wölken durcheinander – das Geschrei der seel'nlosn Klimperlinge vom Strohberg her, schallt auch über die leeren VorstadtFlächen am DobbelersWeg – (...) – Vergangenwart in Gegnheit, das kann ja heiter werd'n.)[30]

Wir erfahren nun die Namen der damaligen Nachbarn, den Verlauf des Schulwegs, Erlebnisse im Hammer Park und in der nahegelegenen Badeanstalt „Horner Moor". Kleingärten, Sportplätze, Schulkameraden werden geschildert. Wir erfahren auch, wie der junge Autor Spartakusaufstand und Inflation erlebte und wie er sich in der kleinbürgerlichen Umgebung fühlte. Wie er seine Eltern verachtete, den feierlustigen Vater und die ungebildete, sentimentale Mutter. Mehr muss nicht sein. Oder?

Schmidt genügte das nicht. Bei der unendlich materialreichen Fouqué-Biografie bedauerte er im Nachhinein, dass er sie nicht als Gespräch von verschiedenen Personen geschrieben habe, um unterschiedliche Interpretationen vermeintlich eindeutiger Fakten zu präsentieren. 1975, nach dem Erscheinen von *Abend mit Goldrand*, entwickelt Schmidt den Plan zum Erinnerungsbuch *Porträt einer Klasse*, in dem seine Erinnerungen an die Hamburger Zeit von denen seiner Schulkameraden flankiert werden sollen, um ein ganzes Mosaikbild jener Jahre zu erhalten. Sein ehemaliger Mitschüler Hans Riebesehl übernimmt es, die anderen Ehemaligen, zu denen Schmidt keinen Kontakt mehr hatte, als Autoren zu gewinnen.

Das Buch erschien erst 1982, drei Jahre nach Schmidts Tod. Arno Schmidt hatte die nur leicht veränderte biographische Erzählung A&Os aus *Abend mit Goldrand* dazugegeben (die Grenze zwischen fiktiver Literatur und Autobiographie kümmerte ihn offensichtlich nicht). Neun Klassenkameraden hatten kürzere, nicht-literarische Texte über die gemeinsame Schulzeit hinzugefügt. Vor diesem Hintergrund erscheint Arno Schmidt noch mehr als „fremder prinz aus dem buecherlande"[31] denn als ‚Hamburger Jung' wie die anderen. – „‚Gebildete Leute'?: das müssen Sie ja nicht denken!", warnte Schmidt seinen Lektor vor den ehemaligen Mitschülern.[32] Schmidt ließ seine 1939 in die USA emigrierte Schwester Luzie in New York von John E. Woods interviewen. Die Niederschrift des Gesprächs über ihre Jugend wurde im Buch ebenso abgedruckt wie die Erinnerungen an die Hamburger Zeit, die Clara Schmidt 1961 niedergeschrieben hatte. Schmidt kommentierte die Erinnerungen der Verwandten und der Klassenkameraden in Fußnoten. So entstand ein Erinnerungs-Mosaik um die Hamburger Jugendjahre des Autors.[33] Es erfüllt den Anspruch Arno Schmidts: „Abgesehen davon, daß die Atmosfärilien, das ‹Milieu›, im Leben das wichtigste sind: ebenso wird jeder verantwortungsbewußte Autor seine eigene Individualität – sie sei nun gut oder schlecht – mitgeben: damit der Leser wisse, *welche Farbe das Glas habe, durch das er schauen muß.*"[34]

---

1 Arno Schmidt, *Das steinerne Herz*. Bargfelder Ausgabe der Werke Arno Schmidts, Zürich/Frankfurt/Berlin 1985 ff. (künftig zitiert als BA), I/2, S. 7–163, hier S. 58. Schmidts Verschreibung spielt an auf das Hamburger Bürger-Selbstverständnis, das im Roman dafür sorgt, dass der Volkspolizist mit Hamburger Wurzeln und der westdeutsche Reisende gutmütig miteinander umgehen.

2 *Das=Land=aus=dem=man=flüchtet*, BA III/3, S. 386–389, hier S. 388.

3 Siehe Georg Eyring/Jan Philipp Reemtsma (Hg.), *In Sachen Arno Schmidt ./., Prozesse 1 und 2*, Zürich 1988.

4 Der Hamburger Kindheit Schmidts widmen sich zwei ausführliche Bände: Ernst Krawehl (Hg.), *Porträt einer Klasse*, Frankfurt 1982 und Joachim Kersten (Hg.), *Arno Schmidt in Hamburg*, Hamburg 2011. Zu den schlesischen Jahren vgl. Bernd Rauschenbach/Jan Philipp Reemtsma (Hg.), *„Wu Hi?", Arno Schmidt in Lauban Görlitz Greiffenberg*, Zürich 1986, zuletzt Berlin 2012.

5 Schmidts lebten vom 1950 bis 1951 im Weindorf Gau-Bickelheim in Rheinhessen, danach bis 1955 in Kastel an der Saar. Vgl. Susanne Fischer (Hg.), *„Umgängliche Nachbarn erwarten euch"*, Bargfeld 1995.

6 Nachzulesen in Alice Schmidt, *Tagebuch 1955*, hg. von Susanne Fischer, Berlin 2008.

7 Vgl. BA I/1, S.223–227.

8 Alle Daten und Fakten im Folgenden aus Alice Schmidts Tagebüchern, Archiv der Arno Schmid Stiftung, Bargfeld.

9 Vgl. den Dammtorbahnhof in *Schwarze Spiegel*, BA I/1, S. 224.

10 BA I/1, S. 223.

11 BA I/1, S. 225.

12 Arno Schmidt, *Fouqué und einige seiner Zeitgenossen*, Darmstadt 1958 (und BA III/1).

13 Vgl. die Elbüberquerung in *Schwarze Spiegel*, BA I/1, S.223.
14 Tagebuch Alice Schmidt, 25. 10. 1950.
15 BA I/1, S. 227.
16 BA I/1, S. 227.
17 Vielleicht war ein zusätzlicher Grund, dass der Rowohlt Verlag in der Innenstadt residierte, den Schmidt aus der Perspektive des hungernden Autors immer als reich empfand; sich selbst sah er dagegen als Opfer verlegerischer Willkür, wenn Ernst Rowohlt und Heinrich-Maria Ledig-Rowohlt nicht unmittelbar seinen Vorschlägen folgten. Eine literarische Rache?
18 BA I/1, S. 223f.
19 Vgl. BA I/1, S. 254ff. Schmidt verwendet hier Auszüge aus zwei Texten, die er schon 1941 niedergeschrieben hat: die Erzählungen *Der Rebell* (BA I/4, S. 359–370) und *Das Kraulemännchen* (BA I/4, S. 371–380).
20 BA I/1, S. 224.
21 Arno Schmidt an Clara Schmidt, 13. 12. 1968, in: *Arno Schmidt in Hamburg*, S. 129.
22 Alice Schmidts Tagebuch vom 30.1.1953: „ A. kommt von draußen rein u. sagt: ich hab' jetzt ne Idee gehabt. Der Faun ist der 1. Teil von Brands Haide, denk mal drüber nach. Und ich flamme spontan auf. Aber natürlich. Was sind wir doch für Esel daß uns das nicht sofort einfiel. Jetzt kann dir keiner mehr einen Vorwurf machen, du hättest wieder ein Brands Haide geschrieben. Und wir begeistern uns gegenseitig an dieser Erleuchtung. Wenns beabsichtigt gewesen wäre, hättest dus nicht besser motivieren können. Jetzt liegt erst tiefer Sinn in dem ähnlichen Anklang: Die gleichheit der Landschaft ist nun selbstverständlich. Die Bildsache in der Kunsthalle ist um die der Nazikunst von der späteren zu differieren. Hier träumt er er stiehlt sie, in Schw. Spiegel wirds dann leicht ausgeführt. Dasgl. die Hütte im Wald. Nein jetzt wirken die erst etwas peinlichen Ähnlichkeiten als grandiose Kettenglieder. Jetzt erst wird Brands Haide eine Trilogie die sich sehen lassen kann. Ein Zeitbild ersten Ranges: Hitlerzeit u. Krieg; Nachkriegszeit und Zukunft." Schmidt lässt die Texte 1963 erstmals in einem Band unter dem Titel „Nobodaddy's Kinder" erscheinen.
23 BA I/1, S. 355.
24 Tagebucheintrag vom 15. 3. 1956 (Alice Schmidt, *Tagebuch 1956*, Berlin 2011, S. 91).
25 Vgl. Arno Schmidt an Clara Schmidt, 15. 9. 1961, in: *„Und nun auf, zum Postauto!", Briefe von Arno Schmidt*, hrsg. von Susanne Fischer und Bernd Rauschenbach, Berlin 2013, S. 158ff.
26 Arno Schmidt, *Materialien für eine Biografie*, in: BA, Supplemente I, S. 342–349, hier S. 344f.

27 Ebd., S. 345.

28 In diesem Zusammenhang ist auch die Auseinandersetzung mit *Finnegans Wake* von James Joyce zu nennen. Schmidt deutete den Roman als verschlüsselte Geschichte des Bruderzwists zwischen James und Stanislaus Joyce (z. B. im Rundfunk-Essay *Das Geheimnis von Finnegans Wake*, geschrieben 1960, BA II/2, S. 433–477). In den *Ländlichen Geschichten*, entstanden 1960–63, spielt Traumsymbolik eine Rolle. Nachweislich erwähnt wird die Lektüre Sigmund Freuds erstmals am 23. 12. 1961 (unveröffentlichtes Tagebuch Arno Schmidts).

29 BA IV/3, S. 222.

30 BA IV, 3, 228.

31 So beschreibt Arno Schmidt sich selbst in der frühesten überlieferten Postkarte an seinen Freund Heinz Jerofsky (Poststempel 29. 8. 1933, in: *„Wu Hi?“*, S. 55).

32 Arno Schmidt an Ernst Krawehl, 31. 1. 1979, in: *„Und nun auf, zum Postauto!“*, S. 271.

33 Das später erschienene *Arno Schmidt in Hamburg* greift auf dieselben Texte zurück, außerdem auf Tagebuchaufzeichnungen und Briefe, und präsentiert weitaus mehr historisches Bildmaterial.

34 Arno Schmidt, *Die Gelehrtenrepublik*, BA I/2, (S. 221–349, hier S. 293).

★

Flandziu

Hansischer Goethepreis für das Jahr 1954 an T. S. Eliot

Daß Goethe einer der weisesten Menschen war, habe ich schon lange zugegeben; daß er ein großer lyrischer Dichter war, ist mir seit langem aufgegangen; aber daß die Weisheit und die Dichtung bei den Dichtern höchsten Ranges untrennbar sind, das ist etwas, was ich erst eingesehen habe, als ich selbst ein wenig weiser wurde. So komme ich schließlich noch einmal zu den Zügen des Goethebildnisses auf meinem Kaminsims zurück. Ich habe ihn und zwei andere als die drei Dichter genannt, die unbestreitbar große Europäer sind. Aber ich möchte nicht gerne schließen, ohne Sie daran zu erinnern, daß ich diese Männer für ausgesondert ansehe, nicht ihrer Art, sondern ihres Ranges wegen; und daß es andere gegeben hat, selbst zu unseren Lebzeiten, die, wenn sie vielleicht niedrigeren Ranges waren, doch zur gleichen Gemeinschaft gehören: und daß einer der Maßstäbe, nach dem sich feststellen läßt, ob unsere europäische Kultur in der Zukunft dauern wird, der ist: inwieweit europäische Völker fähig sein werden, auch weiterhin solche Dichter hervorzubringen. Und wenn die Zeit kommt, da der Begriff „Europäische Literatur" aufhört, irgendeinen Sinn zu haben, so wird auch die Literatur einer jeden europäischen Nation und jeder europäischen Sprache dahinwelken und zugrunde gehen.

T. S. Eliot

T. S. Eliot, „Goethe as a Sage". Ansprache anläßlich der Verleihung des Hansischen Goethepreises für das Jahr 1954. Veröffentlicht in *On Poetry and Poets*. In deutscher Sprache erschienen zuerst in *Dichter und Dichtung*. Deutsch von Ursula Clemen. Quelle; T. S. Eliot, *Essays 2: Literaturkritik*. Frankfurt/Main 1988: Suhrkamp (st 1562), S. 324.

Uwe Herms

Selbstversetzung. Für Siegfried Lenz

Im Jahre 2001, fünfzig Jahre nach Erscheinen seines ersten Buches, wurde Siegfried Lenz zum Ehrenbürger der Hansestadt Hamburg gewählt. Seine Dankrede beim Festakt im Rathaus begann er so:

> Aus dem Osten komme ich, aus einer kleinen Stadt in Masuren, weit im Rücken der Weltgeschichte, dorther, wo Schicksalsdemut und listige Heiterkeit den Alltag kennzeichneten und wo der wunderbare Diminutiv, also die Zärtlichkeitsform, unser Verhältnis zur Welt bestimmte ...

So rhapsodisch erinnert sich Lenz, so überaus kunstvoll in der Satzkonstruktion, daß alles hinläuft auf einen zentralen Begriff seines Weltverhältnisses: auf die Zärtlichkeitsform. Wo sie offenbar vorherrschte, in einer Art Paradies des Diminutivs, blieb es nicht, wie es war, konnte er nicht bleiben. 1926 geboren gehörte er zur Kriegsgeneration und wurde eine Art Kindersoldat.

Im Jahre 1966 hatte Siegfried Lenz in einem bekenntnishaften Text über sich selbst eine überaus radikale Sichtweise formuliert, eine, die uns alle betrifft und jede Generation von Neugeborenen, eine Grundwahrheit über den Platz in der Welt:

> Alles war schon da, als ich geboren wurde, ich hatte strenggenommen keine Daseinsberechtigung, ich war überflüssig, entbehrlich, ein fahrlässiger Luxus; (...) In Lyck, der Hauptstadt Masurens, stand am Tag meiner Geburt alles schon fest, war alles eingerichtet, verteilt und beschlossen: ich war ihr Überfluß ...

Dieses Bekenntnis einer frühen Erfahrung bezeichnet vielleicht so etwas wie den Urschmerz, der ihn angetrieben hat, der Tatsache seines Daseins einen Sinn zu geben, eine Rechtfertigung – nicht nur für sich selbst, sondern auch für die Gestalten, die kleinen Leute, denen er später in Romanen und Erzählungen Leben und Lebensberechtigung gab, Lucas, dem sanftmütigen Knecht etwa, oder Bruno, dem treuen underdog im patriarchalischen Gefüge des Romans *Exerzierplatz*. Das Mittel der persönlichen Landgewinnung in der Welt, die schon besetzt war, ist von Kind an die Phantasiearbeit gewesen. Lenz schrieb schon, so scheint es, bevor er schreiben konnte. „Indem ich anderen ein Schicksal bereitete", so sagt Lenz über sich selbst, „erwarb ich mir selbst ein Schicksal: ich wußte endlich, wozu ich da war."

Diese Selbstinitiation aus der Macht kindlicher Phantasiebildung noch in der Kleinstadtwelt Masurens erfuhr ihre Ergänzung und Überwindung durch den Krieg in der Ostsee, dem er als 17-jähriger, 18-jähriger zugeteilt wurde – Tod und Terror als reales Geschehen, Grundlegung der Überzeugung, daß realistisches Schreiben der Phantasie Hand und Fuß gibt, daß das Leben *endlich*, daß pflichttreues Heldentum mit Menschenliebe nicht vereinbar ist. „Mitten in den Wirren und Untergängen und Katastrophen verlor ich meine Arglosigkeit, und die Erlebnisse hinterließen einen hellen Schrecken und einen unbekannten Schmerz."

„Einen unbekannten Schmerz", man könnte auch sagen: einen namenlosen Schmerz als Grundierung des Lebensgefühls, einen Schmerz, der immer dann aufs neue virulent und bezeichenbar wurde, wenn sich dem arglosen Auge des Entdeckers neue Paradigmen des Unrechts, der Menschenverachtung als unmittelbare Erfahrung offenbarten: so in jenem warmen Frühjahr 1945 im besetzten Dänemark, als ein Mitsoldat erschossen wurde, „weil er sich aufgelehnt hatte mit Worten", wie Lenz schreibt. Der 19-jährige sagt sich los von seiner, von Hitlers Truppe, er desertiert, er desertiert allein:

> Ich schlief unter Büschen an Seeufern. Ich schlief in Schuppen und in einem Autowrack. Ich aß allein, wusch mich allein, ruhte und dachte allein. Nur mir gehörte meine Angst, niemand war zuständig für meinen Hunger, ich sicherte für mich, ich plante für mich, ich hoffte für mich: die Welt befand sich mir gegenüber. (...) (Ich) entwarf eine Aufgabe für mich allein: ich wollte am Leben bleiben.

Diese existentielle Extremsituation: allein zu sein auf eine höchst reale, nicht eingebildete, nicht virtuelle Weise, jeden Augenblick wie ein Stück Wild aufgespürt werden zu können und dem Tode anheimzufallen, für alles ganz allein verantwortlich zu sein und daraus das Leben zurückzugewinnen – dieses tatsächlich erfahrene Szenarium des nachmaligen Schriftstellers Siegfried Lenz ist mehr als eine Erfahrung, mehr als ein Sinnbild. Es ist die Definition der schriftstellerischen Existenz, wie Siegfried Lenz sie lebt.

Noch einmal und dann immer wieder bewahrheitet sich der Urschmerz, daß er, auf die Welt gekommen, „strenggenommen keine Daseinsberechtigung" hatte, weil die Welt schon war, wie sie war – und daß er dennoch leben wollte, nicht verbittert, sondern lustvoll, und daß diese Lust nur aus dem Schmerz eines sisyphoshaften Bemühens zu gewinnen wäre, einem dialektischen System. Die Stadt, in der ihm das dann als gut 20-jähriger gelang, war Hamburg, obwohl Hamburg auf ihn genausowenig gewartet hatte wie Lyck in Masuren.

Als Deserteur in den dänischen Wäldern hatte Lenz „eine Aufgabe für sich allein" entworfen, und nach einigen Zwischendefinitionen, diese Aufgabe erst als Lehrer, dann als Journalist zu erfüllen, mündete der in der Einsamkeit mit sich selbst auf der Flucht begonnene Dialog in die Entscheidung, Schriftsteller zu werden und zu sein, jeglicher Zwangsjacke also sich zu erwehren, sei sie Uniform oder Vorgesetzter oder Lehrplan oder betriebliche Hierarchie – und allenfalls der Zwangsjacke der bedingungslosen Selbstbestimmung zu gehorchen.

So ist Lenz ein Davongekommener, ein Überlebender, der dies nie vergaß. Die Kraft und das Glück, die Lust und der Schmerz, das Gedächtnis und die Phantasie – Merkmale, die ihn auszeichnen, auch über fünf Jahrzehnte nach der Entscheidung, ein Schriftsteller zu werden, zu sein und zu bleiben, immer aus dem Bewußtsein, daß einst einem Mitsoldaten die Daseinsberechtigung auf sein junges Leben entzogen wurde, weil er „sich aufgelehnt hatte mit Worten".

Wie mächtig, wie wirksam, wie glaubwürdig Siegfried Lenz für sich selbst und für jene, die das nicht so können, daran gearbeitet hat, „Daseinsberechtigung" in der Welt zu erlangen – mit nichts als Worten und Worten zu Büchern, das ist leicht zu erkennen. Zahlreiche Bände mit Romanen, Erzählungen, Essays, szenischen Werken, Gesprächen als Originalausgaben seit 1951, ein immenses Œuvre – und immer bei Hoffmann und Campe in Hamburg. Nicht gerechnet die Ausgaben in anderer Form, die Nachdrucke in Anthologien, die Verfilmungen, die Übersetzungen in rund 30 Sprachen rund um den Erdball, nicht gerechnet auch die kaum überschaubare Anzahl von Buchrezensionen vor allem skandinavischer Literatur und von Rundfunkarbeiten. Nachweise also, daß Siegfried Lenz jenen Zauberton trifft, der nicht nur uns, die Leute deutscher Zunge, berührt.

Der israelische Schriftsteller Amos Oz, ein Kenner seines Werks, nennt Siegfried Lenz einen „Baltic Writer", einen Autor als Anrainer des mare balticum, der Ostsee, also des Mittelmeers des Nordens. Wenn ich ihn richtig verstehe, meint er damit den universal verstehbaren Dichter, der durch – wie Lenz es selber nennt – „Selbstversetzung" in seinen Werken von Mensch und Dasein überregional bedeutsam wird. Oder wie Lenz am Ende seines Essays *Über den Schmerz* sagt: „Der Schmerz eröffnet uns nicht nur unsere Ohnmacht und Verletzlichkeiten, sondern läßt uns auch eine tröstlichere Möglichkeit der Existenz erkennen – die Möglichkeit einer Bruderschaft im Schmerz."

Einst war ein persischer Großfürst seiner Leidenschaft für Bücher derart verfallen, daß er sie bei seinen Reisen immer dabeihaben wollte. Der persische

Fürst war aber ein großer Sammler. Er besaß einhundertsiebzehntausend Bücher, und es läßt sich denken, daß die Karawane recht lang wurde. Damit schien das logistische Problem jedoch nicht zufriedenstellend gelöst. Wer Bücher hat, will sie auch finden können.

So ließ der Großfürst seine Kamele nach dem Alphabet beladen, lebende Regale auf vier Beinen und mit Höckern, und die Treiber waren gehalten, sie nicht durcheinanderlaufen zu lassen. Für den Buchstaben L wie Lenz hätte unser Großfürst ein eigenes Lastkamel reservieren müssen. Büchersammler sind auf Vollständigkeit aus.

Wenn Sie sich nun vorstellen, meine Damen und Herren, daß der allmächtige persische Großfürst seiner Karawane eine *Zeitreise* befohlen hätte, um an dem heutigen Festakt teilzunehmen, so erweist sich die Entscheidung für das Schloß vor Husum als umsichtig und standesgemäß. Hier im Rittersaal hätte man rasch noch für den Großfürsten und seine Entourage eine Reihe Sitzkissen einrichten können. Wäre der Schloßhof als Karawanserei zu eng gewesen, hätten wir den schattigen Park angeboten, den Park mit seinen alten Baumbeständen und labenden Wassergräben und vier Millionen Krokussen, einst angepflanzt von deutschen Mönchen – in weiser Voraussicht, möchte man sagen, auf solch ein Ereignis. Mit dem Eintritt in diese Oase hätten unsere Bücherkamele sofort erkannt: Husum ist nicht nur das Lourdes des Krokuswunders. Husum ist das Mekka der Literatur.

Wie wir wissen, ist es Theodor Storm gewesen, der mit seiner literarischen Imaginationskraft Bilder und Schicksale unserer Gegend derart in Texten codiert hat, daß sie auch in übersetztem Zustand ihre Auferstehung erfahren, daß sie auch und erst recht, um ein Beispiel zu nennen, im maoistischen China die Herzen zu bewegen vermochten. So erfuhr ich bei meiner Tätigkeit an der Peking-Universität 1980 von mindestens einem Dutzend, wenn nicht sogar siebzehn chinesischen Versionen der Novelle *Immensee* – in einem Land also, wo gerade die sogenannte Viererbande unter Hausarrest stand und den Prozeß erwartete, einschließlich der Witwe Maos, in eigener Villa mit eigenem Koch und Reitpferd. Zu dem Zeitpunkt, und das ist erst ein Vierteljahrhundert her, hat kaum einer in ganz China nachschlagen können, wo Nordfriesland, wo Husum oder gar „Immensee" liegt. Dennoch gab es bei den Lesenden einen Inbegriff von unserer so unauffindbaren Gegend. Sie war auffindbar, aber auf der imaginären inneren Landkarte, wie sie die Literatur erzeugt, die Literatur, die Grenzgängerin und Konterbande.

Nicht nur erstaunt war ich damals, sondern beglückt, als mir eine chinesische Angestellte der Deutschen Botschaft von ihrer Arbeit in der Freizeit erzählte und meine Hilfe wünschte. Schon seit Jahren widme sie ihre Kraft und Hingabe einer Übersetzung, einer Übersetzung der *Deutschstunde* von Siegfried Lenz. Da verstand ich einmal mehr, warum der Verfasser scherzend gelegentlich von einem „unhöflich dicken Buch" gesprochen hat und damit neben der *Deutschstunde* Romane wie *Das Vorbild, Heimatmuseum, Der Exerzierplatz, Die Auflehnung* meinte. Daneben ist der neueste Roman, *Das Fundbüro*, von 2003 der Ausdruck reiner Courtoisie. Eines Tages, eines Jahres hat den Verfasser dann sein Werk auf Chinesisch erreicht, kartoniert und gedruckt auf armem Papier und übersetzerisch in jene Schriftzeichen codiert, die auch einem Sprachmeister und Meister mehrerer Fremdsprachen wie Lenz nicht ohne weiteres zu erkennen geben, daß es sich um seine *Deutschstunde* handelt und nicht etwa um das *Heimatmuseum*. Nur der Umfang mag ihm bedeuten, daß das wohl nicht die schmale Erzählung *Die Flut war pünktlich* sein kann. Auch Japanisch oder Kasachisch, Ungarisch oder Finnisch, Russisch oder Neugriechisch, vielleicht, ich weiß es nicht, auch Persisch – alle solche Versionen seines Werks mögen dem Autor bei Empfang der Belegstücke ein wenig Spanisch vorgekommen sein.

Den Sprachenreichtum der Welt gewissermaßen am eigenen Buchleib zu erfahren, ist ein ganz eigenes Glück. Und auch die Gewißheit, daß die eigene Phantasie, das persönliche Leben, seine soziale Welt zu Erzählungen geraten kann, deren Verstehbarkeit nicht von Staatsgrenzen aufgehalten wird. Autor und Leser in ihrer Verständigung und Symbiose mit Hilfe eines Buches sind als einzelne in der Vielheit längst die geistigen Träger der Globalisierung, einer Globalisierung allerdings, die niemandem aufgezwungen wird. Denn Schreiben und Lesen sind Akte der je eigenen Entscheidung und Freiwilligkeit. Sie sind Ausdruck einer herrschaftsfernen Bereitschaft, von sich zu reden und zu sich reden zu lassen, in welchen Zungen auch immer. Autor und Leser, sie sind sich selber Herr und Herrscher, und wenn sie es in Diktaturen heimlich sein müssen, sind sie es heimlich, aber sind es. Im Buch überspannen wir die Länder und Kontinente, und wir überspannen die Zeit und Zeiten im Brückenschlag der historischen Tiefendimension.

Für uns bedeutet dies: indem wir auf bescheidene Weise Siegfried Lenz ehren, ihn, den Vielgeehrten, ehren wir uns selbst. Werden des Umstands inne, daß die Literatur, und dies schon seit einigen Jahrtausenden, ein eigenes Netzwerk hat, ein eigenes Internet des kultivierten Wortes, der transformierten Stoffe und Themen, und zwar im humanen Modus der Langsamkeit, der Besinnung und Besonnenheit und der Hinwendung und Selbstwidmung durch den Lesenden wie durch den Verfasser, in unauflöslicher Wechselbeziehung. Sie wird am deutlichsten, wenn Menschen einander vorlesen. Ich denke da nicht nur an Lancelot, jene Sagengestalt aus der Tafelrunde des Königs Artus, und das recht abenteuerliche, das grenzgängerische Liebeserlebnis, das ihm seine Vorlesekunst bescherte. Das Vorlesen hat etwas von der Fellpflege der Primaten, auf hohem Niveau selbstverständlich.

Was gelesen wird, ist geschrieben worden. Ist geschrieben worden fast immer von einem Mann, einer Frau allein, sehr allein – und doch nicht allein. Denn was der Autor in Sprache faßt, hat sich bereits in seinem Kämmerlein, in seinem Oberstübchen versammelt oder schleicht unter dem Prozeß des Schreibens herbei, ein Stelldichein von Gesellen, Gegebenheiten und Gelegenheiten. Der Erzähler ist der Demiurg, der die Schicksalsfäden zieht oder nornenhaft abschneidet. Der die Landschaft, die Stadt, den Hafen erfindet, wie er sie braucht, um seine Gestalten agieren zu lassen, die Konflikte engzuführen, die Lösungen zu erlauben oder sie offenzulassen. Gewiß ist der Erzähler als Demiurg ein bißchen wie Gott und muß wie jener viel Mut aufbringen für das, was er alles anrichtet. Doch lebt jener Gott im Sinne des Angelus Silesius vom Menschen, von der Welt, von den Büchern, den Dokumenten, die er selber las – ohne diese Rückkopplung und Ernährung wäre er nichts. Sein Gedächtnis ist sein alles. Nicht von ungefähr hieß bei den Griechen die Mutter der Musen Mnemosyne.

Der Autor, wenn er eine fiktive Romanwelt erschafft, zehrt von der Welt, in der er lebt, doch gibt er ihr transformatorisch eine Eigengesetzlichkeit, gibt ihr Menschen und Umwelt nach seiner Art. Er betreibt eine Art literarischer Landgewinnung. Das Nordfriesland, das wir in der „Deutschstunde" zu erkennen glauben, ist *sein* Nordfriesland. Die Gestalt Siggi Jepsen mag daran erinnern, daß der frühere Bundeskanzler Helmut Schmidt Siegfried Lenz in einer öffentlichen Rede vor Schülern unumwunden Siggi nannte – und doch ist Siggi Jepsen, der in der fiktionalen Welt des Romans eine „Strafarbeit" schreibt, keineswegs „Siggis" Selbstporträt, mag so manches Mal das Schreiben auch eine schwere Fron sein. Den Maler Max Ludwig Nansen halten viele für den Maler Emil Nolde, aber er ist der Inbegriff des Malers, der das Malen auch unter Verfolgung nicht lassen will ganz wie Max Beckmann oder Ernst Ludwig Kirchner es nicht wollten, und viele andere.

Siegfried Lenz ist ein Prosadichter, der „ein Zimmer für sich allein" braucht, wie Virginia Woolf einen berühmten Essay betitelt hat. Genauer gesagt, braucht Lenz zwei Zimmer für sich allein, denn mit seiner Frau zusammen bildet er ein Zugvogelpaar, das zweimal im Jahr zwischen Hamburg und Tetenhusen wechselt. Früher hieß Tetenhusen Lebøllykke in Dänemark und ist vielleicht so etwas wie Jean Pauls Rollwenzelei. Ganz allein mit den Imaginationen, Machinationen und Geisterkonferenzen residiert Lenz in seinem Schreibzimmer übrigens doch nicht. Wir wissen, daß er Zwiesprache mit erstklassigen Bruyère-Pfeifen hält, vielleicht sogar ab und an mit einem sphärisch klingenden Gläschen Bordeaux. Besondere Handfestigkeit beweist Lenz allerdings beim Umgang mit dem Kugelschreiber, dem willigen Knecht im Kampf mit dem weißen Papier.

Die sehr persönliche Handschrift, mit der Lenz das widerständige Weiß, diesen Schrecken aller Schriftsteller, überwältigt, würde bei Wettbewerben in klassischer Schönschrift hoffnungslos unterliegen, im Sinne einer hochverdichteten Zeichenschrift gegenüber dem Arabischen oder Chinesischen hingegen glanzvoll bestehen. Wie die „geprägte Form, die lebend sich entwickelt" metamorphosiert das Alphabet in der Handschriftlichkeit zu eigen-sinnigen Chiffren und gibt Kunde vom denkenden, phantasierenden Charakter mit seiner Welterfahrung. Am Schreibtisch über sein Vorhaben gebeugt, die Beine angezogen, nimmt der Schreibende unbewußt und selbstverständlich die intrauterine Haltung ein, die ihm vorgeburtlich einst die größte Geborgenheit und Daseinsgewißheit gab. Beim Schreiben mit der Hand simuliert er jene Haltung und gewinnt daraus im Akt der Selbstversetzung das, was die Chinesen das fließende Qi, den Kreislauf der Lebensenergie nennen.

Dergestalt der schrecklichen Schönheit, den Ungeheuerlichkeiten der äußeren Welt gewachsen, vermag sie ein Autor wie Siegfried Lenz durch Phantasiearbeit in Texte höchst eigentümlicher Anziehungskraft zu verwandeln. Diese Anziehung entströmt einer – seltsam zu sagen – *femininen* Qualität seiner Prosa, erst in ihr gewinnen die großen Stoffe, Themen und Ideologeme die angemessene Wirkungsmacht durch Güte. Güte nicht allein im Sinne der lateinischen bonitas, die sowieso, sondern als *benignitas animi*, also Milde, Mildigkeit, Gelindigkeit des Sinnes und des Handeins. Und sie ist es, die in den Sätzen epiphanienhaft zur Erscheinung kommt, als Wortwahl und Lautung, als eingefühlt schwankende Rhythmisierung, als Mikroarchitektur des Satzbaus. Dieses Prinzip findet sich überall, in manchen Werken aber deutlicher als in anderen. Ich denke an den Essay *Über den Schmerz*, denke an den *Exerzierplatz* und *Die Auflehnung*, denke an die *underdog*-Gestalt des Bruno und seine Baumschulenarbeit, denke an die Fischzuchtbetriebe und das Leben der Kormorane.

Ich glaube und wage zu sagen, daß Lenz in solchen Schreibschüben den Ideenkonstrukteur überwindet, daß er nicht einfach der „gelassene Mitwisser" ist, sondern ein „Wissender", ein Weiser in hochgespannter Gelassenheit. Er weiß mehr, als man so weiß. Was Lenz hier gelingt, möchte ich abermals mit einem chinesischen Begriffspaar charakterisieren: ihm gelingt in seiner Prosa das strukturierende und ausgleichende Prinzip von Yin und Yang.

Das ist nicht einfach zu erkennen. Darum gibt es auch im Schlagschatten des gerühmten Siegfried Lenz die Verkennung. Der Heidelberger Germanist Dieter Borchmeyer hat den Roman *Die Auflehnung* „unbegreiflich verkannt und ignoriert" genannt und vergleicht ihn mit der „spannungsreichen Handlungsarmut" von Adalbert Stifters *Nachsommer.* Ich vermute, das kritische Erkennen fühlt sich verloren vor der Ungewöhnlichkeit Lenz'scher Sehweise und Textur. Sie wird einer vornehmlich metropolitan orientierten, in Mediendiskursen befangenen Literaturkritik nicht offenbar, weil es an existentieller Erfahrung mangelt.

Demgegenüber als Mahnzeichen ist die Handschrift des Siegfried Lenz ganz unabweisbar. Ihrer manchmal enigmatischen Erscheinung ist kaum einer gewachsen. Wahrscheinlich gibt es nur einen Menschen auf der Welt, der sie aus symbiotischer Nähe und Erfahrung zu enträtseln vermag: Frau Lieselotte Lenz, seit über fünfzig Jahren. Sie ist nicht nur die erste Zuhörerin, Leserin, Kritikerin. Wir verdanken ihr die Lesbarkeit der Welt des Siegfried Lenz in Gestalt des Typoskripts, das seit über fünfzig Jahren immer derselbe Verlag druckt, der Verlag Hoffmann und Campe zu Hamburg.

Siegfried Lenz ist also der ortsfeste Alleinschreiber, der Klausurist, der zeitweilige Einsiedler unter schleswig-holsteinischen Bäumen. Er ist kein Wiener Kaffeehausliterat, ist kein Dostojewski, der seinen Roman *Der Idiot* in Hotelzimmern schrieb, während er sich wie sein eigenes Stationendrama quer durch Europa jagte. Lenz ist auch nicht der Erzähler vom Typus eines Charles Dickens, der überfüllte Kaschemmen zu Schreibzimmern umwidmete, rasant geschriebene Kapitel vorlas und das Publikum um Ratschläge für die Fortsetzung bat. Lenz ist der zurückgezogene Alleinentscheider, der vorherbestimmt hat, wohin der Erzählpfeil fliegen soll, und als Geräuschkulisse darf ihn nichts anderes umfangen als das leise Eilen der druckvoll in Dienst genommenen Kugelschreibermine. Derart druckvoll schreibt Siggis Hand, daß sich unter den Erfindungen zwar nicht die Balken biegen, wohl aber das betroffene Blatt Papier. Auf der Rückseite sieht es dann aus wie gepunzt.

Hier im Land zwischen den Meeren leben wir im Kraftfeld der Literatur des Siegfried Lenz. Als er geboren wurde, war, wie er sagt, „alles schon da". Sein Lebenswerk widerlegt dies unwidersprechlich. Dafür danken wir ihm und danken seiner Frau von Herzen. An Euch, Lilo und Siegfried, möge dermaleinst jener griechische Mythos wahr werden, der Mythos von Philemon und Baucis. ★

Wolfgang Wicht

Kaffeesatz № 2

Hamburg nähere ich mich auf einem Umweg. Aus dem Kaffeesatz ist manches zu lesen, und jetzt, mit Hamburg im Sinn, kristallisiert sich ein später Nachmittag im November des Jahres 1978 heraus. Ich erinnere mich, wie ich nach einem Gespräch mit einem englischen Kollegen über mein damaliges Forschungsprojekt in Exeter in den Intercity nach London stieg. Ich fand einen Platz an einem Tischchen, einem jüngeren Mann gegenüber. Vor ihm ein Plastetrinkbecher und ein Taschenbuch, John le Carrés *Tinker Tanker Sailor Spy*, neben ihm eine Plastetüte. Er erzählte mir, dass er ein publican, ein Kneiper, aus St. Ives sei und sich nun die Reise mit house wine aus seiner Wirtschaft (flaschenweise in der Tüte) verkürze. Befeuert vom unerschöpflichen Nachschub an dem durchaus nicht üblen Rebensaft hatten wir Gespräche über Gott und die Welt und auch über den Spionageroman. Beim Aussteigen auf dem Bahnhof Paddington überließ er ihn mir. Es war, im Rückblick gewertet, ein historischer Augenblick für mich: meine Initiation in die le Carré-Fangemeinde.

Sie erhielt ihre Bekräftigung durch einen jener Zufälle, die den Rahmen des Glaubhaften zu sprengen scheinen. Am nächsten Tag weilte ich an der University of Kent in Canterbury und auf einem Tisch im Arbeitszimmer des Professors für englische Literatur lag ein Stapel mit vier Romanen von le Carré, *Tinker Tanker Sailor Spy* obenauf. Als ich vom Sessel aus neugierig darauf schielte, glaubte mein Gegenüber zu erkennen, dass ich wohl etwas verblüfft sei, an diesem Ort so etwas „Triviales" vorzufinden. Er erläuterte also, dass er gerade ein Seminar über die Theorie des Romans abhalte, für das sich Carrés Romane hervorragend eigneten. Abgesehen von dem Umstand, dass die Studenten diese Grundlagenliteratur auch wirklich läsen, diene sie als ideales Material, um das Wesen der Gattung Roman an seiner praktischen Ausführung zu demonstrieren. Er hatte recht, wie das weitere Schaffen des Schriftstellers glänzend bestätigt hat.

Le Carrés Spionageromane sind hohe Literatur. Sie bieten aufregende Geschichten in ausgereifter erzählerischer Form und origineller Sprache. Am rigorosen, brutalen, hinterhältigen, selbstbezogenen Wirken der Geheimdienste exemplifizieren sie das Kritikwürdige und Menschenfeindliche der gegenwärtigen politischen und sozialen Welt und sie bestärken moralische Haltungen, die sich dem Irrsinn widersetzen.

Abgesehen vom schriftstellerischen Talent hatte le Carré das Prä des Insiders. Als Student am Lincoln College in Oxford ließ sich der 1931 geborene David Cornwell (so sein Geburtsname) vom Inlandsgeheimdienst MI5 anwerben. Ab 1960 arbeitete er – mit eigenen Worten – „als Nachrichtenoffizier im Gewande eines Nachwuchsdiplomaten an der Britischen Botschaft in Bonn" für den Auslandsgeheimdienst MI6 und später ein ditto als Political Consul im britischen Generalkonsulat in Hamburg. Der sensationelle weltweite Erfolg seines dritten Romans *The Spy Who Came In from the Cold* (1963; *Der Spion, der aus der Kälte kam*) beschleunigte sein berufliches und geistiges Ausscheiden aus dem Dienst. Die Autorenposition hinter diesem Werk, das nach dem Mauerbau im geteilten Berlin angesiedelt ist, scheint trotz fühlbarer Skepsis gegenüber den Operationen der Geheimdienste noch prinzipiell von der westlichen Ideologie des Kalten Krieges geprägt. Danach wandelte sich der Beteiligte zum distanzierten kritischen Beobachter. *The Looking-Glass War* (*Krieg im Spiegel*) von 1965, in dem ein sowjetisches Raketenlager bei Rostock eine Rolle spielt, läuft praktisch auf eine Dekonstruktion der Geheimdienste hinaus. Seitdem sind seine Romane stets „eine Art Insider-Enthüllungsstory". Sie enthalten die Warnung, dass die Dienste „genauso eine Gefahr für unsere Demokratie werden können wie deren tatsächliche Gegner."

Das Studium der Germanistik in Bern, die Botschaftsanstellung und spätere private Aufenthalte ließen in le Carré ein besonderes Verhältnis zu Deutschland wachsen. Das heißt nicht, dass hier sonderlich viele Handlungsorte zu finden sind. Die globalen Netzwerke britischer, amerikanischer und russischer Geheimdienste und deren Einbindung in aktuelle politische Konfliktherde forderten weltweite lokale Aktionsräume: London natürlich, aber auch Prag und Moskau, Bern und Panama, Palästina, Kenia, China, Gibraltar und andere. Neben dem Berlin des Spions aus der Kälte und des Romans *Absolute Friends* (2006) figuriert Bonn als autobiographisch erfahrene deutsche Stadt in dem frühen Buch *A Small Town in Germany* (1968; *Eine kleine Stadt in Deutschland*). Das politische Bonn kommt nicht gerade gut weg. Es ist ein „Insel-Staat, dem sowohl politische Identität als auch ein gesellschaftliches Hinterland fehlt." Es ist das „unnatürliche Haupt-Dorf" eines Landes, in dem ehemalige Nazis und SS-Leute arrivieren.

Und dann, im Werk eines Siebenundsiebzigjährigen, Hamburg! Mit *A Most Wanted Man* (2008; dsch. *Marionetten*) hat le Carré einen authentisch wirkenden Hamburg-Roman aus dem Ärmel gezaubert. Persönlich die Huldigung an eine alte Liebe, politisch der Verweis auf die Konsequenzen des Terroranschlags von 9/11, der die Welt erschütterte und veränderte. Der Terrorist Mohammed Atta war der Mann, der aus Hamburg kam.

Gegenüber der Hansestadt fühlte sich le Carré, wie er 2009 in einem Interview erläuterte, wie

> ein heimkehrender Sohn. Anfang der sechziger Jahre war ich britischer Konsul in dem mittlerweile geschlossenen Hamburger Generalkonsulat gewesen. Die Britische Botschaft in Bonn hatte mich in einer Eilaktion dorthin verfrachtet, nachdem ich als der Autor von *Der Spion, der aus der Kälte kam* enttarnt worden war. Meine Arbeitgeber hatten nichts gegen das Buch an sich, aber sie hatten nicht mit dem Aufsehen gerechnet, das meine Autorschaft erregte. Hamburg erschien ihnen da angenehm weit ab vom Schuss. Da saß ich also, unschlüssig, ob ich meine Geheimdienstkarriere weiterverfolgen oder mich ganz aufs Schreiben verlegen sollte. Als ich mich dann für die Schriftstellerei entschied, verließ ich Hamburg fast heimlich. Ich erinnere mich an keinerlei Abschiede. Es war ein bisschen, als hätte ich eine Liebesaffäre mit der Stadt begonnen und wäre dann über Nacht abgereist, ohne meine Telefonnummer zu hinterlassen. Was wiederum ein starkes Bedürfnis in mir auslöste, die Beziehung da wiederaufzunehmen, wo ich sie so rüde abgebrochen hatte.

Man kann die rhetorische Beschwörung einer nachgerade romantischen Liebesbeziehung wohl getrost den Gefilden der Übertreibung zuweisen. Der aktuelle Anlass der Publikation der deutschen Ausgabe von *A Most Wanted Man* schafft die Erinnerung. Der intelligente Autor weiß, dass das Amazon-Interview im Hamburger Hotel Atlantic als Moment von *public relations* funktioniert. Trotzdem, in der Emphase steckt auch das Richtige. Es ist unverkennbar, dass Hamburg dem Schriftsteller in besonderem Maße ans Herz gewachsen ist. Er hat die Stadt nach 1964 mehrfach besucht, nicht zuletzt, um Recherchen für Buchprojekte zu tätigen. Als Executive Producer war er auch bei den Dreharbeiten des Films *A Most Wanted Man* im Winter 2012 zugegen. Dieser Film von Anton Corbijn, der im September 2014 in die deutschen Kinos kam, vermittelt in intensiver Bildsprache die unverwechselbare „exotische" Atmosphäre Hamburgs und seiner urbanen und sozialen Milieus (Kamera: Benoît Delhomme). Im verbalen Text scheint sie eher punktuell auf – mit der Halle des Hauptbahnhofs, wo „die ganze Vielfalt verlorener Seelen, deutsche Stadtstreicher, Asiaten, Araber, Afrikaner oder Türken, herumhingen," oder „Hamburgs magischer Stunde" der Abenddämmerung bis zur Rechtshilfeorganisation ‚flucht · punkt' und zum Hamburger Verfassungsschutz mit seinem Offizier Günther Bachmann (im Film eindrucksvoll verkörpert vom zu früh verstorbenen Philip Seymour Hoffman).

Le Carré hat erzählt, dass in seinem Gedächtnis drei „Figuren" aus wirklichen Begegnungen gespeichert waren, die er nun in seinem Hamburg-Roman literarisch zum Leben erweckt habe. Die erste ist der junge Mann, der als mutmaßlicher Terrorist in das Fadenkreuz des Hamburger Landesamts für Verfassungsschutz, des BND, des Bundeskriminalamts, der Geheimdienstetage des Berliner Innenministeriums („die ganze Berliner Spionakratie"), der CIA und des MI6 gerät. Es handelt sich um einen jungen Tschetschenen namens Issa, der Knast und Folter in Russland und der Türkei entfliehen konnte. Nun sucht er in Hamburg den Kontakt zu dem Bankier, bei dem sein getöteter russischer Vater seine schwarzen Millionen deponiert hat. (Für eine gute Darstellung des Romangeschehens sei auf die Webseite krimi-couch.de/krimis/john-le-carre-marionetten verwiesen.) Die zweite Figur ist Tommy Brue, der in die Thrillerhandlung hineingezogene Inhaber jener kleinen Privatbank, die das einschlägige Nummernkonto führt. Die dritte Figur, und zwar „eine extrem wichtige", ist

> die Stadt Hamburg. Es hat mich beim Schreiben ja immer wieder nach Deutschland zurückgezogen, [...] dem Motor Europas, Deutschland mit seinem aggressiven Alleingang im zwanzigsten Jahrhundert, Deutschland, der Wiege eines so großen Teils unserer europäischen Kultur. Aber diesmal musste es Hamburg sein, Hamburg oder gar nichts. Und in vieler Hinsicht stellt es die exotischste Figur im ganzen Buch dar. Das heutige Hamburg ist eine vitale, quirlige, schöne, selbstbewusste Stadt: kein kulturelles Juwel, aber dafür die reichste Stadt in Europa. Aber Hamburg blickt auf eine turbulente Geschichte zurück: erst Besetzung durch Napoleon, 1918 dann Machtübernahme durch die Kommunisten und 1933 durch die Nazis. 1933 lebten zwanzigtausend Juden im Hamburg, 1945 waren es keine tausend mehr. Die Bombardierung Hamburgs durch die Alliierten 1943 kostete in einer einzigen Woche mehr Menschen das Leben als der ganze Blitzkrieg gegen England oder die Atombombe auf Nagasaki: fünfundvierzigtausend. Um so mehr grenzt der Wiederaufbau Hamburgs nach dem Krieg an ein Wunder. Toleranz und Liberalismus, so lautet Hamburgs neue Parole. Was einer der Gründe sein mag, warum die Stadt unwissentlich den Nährboden für Ulrike Meinhoff und die Baader-Meinhoff-Bande abgab – und Jahre später für Mohammed Atta und ein halbes Dutzend der Flugzeugentführer vom 11. September und ihrer Mitverschwörer.

Biographisches Spiel des Zufalls: Le Carré weilte an jenem 11. September 2001 in Hamburg, als seine Sekretärin aus England anrief und ihm riet, sofort zum nächsten Fernsehapparat zu gehen. Er sah, wie die zweite Maschine in die Twin Towers krachte. Man ist geneigt zu vermuten, dass der terroristische Anschlag auf New York und der Ort seiner Wahrnehmung von Stund an in einem untrennbaren Zusammenhang für le Carré stehen musste.

Denn Hamburg erweist sich gleichermaßen als vom Autor bevorzugter geographischer *und* als symbolischer Ort. Hamburg ist ein Metonym für die radikale Veränderung der westlichen Politik und der westlichen Geheimdienste gegenüber dem islamischen Terrorismus. Nach dem 11. September wurde beklagt, „dass der Hamburger Verfassungsschutz völlig darin versagt hatte, die Verschwörung Mohammed Attas und seiner Komplizen aufzudecken." (Zitat le Carré) Die Folge war, dass „Hamburg dann im Zentrum der Untersuchung aller Verfassungsschützer des Nachrichtendienstes, nicht nur des deutschen" stand. Man denkt sogleich an einen Parallelfall, an das Versagen des BND und der Kriminalämter bei der Verfolgung der Morde an Türken durch die neonazistische NSU-Bande.

Die Nach-9/11-Praxis der Dienste ist durch Handlung und Geheimdienstgestalten von *A Most Wanted Man* in bestürzender Weise markiert: ein Anti-Terrorismus, der sich in Wahnvorstellungen austobt; Aktionen, die jegliche Vernunft hinter sich lassen; Verdächtigungen, die zu Tatsachen umgemünzt werden; Rivalitäten, die Beschädigungen im eigenen Lager hinterlassen; Verachtung gegenüber den Menschen, die nur noch als Verfügungsmasse gesehen werden. Die Geheimdienste gerieren sich als Diener und Teil eines herrschenden Machtsystems von „Wahrheitsverdrehern, Ideologen und Politopathen, die die Welt ruinieren." Ihr Aktionismus deckt sich nicht unbedingt mit der dringlichen objektiven Notwendigkeit, den islamischen Terrorismus zu enttarnen, zu verfolgen und aus dem Verkehr zu ziehen. Die sinnstiftende zentrale Aussage von *A Most Wanted Man* ist allerdings nicht besser zu formulieren als mit John le Carrés eigenen Worten im FAZ-Interview vom September 2014: „Wenn wir die Paranoia des ‚Krieges gegen den Terror' zu ernst nehmen, werden wir zu Vasallen Amerikas, und das ist meine Sorge bezüglich des heutigen Deutschland." Denn Deutschland sei auf dem besten Wege, „amerikanische Maßstäbe, amerikanische Auffassungen und die amerikanischen Haltungen gegenüber dem Feind zu akzeptieren. Das halte ich für eine große Gefahr, und ich möchte Deutschland davor bewahren, in die [...] Falle eines übermäßigen Gehorsams gegenüber der amerikanischen Sicht der Dinge" zu gehen. Der Thriller aus Hamburg ist auch politische Botschaft.

★

6. Mai 1972
Es wird erzählt, in Oevelgönne gehe jemand nachts mit einer Eisenmaske herum. Das allgemeine Erschrecken hatte aber nur mit diesem magischen Wort zu tun. Als sich später aufklärte, daß es sich um eine Fechtmaske handelte, war der Spuk im Nu verflogen.

Quelle: Peter Rühmkorf, Laß Leuchten! Memos Märchen TABU Gedichte Selbstporträt mit und ohne Hut, herausgegeben von Marcel Hartges. Reinbek 1993: Rowohlt, S. 215.

Axel Thormählen

Der Rest ist nicht Schweigen – Der Rest ist Vermutung

Emily Ruete (geb. Salme Prinzessin von Oman und Sansibar)

Es ist wie ein Zurückschreiten in die Völkermuseen unserer Kindheit. Oder wie der Unterricht einer jungen Aushilfslehrerin, die überraschend für die Fächer Erdkunde und Geschichte einspringen muss. Unvorbereitet muss sie zwei Stunden lang vor der Klasse stehen, vor der geballten Ignoranz Lernunwilliger. Und dann beginnt sie einfach von einer Prinzessin zu erzählen, die aus einer völlig fremden Welt stammt und doch mit uns zu tun haben wird. Eines Tages könnte vielleicht unsere eigene Geschichte so erzählt werden, wenn es sie dann noch gibt, Mütter, die sich Zeit nehmen, sich auf die Bettkante setzen und von ungewöhnlichen Schicksalen berichten, oder eben die Aushilfslehrerinnen, die die Gelegenheit nutzen und sich unvermutet Mühe geben. Wir Kinder, die wir eigentlich lieber frei gehabt hätten, befinden uns plötzlich im falschen – 19. – Jahrhundert, in dem anfänglich der elektrische Strom noch ungenutzt und die Macht von Benzin noch nicht entdeckt ist.

Kamelkarawanen in der Ferne bilden das Zeitgefühl. Der Orient ist mächtig und reich und von westlichen Einflüssen noch ziemlich unberührt. Bei Sansibar-Stadt, im Palast des Sultans Sayyid Said, dem regierenden Sultan von Omar und Sansibar, bringt Ende August 1844 eine seiner 75 Nebenfrauen die Prinzessin Sayyida Salme zur Welt. 75 Frauen, das müssen wir uns vorstellen, bei der Konkurrenz muss ihre Mutter, eine Sklavin aus Tscherkessien, mehr wissen als 1001 Geschichten; und ihr Mann Said wird froh gewesen sein über jede Nacht ohne Gezeter. Vermutlich eine kluge Frau also, ihre Mutter. Salme erlebt eine unbeschwerte Kindheit, wie es heißt; Lesen und Schreiben allerdings muss sie sich selbst beibringen. Mit ihrem Halbbruder Majid, nach dem Tod des Vaters Said 1856 Sultan, verbindet sie viel; er zeigt ihr auch wie man reitet und schießt und lässt sie in seinem Haus wohnen. Im Alter von zwölf Jahren wird sie für volljährig erklärt und erhält ihr väterliches Erbe. Ihre Mutter stirbt kurze Zeit darauf an Cholera und macht Salme noch reicher. Sie besitzt nun mehrere Plantagen und Wohnhäuser sowie recht viel Geld. Der Export von Gewürznelken begründet diesen Reichtum. Doch Übermut tut selten gut. Sie, die lesen und schreiben konnte, war deshalb noch längst nicht weise, sondern ließ sich von ihrer Halbschwester Khwala und ihrem Halbbruder Bargash zu einen Putsch gegen Majid überreden. Sie, und auch das ist Vermutung, wollte sich als Schreibkundige hervortun. So wie junge Dinger nun einmal sind, wollte sie etwas ausprobieren, einen Schritt über den Rand tun, die Regelmäßigkeit durchbrechen. Genau hier, könnte man feststellen, beginnt der Ärger. Der Putsch misslingt. Und da sie sich nach kurzem Hausarrest mit Majid wieder versöhnt, verliert sie auf Lebenszeit die Achtung von Bargash.

Es gibt, daran erinnert uns unsere Lehrerin, im Leben keine Sicherheit. Diese Einsicht füllt die Geschichts- und Erdkundebücher. Warum drängen die Menschen ständig danach, wenn doch die Unzuverlässigkeit immer wieder zu siegen scheint? Und selbst wenn der Hamburger Kaufmann Heinrich Rudolph Ruete der Prinzessin Salme – vermutlich – hoch und heilig lebenslange Treue verspricht, hätte sie vorsichtiger sein und sich nicht in ihn verlieben sollen. Der stattliche Mann, der mit Gewürzen, Elfenbein und anderen seltenen Gütern handelte, wohnt zuweilen in einem Nachbarhaus an der Küste Sansibars, und er vermittelt ihr das Gefühl als fände ihr richtiges Leben jetzt erst statt. So sind diese Männer. Woran denken sie (noch heute), wenn sie sich das Wesen der exotischen Welten, das Abenteuer, die vermeintliche Einmaligkeit in Form einer Frau aus der Fremde mit sich nach Hause nehmen? An die Aufmerksamkeit, die Status, Macht oder Gelingen verschafft? Und was haben die eroberten Frauen wie Salme dabei empfunden? Damals waren sie noch außergewöhnlich, allein durch die verlockende Sphäre, manchmal nur aufgrund ihrer Hautfarbe. Salme sehnte sich vermutlich nach einer von ihr erdachten Freiheit, in der sie nicht nur schöne Blüte war, sondern sich auch geistig entfalten durfte. Die Macht, die ihr das Lesen und Schreiben verliehen hatte, forderte ihren Wissensdurst ja förmlich heraus. Im Verlauf ihres Reifeprozesses wurde sie schwanger, und jetzt begann es ernst zu werden. Die verschiedenen Religionswelten trafen aufeinander und um der Steinigung zu entgehen floh die Prinzessin mit Hilfe der Briten. Ihr Sohn, Heinrich jr., wird dann in Aden geboren. Dort auch lässt sie sich, während sie auf ihren Gatten wartet, taufen und heißt nun Emily. Ihr Sohn aber stirbt bevor Vater Heinrich Aden erreicht.

Die Reise von Aden nach Hamburg dauert viele Wochen. Es gibt noch keinen Suez-Kanal, aber solange sich Emily auf dem Rücken von Pferden oder Kamelen bewegt, bleibt sie wohl von Heimweh verschont. In Hamburg dann, im März 1868, wird ihre erste Tochter geboren, Antonie Thawka. Ob Emily sich in dieser Stadt heimisch fühlen wird? Jeder ist irgendwo. Die Liebe macht den Unterschied.

Sie nimmt uns die Rastlosigkeit, sie ist das kleine Geheimnis, die ruhige Ortschaft, nach der wir suchen, mag dieser Flecken auch sonst wo liegen, an der sonnigen Küste Sansibars oder in einer rauhen großen Stadt, wo die Menschen ständig mulsch zu sein scheinen und vielleicht nur einmal im Jahr zu einem Fest, das sie Weihnachten nennen, ihre Seele öffnen und Gefühl zeigen. Rudolph Heinrich liebt sie, das ist das Wichtige. Im April 1869 wird ihr Sohn Rudolph und noch ein Jahr später die Tochter Rosalie Guza geboren. Dann, Anfang August 1870, verunglückt Heinrich tödlich, als er von einer Straßenbahn überfahren wird. Verkehrsunfälle, besonders solche die durch Pferde verursacht werden, sind zu jener Zeit gewöhnlicher, als wir uns das heute vorstellen können. Auch war der Tod damals ein zwar respektierter, jedoch ein ziemlich alltäglicher Gefährte und das Menschenleben daher ein intensives aber oft recht kurzes Ereignis.

Emily ist nun auf sich selbst gestellt. Erst hatte sie aufgrund ihrer Ehe alle ihre Eigentümer und Ansprüche auf Sansibar verloren, und nun, nach dem Tod des Gatten, verweigern ihr die deutschen Behörden das Erbe ihres Mannes. Die Fehlentscheidungen ihrer Jugend verfolgen sie. Ihr Halbbruder Bargash will sie nicht treffen und lehnt ihre öffentlich gemachten Besitzansprüche ab. Vorübergehend wird ihre Person, oder besser ihr Titel Prinzessin, zum Spielball in der Kolonialpolitik von Deutschland und England. Bismarck benutzt sie zunächst als Verhandlungsobjekt und lässt sie dann fallen, als die Auseinandersetzungen geklärt sind. Sie besucht zwischendurch ihre Heimat, doch Bargash will sie wieder nicht empfangen. Also muss Emily Geld verdienen, indem sie als Lehrerin für Arabisch arbeitet.

1886 veröffentlicht sie ihr erstes Buch, das zu Recht ein beachtlicher Publikumserfolg wird. Ihre *Erinnerungen einer arabischen Prinzessin* sind spannend. Die Darstellungen des täglichen Lebens im Palast und auf den Plantagen sind zuweilen mit leisem Humor geschildert, und die Liebe zu ihrer Heimat ist unverkennbar. 1924 stirbt sie in Jena, wird jedoch auf Wunsch ihrer Kinder neben ihrem Mann Heinrich in Hamburg beigesetzt. Wieviel Erde braucht der Mensch also? Die Frage, die auch Tolstoi beschäftigt hat, würde Emily jetzt vermutlich beantworten können. Doch diese Schulstunde ist vorbei. Und wie ihre Tausende von Sklaven, marschieren ihr Hofstaat, ihre Familie ausgerüstet mit Gewehr, Messer, Säbel und Lanzen, und die Menschen in ihrer Begleitung, in unserer vielleicht doch noch kindlichen Phantasie an uns vorbei. Salme, die Prinzessin ohne Land, behalten wir sie in Erinnerung.

Ein ihr gewidmetes Zimmer im Palastmuseum in Sansibar-Stadt besitzt sie gewissermaßen noch.

★

„Du verstehst dieses Land einfach nicht“, sage ich und er antwortet: „Was gibt es da zu verstehen? Du lebst doch auch gemütlich in deiner weißen Vorstadt hinter Gittern!“

Quelle: Irina Tegen „Der Reiseführer“, in: Autorengruppe Blut und Feder, *Hamburg hart + zart*, Norderstedt 2011, S. 14.

Die verschwundene Chinatown

und andere Hamburgische Besonderheiten

Richtet man das Augenmerk in Hamburg auf das Allgemeine, das Spektakuläre und die aktuellen Dinge der so schnell schwindenden Zeitstimmung, so versäumen Stadtbewohner wie Touristen gleichermaßen eine ganze Menge. Neugier ist – dem alten Dr. Johnson zufolge – ein Maßstab für Intelligenz und somit geht es eben darum, auch in und um die Ecken zu schauen. Das gesamte verborgene Repertoire der Stadt wird man nicht leichthin erfassen können. Drei Dinge haben wir hier ausgesucht: Haifischbar, Harrys Hafenbasar und die Chinatown.

Mit der *Haifischbar* lässt sich diese Betrachtung Hamburger Besonderheiten recht gut beginnen. Es handelt sich hier um eine ältere Kneipe in der Großen Elbstrasse hinter dem Fischmarkt, deren Anfänge in den Sechziger Jahren des letzten Jahrhunderts liegen.[1] Damals wurde das Lokal gern von Seeleuten besucht, heute findet sich ein buntes Gemisch von Gästen an der Theke und an den vielen runden Tischen ein. Die Wände sind vollgehängt mit Bildern und Fotos, zumeist von Schiffen und Seefahrern. Man findet die Flaggen aller Nationen, Fischernetze hängen von den Decken, präparierte Fische aller Größen und Mitbringsel aus fernen Ländern, ob es sich nun um aus Ebenholz geschnitzte Masken aus Afrika oder um die Säge des Sägefisches handelt. Rettungsringe und Schiffsmodelle komplettieren das Bild. Die Haifischbar ist ein Ort zum Wohlfühlen, zum Klönschnack. Ist man nicht so bewandert in Sachen Wasser, Hafen und Meer, kann man in der Haifischbar einiges lernen. Aber auch Dinge, die nichts mit der Waterkant direkt zu tun haben, kriegt man – bei Glück – in der Haifischbar geregelt. Wir hatten vor Jahren einen sehr schönen Abend an diesem Ort, an dem niemand verdursten und verhungern muss. Der Kneiper hatte schon einige gemütvolle Lieder gesungen, sich dabei gekonnt auf der Gitarre begleitet, da sprachen wir von einem Buch über englische Landschaftsgärten in Deutschland, das wir gerade zum Druck vorbereiteten. Es sollte „Inszenierung in Grün" heißen. Der Kneiper hatte unser Gespräch mit halbem Ohr verfolgt und bemerkte spontan: „Warum sagt ihr nicht *Poesie in Grün*?". Er hatte den Nagel auf den Kopf getroffen – und half uns damit zu einem schönen Erfolg. Eine besondere Stimmung gibt es, wenn das Wasser im Hafen hoch steht – und man bei Flut mit einem zünftigen Haifisch-Trank vor die Tür tritt und dann der Mond auf die Wellen scheint. Die Haifischbar ist nicht unbekannt, aber die Aufmerksamkeit richtet sich gegenwärtig eher auf den in der Nähe gelegenen „Schellfischposten", in dem die NDR-Sendung *Inas Nacht* gedreht wird. Da vergisst man leicht, dass die Haifischbar viel früher bereits ein „Fernsehstar" gewesen ist. Ab Herbst 1962 sendete der NDR im Abendprogramm die Serie *Haifischbar*, in der Hamburger Größen aufzutreten pflegten.

Harrys Hamburger Hafenbasar lässt sich ohne Hafen, Schiffe, ferne Länder genauso wenig denken wie die *Haifischbar*. Es war ein ehemaliger Seemann namens Harry Rosenberg, der dieses so sonderbare Geschäft 1952 gründete – zunächst als Briefmarken- und Münzhandlung. Der Laden war dekoriert mit einer Fülle von Mitbringseln aus Übersee, die Harry über die Jahre angesammelt hatte. Seine Ausstattung wurde ergänzt durch Sammlungsstücke aus einer ehemaligen Seemannskneipe, die 1954 aufgegeben wurde. Diese interessanten Objekte aus der Ferne faszinierten Harrys Kunden und so kam er auf den Gedanken, diese begehrten Objekte als Warensortiment zu betrachten und fing auch damit einen Handel an. Harry verstand aber seinen Laden zugleich als Museum: Der Besucher musste Eintritt bezahlen, erst dann konnte er sich umsehen und – wenn er wollte – das eine oder andere erwerben. Dass man bei Harry auch echte Schrumpfköpfe kaufen konnte, wurde weltweit mit etwas Gruseln zur Kenntnis genommen. Der Laden expandierte und verfügte in der Blütezeit an drei Verkaufsstellen über 2.600 m^2. Mit gut 70 Jahren gab Harry das Geschäft an seine Tochter weiter, die 1996 in andere Räumlichkeiten umzog. Es fanden später noch zwei weitere Umzüge statt, bis eine feste Bleibe in der Erichstrasse gefunden wurde. 2011 gab die Familie Rosenberg den Laden auf, doch er fand einen neuen Besitzer in Gereon Boos, einem ehemaligen Arzt, der im Andenken an die Gründerfamilie diese Hamburgische Besonderheit weiterführte. Aber auch ihm war keine Ruhe in seinem Laden gegönnt. 2013 musste er zum Sandtorkai umziehen, starb aber schon im Folgejahr.

Harrys Basar ist auf dem historischen Schwimmkran „Greif" aus dem Jahre 1958 untergebracht. Der Kran wurde völlig restauriert, doch unter Deck konnten die fast 400.000 Exponate des Basars nicht alle untergebracht werden. Vieles wurde eingelagert. Die Fläche ist auf 220 m^2 beschränkt: Die Sammlung ist aber für die Besucher jetzt in 33 Kammern thematisch geordnet worden. Man kann sie von Dienstag bis Sonntag von 11–17 Uhr besichtigen (Eintritt: 5 Euro). Verantwortlich für die Sammlung ist Caro Uhde, die mit Gereon Boos befreundet war und es einfach nicht zulassen konnte und wollte, dass solch ein skurriles Stück Hamburger Geschichte unterging.[2]

Wohl die interessanteste Gegend in der Nähe des Hafens war *Hamburgs China-*

town[3], gelegen zwischen St. Pauli und Altona um die Schmuckstrasse, Talstraße, und die Große Freiheit. Heute sind von diesem alten Quartier nur noch bröckelnde Häuser übrig. In diesem Viertel existierten ehemals von Chinesen betriebene Restaurants, Kneipen, Wäschereien und Gemüseläden. Es gab chinesische Schlafbaase für die chinesischen Matrosen und Schiffsausrüster. Manche „Hamburg-Altona-Chinesen" boten Dienstleistungen, Vergnügen und Kredite für die chinesischen Seeleute an.

Einer der Hamburg-Chinesen, die in der Chinatown geboren wurde, ist Rolf Fok, der noch im Jahre 2008 vom Abendblatt-Reporter Ralf Nehmzow interviewt wurde. Foks Vater, Kam Sing Fok, stammte aus Kanton und besaß das Lokal *Wong Fu*, in dem er seit Beginn der 30er Jahre kantonesische Küche anbot. Rolf Fok berichtete 2008, dass es in Hamburgs *Chinatown* Opiumhöhlen in Kellern gab.

Ab 1890 kamen viele chinesische Seeleute – vermehrt in den 20er Jahren – nach Hamburg an Bord europäischer Dampfschiffe etwa der HAPAG und des Norddeutschen Lloyd. Sie hatten in Shanghai und Hongkong oft als Heizer angeheuert – so kamen sie nach Hamburg.

Nach den langen Seereisen waren Landgänge für hart arbeitenden „Schiffs-Chinesen" eine Befreiung: Es zog sie auch nach St. Pauli ins Amüsierviertel. Manche der Ankömmlinge blieben einfach hier, denn seit 1921 gab es einen deutsch-chinesischen Vertrag, welcher die gegenseitige Wirtschaftsaktivität garantierte: Also hatten die Chinesen in Hamburg legale Arbeitsmöglichkeiten. Im Jahre 1925 sollen 111 chinesische Staatsangehörige in Hamburg gelebt haben: 97 Männer und 14 Frauen. Andere Schätzungen besagen jedoch, dass in dem größeren Zeitraum von 1918 bis 1939 zeitweilig 2000–3000 Menschen im Hamburger Chinesenviertel lebten (Lars Amenda).

In den Zwanziger Jahren wurde das Chinesenviertel in Hamburg von weiteren Kreisen zur Kenntnis genommen, auch von reisenden Schriftstellern und von Personen, die nur für einige Zeit in Hamburg wohnten. Kurt Tucholsky schreibt über seine Erlebnisse im Hamburger Chinesenviertel in dem Text *Auf der Reeperbahn nachts um halb eins:*

> Im chinesischen Restaurant sangen sie beim Tanzen, die ganze Belegschaft, einstimmig und brausend – eine kleine Blonde hatte eine Kehle aus Blech – es klang wie eine Kindertrompete. Südamerikaner tanzten da und Siamesen und Neger. Die lächelten, wenn die kleinen Mädchen kreischten.[4]

In der Chinatown der 20er Jahre gab es beliebte Treffpunkte für die Hamburger aus St. Pauli und Altona. Dazu gehörte das Restaurant *Chop Shuy* in der Schmuckstraße 18. Es gab aber auch das Café- und Ballhaus *Cheong Shing* sowie das Tanzlokal *Neu-China* in der Großen Freiheit. In einem von beiden muss Max Tau – der in den zwanziger Jahren bei Ernst Cassirer in Hamburg studierte – getanzt haben. Tau war vom „Zauber der Großstadt" begeistert:

> ... der Dschungel des Hafenviertels zog uns an [...] Viele Abende verbrachten wir im Chinesischen Café. Wir tanzten auch, ohne es zu können. Der Kapellmeister gebärdete sich wie ein Wilder, gebrauchte den Taktstock wie ein Jongleur, agierte wie ein Clown mit den Händen und mit dem Kopf; man wußte nicht, ob man lachen oder weinen sollte. Wir glaubten, dies sei sein Lebensausdruck. Er spürte, daß wir ihn bewunderten, und fühlte sich auch von uns angezogen. Mit leuchtenden Augen flüsterte er einer jungen Studentin zu: „Jetzt geht es aufwärts. Gestern habe ich meiner Frau neue Gardinen geschenkt."[5]

In den zwanziger und dreißiger Jahren galt das Fernöstliche in der deutschen wie internationalen Kultur und Wissenschaft als außerordentlich attraktiv. Dies zeigt sich nicht nur in der Literatur, so in Hermann Hesses *Steppenwolf* oder in den China-Reisetagebüchern des *rasenden Reporters* Egon Erwin Kisch[6], um nur zwei Beispiele zu nennen. Ähnliches Interesse des Publikums fanden auch die Studien und Übersetzungen der China-erfahrenen Sinologen Richard und Hellmut Wilhelm[7] oder aber die Bücher der Asienforscher Wilhelm Filchner[8] und Sven Hedin. Das Exotische, das nicht verstanden wird, führt leicht zur Xenophobie. Damit hängt letztlich auch die schon im 19. Jahrhundert offenbare berühmte Orientsehnsucht der Europäer zusammen, von der wir Zeugnisse von Théophile Gautier, Gustave Flaubert, André Gide, aber auch von Hugo von Hofmannsthal und etwa von Klabund haben.
Fremdenfeindschaft war kein Novum in Deutschland, es konnte sich aber in Krisenzeiten – wie in den zwanziger Jahren – verstärken und hat dann vor allem unter den Nazis die schrecklichsten Ausmaße angenommen. Polizei und Behörden gingen in Hamburg seit den 1920er Jahren restriktiver gegen die Chinesen vor und es kam zur Verschärfung des Hafengesetzes. Die Polizeiberichte der damaligen Zeit bezeugen – wohl eher unbewusst – die Spannung zwischen der Kriminalisierung des Fremden und der gleichzeitigen Inszenierung des exotischen Flairs. Schon im Sommer 1921 wurden Razzien in der Hafenstr. 126 sowie am Pinnasberg 77 durchgeführt. Dabei entdeckte man eine „als Wäscherei und Gemüsegeschäft getarnte Opiumhöhle". Fünfzig Personen wurden verhaftet, unter ihnen Chinesen, Japaner und Deutsche.[10] 1922 wurden bei der Durchsuchung einer Kellerkneipe in der Schmuckstr. 7 Opium und Waffen gefunden.[11]

Gleichzeitig blieb die Anziehungskraft des Geheimnisvollen, oder des Anderen bestehen.[12] Unspezifische Anziehungskraft erleichtert die Legendenbildung. So mutmaßten einige, die Chinesen hätten zu unguten Zwecken für andere ein geheimes Tunnelsystem unter ihrem Viertel erbaut. Solche Phantastereien gereichten den Chinesen nun keineswegs zum Vorteil, denn daraus speisten sich auch die Antriebe zur Kontrolle, zur Überwachung, zum tiefsten Argwohn. Es gab in derselben Zeit aber auch neue und konstruktive Entwicklungen. So hatte in diesem Viertel Chen Jilin, ein Seemann aus Ningbo einen Matrosenclub gegründet, aus dem später der *Chinesische Verein in Hamburg* entstand.

Die Situation der Hamburger Chinesen verdüsterte sich, nachdem die Nazis an die Macht gekommen waren. Es kam zu massiven Verfolgungen und zu brutalem Vorgehen gegen die Chinesen. Ab 1936 wurden von Gestapo, Kriminalpolizei und Zollfahndung scharfe Kontrollen durchgeführt. Grundlage für diese Gewaltausübung waren der Erlass vom 25. Januar 1938 und Einrichtung einer *Zentralstelle für Chinesen* in Berlin, die Heydrich unterstand. Es kam im Zuge dieser Lage zur Aufforderung an die Hafenstädte Hamburg und Bremen, strikt gegen die verstärkte Einwanderung der Chinesen vorzugehen. Rassenpolitische Aspekte waren für die Nazis hier eine selbstverständliche Voraussetzung: Sie bedeuteten im Klartext ein Verbot von Beziehungen zwischen Chinesen und deutschen Frauen. Vermehrte Razzien waren die Folge.

Am 13. Mai 1944 wurden die verbliebenen 129 Chinesen verhaftet. Auf der Davidwache und im Gestapo-Gefängnis Fuhlsbüttel kam es zu schweren Misshandlungen und Folterungen. Später wurden die Chinesen ins Arbeitslager „Langer Morgen" nach Wilhelmsburg gebracht. Die Nazis sprachen in ihrer bekannten Täuschungssprache von der *Chinesenaktion*. Daran waren zweihundert Beamte beteiligt. Die Anzahl der Opfer im Gefolge dieser „Aktion" ist unbekannt geblieben.

Ohne beherzte Menschen wie die Künstler Gunter Demnig, Gerd Stange und Michael Batz, aber auch wie der Historiker Lars Amenda, wäre das Hamburger Chinesenviertel heutzutage wahrscheinlich in Vergessenheit geraten. Vor der Schmuckstraße 7 findet sich ein Stolperstein von Demnig für den Gastwirt Woo Lie Kien (1885–1944), der von den Nazis verhaftet, in Fuhlsbüttel misshandelt worden war und an seinen Verletzungen im Krankenhaus Barmbek starb. Gerd Stange und Michael Batz errichteten in der Schmuckstraße eine Gedächtnistafel, die auf das Chinesenviertel und sein Schicksal aufmerksam macht.

Die Redaktion

---

1 Quellen: „Internetauftritt Haifischbar" (*Haifischbar.net*); „Haifischbar" (*Wikipedia*).

2 Quellen: „Harrys Hamburger Hafenbasar" (*Wikipedia*); „Harrys Hafenbasar neu im Traditionsschiffhafen", in: *HafenCity Hamburg*; „Caro (26) wacht über Hamburgs Schatzkiste", in: *Bild*, 13. 09. 2014.

3 Siehe: Ralf Nehmzow, „Mitten in Hamburg – eine Zeitreise nach Chinatown", in: *Hamburger Abendblatt*, 26. Juli 2008; „Hamburger Chinesenviertel" (*Wikipedia*).

4 Kurt Tucholsky, *Gesammelte Werke, Band 5 1927*, hrsg. Von Mary Gerold-Tucholsky und Fritz J. Raddatz. Reinbek bei Hamburg 1975: Rowohlt, S. 282.

5 Max Tau, *Das Land, das ich verlassen mußte*. Hamburg 1961: Hoffmann & Campe, S. 140.

6 Siehe: Egon Erwin Kisch, *China Geheim* (1932), Berlin 1996: Elefanten Press.

7 Siehe: Hellmut Wilhelm, *Gesellschaft und Staat in China*. Reinbek 1960: Rowohlt (*rowohlts deutsche enzyklopädie* 102).

8 Siehe: Wilhelm Filchner, *Tschung-Kue. Das Reich der Mitte*. Berlin 1924: Deutsche Buch-Gemeinschaft.

10 Vgl. Renate Hücking, Ekkehard Launer, „Chinatown – Keine große Freiheit", in: *Tuten & Blasen. Hamburger Hafenrundfahrten durch acht Jahrhunderte*. Hamburg 1989: Galgenberg, S. 71.

11 Ebenda.

12 Lars Amenda, „Geheime Tunnel unter St. Pauli? – Gerüchte über das ‚Chinesenviertel' in den 1920er Jahren", in: *unter-hamburg e.V. – tunnel unter st. Pauli*.

★

S. 9

Wolfgang Koeppen: Der mehr schwache als starke Mensch. Ein Versuch über Hans Henny Jahnn und seinen Romah „Perrudja" (1932).

Quelle: Wolfgang Koeppen, *Gesammelte Werke*, hrsg. von Marcel Reich-Ranicki und Hans-Ulrich Treichel. Frankfurt/Main 1990: Suhrkamp Bd. 6 S. 13–18. Abdruck mit freundlicher Genehmigung des Suhrkamp Verlags.

Foto S. 13: Gedenktafel im Zugangsbereich der Freien Akademie der Künste, © shoebox house verlag.

S. 15

Wolfgang Koeppen: Gedanken und Gedenken. Über Arno Schmidt (1984).

Quelle: Wolfgang Koeppen, *Gesammelte Werke*, hrsg. von Marcel Reich-Ranicki und Hans-Ulrich Treichel. Frankfurt/Main 1990: Suhrkamp Bd. 6 S. 418–425. Abdruck mit freundlicher Genehmigung des Suhrkamp Verlags. 1984 erhielt Wolfgang Koeppen den Arno-Schmidt-Preis.

S. 23

Siegfried Lenz: Der Hafen ist voller Geheimnisse. Ein Feature in Erzählungen.

Quelle: Matthiesen Verlag, Lübeck und Hamburg o.J., Die Leserunde. Dichter der Gegenwart, Heft 18, S. 1–17. © Siegfried Lenz Stiftung

S. 41

Uwe Timm: Hamburg, 1. Mai 1945.

Quelle: Uwe Timm, *Die Entdeckung der Currywurst*. Köln 1993: Kiepenheuer & Witsch © Kiepenheuer & Witsch.

S. 55

Hermann Peter Piwitt: Aber wir sind in Hamburg …

Quelle: Hermann Peter Piwitt, *Lebenszeichen mit 14 Nothelfern. Geschichten aus einem kurzen Leben*. Göttingen 2014: Wallstein Verlag, S. 67–76. Abdruck mit freundlicher Genehmigung des Autors und des Wallstein Verlags.

S. 75

Dirk Schubert: Fritz Schumacher, der konservative Modernisierer.

Foto S. 88: Volksschule Ahrensburger Straße, © Volkshochschule Ahrensburger Straße, Quelle: *Hamburger Staatsbauten von Fritz Schumacher*, Bd.3 (1920–1933), Hrsg. Fritz-Schumacher-Institut, Hamburg 2006, S. 173. ||| Fotos S. 89: Jarrestadt mit der Volksschule Wiesendamm im Zentrum (o), Quelle: *Hamburgs öffentliche Gebäude und die Denkmalpflege. Hamburger Schulbauten. Denkmal – Geschichte – Erhaltung*, Bd. 2, Hrsg. Kulturbehörde, Denkmalschutzamt, Hamburg 2013, S. 30. – Schule am Slomannstieg (ehem. VS Veddel), Foto um 1929 (u), Quelle: H. Frank (Hrsg.), *Fritz Schumacher Reformkultur und Moderne*, Stuttgart 1994, S. 287.

S. 97

Florian Marten: Die HHLA und der Hafen im 20. Jahrhundert

Abb. S. 102/103: Meilenstein für die Globalisierung zum Start des 20. Jahrhunderts: Sandthorquai mit Speicherstadt im Jahr 1895; Meilenstein für die Globalisierung zum Start des 21. Jahrhunderts: HHLA Container Terminal Altenwerder mit anschließendem Logistikzentrum im Jahr 2014, beide © HHLA.

S. 109

Birgit Recki: Ernst Cassirer in Hamburg

Abb. S. 109: Cassirer als Rektor der Universität (Amtsjahr 1929/30). Mit freundlicher Genehmigung der Arbeitsstelle für Universitätsgeschichte (Prof. Dr. Rainer Nicolaysen)

S. 123

Karen Michels: Die Kulturwissenschftliche Bibliothek Warburg

Erstdruck: Richard Faber/Christine Holste (Hrsg.), *Kreise, Gruppen, Bände. Zur Soziologie moderner Intellektuellenassoziationen*. Würzburg 2000, S. 225–238. Abdruck mit freundlicher Genehmigung der Autorin. In die gültige Rechtschreibung übertragen.

Abb. S. 125: Aby Warburg und seine Frau © Warburg Institute Archive, London

S. 195

Sonja Valentin: Buchhandel – Antiquariat – Kunsthandel Felix Jud

Abdruck mit freundlicher Genehmigung von Felix Jud & Co. KG, Hamburg

Abb. S. 199: Ladenansicht der Buchhandlung Felix Jud. Abdruck mit freundlicher Genehmigung von Felix Jud & Co KG, Hamburg.

S. 201

Michael Töteberg: Zwischen 4 Stühlen – Der Rowohlt Verlag in Hamburg 1945–1960

Fotos S. 203: Ernst Rowohlt und sein Sohn Heinrich Maria mit den ersten Taschenbüchern; Das erste rororo Taschenbuch. Beide © Rowohlt Verlag. Abdruck mit freundlicher Genehmigung des Rowohlt Archivs.

S. 211

Gesche Tietjens: Horst Janssen (1929–1995) – Fünfsinnige Lust oder der ängstliche Anarch

Abb. S. 213: „Simplon" Farb- und Bleistift Mai 1971, Abdruck mit freundlicher Genehmigung der VG Bildkunst, Bonn.

Abb. S. 215: Horst Janssen, Foto: Volker Eckhof, 70er Jahre, „Angeber".

Abb. S. 217: Horst Janssen, aus der Radiersuite „Hannos Tod", Dezember 1972.

S. 253

James Knowlson: Samuel Beckett in Hamburg: 1937

Quelle: James Knowlson, *Samuel Beckett. Eine Biographie*. Aus dem Englischen von

Wolfgang Held. Frankfurt/Main 2001: Suhrkamp, S. 299–312. © Suhrkamp Verlag. Abdruck mit freundlicher Genehimigeng des Suhrkamp Verlags.

Abb. S. 259: Samuel Beckett © Suhrkamp. Abdruck mit freundlicher Genehmigung des Suhrkamp Verlags.

S. 293

Lutz Flörke: „... ich habe immer gewußt, daß es bei dem Schicksal ..."

Abb. S. 294: Hans Erich Nossack © Suhrkamp. Abdruck mit freundlicher Genehmigung des Suhrkamp Verlags.

S. 303

Jill Thielsen: Dem Diesseits verpflichtet – Subjekt und Welt in ausgewählten Gedichten

Abb. S. 302: Brief von A. Schmidt an P. Rühmkorf (Faximile) © Arno Schmidt Stiftung, Bargfeld. Abdruck mit freundlicher Genehmigung der Arno Schmidt Stiftung.

Abb. S. 304: Peter Rühmkorfs Schreibtisch in Övelgönne. Foto: Friedrich Forssmann. Abdruck mit freundlicher Genehmigung der Arno Schmidt Stiftung, Bargfeld

S. 323

Susanne Fischer: Arno Schmidt – Ein Ham=bürger

Abb. S. 325: Arno Schmidt © Arno Schmidt Stiftung Bargfeld; Sein Haus in Bargfeld © shoebox house verlag.

S. 337

Uwe Herms: Selbstversetzung. Für Siegfried Lenz

Quelle: Siegfried Lenz. Kulturpreis 2004. Nordfriesischer Kulturpreis für Literatur, Musik und Kunst. Sparkassen-Kulturstiftung Nordfriesland, Schleswig 2004. edition Nord-Ostseee-Sparkasse N° 1, S. 15–23. Abdruck mit freundlicher Genehmigung von Uwe Herms.

Portraits U4:

Samuel Beckett, Wolfgang Borchert, Willi Bredel, Ernst Cassirer, Gustaf Gründgens, Werner Hofmann, Horst Janssen, Felix Jud, Siegfried Lenz, Egon Monk,
Hans Erich Nossack, Erwin Panofsky, Hermann Peter Piwitt, Ernst Rowohlt, Peter Rühmkorf,
Arno Schmidt, Fritz Schumacher, Bruno Snell, Uwe Timm, Aby Warburg
(Samuel Beckett: © Suhrkam Verlag; Ernst Cassirer: © Univ. Hamburg; Horst Janssen: © Gesche Tietjens; Felix Jud: © Buchhandlung Felix Jud, Hamburg. Abdruck

mit freundlicher Genehmigung der Firma Felix Jud & Co. KG.; Peter Rühmkorf © Deutsches Literaturarchiv Marbach. Abdruck mit freundlicher Genehmigung des DLM).

Portraits ab S. 365:
© Rüdiger Bernhardt, Wolfgang Beutin, Gordon Burgess, © Thomas Blubacher, © Susanne Fischer, © Lutz Flörke, Uwe Herms, Knut Hickethier, © Martin Hose, © Jürgen Klein, James Knowlson, Wolfgang Koeppen, © Martin Krieger, © Florian Marten, © Karen Michels, Hermann Peter Piwitt, © Birgit Recki, © Dirk Schubert, © Jill Thielsen, © Axel Thormählen, Gesche Tietjens, Uwe Timm, © Michael Töteberg, Sonja Valentin, Wolfgang Wicht. (Thomas Blubacher: Foto Romeo Meyer)

★

Die Autoren sind die Zeitschrift. Flandziu dankt:

Rüdiger Bernhardt

geb. 1940 in Dresden, Studium der Germanistik, Kunstgeschichte, Skandinavistik und Theaterwissenschaft in Leipzig, 1964 Dipl.-Germ. mit einer Arbeit über Willi Bredel. 1964–1993 Martin-Luther-Universität Halle-Wittenberg; 1968 Promotion A zum naturalistischen Drama bis 1890 und dem Einfluss Henrik Ibsens, 1978 Promotion B (Habil.) mit „Antikerezeption in der Literatur der DDR". 1968 Dozent, 1985 o. Professor.

Lehrte in Bratislava, Minsk, Stockholm, Oslo, Lille, Bagdad, Florenz usw. Nach 1993 Vertretungsprofessuren in Kiel und Stettin, Herausgeber und Autor in einem Schulbuchverlag. 1994–2009 Vorsitzender der Gerhart-Hauptmann-Stiftung Kloster auf Hiddensee. 1999 in die Leibniz-Sozietät gewählt, lebt heute im Vogtland. Prof. Bernhardt ist Verfasser von mehr als 70 Büchern, darunter *Odysseus' Tod – Prometheus' Leben. Antike Mythen in der Literatur der DDR* (1983); *Henrik Ibsen und die Deutschen* (1989); *August Strindberg. Eine Biografie* (1996); *„Ich bestimme mich selbst." Das traurige Leben des glücklichen Peter Hille (1854–1904)* (2004); *Gerhart Hauptmann. Eine Biografie* (2007), *Das lyrische Schaffen* (7 Bände: Goethe, Heine, Eichendorff, Rilke, Benn, Brecht, Kästner; 2008–2010)

Wolfgang Beutin

geb. in Bremen 1934. Studium der Germanistik und Geschichte in Hamburg und Saarbrücken. Staatsexamen an der Universität Hamburg 1961, Promotion ebendort 1963. Assistent 1963–1968 und Dozent 1971–1999 an derselben Universität. Habilitation an der Universität Bremen 1996, seither dort Privatdozent. Wissenschaftliche Veröffentlichungen: zur Literatur des 19. Jahrhunderts und der Moderne, ferner zur Literatur des Mittelalters und der frühen Neuzeit, insbesondere zur mittelalterlichen Frauenmystik und zur Geschichte der erotischen Literatur. Außerdem belletristische Veröffentlichungen, u. a. 5 Romane und ein Band Erzählungen (2010).

Thomas Blubacher

studierte Theaterwissenschaft, Neuere deutsche Literatur und Psychologie in München, wurde an der Universität Bern promoviert und war dort als wissenschaftlicher Assistent und Dozent tätig. Nach Hospitanzen und Engagements als Regieassistent und Abendspielleiter u.a. in Basel, Berlin, Bern und München verantwortet er rund vierzig eigene Inszenierungen in Deutschland, Österreich, der Schweiz und den USA. Daneben ließ er sich weiterbilden am Actors Studio in New York und Los Angeles, führte Hörspielregie und realisierte Radiofeatures. Zahlreiche Buchveröffentlichungen, darunter *„Gibt es etwas Schöneres als Sehnsucht? Die Geschwister Eleonora und Francesco von Mendelssohn"* (Berlin 2008), *„Paradies in schwerer Zeit. Künstler und Denker im Exil in Pacific Palisades"* (München 2011), *„Gustaf Gründgens. Biographie"* (Leipzig 2013) und *„Wie es einst war. Schönes und Wissenswertes aus Großmutters Zeiten"* (Berlin 2013).

Gordon Burgess

Gordon Burgess. Professor Emeritus am Department of German der Universität Aberdeen, Großbritannien. Studium der Germanistik an den Universitäten London und Freiburg i.Br. Promotion über Wolfgang Koeppen, Siegfried Lenz und Wolfgang Borchert. Gründungsmitglied der Internationalen Wolfgang-Borchert-Gesellschaft e.V., derzeit Stellvertretender Vorsitzender. Mitherausgeber der Jahreshefte der Gesellschaft.

Veröffentlichungen: Wolfgang Borchert. Hamburger Bibliographien Bd.24 (1985); Die Wahrheit mit lachendem Munde: Comedy and Humour in the Novels of Christian Weise (1990); „Allein mit meinem Schatten und dem Mond", Wolfgang Borchert: Briefe, Gedichte, Dokumente (Mithg.) (1996); „Pack das Leben bei den Haaren", Wolfgang Borchert in neuer Sicht (Mithg.) (1996); A Computer-Assisted Analysis of Goethe's „Die Wahlverwandtschaften": The Enigma of Elective Affinities (1999); The Life and Works of Wolfgang Borchert (2003); *Wolfgang Borchert: „Ich glaube an mein Glück", Eine Biographie* (2007)

Susanne Fischer

geb. in Hamburg, Literaturwissenschaftlerin und Autorin. Seit 2001 Geschäftsführerin der Arno Schmidt Stiftung, Bargfeld. Herausgeberin zahlreicher Werke Arno Schmidts und der Tagebücher Alice Schmidts, zuletzt *„Und nun auf, zum Postauto!", Briefe von Arno Schmidt* (zusammen mit Bernd Rauschenbach, Berlin 2013). Autorin mehrerer Romane und Kinderbücher (zuletzt *Der Aufstand der Kinder*, Frankfurt 2011, Bd. 2 2014) und Kolumnistin bei der Tageszeitung „taz".

Lutz Flörke

Geboren 1956 in Hannover, studierte deutsche Literaturwissenschaft und promovierte zum Dr. phil. Seit seiner Studienzeit arbeitet er beinahe überall, wo man mit Geisteswissenschaften Geld verdienen kann: Lehraufträge, Kurse, Vorträge, Wochenendseminare, Literatur-Performances an der Uni, in Volkshochschulen, Bücherhallen, Museen, den Hamburger Kammerspielen ...). Betreibt außerdem seit zwölf Jahren eine Mini-Firma für

Literatur- und Theaterreisen www.hamburgerliteraturreisen.de (nach Weimar, Wien, Dresden, Berlin ...). Sofern Zeit bleibt, wird geschrieben. Mehr dazu: www.floerke-rosenbusch.de. 1992 erhielt er den Förderpreis des Landes Niedersachsen (ausgezeichnet für Kurz prosa), 1995 den Förderpreis der Freien- und Hansestadt Hamburg (für das gemeinsam mit Vera Rosenbusch geschriebene Theaterstück *Gabi / Traum wohnung*); *Poesie in Grün*, 2011. Kurzum: eine Art Literatur-Gemischtwarenhändler. Ein Band mit Erzählungen (gemeinsam mit Vera Rosenbusch) in Vorbereitung für Shoebox House.

Uwe Herms

wurde 1937 in Salzwedel geboren und wuchs nach dem Kriegstod des Vaters in Hamburg auf. Studium geisteswissenschaftlicher Fächer in Hamburg, Heidelberg und in den USA. M.A. von Northwestern University, Evanston, Ill. Als Poet in Residence und in Zusammenarbeit mit dem Goethe-Institut Gastdozenturen u.a. in England, den Vereinigten Staaten; China, Indien. Literarische Auszeichnungen u.a. Rom-Preis Villa Massimo, Honorary Fellow of the International Writing Progrom University of Iowa. Mitglied des P.E.N.-Zentrums Deutschland und anderer Vereinigungen. Beiratsmitglied der Zeitschrift für Literatur, Kunst und Kritik *die horen*. Mitherausgeber *Lyrik-Katalog Bundesrepublik* und Nachlass *Walter E. Richartz*. Zu seinen Veröffentlichungen gehören Prosa, Lyrik, Essays Übersetzungen, Hörspiele und Fernsehportraits. Einige Titel: *Das Haus in Eiderstedt, Im Land zwischen den Meeren, Wundertüte eines halben Tages, Familiengedichte, Schrauben – aha*. Nach Jahren im Ausland und in Berlin lebt und schreibt er jetzt nahe Sankt Peter-Ording auf der Nordseehalbinsel Eiderstedt.

Knut Hickethier

geboren 1945. Studium der Kunsterziehung, Literaturwissenschaft und Linguistik an der HfbK Berlin und TU Berlin; Promotion über das Fernsehspiel 1979; Habilitation an der Universität Osnabrück im Fach Medienwissenschaft 1982. 1982–1994 Kritiker und Publizist für epd/Kirche und Rundfunk, epd/film, FR, u.a. Tageszeitungen 1989–1994 Mitarbeiter und Teilprojektleiter im sfb Bildschirmmedien Siegen/Marburg, 1990–1994 Vertretungsprof. in Marburg. Von 1994 bis 2010 Professor für Medienwissenschaft an der Universität Hamburg. Bis 2011 Gesch. Direktor des Research Center for Media and Communication der Universität Hamburg. Veröffentlichungen zur Medientheorie, -geschichte und -analyse. Fernsehtheorie, Fernsehgeschichte, Filmgeschichte und Filmtheorie. 1982–1994 Kritiken in epd Medien und epd Film sowie in Tageszeitungen. Buchpublikationen u. a.: *Geschichte des deutschen Fernsehens* (1998); *Film- und Fernsehanalyse* (5. erw. Aufl.) (2011); *Einführung in die Medienwissenschaft* (2. erw. Aufl.) (2010).

Martin Hose

geboren 1961, studierte Klassische Philologie, Geschichte und Erziehungswissenschaften in Hamburg und Konstanz, wo er 1990 promoviert wurde und sich 1993 habilitierte. Von 1994 bis 1997 war er Professor für Gräzistik an der Universität Greifswald, seit 1997 lehrt er an der Ludwig-Maximilians-Universität München. 2001 wurde er in die Bayerische Akademie der Wissenschaften aufgenommen, deren Vizepräsident er gegenwärtig ist. Seit 2011 ist er Sprecher der im Rahmen der Exzellenz-Initiative geförderten Graduate School „Distant Worlds". Er arbeitet u.a. zum griechischen Drama, der antiken Historiographie, der griechischen Literatur der Kaiserzeit und der Wissenschaftsgeschichte der Klassischen Philologie. Jüngere Buchpublikationen: *Euripides,* München 2008; *Synesios, Ägyptische Erzählungen* 2012.

Jürgen Klein

geboren 1945 in Detmold, war bis 2011 Ordinarius für Englische Literaturwissenschaft und Landeskunde (Geistes- und Kulturgeschichte Großbritanniens) an der Ernst-Moritz-Arndt-Universität Greifswald. Er lehrt seit 2004 Englische Geschichte und Grundlagen des Literaturverstehens an der Helmut Schmidt Universität-Universität der Bundeswehr, Hamburg. Publikationen: Zahlreiche Bücher, Buchbeiträge und Aufsätze in Zeitschriften und Sammelbänden. Zuletzt erschienen: Jürgen Klein/Gunda Kuttler, *Mathematik des Begehrens* (2011); Hrsg.: Hans Ulrich Gumbrecht, *Präsenz* (Suhrkamp 2012), Thomas Hobbes, *Leviathan* (Reclam 2013); *Venezianische Augenblicke* (2014) Jürgen Klein ist seit 2004 Vorsitzender der Internationalen Wolfgang-Koeppen-Gesellschaft in Greifswald. Hrsg. mehrerer Buchreihen und der Zeitschrift FLANDZIU. 2008 Gründung des Shoebox House Verlags in Hamburg.

James Knowlson

erwarb seinen Doktorgrad (Ph.D.) in Reading, wurde Dozent für Französische Literatur an der Universität Glasgow und lehrte seit 1981 als Professor an der Universität Reading. Knowlson baute das Beckett-Archiv in Reading auf. Er war mehr als zwanzig Jahre mit Samuel Beckett befreundet und forschte über dreißig Jahre über sein Werk und sein Leben. Im Rahmen dieser Tätigkeit erschienen viele bedeutende Werke, last not least *Samuel Beckett. Eine Biographie* (Suhrkamp 2001). Ein halbes Jahr vor seinem Tod hatte Beckett Knowlson autorisiert, diese Biographie zu schreiben. Frankreich ehrte

James Knowlson durch die Verleihung der Würde eines *Chevalier des Palmes Academiques* (2011) und die englische Königin verlieh ihm in diesem Jahr den *Order of the British Empire* (OBE).

Wolfgang Koeppen

Wolfgang Koeppen wird am 23. Juni 1906 in Greifswald geboren. Nach einem 11jährigen Aufenthalt in Ortelsburg (Ostpreußen) kehrt er 1919 nach Greifswald zurück. Der Gymnasiast muß aus finanziellen Gründen auf die Mittelschule wechseln, von der er ohne Abschluß abgeht. Danach versucht er sich in ganz unterschiedlichen Berufen: in einer Buchhandlung, im Stadttheater in Greifswald, als Hilfskoch kommt er nach Schweden und Finnland, in Würzburg arbeitet er als Dramaturg. 1927 läßt er sich in Berlin nieder, wo er 1931 zwei Jahre als festangestellter Redakteur beim *Berliner Börsen-Courier* arbeitet. Für diese Zeitung schreibt er Reportagen, Feuilletons, auch erste literarische Arbeiten entstehen. 1934 erscheint sein erster Roman, *Eine unglückliche Liebe*. Im selben Jahr siedelt er in die Niederlande über. 1935 erscheint der Roman *Die Mauer schwankt*, der jedoch kaum beachtet wird. Er kehrt 1938 nach Berlin zurück, wo er sich „beim Film unterstellt". 1945 siedelt er nach München über. 1951, 1953 und 1954 erscheinen die drei Romane, die als die atmosphärisch genaueste Vergegenwärtigung des Klimas der „Adenauer-Republik" gelten: *Tauben im Gras*, *Das Treibhaus* und *Der Tod in Rom*. Ende der fünfziger, Anfang der sechziger Jahre verschafft er der Reiseliteratur höchstes Ansehen. 1958 erscheint *Nach Rußland und anderswohin*, 1959 *Amerikafahrt*, 1961 *Reisen nach Frankreich*. 1962 erhält er den Georg-Büchner-Preis. 1976 erscheint, Wolfgang Koeppens Prosawerk: *Jugend*. Koeppen stirbt 1996 in München.

Martin Krieger

lehrt seit 2009 Nordeuropäische Geschichte an der Christian-Albrechts-Universität zu Kiel. Zu seinen Forschungsschwerpunkten zählen die deutsch-dänischen Beziehungen, die Geschichte der skandinavischen Kolonien in Asien und die Geschichte Hamburgs.

Florian Marten

Der 1955 in Freiburg i. Br. geborene Diplomvolkswirt arbeitet heute freiberuflich als Berater und Autor in Hamburg. Er ist verheiratet und hat einen Sohn. Nach dem Studium der Gesellschaftswissenschaften (Volkwirtschaft, Wirtschaftsgeschichte, Politologie) an der Universität Hamburg war er ab 1979 als Mitbegründer der tageszeitung „taz" als Journalist und Autor tätig. Ab 1992 kamen zur publizistischen Arbeit Aufgaben als Berater und Moderator (Politik, Hochschulen, Verkehr, Stadtplanung, Stadionentwicklung) sowie als Dozent (u.a. an der Akademie für Publizistik) in Hamburg und Berlin hinzu. 2004 übernahm Florian Marten den Aufbau und die Leitung der Unternehmenskommunikation der Hamburger Hafen und Logistik AG (HHLA). Im Oktober 2014 verließ er das Unternehmen, um sich freiberuflich neuen Aufgaben und eigenen Projekten zu widmen.

Karen Michels

Studium in Bonn und Hamburg, Dissertation 1987 über Le Corbusier; Stipendium am Zentralinstitut München, wissenschaftliche Mitarbeiterin am Kunstgeschichtlichen Seminar der Universität Hamburg, befasst mit der Wiedereinrichtung und Betreuung des Warburg-Hauses. Längere Forschungsaufenthalte in Paris und USA; 1997 Habilitation, 1998–2000 Lehrtätigkeit an den Universitäten Jena, Halle und Berlin (HU).

Seit 2002 „Agentur/Akademie für KunstVerstand", Hamburg.

Forschungsschwerpunkte: Wissenschaftsgeschichte, Emigration, Warburg, Panofsky, moderne Architektur. Arbeiten zur Symbolforschung und zu kulturhistorischen Themen.

Hermann Peter Piwitt

geboren 1935 in Wohldorf bei Hamburg, wuchs in Hamburg auf und in Frankfurt/Main. Er studierte Soziologie, Philosophie und Literaturwissenschaft in Frankfurt, München und Berlin, u.a. bei Theodor W. Adorno und Walter Höllerer. 1967–1968 arbeitete Piwitt als Lektor bei Rowohlt, engagierte sich seit 1968 bei *konkret*. Seit 1969 ist er freier Schriftsteller und veröffentlichte Romane, Essays und Kritiken, wobei er die gesellschaftliche Wirklichkeit stets kritisch betrachtet. Er war Writer in Residence in Warwick (1973/74), dann in Swansea (1999); er lehrte an der Universität Bremen. Lebt in Hamburg und in Castagnola (Italien). Besonders zu erwähnen ist sein Hamburg-Roman *Die Gärten im März* (Rowohlt 1979). Zuletzt erschienen: *Jahre unter ihnen* (Wallstein 2006); *Heimat, schöne Fremde* (Wallstein 22010), *Erbarmen. Novelle* (Wallstein 2012) und *Lebenszeichen mit 14 Nothelfern* (Wallstein 2014).

Birgit Recki

ist seit 1997 Professorin für Philosophie an der Universität Hamburg und hat dort von 1997 bis 2009 die *Ernst-Cassirer-Arbeitsstelle* geleitet. Sie ist Herausgeberin der *Hamburger Ausgabe* (Ernst Cassirer Gesammelte Werke in 25 Bänden (1998–2007). Ihre Forschungsschwerpunkte liegen in der Ethik, Ästhetik, Kulturphilosophie/Anthropologie.

Auswahl der Buchpublikationen: *Ästhetik der Sitten. Die Affinität von ästhetischem*

Gefühl und praktischer Vernunft bei Kant (2001); *Kultur als Praxis. Eine Einführung in Ernst Cassirers Philosophie der symbolischen Formen* (2004); *Freiheit* (2009); *Cassirer* (Reihe Grundwissen Philosophie; 2013).

Dirk Schubert

Prof. Dr. Dirk Schubert, lehrt „Wohnen und Stadtteilentwicklung" an der HafenCity Universität Hamburg, Publikationen in deutschen und ausländischen Fachzeitschriften zu Themen der Stadtplanung, Stadterneuerung und Stadtbaugeschichte. Letzte Buchpublikationen: *Jane Jacobs und die Zukunft der Stadt. Diskurse – Perspektiven – Paradigmenwechsel*, Steiner Verlag 2014 und (Ed.) *Contemporary Perspectives on Jane Jacobs. Reassessing the Impacts of an Urban Visionary*, Ashgate 2014. Er ist Vorsitzender der Fritz Schumacher Gesellschaft e. V. und Präsident der International Planning History Society (IPHS).

Jill Thielsen

studierte von 2005 bis 2012 die Fächer Neuere deutsche Literatur- und Medienwissenschaft, Kunstgeschichte und Soziologie an der Christian-Albrechts-Universität zu Kiel. Sie schloss ihr Studium mit einer Magisterarbeit zur westdeutschen Nachkriegsliteratur der 1950er Jahre ab. Seit 2013 promoviert sie bei Professor Dr. Claus-Michael Ort mit einem Projekt zur Bedeutungskonstitution in der sogenannten Unsinnspoesie und der Literatur der Avantgarde. Im Zeitraum von Oktober 2012 bis Juni 2014 war sie als wissenschaftliche Hilfskraft bei Professor Dr. Stephan Opitz tätig und Assistentin im Bereich Marketing und Öffentlichkeitsarbeit im Theater Kiel. Seit dem Wintersemester 2013/14 ist sie Lehrbeauftragte am Institut für Neuere Deutsche Literatur und Medien der CAU Kiel und seit Juli 2014 Stipendiatin des Landes Schleswig-Holstein. Ihre Arbeitsschwerpunkte liegen im Bereich der Avantgarde-, Nonsens- und Unsinnspoesie, der Literatur des Absurden und der Literatursemiotik.

Axel Thormählen

wurde 1945 in Nordenham geboren. Er zog nach einer Buchhändlerlehre 1969 nach Lund in Südschweden, wo er sich als Autor und Übersetzer einen Namen machte. Im Jahre 1978 erschien im Merlin Verlag sein erster Roman Hanky („ein Kunstwerk hohen Grades", FAZ), 1983 gefolgt von Hanna. Zahlreiche seiner Kurzgeschichten sind in deutschen Anthologien und Zeitschriften, u. a. in „die horen", publiziert worden. 2004 erschien der Literaturthriller *Wenn Wörter töten können* im Revonnah Verlag. 2008 erschien der Erzählband *A Happy Man and Other Stories/Der Glückliche und andere Ertählungen* bei *Les Figues Press* in Los Angeles.

Gesche Tietjens

geboren und aufgewachsen 1943 in Hamburg-Blankenese, absolvierte ein Studium an der Kunstschule Alsterdamm in Hamburg bei dem Mahlau-Schüler und Janssen-Kommilitonen Lothar Walter. Nach Arbeiten als Gebrauchsgraphikerin in Berlin (1965–1967) traf sie Horst Janssen, mit dem sie eine Arbeits- und Lebensgemeinschaft begründete (1969–1972). Sie verfolgte später ihre künstlerische Laufbahn zunächst nicht weiter, sondern lebte in dem großen Haubarg „Janssenhof" auf Eiderstedt mit ihrem Janssen-Sohn Adam (*1973) und ihrer Tochter Anna-Johanna (*1976). Danach zog Gesche Tietjens an die Flensburger Förde, wo sie ihre künstlerische Tätigkeit wieder aufnahm und ebenso im kunstpädagogischen Bereich tätig wurde. Sie hat sich immer weiter mit Janssens Werk beschäftigt und darüber geschrieben, u.a.: Horst Janssen, *„Ach Liebste, flieg mir nicht weg". Briefe an Gesche*. Hrsg. Von Gesche Tietjen. Hamburg 2004: Rowohlt; Gesche Tietjens/Horst Janssen, *Summa summarum. Ein Lebenslesebuch*. Hamburg 2006: Rowohlt.

Uwe Timm

geb. 1940 in Hamburg. Schon als Kind interessierten ihn Geschichten, so das Seemannsgarn seines Großvaters, der Kapitän war. Schon früh fing er mit dem Schreiben an. Zunächst trat er beruflich in die Fußstapfen seines Vaters, eines Kürschnermeisters und legte nach der Lehre eine sehr gute Gesellenprüfung ab. Für einige Jahre führte er das Geschäft, machte dann aber ein Kolleg-Abitur in Braunschweig, wo er sich mit Benno Ohnesorg anfreundete (*Der Freund und der Fremde*, 2007). Timm studierte in München und Paris Philosophie und Germanistik und promovierte über Camus. Die bewegten Sechziger Jahre erlebte er engagiert mit. Er setzte sich mit der deutschen Kultur auseinander, aber auch mit fremden Ländern (*Morenga*, 1978: Kolonialkrieg in Deutsch-Südwestafrika; *Der Schlangenbaum*, 1986: Südamerika usw.). Uwe Timm befasst sich in seinen Romanen besonders mit dem Alltäglichen und er geht von Realitäten aus. Kindheitserinnerungen: *Mann auf dem Hochrad*, 1984; *Entdeckung der Currywurst*, 1993. Sehr bekannt wurde sein Kinderbuch *Rennschwein Rudi Rüssel*, 1989, für das er den Deutschen Jugendliteraturpreis erhielt. Er erhielt zahlreiche Literaturpreise, u.a.: Großer Literaturpreis der Bayerischen Akademie der Schönen Künste (2001), Schubart-Literaturpreis (2003) und Erik-Reger-Preis der Zukunftsinitiative des Landes Rheinland-Pfalz.

Michael Töteberg

geboren 1951 in Hamburg, leitet seit 1994 die Agentur für Medienrechte des Rowohlt Verlags. Veröffentlichungen u.a.: „John Heartfield" (1978), „Fritz Reuter"

(1978), *Fritz Lang* (1985), *Fellini* (1989), *Filmstadt Hamburg* (1992), *Rainer Werner Fassbinder* (2002), *Mach' dir ein paar schöne Stunden. Das Hamburger Kinobuch* (2008, mit Volker Reißmann), *Hamburger Köpfe: Gyula Trebitsch* (2014, mit Volker Reißmann). Herausgeber u. a. von *Metzler Film Lexikon* (1995). Wolfgang Borchert, *Das Gesamtwerk* (2007), Hans Fallada, *Ewig auf der Rutschbahn. Briefwechsel mit dem Rowohlt Verlag* (2008) und Fatih Akin, *Im Clinch* (2011, mit Volker Behrens). Redakteur der Zeitschrift *Text + Kritik* und Mitarbeiter am *Kritischen Lexikon zur deutschsprachigen Gegenwartsliteratur* (KLG).

Sonja Valentin

Dr. phil., arbeitet als Dramaturgin und Literaturwissenschaftlerin in Hamburg.

Wolfgang Wicht

geb. 1937 im thüringischen Schmalkalden, studierte in Greifswald Slawistik und Anglistik. 1965 wurde er an der Universität Rostock zum Dr. phil. promoviert. An der Pädagogischen Hochschule (später Universität) Potsdam habilitierte er sich 1978 mit einer Schrift über die Kunstkonzeptionen von Virginia Woolf, James Joyce und T. S. Eliot (1981 als Buch). 1984 wurde er in Potsdam als Professor für Englische Literaturgeschichte berufen. Er schrieb das Buch *Utopianism in James Joyce's ,Ulysses'* (2000), zahlreiche wissenschaftliche Aufsätze für Sammelbände und Zeitschriften sowie Begleittexte für belletristische Verlagseditionen. Autor der Kolumne *Kaffeesatz* in Flandziu

★

Flandziu

Die Halbjahresblätter für Literatur der Moderne erscheinen bei 

Flandziu
N. F., Jg. 6, Heft 1 2014
Thema: Frauen gegen den Krieg

Erschienen 9/2014, 169 Seiten
ISBN: 978-3-941120-17-4

Beiträge u. a. von:
Anna Katharina Hahn, Uwe Herms, Käthe Kollwitz, Rosa Luxemburg, Karl-Heinz Ott, Bertha von Suttner, Christian W. Thomsen, Wolfgang Wicht, Clara Zetkin …

Flandziu
N. F., Jg. 5, Heft 1+2 2013 (Doppelbd.)
Thema: Bücherverbrennung

Erschienen 12/2013, 275 Seiten
ISBN: 978-3-941120-14-3

Beiträge u. a. von:
Michael Augustin, Wolfgang Beutin, Rüdiger Görner, Erich Kästner, Jan Knopf, Lutz Rathenow, Jürgen Serke, Bernd Sösemann, Volker Weidermann …

Flandziu
N. F., Jahrgang 4, Heft 2 2012 ('13)
Thema: Deutsche Literatur 1945–1960,
II: 1953–1960

Erschienen 6/2013, 246 Seiten
ISBN: 978-3-941120-12-9

Beiträge u. a. von:
Wolfgang Beutin, Werner Faulstich, Werner Fritsch, Anna Katharina Hahn, Günter Helmes, Knut Hickethier, Joachim Lottmann, Jörg Schuster, Harro Zimmermann …

Flandziu
N. F., Jg. 4, Heft 1 2012 (vergriffen)
Thema: Deutsche Literatur 1945–1960,
I: 1945–1952

Erschienen 7/2012, 307 Seiten
ISBN: 978-3-941120-10-5

Beiträge u. a. von:
Theodor W. Adorno, Heinrich Böll, Wolfgang Borchert, Rüdiger Görner, Hans Ulrich Gumbrecht, Hans Mayer, Peter Rühmkorf …

Flandziu
N. F., Jg. 3, Heft 1+2 2011 (Doppelbd.)
Thema: Junge Schriftsteller lesen Wolfgang Koeppen

Erschienen 10/2011, 281 Seiten
ISBN: 978-3-941120-08-2

Beiträge u. a. von:
Lutz Flörke, Philipp Dreesen, Axel Thormählen, Ulrich Horstmann, Hans Ulrich Gumbrecht, Judith Schalansky, Jan Decker …

Flandziu
N. F., Jg. 2, Heft 2 (2010) 2011
Thema: Konkrete Poesie

Erschienen 6/2011, 163 Seiten
ISBN: 978-3-941120-06-8

Beiträge u. a. von:
Eugen Gomringer, Franz Mon, Jürgen Klein, S. J. Schmidt, Klaus Peter Dencker …

www.shoeboxhouse-verlag.de

Flandziu: Einzelheft: 10,– €; Doppelband: 20 €; Abonnement: 18,– € p.a.

Flandziu
N. F., Jg. 2, Heft 1 2010
Thema: Metropolen und die Literatur der Moderne II
– London, New York, Buenos Aires

Erschienen 3/2010, 240 Seiten
ISBN: 978-3-941120-03-7

Beiträge u. a. von: Salvador Dali, T. S.Eliot, Rüdiger Görner, Uwe Johnson, Wladimir Majakowskij …

Flandziu
N. F., Jg. 1, Heft 2 2009
Thema: Metropolen und die Literatur der Moderne I
– Berlin, Moskau, Paris

Erschienen 9/2009, 305 Seiten
ISBN: 978-3-941120-02-2

Beiträge u. a. von:
Michael Astroh, Michael Augustin, R. Fellinger,
Jan Knopf, Dieter Wellershoff …

Flandziu
N. F., Jg. 1, Heft 1 2009
Thema: Alexandria und die Literatur der Moderne

Erschienen 3/2009, 325 Seiten
ISBN: 978-3-941120-01-3

Beiträge u. a. von: Ralf Dahrendorf, Hans U. Gumbrecht, J.-M. G. Le Clézio, Hans-Ulrich Treichel …

www.shoeboxhouse-verlag.de

Flandziu: Einzelheft: 10,– €; Doppelband: 20 €; Abonnement: 18,– € p.a.

Shoebox House

213 Seiten Broschur
Erschienen 2013
ISBN 978-3-941120-11-2
19,90 €

Wolfgang Wicht
James Joyce & Company
Essays

James Joyce & Company versammelt Essays zur Literatur des Modernismus in Großbritannien. Einzelne Werke und Ansichten wichtiger Autoren des ausgehenden 19. und des frühen 20. Jahrhunderts: Whistler, Shaw, Yeats, Woolf, Joyce und Eliot werden betrachtet.
Die konkreten Analysen weisen auch auf allgemeine Merkmale einer wichtigen literarischen Periode.
Sie mögen zudem zum Neu- oder Wiederlesen der primären Texte anregen.

155 Seiten Broschur,
reich bebildert
Erschienen 2014
ISBN: 978-3-941120-16-7
24,00 €

Jürgen Klein
Venezianische Augenblicke

Jedes Venedigbild, das sich der Reisende macht, bleibt verbunden mit Venedigträumen, mit unglaublichen Geschichten, die sich ihrerseits wieder mit Kleinigkeiten, Indizien, Fundstücken und Symbolen verbinden. Fakten und Fiktionen verschwimmen ineinander – wie könnte das auch anders sein bei einer Stadt, die Wasserwege als Straßen hat, Kanäle über Kanäle, Brücken und Stege. In Essays über Antonio Canale, Johann Wolfgang Goethe, Lord Byron, Jean-Paul Sartre, Joseph Brodsky und Wolfgang Koeppen entstehen und wirken die Bilder dieser wundersamen Stadt weiter; ihre Fortschreibung trägt zum Mythos Venedig bei. In diesem skizzierten, nicht gerade definitorischen Nachdenken über Venedig sind die *Venezianischen Augenblicke* durchaus reale Blicke auf die Lagunenstadt. Sie bleiben aber meine Augenblicke – komplizierte Synthesen von wirklich Gesehenem, Gelesenem, Geschautem und Geträumtem.

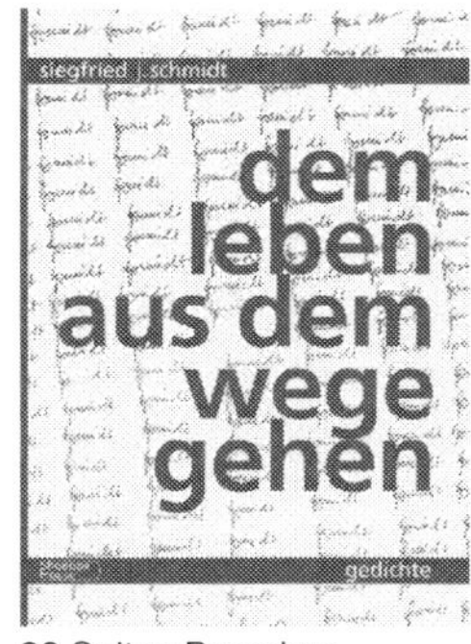

89 Seiten Broschur,
mit 10 Illustrationen des Autors
Erschienen 2013
ISBN 978-3-941120-13-6
12,00 €

siegfried j. schmidt
dem leben aus dem wege gehen
gedichte

Siegfried J. Schmidt, geboren 1940, arbeitet als Wissenschaftler, Schriftsteller und Bildender Künstler. Studium der Philosophie, Germanistik, Linguistik, Geschichte und Kunstgeschichte. Professuren an den Universitäten Bielefeld, Siegen und Münster. Zahlreiche Publikationen, Lesungen, Ausstellungen, Vorträge und Gastprofessuren im In- und Ausland.

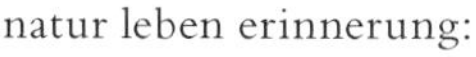

natur leben erinnerung:
daran kann man nur scheitern und sei es auch mit gewinn
„jede erinnerung betrügt ihren bericht. schließlich sind mein denken, mein gehirn eine bibliothek, die keinen katalog besitzt.
und schließlich kommt es darauf an, die vorläufigkeit erkennbar zu halten, und zwar in allem.
denn schließlich blickt ein jeder nur von innen nach außen, und auch im reden spricht jeder nur von innen nach außen. und da hilft uns nur die erinnerung dabei, uns einzubilden, wir könnten uns dennoch verstehen.
wo doch das leben nur vorwärts geführt aber nur rückwärts gedeutet werden kann.
kurzum wir hängen am tropf der erinnerung will sagen am tropf unserer eigenen erzählungen kann denn keiner verstehen, dass sie für uns tröstlich sein müssen, was denn sonst sollte uns trösten?“